V&R

Studien zum Althochdeutschen

Herausgegeben von der
Kommission für das Althochdeutsche Wörterbuch
der Akademie der Wissenschaften in Göttingen

Band 31

Vandenhoeck & Ruprecht in Göttingen

Heike Hornbruch

Deonomastika

Adjektivbildungen auf der Basis von Eigennamen
in der älteren Überlieferung des Deutschen

Vandenhoeck & Ruprecht in Göttingen

Gefördert mit Mitteln des BMBF und des Landes Nordrhein-Westfalen
im Rahmen der Bund-Länder-Finanzierung
„Akademienprogramm"

Die Deutsche Bibliothek – CIP-Einheitsaufnahme

Hornbruch, Heike:
Deonomastika : Adjektivbildungen auf der Basis von Eigennamen
in der älteren Überlieferung des Deutschen / Heike Hornbruch. –
Göttingen : Vandenhoeck und Ruprecht, 1996
(Studien zum Althochdeutschen ; Bd. 31)
Zugl.: Münster (Westfalen), Univ., Diss.
ISBN 3-525-20346-2
NE: GT

D 6

© Vandenhoeck & Ruprecht, Göttingen 1996
Printed in Germany. – Das Werk einschließlich aller seiner Teile
ist urheberrechtlich geschützt. Jede Verwertung außerhalb
der engen Grenzen des Urheberrechtsgesetzes ist ohne
Zustimmung des Verlages unzulässig und strafbar.
Das gilt insbesondere für Vervielfältigungen, Übersetzungen,
Mikroverfilmung und die Einspeicherung und Verarbeitung
in elektronischen Systemen.
Druck: Hubert & Co., Göttingen

Meinem Vater

Vorwort

Die Untersuchung ist auf Anregung von Professor Dr. Dr.h.c. Rudolf Schützeichel entstanden. Sie hat in einer ersten Fassung der Philosophischen Fakultät der Westfälischen Wilhelms-Universität zu Münster als Dissertation vorgelegen.

Besonderer Dank gilt Dr. Henning von Gadow M.A./Münster, der mich mit den Grundlagen der Deutschen Sprachwissenschaft vertraut gemacht hat. Wichtige Hinweise gaben Dr. Birgit Meineke/Münster und Dr. Elmar Neuß M.A./Münster. Professor Dr. Sigurd Wichter/Münster danke ich für vielfältige Anregungen und intensive Betreuung im Studium.

Allen Freunden, besonders Anita Hallenscheidt/Nachrodt, Claudia Maria Korsmeier M.A./Münster und Michael Flöer M.A./Münster, sei herzlich für alle Unterstützung gedankt.

Die Mitglieder der Kommission für das Althochdeutsche Wörterbuch der Akademie der Wissenschaften in Göttingen, Professor Dr. Rolf Bergmann/Bamberg, Professor Dr. Volker Honemann/Münster, Professor Dr. Peter Ochsenbein/St. Gallen, Professor Dr. Fidel Rädle/Göttingen, Professor Dr. Hans Schabram/Göttingen, Professor Dr. Dr.h.c. Rudolf Schützeichel/Münster, Professor Dr. Dr.h.c. Karl Stackmann/Göttingen und Professor Dr. Lothar Voetz M.A./Heidelberg, haben mit der Begutachtung der Arbeit förderliche Hilfe und bedenkenswerte Hinweise gegeben.

Meinem Vater sei dieses Buch gewidmet.

Münster im Dezember 1995   Heike Hornbruch

Inhalt

Abkürzungen		13
Literatur		16
I.	Einleitung	61
II.	Theoretische Vorbemerkungen	73
III.	Deonymische Substantive in althochdeutscher und mittelhochdeutscher Zeit	90
	A. Zweitglieder von Personennamen als Suffixe	90
	B. Personennamen und Personengruppennamen als Pflanzenbezeichnungen	105
	C. Bezeichnungen der Wochentage	114
	D. Appellativisch gebrauchte Volksnamen	116
	E. Appellative aus Rufnamen	119
	F. Abstraktbildungen mit Eigennamen	120
	G. Entwicklungen zur Neuzeit	121
IV.	Deonymische Adjektive in althochdeutscher Zeit	127
	A. Derivate von Volksnamen und Ländernamen	131
	a. Germanische Volksnamen	131
	1. *frenkisc*	131
	2. *lanc(h)partisc*	136
	b. Fremde Volksnamen und Ländernamen	141
	1. *affricānisg*	141
	2. *arabisg*	142
	3. *perezintisc*	143
	4. *dorisg*	145
	5. *egypzisg*	145
	6. *hebræisc*	148
	7. *hūnisc*	149

8.	*indigisc*	153
9.	*indisg*	154
10.	*israhēlisc*	156
11.	*israhelitesg*	157
12.	*judeisc*	157
13.	*chriehhisg - grēcisc*	161
14.	*macediisc*	169
15.	*māzianisc*	170
16.	*māzianitisc*	172
17.	*numediisc*	173
18.	*partisc*	174
19.	*pūnikisk*	176
20.	*pūnisk*	177
21.	*rōmānisc*	178
22.	*serzisc*	179
23.	**sirisc*	182
24.	*spānisc*	183
25.	*tracisg*	186
26.	*tuscānisch*	187
27.	*vngrisch*	188
28.	*walasg*	190
29.	*windisc*	194

B. Derivate von Landschaftsnamen 196
   a. *alpisc* 196
   b. *ĕpīretisc* 197
   c. *galilēisk* 198
   d. *cholchisg* 199
   e. *crētēnsisc* 200
   f. *grētigisc* 201
   g. *crēttisc* 203
   h. *latīnisc* 203
   i. *licēisk* 204
   k. *pontisc* 205
   l. *pulleohti* 206
   m. *cilicaisc* 207

C.	Derivate von Siedlungsnamen und Flurnamen	209
	a. *achadēmisg*	209
	b. *mantinisc*	210
	c. *melibēisk*	212
	d. *nazarēnisc*	213
	e. *nazarisch*	214
	f. *ninevisc*	215
	g. *ninewētisc*	215
	h. *rōmisc - rūmisc*	216
	i. *samaritānisc*	220
	k. **sodomitīg*	221
	l. *tīrisg*	222
	m. *trojānisg*	223
D.	Derivate von Personennamen	224
	a. *magdalēnisc*	224
	b. *nazanzēnisc*	225
	c. *zisēisch*	227
	d. Derivate von *Krist* und *Christus*	228
	1. *kristīn*	229
	2. *c(h)ristāni*	231
E.	Zusammensetzungen	238
	a. *chriehporan*	238
	b. *criohburtīg*	239
F.	Auswertung	240
	a. Verbreitung in Quellentexten und ihrer handschriftlichen Überlieferung	240
	b. Flexion	250
	c. Formale Aspekte deonymischer Adjektive	255
	1. Basen	257
	2. Suffixe	261
	3. Zusammensetzungen	266
	d. Semantische Aspekte deonymischer Adjektive	267
	1. Deonymische Adjektive auf *-isc*	269
	2. Deonymische Adjektive mit anderen Suffixen	278
	3. Zusammensetzungen	281

V.	Deonymische Adjektive in mittelhochdeutscher Zeit	283
	A. Überlieferungsbefund	285
	B. Deonymische Adjektive auf *-isch*	287
	C. Deonymische Adjektive mit anderen Suffixen	311
	D. Derivate von *krist-*	319
	E. Deonymische Adjektive auf *-er*	324
VI.	Zusammenfassung	345
VII.	Register	350
	A. Deonymische Adjektive in althochdeutscher Zeit	350
	a. Volkssprachig-lateinisches Register	350
	b. Handschriftenverzeichnis der Glossenbelege	351
	c. Verzeichnis der Quellen aus althochdeutscher Zeit	358
	B. Deonymische Adjektive in mittelhochdeutscher Zeit	361
	a. Alphabetisches Register	361
	1. *-isch*	361
	2. Andere Suffixe	367
	3. Derivate von *krist-*	367
	4. *-er*	368
	b. Verzeichnis der Quellen aus mittelhochdeutscher Zeit	371

Abkürzungen

A.	Anmerkung
	Auflage
AA.	Auctores Antiquissimi
ADA.	Anzeiger für deutsches Altertum und deutsche Literatur
ATB.	Altdeutsche Textbibliothek
BEG.	Wilhelm *Braune* - Hans *Eggers*, Althochdeutsche Grammatik
BLVSt.	Bibliothek des Litterarischen Vereins in Stuttgart
BMZ.	Georg [F.] *Benecke* - Wilhelm *Müller* - Friedrich *Zarncke*, Mittelhochdeutsches Wörterbuch, I-III
BN.	Adolf *Bach*, Deutsche Namenkunde
BNF.	Beiträge zur Namenforschung
BTD.	Joseph *Bosworth* - T. Northcote *Toller*, An Anglo-Saxon Dictionary
BV.	Rolf *Bergmann*, Verzeichnis der althochdeutschen und altsächsischen Glossenhandschriften
CCSL.	Corpus Christianorum. Series Latina
CGL.	Corpus Glossariorum Latinorum
CAO.	*Corpus* altdeutscher Originalurkunden
CSEL.	Corpus scriptorum ecclesiasticorum Latinorum
DAGM.	Deutsches Archiv für Geschichte des Mittelalters
DD.	Diplomata
DTM.	Deutsche Texte des Mittelalters
DWB.	Jacob *Grimm* - Wilhelm *Grimm*, Deutsches Wörterbuch
FMSt.	Frühmittelalterliche Studien
FMW.	Kurt *Gärtner* - Christoph *Gerhardt* - Jürgen *Jaehrling* - Ralf *Plate* - Walter *Röll* - Erika *Timm*, Findebuch zum Mittelhochdeutschen Wortschatz
FöN.	Ernst *Förstemann*, Altdeutsches Namenbuch. I. Personennamen
GH.	Karl Ernst *Georges*, Ausführliches Lateinisch-Deutsches Handwörterbuch
GRM.	Germanisch-Romanische Monatsschrift
GSp.	E. G. *Graff*, Althochdeutscher Sprachschatz
I.	Der althochdeutsche *Isidor*. Herausgegeben von George A. Hench
IF.	Indogermanische Forschungen
JW.	Franz *Jelinek*, Mittelhochdeutsches Wörterbuch zu den deutschen Sprachdenkmälern Böhmens und der mährischen Städte Brünn, Iglau und Olmütz

KFW.	Elisabeth *Karg-Gasterstädt* - Theodor *Frings*, Althochdeutsches Wörterbuch
LBH.	August *Lübben*, Mittelniederdeutsches Handwörterbuch
LH.	Matthias *Lexer*, Mittelhochdeutsches Handwörterbuch
LL.	Leges
LThK.	*Lexikon* für Theologie und Kirche
MF.	Monseer Fragmente
MG.	Hermann *Paul*, Mittelhochdeutsche Grammatik
MGG.	Die *Musik* in Geschichte und Gegenwart
MGH.	Monumenta Germaniae historica
MHWB.	Mittelniederdeutsches *Handwörterbuch*. Begründet von A. Lasch und C. Borchling
MPL.	J.-P. Migne, Patrologiae cursus completus. Series Latina
MRZ.	Klaus *Matzel* - Jörg *Riecke* - Gerhard *Zipp*, Spätmittelalterlicher deutscher Wortschatz aus Regensburger und mittelbairischen Quellen
N.	Die Werke *Notkers* des Deutschen
NF.	Neue Folge
NG.	Notker-Glossator
NPhM.	Neuphilologische Mitteilungen
O.	*Otfrids* Evangelienbuch. Herausgegeben von Paul Piper
PBB.	(Hermann Paul - Wilhelm Braune) Beiträge zur Geschichte der deutschen Sprache und Literatur
RGA.	*Reallexikon* der Germanischen Altertumskunde
RhVB.	Rheinische Vierteljahrsblätter
RMWA.	Rolf *Bergmann*, Rückläufiges morphologisches Wörterbuch des Althochdeutschen
SchW.	Rudolf *Schützeichel*, Althochdeutsches Wörterbuch
SH.	Summarium Heinrici
SLWB.	Karl *Schiller* - August *Lübben*, Mittelniederdeutsches Wörterbuch
SS.	Scriptores
StMOSB.	Studien und Mitteilungen zur Geschichte des Benediktiner-Ordens und seiner Zweige
StNPh.	Studia Neophilologica
StSG.	Elias *Steinmeyer* - Eduard *Sievers*, Die althochdeutschen Glossen
StSpD.	Die kleineren althochdeutschen *Sprachdenkmäler*. Herausgegeben von Elias von Steinmeyer
StWG.	Taylor *Starck* - J. C. *Wells*, Althochdeutsches Glossenwörterbuch
T.	Die lateinisch-althochdeutsche *Tatianbilingue*. Herausgegeben von Achim Masser
TRE.	Theologische Realenzyklopädie
VL.	Die deutsche *Literatur* des Mittelalters. Verfasserlexikon

WBÖ.	*Wörterbuch* der bairischen Mundarten in Österreich. Band 3, Bayerisch-Österreichisches Wörterbuch
WMU.	Wörterbuch der mittelhochdeutschen Urkundensprache
ZDA.	Zeitschrift für deutsches Altertum und deutsche Literatur
ZDM.	Zeitschrift für deutsche Mundarten
ZDPh.	Zeitschrift für deutsche Philologie
ZDW.	Zeitschrift für deutsche Wortforschung
ZGL.	Zeitschrift für Germanistische Linguistik
ZMF.	Zeitschrift für Mundartforschung
ZVGA.	Zeitschrift für vaterländische Geschichte und Alterthumskunde
ZVSpF.	Zeitschrift für vergleichende Sprachforschung

Literatur

A

Wladimir *Admoni*, Der deutsche Sprachbau. Vierte, überarbeitete und erweiterte Auflage, München 1982

Carl Friedrich *Aichinger*, Versuch einer teutschen Sprachlehre. Mit einem Vorwort von Monika Rössing-Hager, Documenta Linguistica. Quellen zur Geschichte der deutschen Sprache des 15. bis 20. Jahrhunderts. Reihe V. Deutsche Grammatiken des 16. bis 18. Jahrhunderts, Reprografischer Nachdruck der Ausgabe Wien 1754, Hildesheim - New York 1972

Eero *Alanne*, Die deutsche Weinbauterminologie in althochdeutscher und mittelhochdeutscher Zeit, Helsinki 1950

Kurt *Albers*, Der lateinische Wortschatz des Abrogans, Dissertation Münster 1956 [maschinenschriftlich]

K. *Albrecht*, Die Leipziger Mundart. Grammatik und Wörterbuch der Leipziger Volkssprache. Zugleich ein Beitrag zur Schilderung der Volkssprache im allgemeinen. Mit einem Vorwort von Rudolf Hildebrand, Leipzig 1881, Nachdruck 1965

Albrecht von Halberstadt und Ovid im Mittelalter von Karl Bartsch, Bibliothek der gesammten deutschen National-Literatur von der ältesten bis auf die neuere Zeit 38, Quedlinburg - Leipzig 1861, Nachdruck Amsterdam 1965

Aldhelmi opera. Editit Rudolfus Ehwald, MGH. AA. 15, Berlin 1919, Nachdruck 1961

Alpharts Tod, Alpharts Tod Dietrichs Flucht Rabenschlacht. Herausgegeben von Ernst Martin, Deutsches Heldenbuch II, Berlin 1866, S. 3-54

H. P. *Althaus*, Ruf- und Familiennamen als Haustierbezeichnung? Mit einer Karte, LB. 57 (1968) S. 92-100

Althochdeutsch. In Verbindung mit Herbert Kolb, Klaus Matzel, Karl Stackmann herausgegeben von Rolf Bergmann, Heinrich Tiefenbach, Lothar Voetz, I. Grammatik. Glossen und Text; II. Wörter und Namen. Forschungsgeschichte, Germanische Bibliothek. NF. 3. Reihe: Untersuchungen, Heidelberg 1987

Robert R. *Anderson*, Wortindex und Reimregister zum Moriz von Craûn, Indices verborum zum altdeutschen Schrifttum II, Amsterdam 1975

Karl Gustav *Andresen*, Register zu Jacob Grimms Deutscher Grammatik, Documenta Linguistica. Quellen zur Geschichte der deutschen Sprache des 16. - 19. Jahrhunderts. Grammatiken des 19. Jahrhunderts, Reprografischer Nachdruck der Ausgabe Göttingen 1865, Hildesheim 1971

Maria *Andrjuschichina*, *Bummelfritze - Bummelliese*. Ein produktives Wortbildungsmodell der deutschen Gegenwartssprache, Reader zur Namenkunde, II, S. 527-532

Das *Anno-Lied*. Herausgegeben von Martin Opitz. Diplomatischer Abdruck besorgt von Walther Bulst, 3. A. Heidelberg 1974

Die *Apokalypse* Heinrichs von Hesler aus der Danziger Handschrift herausgegeben von Karl Helm. Mit zwei Tafeln in Lichtdruck, DTM. 8. Dichtungen des deutschen Ordens I, Berlin 1907

B

Adolf *Bach*, Deutsche Namenkunde. I. Die deutschen Personennamen. 1. Einleitung. Zur Laut- und Formenlehre, Wortfügung, -bildung und -bedeutung der deutschen Personennamen, 2. A. Heidelberg 1952; 2. Die deutschen Personennamen in geschichtlicher, geographischer, soziologischer und psychologischer Betrachtung, 2. A. Heidelberg 1953; II. Die deutschen Ortsnamen. 1. Einleitung. Zur Laut- und Formenlehre, zur Satzfügung, Wortbildung und -bedeutung der deutschen Ortsnamen, Heidelberg 1953; 2. Die deutschen Ortsnamen in geschichtlicher, geographischer, soziologischer und psychologischer Betrachtung. Ortsnamenforschung im Dienste anderer Wissenschaften, Heidelberg 1954; Registerband. Bearbeitet von Dieter Berger, Heidelberg 1956

Werner *Bach*, Die althochdeutschen Boethiusglossen und Notkers Übersetzung der Consolatio, Dissertation Halle - Wittenberg 1934

Wolfgang *Bachhofer* - Walter v. *Hahn* - Dieter *Möhn*, Rückläufiges Wörterbuch der Mittelhochdeutschen Sprache. Auf der Grundlage von Matthias Lexers Mittelhochdeutschem Handwörterbuch und Taschenwörterbuch bearbeitet und herausgegeben, Stuttgart 1984

Georg *Baesecke*, Der deutsche Abrogans und die Herkunft des deutschen Schrifttums. Mit 18 Tafeln, Halle (Saale) 1930

Franz H. *Bäuml* - Eva-Maria *Fallone*, A Concordance to the Nibelungenlied (Bartsch - de Boor Text) with a structural pattern Index, Frequency Ranking List, and reverse Index, Compendia. Computer-Generated Aids to Literary and Linguistic Research 7, Leeds 1976

Franz *Bastian*, Das Runtingerbuch 1383-1407 und verwandtes Material zum Regensburger-südostdeutschen Handel und Münzwesen, I. Darstellung; II. Text des Runtingerbuches; III. Urkunden, Briefe, Rechnungsauszüge, Register zum Text des Runtingerbuches, Berichtigungen, Ergänzungen, Deutsche Handelsakten des Mittelalters und der Neuzeit VI-VIII, Regensburg 1935-1944

H. *Beck*, Donar-þórr, RGA. VI, S. 1-7

Adolf *Becker*, Die deutschen Handschriften der Stadtbibliothek zu Trier, Beschreibendes Verzeichnis der Handschriften der Stadtbibliothek zu Trier 7, Trier 1911

Otto *Behaghel*, Die deutsche Sprache, Das Wissen der Gegenwart 54, 4. A. Wien - Leipzig 1907
-, Deutsche Syntax. Eine geschichtliche Darstellung, I. Die Wortklassen und Wortformen. A. Nomen. Pronomen, II. Die Wortklassen und Wortformen. B. Adverbium. C. Verbum, III. Die Satzgebilde, IV. Wortstellung. Periodenbau, Germanische Bibliothek. I. Sammlung germanischer Elementar- und Handbücher. I. Reihe: Grammatiken. Zehnter Band, Heidelberg 1923-1932
-, Die Syntax des Heliand, Wien 1897, Neudruck Wiesbaden 1966
Die Gedichte des Michel *Beheim*. Nach der Heidelberger Hs. cpg 334 unter Heranziehung der Heidelberger Hs. cpg 312 und der Münchener Hs. cgm 291 sowie sämtlicher Teilhandschriften. Herausgegeben von Hans Gille und Ingeborg Spriewald, I. Einleitung. Gedichte Nr. 1-147; II. Gedichte Nr. 148-357; III/1. Gedichte Nr. 358-453. Die Melodien; III/2, Registerteil, DTM. 60, 64, 65/1, 65/2, Berlin 1968-1972
Georg [F.] *Benecke* - Wilhelm *Müller* - Friedrich *Zarncke*, Mittelhochdeutsches Wörterbuch, I-III, Nachdruck der Ausgabe Leipzig 1854-1866, Hildesheim 1963
Benedicti Regula. Editio altera Emendata. Recensuit Rudolphus Hanslik, CSEL. 75, Vindobonae 1977
Die althochdeutsche *Benediktinerregel* des Cod. Sang 916. Herausgegeben von Ursula Daab, ATB. 50, Tübingen 1959
Die *Benediktus-Regel*. Lateinisch-Deutsch. Herausgegeben von Basilius Steidle, 3. A. Beuron 1978
Rudolf *Bentzinger*, Zur Verwendung von Adjektivsuffixen in Erfurter Frühdrucken, Zum Sprachwandel in der deutschen Literatursprache des 16. Jahrhunderts. Studien - Analysen - Probleme. Autorenkollektiv unter Leitung von Joachim Schildt, Bausteine zur Sprachgeschichte des Neuhochdeutschen 63, Berlin 1987, S. 151-266
-, Zur Verwendung von Adjektivsuffixen in der deutschen Literatursprache (1570-1730), Aspekte des Sprachwandels in der deutschen Literatursprache 1570-1730. Herausgegeben von Joachim Schildt, Bausteine zur Sprachgeschichte des Neuhochdeutschen 66, Berlin 1992, S. 119-225
Dieter *Berger*, Zur Abgrenzung der Eigennamen von den Appellativen, BNF. BF. 11 (1976) S. 375-387
-, Vom Kaiser zum Quisling. Personennamen im allgemeinen Sprachgebrauch, Muttersprache 60 (1950) S. 149-157
-, Sind Völkernamen und andere pluralische Personennamen Appellativa?, in: Herwig H. Hornung (Hrsg.), 10. Internationaler Kongreß für Namenforschung. Wien 8.-13.IX.1969, I, Wien 1969, S. 73-80
Gunter *Bergmann*, Zur Theorie der Wortbildungsregeln (Der Typ "Heulsuse"), Reader zur Namenkunde, II, S. 533-539
Rolf *Bergmann*, Chronologische Aspekte der Glossenüberlieferung: Zum 11. und 12. Jahrhundert, Deutsche Literatur und Sprache von 1050-1200. Festschrift für

Ursula Hennig zum 65. Geburtstag. Herausgegeben von Annegret Fiebig und Hans-Jochen Schiewer, Berlin 1995, S. 19-25

Rolf *Bergmann*, Syntaktische Aspekte der althochdeutschen Wortbildung, Althochdeutsch. Syntax und Semantik. Akten des Lyonner Kolloquiums zur Syntax und Semantik des Althochdeutschen (1-3 März 1990) herausgegeben von Yvon Desportes, Lyon 1992, S. 21-45

-, Althochdeutsche Glossen zu "Bauer", Wort und Begriff "Bauer". Zusammenfassender Bericht über die Kolloquien der Kommission für die Altertumskunde Mittel- und Nordeuropas. Herausgegeben von Reinhard Wenskus, Herbert Jankuhn und Klaus Grinda, Abhandlungen der Akademie der Wissenschaften in Göttingen. Philologisch-historische Klasse. Dritte Folge. Nr. 89, Göttingen 1975, S. 89-127

-, Mittelfränkische Glossen. Studien zu ihrer Ermittlung und sprachgeographischen Einordnung, Rheinisches Archiv 61, Bonn 1966, 2. A. 1977

-, Die althochdeutsche Glossenüberlieferung des 8. Jahrhunderts, Nachrichten der Akademie der Wissenschaften in Göttingen. Philologisch-historische Klasse. Jahrgang 1983. Nr. 1, Göttingen 1983

-, Zweite Liste der in dem Verzeichnis der althochdeutschen und altsächsischen Glossenhandschriften nachzutragenden Handschriften, in: Rudolf Schützeichel, Addenda und Corrigenda (II) zur althochdeutschen Glossensammlung, S. 49-56

-, Dritte Liste der in dem Verzeichnis der althochdeutschen und altsächsischen Glossenhandschriften nachzutragenden Handschriften (unter Einschluß der in der ersten und zweiten Liste nachgetragenen Handschriften), in: Rudolf Schützeichel, Addenda und Corrigenda (III), S. 151-172

-, Vierte Liste der in dem Verzeichnis der althochdeutschen und altsächsischen Glossenhandschriften nachzutragenden Handschriften, in: Rudolf Schützeichel, Addenda und Corrigenda (III), S. 173

-, Probleme und Aufgaben einer althochdeutschen Wortbildungslehre, Deutsche Sprachgeschichte. Grundlagen, Methoden, Perspektiven. Festschrift für Johannes Erben zum 65. Geburtstag. Herausgegeben von Werner Besch, Frankfurt am Main - Bern - New York - Paris 1990

-, Prolegomena zu einem Rückläufigen Morphologischen Wörterbuch. Mit 44 Abbildungen, Studien zum Althochdeutschen 4, Göttingen 1984

-, Verzeichnis der althochdeutschen und altsächsischen Glossenhandschriften. Mit Bibliographie der Glosseneditionen, der Handschriftenbeschreibungen und der Dialektbestimmungen, Arbeiten zur Frühmittelalterforschung 6, Berlin - New York 1973

-, Rückläufiges morphologisches Wörterbuch des Althochdeutschen. Auf der Grundlage des »Althochdeutschen Wörterbuchs« von Rudolf Schützeichel, Tübingen 1991

Berthold von Holle, Demantin. Herausgegeben von Karl Bartsch, BLVSt. 123, Tübingen 1875

Werner *Betz*, Deutsch und Lateinisch. Die Lehnbildungen der althochdeutschen Benediktinerregel, 2. A. Bonn 1965

Die gotische *Bibel*. Herausgegeben von Wilhelm Streitberg, I. Der gotische Text und seine griechische Vorlage. Mit Einleitung, Lesarten und Quellennachweisen sowie den kleineren Denkmälern als Anhang, 5. A.; II. Gotisch-Griechisch-Deutsches Wörterbuch, 4. A. Heidelberg 1965

Bibellexikon. Herausgegeben von Klaus Koch, Eckart Otto, Jürgen Roloff und Hans Schmoldt. Mit 38 Abbildungen und 6 Karten, Stuttgart 1992

Biblia sacra iuxta vulgatam versionem. Adiuvantibus Bonifatio Fischer, Iohanne Gribomont, H. F. D. Sparks, W. Thiele recensuit et brevi apparatu instruxit Robertus Weber, I-II, 3. A. Stuttgart 1983, Nachdruck 1985

Mittelalterliche *Bibliothekskataloge* Deutschlands und der Schweiz. Herausgegeben von der Bayerischen Akademie der Wissenschaften in München, I. Die Bistümer Konstanz und Chur. Bearbeitet von Paul Lehmann, [o.O] 1918, Nachdruck München 1969; IV, 1. Bistümer Passau und Regensburg. Bearbeitet von Christine Elisabeth Ineichen-Eder, München 1977; IV, 2. Bistum Freising. Bearbeitet von Günter Glauche. Bistum Würzburg. Bearbeitet von Hermann Knaus. Mit Beiträgen von Bernhard Bischoff und Wilhelm Stoll, München 1979

Mittelalterliche *Bibliothekskataloge* Österreichs. Herausgegeben von der Österreichischen Akademie der Wissenschaften, IV. Salzburg. Bearbeitet von Gerlinde Möser-Mersky und Melanie Mihaliuk, Graz - Wien - Köln 1966

Ulf *Bichel*, Lexikologie des Mittelniederdeutschen, Sprachgeschichte, 2.2, S. 1232-1238

Eine niederdeutsche *Birgitta-Legende* aus der Mitte des XV. Jahrhunderts (Staats- und Universitätsbibliothek, Hamburg, Cod. Convent 10). Herausgegeben von Axel Mante, Acta Universitatis Stockholmiensis 8, Stockholm - Lund 1971

Bernhard *Bischoff* - Johannes *Duft* - Stefan *Sonderegger*, Das älteste deutsche Buch. Die ‹Abrogans›-Handschrift der Stiftsbibliothek St. Gallen. Im Faksimile herausgegeben und beschrieben. Mit Transkription des Glossars und des althochdeutschen Anhangs von Stefan Sonderegger, St. Gallen 1977

-, Paläographische Fragen deutscher Denkmäler der Karolingerzeit, FMSt. 5 (1971) S. 101-134

-, Frühkarolingische Handschriften und ihre Heimat, Scriptorium 22 (1968) S. 306-314

- - Josef *Hofmann*, Libri Sancti Kyliani. Die Würzburger Schreibschule und die Dombibliothek im VIII. und IX. Jahrhundert, Quellen und Forschungen zur Geschichte des Bistums und Hochstift Würzburg 6, Würzburg 1952

-, Die südostdeutschen Schreibschulen und Bibliotheken in der Karolingerzeit, I. Die bayrischen Diözesen, 2. A. Wiesbaden 1960

-, Mittelalterliche Studien. Ausgewählte Aufsätze zur Schriftkunde und Literaturgeschichte, I-III, Stuttgart 1966-1981

Biterolf und Dietleib neu herausgegeben und eingeleitet von André Schnyder, Sprache und Dichtung 31, Bern - Stuttgart 1980

Erik *Björkmann*, Die Pflanzennamen der althochdeutschen Glossen, ZDW. 2 (1902) S. 202-233
-, Die Pflanzennamen der althochdeutschen Glossen. 4. Pflanzennamen, die nur auf deutschem Gebiete belegt sind, ZDW. 3 (1902) S. 263-307
-, Die Pflanzennamen der althochdeutschen Glossen, II. Entlehnte Pflanzennamen, ZDW. 6 (1904/1905) S. 174-198
Anicii Manlii Severini *Boethii*, Philosophiae Consolatio. Iteratis curis edidit Ludovicus Bieler, CCSL. 94, Turnholti 1984
Boethius, Trost der Philosophie. Lateinisch und Deutsch. Herausgegeben und übersetzt von Ernst Gegenschatz und Olof Gigon. Eingeleitet und erläutert von Olof Gigon, Die Bibliothek der Alten Welt, Dritte, überarbeitete Auflage Zürich und München 1981
Joseph *Bosworth* - T. Northcote *Toller*, An Anglo-Saxon Dictionary, Oxford 1898, Nachdruck 1976; Supplement by T. Northcote Toller. With Revised and Enlarged Addenda by Alistair Campell, Oxford 1921, 1972, Nachdruck 1973
Juliane *Brandsch*, Bezeichnungen für Bauern und Hofgesinde im Althochdeutschen. Mit 4 Abbildungen, Sitzungsberichte der Sächsischen Akademie der Wissenschaften zu Leipzig. Philologisch-historische Klasse. Band 127. Heft 4, Berlin 1987
Sebastian *Brants* Narrenschiff. Herausgegeben von Friedrich Zarncke. Mit 4 Holzschnitten, Fotomechanischer Nachdruck der Ausgabe Leipzig 1854, Hildesheim 1961
Wilhelm *Braune* - Hans *Eggers*, Althochdeutsche Grammatik, Sammlung kurzer Grammatiken germanischer Dialekte. A. Hauptreihe Nr. 5, 14. A. Tübingen 1987
Otto *Bremer*, Urgerm. *a* in unbetonter Silbe, IF. 14 (1903) S. 363-367
Hermann *Broch*, Die Schlafwandler. Eine Romantrilogie, Kommentierte Werkausgabe. Herausgegeben von Paul Michael Lützeler, I, Frankfurt am Main 1978
Herbert *Bruderer*, Von Personennamen abgeleitete Verben, Reader zur Namenkunde, II, S. 541-554
Brun von Schonebeck. Herausgegeben von Arwed Fischer, BLVSt. 198, Tübingen 1893
Franz *Brunhölzl*, Geschichte der lateinischen Literatur des Mittelalters, I. Von Cassiodor bis zum Ausklang der karolingischen Erneuerung, München 1975
Daz *buch* von gûter spise. Aus der Würzburg-Münchener Handschrift neu herausgegeben von Hans Hajek, Texte des späten Mittelalters 8, Berlin 1958
Karl *Bühler*, Sprachtheorie. Die Darstellungsfunktion der Sprache. Mit einem Geleitwort von Friedrich Kainz. 9 Abbildungen im Text und auf 1 Tafel, Jena 1934, Nachdruck Stuttgart - New York 1982
Max *Bürgisser*, Untersuchungen zur deutschen Wortbildung im Althochdeutschen und Altniederdeutschen. Form und Funktion von denominalen Ableitungen in der *Benediktinerregel*, im *Tatian* und im *Heliand*, Bern - Frankfurt/Main - New York 1983

C

Capitularia Regum Francorum, MGH. LL. sectio II. Rerum Germanicarum Medii Aevi. 1. Denuo Edidit Alfredus Boretius, Hannoverae 1883; 2. Denuo Edidit Alfredus Boretius et Victor Krause, Hannoverae 1897, Nachdruck 1960

Capitularia Regum Francorum, MGH. LL. II. Rerum Germanicarum Medii Aevi. Edidit Georgius Heinricus Pertz, Hannoverae 1837

Broder *Carstensen*, SPIEGEL-WÖRTER, SPIEGEL-WORTE. Zur Sprache eines deutschen Nachrichtenmagazins, München 1971

Catalogus Codicum Latinorum Bibliothecae Regiae Monacensis. Editio Altera Emendatior, III.1-3, IV.1-4 Monaci 1873-1892; III.3 Nachdruck Wiesbaden 1968

A. *Cerny*, Die Handschriften der Stiftsbibliothek St. Florian. Zur achthundertjährigen Gedächtnisfeier der Übergabe des Klosters St. Florian an die regulirten Chorherrn des Heil. Augustin, Linz 1871

Von *Christi* Geburt, Die religiösen Dichtungen des 11. und 12. Jahrhunderts, II, S. 124-133

Chronik des Franciscaner Lesemeisters Detmar, nach der Urschrift und mit Ergänzungen aus anderen Chroniken herausgegeben von F. H. Grauthoff, I, II, Die Lübeckischen Chroniken in niederdeutscher Sprache, I, II, Hamburg 1829, 1830

Deutsche *Chroniken* und andere Geschichtsbücher des Mittelalters. Herausgegeben von der Gesellschaft für ältere deutsche Geschichtskunde. II. Sächsische Weltchronik - Eberhards Reimchronik von Gandersheim - Braunschweigische Reimchronik - Chronik des Stiftes S. Simon und Judas in Goslar - Holsteinische Reimchronik, unveränderter Nachdruck der Ausgabe 1877, Dublin - Zürich 1971

Die *Chroniken* der deutschen Städte vom 14. bis ins 16. Jahrhundert. Herausgegeben durch die historische Kommission bei der Bayerischen Akademie der Wissenschaften, I-XXXVI, Leipzig - Stuttgart 1862-1931, Nachdruck Göttingen 1961-1968

Clavis Apocryphorum Novi Testamenti. Cura et studio Mauritii Geeraud, Corpus Christianorum Clavis Apocryphum Novi Testamenti, Brepols - Tournhout 1992

Codex diplomaticus Mœnofrancofurtanus. Urkundenbuch der Reichsstadt Frankfurt. Herausgegeben von Johann Friedrich Bœhmer. Bearbeitet von Friedrich Lau, I. 794-1314; II. 1314-1340, Frankfurt am Main 1901, 1905

Codex Diplomaticus. Sammlung der Urkunden zur Geschichte Cur-Rätiens und der Republik Graubünden. Herausgegeben von Th. v. Mohr, II, Cur 1852-1854

Concilia Aevi Merovingici. Recensuit Fridericus Maassen, MGH. LL. III. Concilia, 1, Hannoverae 1893

Corpus der altdeutschen Originalurkunden bis zum Jahr 1300. Begründet von Friedrich Wilhelm. Fortgeführt von Richard Newald. Herausgegeben von Helmut de Boor und Diether Haacke, I. 1200 - 1282. Nr. 1 - 564, II. 1283 - 1292. Nr. 565 - 1657, III. 1293 - 1296. Nr. 1658 - 2529 [2559], IV. 1297 - Ende 13.

Jahrhundert. Nr. 2560 - 3598, V. 46.-54. Lieferung. [1261] - Ende 13. Jahrhundert. Nr. N 1 - N 824, Lahr 1932-1986

Corpus van Middelnederlandse Teksten (tot en met het jaar 1300). Uitgegeven door Maurits Gysseling. M.M.V. en van Woordindices voorzien door Willy Pijnenburg, Reeks I: Ambtelijke Bescheiden, I-I - I-9, 's-Gravenhage 1977

Corpus glossarium Latinorum. A Gustavo Loewe incohatum auspiciis Societatis Litterarum Regiae Saxonicae composuit recensuit edidit Georgius Goetz, III. Hermeneumata pseuodositheana. Edidit Georgius Goetz. Accedunt Hermeneumata medicobotanica vetustiora, Leipzig 1892, Nachdruck Amsterdam 1965

Eugenio *Coseriu*, Bedeutung, Bezeichnung und sprachliche Kategorien. Lauri Seppänen zu seinem 60. Geburtstag, Sprachwissenschaft 12 (1987) S. 1-23

-, Einführung in die Allgemeine Sprachwissenschaft, Tübingen 1988

-, Formen und Funktionen. Studien zur Grammatik. Herausgegeben von Uwe Petersen, Konzepte der Sprach- und Literaturwissenschaft 33, Tübingen 1987

-, Der Plural bei Eigennamen, Reader zur Namenkunde, I, S. 225-240

-, Probleme der strukturellen Semantik. Vorlesung gehalten im Wintersemester 1965/66 an der Universität Tübingen. Autorisierte und bearbeitete Nachschrift von D. Kastovsky, Tübinger Beiträge zur Linguistik 40, 3. A. Tübingen 1978

-, Sprache. Strukturen und Funktionen. XII Aufsätze zur Allgemeinen und Romanischen Sprachwissenschaft. In Zusammenarbeit mit Hansbert Bertsch und Gisela Köhler herausgegeben von Uwe Petersen, Tübinger Beiträge zur Linguistik 2, 3. A. Tübingen 1979

-, Synchronie, Diachronie und Geschichte. Das Problem des Sprachwandels. Übersetzt von Helga Sohre, Internationale Bibliothek für Allgemeine Linguistik 3, München 1974

-, Inhaltliche Wortbildungslehre (am Beispiel des Typs "coupe-papier"), Perspektiven der Wortbildungsforschung. Beiträge zum Wuppertaler Wortbildungskolloquium vom 9.-10. Oktober 1976. Anläßlich des 70. Geburtstags von Hans Marchand am 1. Oktober 1977. Herausgegeben von Herbert E. Brekle und Dieter Kastovsky, Bonn 1977, S. 48-61

Thomas *Cramer*, Lohengrin. Edition und Untersuchungen, München 1971

Die pehemische *Cronica* dewcz, Rýmovaná Kronika Česká. Tak Řečeného Dalimila, Fontes Rerum Bohemicarum III. Prameny Dějin Českých, Vydávané Z Nadání Palackého Péči "Spolku Historického V Praze", V Praze 1882, S. 257-297

D

F. L. *Debus*, Aspekte zum Verhältnis Name-Wort. Rede uitgesproken bij de officiële aanvaarding van het ambt van gewoon hoogleraar in de middelneuwse duitse letterkunde en de duitse taalkunde aan de Rijksuniversiteit te Groningen op Dinsdag 4 Oktober 1966, Groningen 1966

Friedhelm *Debus*, Original und Variation. Zur Kreativität bei der Benennung von Personen, Reader zur Namenkunde, II, S. 501-523

Angela *Decke*, Wortbildung im Dienst der Integration fremdsprachlicher Morpheme (am Beispiel der Adjektive auf *-isc* im Althochdeutschen), Synchrone und diachrone Aspekte der Wortbildung im Deutschen. Herausgegeben von Hans Wellmann, Sprache - Literatur und Geschichte. Studien zur Linguistik/Germanistik Band 8, Heidelberg 1993, S. 105-112

Die religiösen *Dichtungen* des 11. und 12. Jahrhunderts. Nach ihren Formen besprochen und herausgegeben von Friedrich Maurer, I-III, Tübingen 1964-1970

Oxford Latin *Dictionary*. Edited by P. G. W. Glare, Oxford 1982, Nachdruck Oxford 1984

Lorenz *Diefenbach*, Glossarium latino-germanicum mediae et infimae aetatis. E codicibus manuscriptis et libris impressis, Frankfurt 1857, Nachdruck Darmstadt 1973

-, Novum Glossarium Latino-Germanicum mediae et infimae aetatis. Beiträge zur wissenschaftlichen Kunde der neulateinischen und der germanischen Sprachen, Frankfurt am Main 1867, Neudruck Aalen 1964

Dietrichs Flucht, Alpharts Tod Dietrichs Flucht Rabenschlacht. Herausgegeben von Ernst Martin, Deutsches Heldenbuch II, Berlin 1866, S. 55-215

F. *Dornseiff*, Das Zugehörigkeitsadjektiv und das Fremdwort, GRM. 9 (1921) S. 193-200

Carolus du Fresne dominus *Du Cange*, Glossarium Mediæ et Infimæ Latinitatis, I-X, 1883-1887, Nachdruck Graz 1954

Duden. Das große Wörterbuch der deutschen Sprache in acht Bänden. 2., völlig neubearbeitete Auflage. Herausgegeben vom Wissenschaftlichen Rat und den Mitarbeitern der Dudenredaktion unter Leitung von Günther Drosdowski, I-VIII, Mannheim - Leipzig - Wien - Zürich 1993-1995

Ernst *Dümmler*, Geschichte des ostfränkischen Reiches, I-III, 2. A. Berlin 1887-1888, Nachdruck Darmstadt 1960

E

Alfred *Ebenbauer*, Germanische Religion, TRE. XII. Gabler-Gesellschaft/Gesellschaft und Christentum V, Berlin - New York 1984, S. 510-521

Christine Elisabeth *Eder*, Die Schule des Klosters Tegernsee im frühen Mittelalter im Spiegel der Tegernseer Handschriften, StMOSB. 83 (1972) S. 6-155

Hans *Eggers*, Nachlese zur Frühgeschichte des Wortes *deutsch*, PBB. 82. Sonderband Elisabeth Karg-Gasterstädt zum 75. Geburtstag am 9. Februar 1961 gewidmet, Halle 1961, S. 157-173

-, Vollständiges Lateinisch-Althochdeutsches Wörterbuch zur Althochdeutschen Isidorübersetzung, Deutsche Akademie der Wissenschaften zu Berlin. Veröffentlichungen des Instituts für deutsche Sprache und Literatur 20, Berlin 1960

J. J. *Egli*, Nomina Geographica. Sprach- und Sacherklärung von 42000 geographischen Namen aller Erdräume. Zweite, vermehrte und verbesserte Auflage, Leipzig 1893

Pankraz *Ehrat*, Das Suffix *-inus* bei nichtlateinischen Personennamen in Italien und Frankreich, Wil 1954

Ludwig M. *Eichinger*, Syntaktische Transposition und semantische Derivation. Die Adjektive auf *-isch* im heutigen Deutsch, Linguistische Arbeiten 113, Tübingen 1982

Wiltrud *Eikenberg*, Das Handelshaus der Runtinger zu Regensburg. Ein Spiegel süddeutschen Rechts-, Handels- und Wirtschaftslebens im ausgehenden 14. Jahrhundert. Mit einem Beitrag von Walter Boll, Veröffentlichungen des Max-Planck-Instituts für Geschichte 43, Göttingen 1976

Gerhard *Eis*, Zu *Kudrun* Str. 1109: *glocken spîse* und *spânischez messe*, StNPh. 3 (1958) S. 27-30

Liselotte Constanze *Eisenbart*, Kleiderordnungen der deutschen Städte zwischen 1350 und 1700. Ein Beitrag zur Kulturgeschichte des deutschen Bürgertums, Göttinger Bausteine zur Geschichtswissenschaft 32, Göttingen 1962

Peter *Eisenberg*, Grundriß der deutschen Grammatik. 2., überarbeitete und erweiterte Auflage, Stuttgart 1989

Ekkehard IV., St. Galler Klostergeschichten. Übersetzt von Hans F. Haefele, Ausgewählte Quellen zur deutschen Geschichte des Mittelalters. Freiherr vom Stein-Gedächtnisausgabe 10, Darmstadt 1980

Johannes *Erben*, Einführung in die deutsche Wortbildungslehre, Grundlagen der Germanistik 17, 3. A. Berlin 1993

-, Deutsche Grammatik. Ein Abriß, 12. A. München 1980

Dorothee *Ertmer*, Studien zur althochdeutschen und altsächsischen Juvencusglossierung, Studien zum Althochdeutschen 26, Göttingen 1994

Niederdeutsche *Erzählungen* aus dem XV. Jahrhundert. Herausgegeben von Franz Pfeiffer, Germania 9 (1864) S. 257-289

F

Sigmund *Feist*, Vergleichendes Wörterbuch der gotischen Sprache mit Einschluß des Krimgotischen und sonstiger zerstreuter Überreste des Gotischen. Dritte, neubearbeitete und vermehrte Auflage, Leiden 1939

Fritz *Fischer*, Der Formenbestand des Adjektivs in der mittelhochdeutschen Lyrik der Blütezeit, Dissertation Zürich 1955

Hans *Fischer*, Die lateinischen Pergamenthandschriften der Universitätsbibliothek Erlangen, Katalog der Handschriften der Universitätsbibliothek Erlangen. Neubearbeitung 1, Erlangen 1928

Hermann *Fischer*, Mittelalterliche Pflanzenkunde. Mit einem Vorwort von Johannes Steudel, München 1929, Nachdruck Hildesheim 1967

Hermann *Fischer* - Wilhelm *Pfleiderer*, Schwäbisches Wörterbuch. Auf Grund der von Adelbert v. Keller begonnenen Sammlungen und mit Unterstützung des Württembergischen Staates, I-VI, Tübingen 1904-1936

R. von *Fischer-Benzon*, Altdeutsche Gartenflora. Untersuchungen über die Nutzpflanzen des deutschen Mittelalters, ihre Wanderung und ihre Vorgeschichte im klassischen Altertum, Kiel – Leipzig 1894

Bruchstücke von Konrad *Flecks* Floire und Blancheflûr. Nach den Handschriften F und P unter Heranziehung von B H. Herausgegeben von Carl H. Rischen, Germanische Bibliothek. Dritte Abteilung. Kritische Ausgaben altdeutscher Texte 4, Heidelberg 1913

Konrad *Fleck*, Flore und Blanscheflur. Eine Erzählung. Herausgegeben von Emil Sommer, Bibliothek der gesammten deutschen National-Literatur von der ältesten bis auf die neuere Zeit 12, Quedlinburg und Leipzig 1846

Wolfgang *Fleischer*, Deonymische Derivation, Reader zur Namenkunde, I, S. 253-261

-, Struktur und Funktion mehrwortiger Eigennamen im Deutschen, Reader zur Namenkunde, I, S. 263-271

- - Irmhild *Barz*, Wortbildung der deutschen Gegenwartssprache. Unter Mitarbeit von Marianne Schröder, Tübingen 1992

Csaba *Földes*, Anthroponyme als Strukturkomponenten deutscher Phraseologismen, ZGL. 15 (1987) S. 1-19

-, Eigennamen in deutschen phraseologischen Redewendungen. Eine etymologische und semantisch-stilistische Analyse, Muttersprache 95 (1984/85) S. 174-180

Ernst *Förstemann*, Altdeutsches Namenbuch, I. Personennamen, 2. A. Bonn 1900, Nachdruck München - Hildesheim 1966; II. Orts- und sonstige geographische Namen, 1. A-K; 2. L-Z und Register. Nachdruck der dritten, völlig neu bearbeiteten, um 100 Jahre (1100-1200) erweiterten Auflage herausgegeben von Hermann Jellinghaus, Bonn 1913, Nachdruck München - Hildesheim 1966-1967

Karl *Forstner*, Die karolingischen Handschriften und Fragmente in den Salzburger Bibliotheken (Ende des 8. Jh. bis Ende des 9. Jh.), Mitteilungen der Gesellschaft für Salzburger Landeskunde, Ergänzungsband 3, Salzburg 1962

Johannes *Franck* - Rudolf *Schützeichel*, Altfränkische Grammatik. Laut- und Flexionslehre, 2. A. Göttingen 1971

Irmgard *Frank*, Aus Glossenhandschriften des 8. bis 14. Jahrhunderts. Quellen zur Geschichte einer Überlieferungsart, Quellen zur Sprach- und Literaturgeschichte 3, Heidelberg 1984

Rainer *Frank*, Kosenamenbildung und Kosenamengebungstendenzen im Ruhrgebiet, Reader zur Namenkunde, II, S. 471-489

Fridankes Bescheidenheit von H. E. Bezzenberger. Neudruck der Ausgabe 1872, Aalen 1962

Theodor *Frings*, Erle und aune, PBB. 91 (Halle 1969) S. 175-194

-, Germania Romana, I, Mitteldeutsche Studien 19/1, Halle (Saale) 1966

Theodor *Frings* - Gertraud *Müller*, Keusch, Erbe der Vergangenheit. Germanistische Beiträge. Festgabe für Karl Helm zum 80. Geburtstage 19. Mai 1951, Tübingen 1951, S. 109-135

Marie-Elisabeth *Fritze*, Bezeichnungen für den Zugehörigkeits- und Herkunftsbereich beim substantivischen Attribut, in: Gerhard Kettmann - Joachim Schildt (Hrsg.), Zur Ausbildung der Norm der deutschen Literatursprache auf der syntaktischen Ebene (1470-1730). Der Einfachsatz, Berlin 1976, S. 417-476

G

Kurt *Gärtner* - Christoph *Gerhardt* - Jürgen *Jaehrling* - Ralf *Plate* - Walter *Röll* - Erika *Timm*, Findebuch zum mittelhochdeutschen Wortschatz. Mit einem rückläufigen Index, Stuttgart 1992

J. H. *Gallée*, Altsächsische Grammatik. Register von Johannes Lochner. Dritte Auflage mit Berichtigungen und Literaturnachträgen von Heinrich Tiefenbach, Sammlung kurzer Grammatiken germanischer Dialekte A. Hauptreihe Nr. 6, Tübingen 1963

-, Vorstudien zu einem altniederdeutschen wörterbuche, Leiden 1903, Nachdruck Walluf - Nendeln 1977

Heinz *Gallmann*, Das Stifterbuch des Klosters Allerheiligen zu Schaffhausen. Kritische Neuedition und sprachliche Einordnung, Quellen und Forschungen zur Sprach- und Kulturgeschichte der germanischen Völker. NF. 104 (228), Berlin - New York 1994

Hermann *Garke*, Prothese und Aphaerese des h im Althochdeutschen, Quellen und Forschungen zur Sprach- und Culturgeschichte der germanischen Völker 69, Dissertation Straßburg 1891

Hans-Martin *Gauger*, Durchsichtige Wörter. Zur Theorie der Wortbildung, Heidelberg 1971

Ernst Theodor *Gaupp*, Deutsche Stadtrechte des Mittelalters. Mit rechtsgeschichtlichen Erläuterungen herausgegeben. 2 Bände in einem Band. Neudruck der Ausgabe Breslau 1851-52, Aalen 1966

Kleinere deutsche *Gedichte* des 11. und 12. Jahrhunderts. Nach der Auswahl von Albert Waag neu herausgegeben von Werner Schröder, Tübingen 1972

Die altdeutsche *Genesis*. Nach der Wiener Handschrift. Herausgegeben von Viktor Dollmayr, ATB. 31, Halle (Saale) 1932

Altsächsische *Genesis*, Heliand und Genesis. Herausgegeben von Otto Behaghel. 9. Auflage bearbeitet von Burkhard Taeger, ATB. 4, Tübingen 1984, S. 217-256

Genesis und Exodus. Nach der Milstädter Handschrift herausgegeben von Joseph Diemer, I. Einleitung und Text, Unveränderter Neudruck der Ausgabe von 1862, Niederwalluf bei Wiesbaden 1971

Der sogenannte *St. Georgener* Prediger aus der Freiburger und der Karlsruher Handschrift herausgegeben von Karl Rieder. Mit zwei Tafeln in Lichtdruck, DTM. 10, Berlin 1908

Karl Ernst *Georges*, Ausführliches Lateinisch-Deutsches Handwörterbuch. Aus den Quellen zusammengetragen und mit besonderer Bezugnahme auf Synonymik und Antiquitäten unter Berücksichtigung der besten Hilfsmittel ausgearbeitet. Nachdruck der 8. A. von Heinrich Georges, I-II, Hannover 1988

Die *Gesetze* der Langobarden. Übertragen und bearbeitet von Franz Beyerle. Mit einem Glossar von Ingeborg Schröbler, Weimar 1947

Dieter *Geuenich*, Die Personennamen der Klostergemeinschaft von Fulda im früheren Mittelalter, Münstersche Mittelalter-Schriften 5, München 1976

-, Personennamen als Personengruppennamen, Proceedings of the Thirteenth International Congress of Onomastic Sciences, I, S. 437-445

Günter *Glauche*, Schullektüre im Mittelalter. Entstehung und Wandlungen des Lektürekanons bis 1200 nach den Quellen dargestellt, Münchener Beiträge zur Mediävistik und Renaissance-Forschung 5, München 1970

Ingeborg *Glier*, Heinrich der Teichner, VL. III, Sp. 884-892

Des Meisters *Godefrit* Hagen, der Zeit Stadtschreibers, Reimchronik der Stadt Cöln aus dem dreizehnten Jahrhundert. Mit Anmerkungen und Wörterbuch nach der einzigen alten Handschrift zum erstenmale vollständig herausgegeben von E. von Groote, Unveränderter Neudruck der Ausgabe von 1834, Wiesbaden 1972

Ulrich *Goebel*, Wortindex zum 1. Band des Corpus der altdeutschen Originalurkunden, Hildesheim - New York 1974

Goethes Werke, Hamburger Ausgabe in vierzehn Bänden. Herausgegeben von Erich Trunz, I-XIV, München 1981

Heinrich *Götz*, Althochdeutsch *BALZ* 'BALTEUS', PBB. 77 (1955) S. 242-246

-, Zur Bedeutung der althochdeutschen Glossen innerhalb des althochdeutschen Gesamtwortschatzes, Sprache in der sozialen und kulturellen Entwicklung. Beiträge eines Kolloquiums zu Ehren von Theodor Frings (1886-1968). Herausgegeben von Rudolf Große, Abhandlungen der Sächsischen Akademie der Wissenschaften zu Leipzig. Philologisch-historische Klasse. Band 73. Heft 1, Berlin 1990, S. 316-322

-, Übersetzungsweisen in althochdeutschen Texten und Glossen im Spiegel eines lateinisch-althochdeutschen Glossars, Sprachwissenschaft 19 (1994) S. 123-164

Alfred *Goetze*, Zur geschichte der adjektiva auf *-isch*, PBB. 24 (1899) S. 464-522

-, Rezension zu Othmar Meisinger. Hinz und Kunz, Literaturblatt für germanische und romanische Philologie 47 (1926) S. 275-277

-, Rezension zu Karl Sang. Die appellative Verwendung von Eigennamen bei Luther, ADA. 43 (1924) S. 145

Albert *Gombert*, Kleine Bemerkungen zur Wortgeschichte, ZDW. 8 (1906/1907) S. 121-140

Gottfried von Straßburg, Tristan und Isold. Herausgegeben von Friedrich Ranke. Text, Nachdruck der 9. Auflage Berlin 1964, 15. A. 1978

Max *Gottschald* - Rudolf *Schützeichel*, Deutsche Namenkunde. Unsere Familiennamen. Fünfte verbesserte Auflage mit einer Einführung in die Familiennamenkunde von Rudolf Schützeichel, Berlin - New York 1982
Eberhard Gottlieb *Graff*, Diutiska. Denkmäler deutscher Sprache und Literatur aus alten Handschriften zum ersten Male theils herausgegeben, theils nachgewiesen und beschrieben. Drei Hefte in einem Band, I, Stuttgart - Tübingen 1826, Reprografischer Nachdruck Hildesheim - New York 1970
-, Althochdeutscher Sprachschatz oder Wörterbuch der althochdeutschen Sprache, I-VI, Berlin 1834-1842, Nachdruck Darmstadt 1963
Sancti *Gregorii* Papæ I cognomento Magni, Opera Omnia, MPL. 76, Turnhout [o.J.]
-, Opera Omnia, MPL. 77, Paris 1896
Jacob *Grimm*, Das er örtlicher Appellative unadjektivisch, Kleinere Schriften, VII. Recensionen und vermischte Aufsätze. Vierter Theil, Berlin 1884, S. 100f.
-, Deutsche Grammatik, II. Herausgegeben von Wilhelm Scherer, Reprografischer Nachdruck der Ausgabe Berlin 1878; III. Herausgegeben von Gustav Roethe und Edward Schröder, Reprografischer Nachdruck der Ausgabe Gütersloh 1890; IV. Herausgegeben von Gustav Roethe und Edward Schröder, Reprografischer Nachdruck der Ausgabe Gütersloh 1898, Documenta Linguistica. Quellen zur Geschichte der deutschen Sprache des 16.-19. Jahrhunderts. Grammatiken des 19. Jahrhunderts, Hildesheim 1967
- - Wilhelm *Grimm*, Deutsches Wörterbuch, I-XVI, Leipzig 1854-1954; Quellenverzeichnis, Leipzig 1971; Nachdruck in 33 Bänden, München 1984
Wilhelm *Grimm*, Athis und Prophilias, Kleinere Schriften. Herausgegeben von Gustav Hinrichs, III. Mit einer Heliographie, Berlin 1883, S. 212-336
-, Marienlieder, ZDA. 10 (1856) S. 1-142
Otto *Gröger*, Die althochdeutsche und altsächsische Kompositionsfuge mit Verzeichnis der althochdeutschen und altsächsischen Composita, Zürich 1911
Rudolf *Große* - Siegfried *Blum* - Heinrich *Götz*, Beiträge zur Bedeutungserschließung im althochdeutschen Wortschatz, Berlin 1977
Joachim *Gruber*, Kommentar zu Boethius De Consolatione Philosophia, Texte und Kommentare 9, Berlin - New York 1978
L. *Günther*, Die deutsche Gaunersprache und verwandte Geheim- und Berufssprachen, Leipzig 1919, Nachdruck Wiesbaden 1965

H

Walter *Hävernick*, Der Kölner Pfennig im 12. und 13. Jahrhundert. Periode der territorialen Pfennigmünze, Stuttgart 1930
Julius *Haltenhoff*, Zur Geschichte des nhd. Adjektivsuffixes -icht und seiner Verwandten. Inaugural-Dissertation zur Erlangung der philosophischen Doktorwürde einer Hohen philosophischen Fakultät der Universität Heidelberg, Guben 1904

Mittelniederdeutsches *Handwörterbuch*. Begründet von A. Lasch und C. Borchling. Mit Unterstützung der Deutschen Forschungsgemeinschaft herausgegeben von Gerhard Cordes, Dieter Möhn. Bearbeitet von Gerhard Cordes, Annemarie Hübner, Dieter Möhn, Ingrid Schröder, I, II. 6., 7., 13., 15., 17., 20.-25. Lieferung; III. 12., 14., 16., 18., 19. Lieferung; Sonderlieferung. Siglenverzeichnis. Abkürzungsverzeichnis, Neumünster 1933-1994

Wolfgang *Haubrichs*, 'die tiutsche und die andern zungen': Von der Vielfalt und Entwicklung eines Sprach- und Volksbegriffs, Germanistik und Deutschunterricht im historischen Wandel. Herausgegeben von Johannes Janota, Tübingen 1993, S. 21-41

Alfred *Haverkamp*, Aufbruch und Gestaltung. Deutschland 1056-1273, Die Neue Deutsche Geschichte 2, 2. A. Frankfurt a. M. - Wien 1993

R.-M. S. *Heffner*, Collected Indexes to the Works of Wolfram von Eschenbach, Madison 1961

-, A Word=Index to the Poems of Walther von der Vogelweide, 2. A. Madison 1950

-, A Word-Index to the Texts of Steinmeyer *Die kleineren althochdeutschen Sprachdenkmäler*, Madison 1961

Frank *Heidermanns*, Etymologisches Wörterbuch der germanischen Primäradjektive, Studia Linguistica Germanica 33, Berlin - New York 1993

Heinrichs "Litanei", Die religiösen Dichtungen des 11. und 12. Jahrhunderts, III, S. 124-251

Heinrich von Freiberg, Die Legende vom heiligen Kreuze, in: Heinrich von Freiberg (Dichtungen). Mit Einleitungen über Stil, Sprache, Metrik, Quellen und die Persönlichkeit des Dichters. Herausgegeben von Alois Bernt, Nachdruck der Ausgabe Halle 1906, Tübingen 1978, S. 213-238

Heinrich's von Freiberg Tristan. Herausgegeben von Reinhold Bechstein, Deutsche Dichtungen des Mittelalters 5. Mit Wort- und Sacherklärungen. Herausgegeben von Karl Bartsch, Leipzig 1877

Heinrich von Freiberg, Tristan. Edité avec Introduction et Index par Danielle Buschinger, Göppinger Arbeiten zur Germanistik 270, Göppingen 1982

Die Gedichte des "*Heinrich* von Melk", Die religiösen Dichtungen des 11. und 12. Jahrhunderts, III, S. 254-359

Die Gedichte *Heinrichs* des Teichners. Herausgegeben von Heinrich Niewöhner, I. (Gedicht Nr. 1-282); II. (Gedicht Nr. 283-536); III. (Gedicht Nr. 537-729), DTM. 44, 46, 48, Berlin 1953-1956

Diu Crône von *Heinrîch* von dem Türlîn. Zum ersten Male herausgegeben von Gottlob Heinrich Friedrich Scholl, BLVSt. 27, Stuttgart 1852, Nachdruck Amsterdam 1966

Heliand, Heliand und Genesis. Herausgegeben von Otto Behaghel. 9. Auflage bearbeitet von Burkhard Taeger, ATB. 4, Tübingen 1984, S. 5-216

Henric van Veldeken, Eneide. I. Einleitung · Text. Herausgegeben von Gabriele Schieb und Theodor Frings; II. Untersuchungen von Gabriele Schieb unter

Mitwirkung von Theodor Frings; III. Wörterbuch von Gabriele Schieb mit Günter Kramer und Elisabeth Mager, DTM. 58, 59, 62, Berlin 1964-1970

Elke *Hentschel*, Entwickeln sich im Deutschen Possessiv-Adjektive? Der -s-Genitiv bei Eigennamen, Satz - Text - Diskurs. Akten des 27. Linguistischen Kolloquiums, Münster 1992, Band 1. Herausgegeben von Susanne Beckmann und Sabine Frilling, Tübingen 1994, S. 17-25

Walter *Henzen*, Der Rotulus von Mülinen. Codex 803 der Burgerbibliothek Bern, Geschichte. Deutung. Kritik. Literaturwissenschaftliche Beiträge dargebracht zum 65. Geburtstage Werner Kohlschmidts. Herausgegeben von Maria Bindschedler und Paul Zinsli, Bern 1969, S. 13-27

-, Deutsche Wortbildung, Sammlung kurzer Grammatiken germanischer Dialekte. B. Ergänzungsreihe Nr. 5, 3. A. Tübingen 1965

Clemens-Peter *Herbermann*, Moderne und antike Etymologie, ZVSpF. 95 (1981) S. 22-48

Herborts von Fritslâr liet von Troye, herausgegeben von Ge. Karl Frommann, Bibliothek der gesammten deutschen National-Literatur von der ältesten bis auf die neuere Zeit 5, Quedlinburg und Leipzig 1837

Hermeneumata Pseudodositheana. Edidit Georgius Goetz. Accedunt Hermeneumata Mediobotanica Vetustiora, CGL. III, Lipsiae 1892, Nachdruck Amsterdam 1965

Moriz *Heyne*, Körperpflege und Kleidung bei den Deutschen von den ältesten geschichtlichen Zeiten bis zum 16. Jahrhundert. Mit 96 Abbildungen im Text, Fünf Bücher deutscher Hausaltertümer 3, Leipzig 1903

Reiner *Hildebrandt*, Besprechung von: Werner Wegstein, Studien zum 'Summarium Heinrici', ADA. 97 (1986) S. 120-129

-, Summarium Heinrici, I. Textkritische Ausgabe der ersten Fassung Buch I-X; II. Textkritische Ausgabe der zweiten Fassung Buch I-VI sowie des Buches XI in Kurz- und Langfassung, Quellen und Forschungen zur Sprach- und Kulturgeschichte der Germanischen Völker. NF. 61, Berlin - New York 1974, 1982

-, Zu einer Textausgabe des 'Summarium Heinrici': Der Erlanger Codex (V), ZDA. 101 (1972) S. 289-303

-, Hun(n)ischer (heunischer) Wein, Soziokulturelle Kontexte der Sprach- und Literaturentwicklung. Festschrift für Rudolf Große zum 65. Geburtstag. Herausgegeben von Sabine Heimann u.a., Stuttgart 1989, S. 237-243

Hiltgart von Hürnheim, Mittelhochdeutsche Prosaübersetzung des "Secretum Secretorum". Herausgegeben von Reinhold Möller. Mit zwei Tafeln, DTM. 61, Berlin 1963

hiltibraht. Das Hildebrandlied. Faksimile der Kasseler Handschrift mit einer Einführung von Hartmut Broszinski, Kasseler Semesterbücher. Pretiosa Cassellana, 2. A. Kassel 1985

Hincmari Remensis Annales. Edidit Georgius Heinricus Pertz, MGH. SS. 1, Hannoverae 1826, S. 455-515

Max *Höfler*, Deutsches Krankheitsnamen-Buch, München 1899

Otto *Höfler*, Altnordisch TYPTA. Ein beitrag zur frage nach einer deutschen hochsprache im mittelalter, PBB. 52 (1928) S. 27-72

Hartmut *Hoffmann*, Buchkunst und Königtum im ottonischen und frühsalischen Reich. Textband, Schriften der MGH. 30, I, Stuttgart 1986

Hermann *Hoffmann* (Hrsg.), Würzburger Polizeisätze. Gebote und Ordnungen des Mittelalters 1125-1495. Ausgewählte Texte, Veröffentlichungen der Gesellschaft für fränkische Geschichte. X. Reihe. Quellen zur Rechts- und Wirtschaftsgeschichte Frankens 5, Würzburg 1955

Dietrich *Hofmann*, Der Name der Juden in den altgermanischen Sprachen, German Life & Letters 35 (1981-1982) S. 296-314

Reinhold *Hofmann*, Beiträge zum deutschen Wörterbuch aus Justus Mösers Schriften, ZDW. 13 (1911/1912) S. 35-70

Alfred *Holder*, Die Reichenauer Handschriften, 1. Die Pergamenthandschriften, 2. Die Papierhandschriften, Neudruck mit bibliographischen Nachträgen, Die Handschriften der Badischen Landesbibliothek in Karlsruhe, V, VI, Wiesbaden 1971

Ferdinand *Holthausen*, Altsächsisches Wörterbuch, Niederdeutsche Studien 1, 2. A. Köln - Graz 1967

-, Gotisches etymologisches Wörterbuch. Mit Einschluß der Eigennamen und der gotischen Lehnwörter im Romanischen, Germanische Bibliothek. IV. Reihe: Elementarbücher 8, Heidelberg 1934

Hugo von Trimberg, Der Renner. Herausgegeben von Gustav Ehrismann. Mit einem Nachwort und Ergänzungen von Günther Schweikle, I-IV, Deutsche Neudrucke. Reihe: Texte des Mittelalters, Berlin 1970

I

Schweizerisches *Idiotikon*. Wörterbuch der schweizerdeutschen Sprache. Gesammelt auf Veranstaltung der Antiquarischen Gesellschaft in Zürich unter Beihülfe aus allen Kreisen des Schweizervolkes. Herausgegeben mit Unterstützung des Bundes und der Kantone. Begonnen von Friedrich Staub und Ludwig Tobler und fortgesetzt unter der Leitung von Albert Bachmann und Otto Gröger, I-XIII, Frauenfeld 1881-1973

Mittelalterliche *Inventare* aus Tirol und Vorarlberg. Mit Sacherklärungen. Herausgegeben von Oswald v. Zingerle, Innsbruck 1909

Der althochdeutsche *Isidor*. Facsimile-Ausgabe des Pariser Codex nebst critischem Texte der Pariser und Monseer Bruchstücke. Mit Einleitung, grammatischer Darstellung und einem ausführlichen Glossar herausgegeben von George A. Hench. Mit 22 Tafeln, Quellen und Forschungen zur Sprach- und Culturgeschichte der germanischen Völker 72, Straßburg 1893

Der althochdeutsche *Isidor*. Nach der Pariser Handschrift und den Monseer Fragmenten neu herausgegeben von Hans Eggers, ATB. 63, Tübingen 1964

Isidori Hispalensis Episcopi etymologiarum sive originum libri XX. Recognovit brevique adnotatione critica instruxit W. M. Lindsay, I, II, Oxford 1911, Nachdruck 1962

Gai Vetti Aquilini *Iuuenci* evangeliorum libri quattuor. Recensuit et commentario critico instruxit Iohannes Huemer, CSEL. 24, Pragae - Vindobonae - Lipsiae 1891

J

Jansen Enikels Werke. Herausgegeben von Philipp Strauch, MGH. Deutsche Chroniken und andere Geschichtsbücher des Mittelalters III, Hannover und Leipzig 1900

Gerhard *Jaritz*, Die Reiner Rechnungsbücher (1399-1477) als Quelle zur klösterlichen Sachkultur des Spätmittelalters, Die Funktion der schriftlichen Quelle in der Sachkulturforschung. Mit 9 Tabellen und 5 Abbildungen. Veröffentlichungen des Instituts für Mittelalterliche Realienkunde Österreichs Nr. 1, Wien 1976, S. 145-249, 259-271

Franz *Jelinek*, Mittelhochdeutsches Wörterbuch zu den deutschen Sprachdenkmälern Böhmens und der mährischen Städte Brünn, Iglau und Olmütz (XIII. bis XVI. Jahrhundert), Germanische Bibliothek. I. Sammlung germanischer Elementar- und Handbücher. IV. Reihe: Wörterbücher 3, Heidelberg 1911

Wilhelm *Jesse*, Quellenbuch zur Münz- und Geldgeschichte des Mittelalters. Mit 16 Tafeln, Neudruck der Ausgabe Halle 1924, Aalen 1968

K

Die *Kaiserchronik* eines Regensburger Geistlichen. Herausgegeben von Edward Schröder. Mit 1 Handschriftentafel, MGH. Deutsche Chroniken und andere Geschichtsbücher des Mittelalters I.1, Hannover 1892

Hartwig *Kalverkämper*, Textlinguistik der Eigennamen, Stuttgart 1978

Fr. *Kammradt*, Über die Bildung von Eigenschaftswörtern aus Orts- und Ländernamen, Muttersprache 65 (1955) S. 270-273

Hans-Joachim *Kann*, Anmerkungen zu modernen Adjektivbildungen, Muttersprache 82 (1972) S. 105-109

-, Belege zum Wortbildungsmuster »Name + Adjektiv« (»Grass-geschädigt«), Muttersprache 83 (1973) S. 146-150

-, Bemerkungen zum Wortbildungsmuster »Name + Substantiv« (»Holland-Hähnchen«), Muttersprache 82 (1972) S. 290-298

Werner *Kany*, Inoffizielle Personennamen. Bildung, Bedeutung und Funktion, Tübingen 1992

Elisabeth *Karg-Gasterstädt* - Theodor *Frings*, Althochdeutsches Wörterbuch. Auf Grund der von Elias von Steinmeyer hinterlassenen Sammlungen im Auftrag der Sächsischen Akademie der Wissenschaften zu Leipzig, I, Berlin 1968; II, Lieferung 1-4, Berlin 1970-1983; III, Berlin 1971-1985; IV, Lieferung 1-13, Berlin 1986-1994

Karl der Große von dem Stricker. Herausgegeben von Karl Bartsch. Mit einem Nachwort von Dieter Kartschoke, Deutsche Neudrucke. Reihe: Texte des Mittelalters, Berlin 1965

Karlmeinet. Zum ersten Mal herausgegeben von Adelbert von Keller, BLVSt. 45, Stuttgart 1858

Wilhelm *Kaspers*, Wandel sakraler Namen und Ausdrücke zu profaner Bedeutung im Rheinland, BNF. 10 (1959) S. 174-209, 250-282

Pekka *Katara*, Das französische Lehngut in den mittelniederdeutschen Denkmälern des 13. Jahrhunderts, Annales Academiæ Scientiarum Fennicæ, S. B, 50, Helsinki 1942, S. 525-591

-, Das französische Lehngut in mittelniederdeutschen Denkmälern von 1300 bis 1600, Mémoires de la Société Néophilologique de Helsinki publiés sous la direction de Tauno F. Mustanoja 30, Helsinki 1966

Henning *Kaufmann*, Bildungsweise und Betonung der deutschen Ortsnamen, Zweite verbesserte und erweiterte Auflage, Grundfragen der Namenkunde 1, München 1977

-, Ernst Förstemann. Altdeutsches Namenbuch. Ergänzungsband, München - Hildesheim 1968

-, Westdeutsche Ortsnamen mit unterscheidenden Zusätzen. Mit Einschluß der Ortsnamen des westlich angrenzenden germanischen Sprachgebietes, I, Heidelberg 1958

G. *Keil*, 'Runtingerbuch', VL. VIII, Sp. 392-395

Philipp *Keiper* - Theodor *Zink*, Pfälzer Appellativnamen, ZDM. 5 (1910) S. 126-139

Franz *Kiener* - Michael *Duske*, Untersuchungen über Lehrerspitznamen, Reader zur Namenkunde, II, S. 431-441

- - Hannelore *Nitschke*, Untersuchungen über Schülerspitznamen, Reader zur Namenkunde, II, S. 419-429

M. *Kleemann*, Ein mitteldeutsches pflanzenglossar, ZDPh. 9 (1878) S. 197-209

Thomas *Klein*, Althochdeutsch *diutisc* und die Adjektive auf *-isk* im Alt- und Mittelhochdeutschen, Studien zum Altgermanischen. Festschrift für Heinrich Beck. Herausgegeben von Heiko Uecker, Berlin - New York 1994, S. 381-410

-, Studien zur Wechselbeziehung zwischen altsächsischem und althochdeutschem Schreibwesen und ihrer sprach- und kulturgeschichtlichen Bedeutung, Göppinger Arbeiten zur Germanistik 205, Göppingen 1977

Der *Kleine Pauly*. Lexikon der Antike. Auf der Grundlage von Pauly's Realencyclopädie der classischen Altertumswissenschaft unter Mitwirkung zahlreicher

Fachgelehrter bearbeitet und herausgegeben von Konrat Ziegler und Walther Sontheimer, I-V, München 1975

Friedrich *Kluge*, Abriß der deutschen Wortbildungslehre, 2. A. Halle (Saale) 1925

- - Walther *Mitzka*, Etymologisches Wörterbuch der deutschen Sprache, 21. A. Berlin - New York 1975

-, Die deutschen Namen der Wochentage, sprachgeschichtlich erläutert, Wissenschaftliche Beihefte zur Zeitschrift des allgemeinen deutschen Sprachvereins 10 (1896) S. 89-98

-, Rotwelsch. Quellen und Wortschatz der Gaunersprache und der verwandten Geheimsprachen, I. Rotwelsches Quellenbuch, Straßburg 1901

- - Elmar *Seebold*, Etymologisches Wörterbuch der deutschen Sprache, 22. A. unter Mithilfe von Max Bürgisser und Bernd Gregor völlig neu bearbeitet, Berlin - New York 1989

-, Nominale Stammbildungslehre der altgermanischen Dialekte. 3. A. bearbeitet von Ludwig Sütterlin und Ernst Ochs, Sammlung kurzer Grammatiken germanischer Dialekte. Ergänzungsreihe. I, Halle (Saale) 1926

Clemens *Knobloch*, Eigennamen als Unterklasse der Nomina und in der Technik des Sprechens, Sprachwissenschaft 17 (1992) S. 451-473

Johann *Knobloch*, Metze: Pejoration durch Lautanklang, Name und Geschichte. Henning Kaufmann zum 80. Geburtstag. Herausgegeben von Friedhelm Debus und Karl Puchner, München 1978, S. 113f.

-, Der Name der Langobarden, Gießener Flurnamen-Kolloquium 1. bis 4. Oktober 1984. Bibliographie · 47 Beiträge · Register · 60 Abbildungen, BNF. NF. Beiheft 23, Heidelberg 1985, S. 391-394

-, *Tusci* und *Etruria*: ein namenkundlicher Irrtum, Onoma 30 (1990-91) S. 30

Rudolf *Kögel*, Ueber das Keronische Glossar. Studien zur althochdeutschen Grammatik, Halle 1879

Birgit *Kölling*, Kiel UB. Cod. MS. K. B. 145. Studien zu den althochdeutschen Glossen, Studien zum Althochdeutschen 1, Göttingen 1983

Die Dichtungen *Könemanns*. Kaland, Wurzgarten, Reimbibel. Herausgegeben von Ludwig Wolff, Niederdeutsche Denkmäler 8, Neumünster 1953

Herbert *Kolb*, Christus - wīhēr. Reflexe frühchristlicher Nameninterpretation im Althochdeutschen, Sprachwissenschaft 11 (1986) S. 1-12

Gottfried *Kolde*, Zur Referenzsemantik von Eigennamen im gegenwärtigen Deutschen, Deutsche Sprache 20 (1992) S. 139-152

Konrad von Fussesbrunnen, Die Kindheit Jesu. Kritische Ausgabe von Hans Fromm und Klaus Grubmüller, Berlin - New York 1973

Konrad von Helmsdorf, Der Spiegel des menschlichen Heils aus der St. Galler Handschrift herausgegeben von Axel Lindqvist. Mit einer Tafel in Lichtdruck, DTM. 31, Berlin 1924

Konrad von Megenberg, Das Buch der Natur. Die erste Naturgeschichte in deutscher Sprache. Herausgegeben von Franz Pfeiffer, Stuttgart 1861, Nachdruck Hildesheim - New York 1971

Konrad von Megenberg, Die deutsche Sphaera. Herausgegeben von Francis B. Brévart, ATB. 90, Tübingen 1980

Konrads von Würzburg Partonopier und Meliur. Aus dem Nachlasse von Franz Pfeiffer herausgegeben von Karl Bartsch. Mit einem Nachwort von Rainer Gruenter in Verbindung mit Bruno Jöhnk, Raimund Kemper und Hans-Christian Wunderlich, Deutsche Neudrucke. Reihe: Texte des Mittelalters, Photomechanischer Nachdruck der Ausgabe Wien 1871, Berlin 1970

Konrad von Würzburg, Die Legenden, I. Herausgegeben von Paul Gereke, ATB. 19, Halle (Saale) 1925

Hans *Krahe* - Wolfgang *Meid*, Germanische Sprachwissenschaft, I. Einleitung und Lautlehre, Sammlung Göschen Band 238, 7. A. Berlin 1969; II. Formenlehre, Sammlung Göschen Band 780/780a/780b, 7. A. Berlin 1969; III. Wortbildungslehre, Sammlung Göschen Band 1218/1218a/1218b, Berlin 1967

Eberhard *Kranzmayer*, Die Namen der Wochentage in den Mundarten von Bayern und Österreich, Wien - München 1929

Die *Kreuzfahrt* des Landgrafen Ludwigs des Frommen von Thüringen. Herausgegeben von Hans Naumann, MGH. Deutsche Chroniken und andere Geschichtsbücher des Mittelalters IV.2, Berlin 1923, Nachdruck München 1980

Tyll *Kroha*, Lexikon der Numismatik unter Mitarbeit von Klaus Bronny, Ewald Junge, Thomas Lautz, Albert Meier, Reiner Stumm und Gerhard Welter, Gütersloh 1977

Otto *Kronsteiner*, Substantivische und adjektivische -/er-Ableitung von Ortsnamen. Ein wenig beachtetes Gebiet der Wortbildung, Österreichische Namenforschung 8 (1980) S. 40-42

G. *Krueger*, Eigennamen als Gattungsnamen, Königliche Realschule zu Berlin. Realgymnasium. Bericht über das Schuljahr Ostern 1890 bis 1891. Programm Nr. 92, Berlin 1891, S. 3-19

Hartmut *Kubczak*, Eigennamen als bilaterale Sprachzeichen, BNF. NF. 20 (1985) S. 284-304

Kudrun. Herausgegeben von Karl Bartsch. Neue ergänzte Ausgabe der fünften Auflage überarbeitet und eingeleitet von Karl Stackmann, Deutsche Klassiker des Mittelalters. Mit Wort- und Sacherklärungen. Begründet von Franz Pfeiffer, Wiesbaden 1980

Raphael *Kühner* - Friedrich *Holzweissig*, Ausführliche Grammatik der lateinischen Sprache. I. Elementar-, Formen- und Wortlehre, 2. A. Hannover 1912, unveränderter Nachdruck 1986

Heinz *Küpper*, Illustriertes Lexikon der deutschen Umgangssprache, I-VIII, Stuttgart 1982-1984

-, Wörterbuch der deutschen Umgangssprache, I-VI, Hamburg 1955-1970

Bruno *Kuske*, "Köln". Zur Geltung der Stadt, ihrer Waren und Maßstäbe in älterer Zeit (12.- 18. Jahrhundert), Köln, der Rhein und das Reich. Beiträge aus fünf Jahrzehnten wirtschaftsgeschichtlicher Forschung, Köln - Graz 1956, S. 138-176

L

Lamprechts Alexander. Nach den drei Texten. Mit dem Fragment des Alberic von Besançon und den lateinischen Quellen. Herausgegeben und erklärt von Karl Kinzel, Germanistische Handbibliothek 6, Halle a. S. 1884

Agathe *Lasch*, Mittelniederdeutsche Grammatik, Sammlung kurzer Grammatiken germanischer Dialekte. A. Hauptreihe Nr. 9, 2. A. Tübingen 1974

Enzo *La Stella T.*, Dizionario storico di deonomastica. Vocaboli derivati da nomi propri, con le corrispondenti forme francesi, inglesi, spagnole e tedesche, Biblioteca Dell'«Archivum Romanicum». Serie II - Linguistica Vol. 40, Firenze 1984

Friedrich *Latendorf*, Über die sprichwörtliche Anwendung der Vornamen im Plattdeutschen, Die deutschen Mundarten 3 (1856) S. 1-8, 370f.

Hartmut *Lauffer*, Der Lehnwortschatz der althochdeutschen und altsächsischen Prudentiusglossen, Münchner Universitätsschriften. Philosophische Fakultät. Münchner Germanistische Beiträge 8, München 1976

-, Sprachwandel durch Interferenz beim Adjektiv, Sprachliche Interferenz. Festschrift für Werner Betz zum 65. Geburtstag. Herausgegeben von Herbert Kolb und Hartmut Lauffer in Verbindung mit Karl Otto Brogsitter, Wolfgang Huber, Hans H. Reich und Hans Schottmann, Tübingen 1977, S. 436-462

Leges Langobardorum. Edidit Georgius Heinricus Pertz, MGH. LL. IV, Hannoverae 1868, Nachdruck 1965

Leges Burgundionum. Edidit Ludovicus Rudolfus De Salis, MGH. LL. I. Legum Nationum Germanicarum, 2.1, Hannoverae 1892, Nachdruck 1973

Petra *Lehrnbecher*, Engelwurz und Teufelsdreck. Zur Lexikographie der Heilpflanzen in Wörterbüchern des 16. - 18. Jahrhunderts, Germanistische Arbeiten zur Sprache und Kulturgeschichte 29, Frankfurt am Main - Berlin - Bern - New York - Paris - Wien 1995

Ernst *Leisi*, Aspekte der Namengebung bei Liebespaaren, Reader zur Namenkunde, II, S. 491-499

Michail P. *Lesnikov*, Die Handelsbücher des hansischen Kaufmannes Veckinchusen. Mit 4 Faksimiles und 1 Ausschlagtafel, Forschungen zur mittelalterlichen Geschichte 19, Berlin 1973

Matthias *Lexer*, Mittelhochdeutsches Handwörterbuch. Zugleich als Supplement und alphabetischer Index zum Mittelhochdeutschen Wörterbuche von Benecke - Müller - Zarncke, I-III, Leipzig 1872-1878, Nachdruck Stuttgart 1974

-, Nachträge zum Mittelhochdeutschen Handwörterbuche, Leipzig 1878, Nachdruck Stuttgart 1979

Lexicon totius Latinitatis ab Aegidio Forcellini seminarii patavini alumno lucubratum deinde a Iosepho Furlanetto eiusdem seminarii alumno emendatum et auctum nunc vero curantibus Francisco Corradini et Iosepho Perin seminarii patavini item alumnis emendatius et auctius melioremque in formam redactum, I-VI, 4. A. Padua 1864-1926, Nachdruck Bologna - Padua 1964

Lexikon des Mittelalters, I-VI, VII. 1. - 8. Lieferung, München - Zürich 1980-1995

Lexikon für Theologie und Kirche, herausgegeben von Josef Höfer und Karl Rahner, I-X, Register, Freiburg 1957-1967; Dritte, völlig neu bearbeitete Auflage. Herausgegeben von Walter Kasper mit Konrad Baumgartner u.a., I-III, Freiburg - Basel - Rom - Wien 1993-1995

Odo *Leys*, Was ist ein Eigenname? Ein pragmatisch orientierter Standpunkt, Reader zur Namenkunde, I, S. 143-165

-, Zur definiten und indefiniten Verwendung von Eigennamen, Reader zur Namenkunde, I, S. 273-280

Lieder-Saal. Sammlung altdeutscher Gedichte. Herausgegeben von Joseph Freiherr von Lassberg, I-III, Reprografischer Nachdruck der Ausgabe 1820-1825, Hildesheim 1968

Nils *Lindahl*, Vollständiges Glossar zu Notkers Boethius De Consolatione Philosophiae. Buch I, Uppsala 1916

Richard Adelbertus *Lipsius*, Die apokryphen Apostelgeschichten und Apostellegenden. Ein Beitrag zur altchristlichen Literaturgeschichte, I, II, Braunschweig 1883-1887

Die deutsche *Literatur* des Mittelalters. Verfasserlexikon. Unter Mitarbeit zahlreicher Fachgenossen herausgegeben von Wolfgang Stammler und Karl Langosch, I-V, Berlin - Leipzig 1933-1955

Die deutsche *Literatur* des Mittelalters. Verfasserlexikon. Begründet von Wolfgang Stammler, fortgeführt von Karl Langosch. Zweite, völlig neu bearbeitete Auflage unter Mitarbeit zahlreicher Fachgelehrter herausgegeben von Kurt Ruh zusammen mit Gundolf Keil. Werner Schröder. Burghart Wachinger. Franz Josef Worstbrock, I-VIII, IX, 1., 2. Lieferung, Berlin – New York 1978-1994

Albert L. *Lloyd* - Otto *Springer*, Etymologisches Wörterbuch des Althochdeutschen, I. -a - bezzisto, Göttingen - Zürich 1988

Richard *Loewe*, Etymologische und wortgeschichtliche bemerkungen zu deutschen pflanzennamen II, PBB. 60 (1936) S. 160-176

-, Etymologische und wortgeschichtliche bemerkungen zu deutschen pflanzennamen IV, PBB. 61 (1937) S. 208-241

A. van *Loey*, Schönfelds historische Grammatica van het Nederlands. Klankleer. Vormleer. Woordvorming. Achtste Druk, Zutphen o. J. [1970]

August *Lübben*, Mittelniederdeutsches Handwörterbuch. Nach dem Tode des Verfassers vollendet von Christoph Walther, Reprografischer Nachdruck Norden und Leipzig 1888, Darmstadt 1965

Gerhard *Lüdtke* - Alfred *Goetze*, Altfränkisch, ZDW. 7 (1905/1906) S. 15-27

Rosemarie *Lühr*, Studien zur Sprache des Hildebrandliedes. Teil I: Herkunft und Sprache; Teil II: Kommentar, Regensburger Beiträge zur deutschen Sprach- und Literaturwissenschaft 22, Frankfurt am Main - Bern 1982

-, Johann Kaspar Zeuß: "Die Deutschen und die Nachbarstämme" (1837). Zugleich ein Beitrag zur Diskussion über die Entstehung des Wortes deutsch, Erlanger Gedenkfeier für Johann Kaspar Zeuß. Herausgegeben von Bernhard Forssmann,

Erlanger Forschungen. Reihe A. Geisteswissenschaften. Band 49, Erlangen 1990, S. 75-116

Helmut *Lukesch*, Die Definition sozialer Beziehungen durch Namensgebung - mit einem Exkurs über Schüler- und Lehrerrufnamen, Reader zur Namenkunde, II, S. 443-470

A. *Luschin* von Ebengreuth, Allgemeine Münzkunde und Geldgeschichte des Mittelalters und der neueren Zeit. Zweite stark vermehrte Auflage. Mit 107 Abbildungen, Handbuch der mittelalterlichen und neueren Geschichte. Abteilung IV. Hilfswissenschaften und Altertümer [10], München - Berlin 1926

Matti *Luukkainen*, Untersuchungen zur morphematischen Transferenz im Frühdeutschen dargestellt an den Tegernseer Vergilglossen. Ein Beitrag zur Transferenzlexikologie, Annales Academiae Scientarum Fennicae Dissertationis Humanorum Litterarum 32, Helsinki 1982

John *Lyons*, Semantik, I, II, München 1980-1983

M

Otto *Maenchen-Helfen*, Zu Moór's Thesen über die Hunnen, BNF. 14 (1963) S. 273-278

Mai und Beaflor. Eine Erzählung aus dem dreizehnten Jahrhundert, Dichtungen des deutschen Mittelalters 7, Leipzig 1848, Nachdruck Hildesheim 1974

Max *Manitius*, Geschichte der lateinischen Literatur des Mittelalters, I. Von Justinian bis zur Mitte des zehnten Jahrhunderts, München 1911, Nachdruck 1974

Joannes Dominicus *Mansi*, Sacrorum Conciliorum nova, et amplissima collectio, I-XXXI, Florenz - Venedig 1759-1798

Der mitteldeutsche *Marco* Polo. Nach der Admonter Handschrift herausgegeben von Horst von Tscharner. Mit einer Tafel in Lichtdruck, DTM. 40, Berlin 1835

Das Rheinische *Marienlob*. Eine deutsche Dichtung des 13. Jahrhunderts. Herausgegeben von Adolf Bach, BLVSt. 281, Leipzig 1934

Heinrich *Marzell*, Wörterbuch der deutschen Pflanzennamen, I-V, Leipzig 1943-1979

Achim *Masser*, Besprechung von: Eckhard Meineke, Abstraktbildungen im Althochdeutschen, BNF. NF. 29/30 (1994/95) S. 198-201

-, Besprechung von: Wolfgang Schulte, Die althochdeutsche Glossierung der Dialoge Gregors des Großen, BNF. NF. 29/30 (1994/95) S. 201-203

H. F. *Massmann*, Vollständiger alphabetischer Index zu dem althochdeutschen Sprachschatze von E. G. Graff, Gedrängtes althochdeutsches Wörterbuch oder vollständiger Index zu Graff's althochdeutschem Sprachschatze, Berlin 1846, Nachdruck Darmstadt 1963

Erich *Mater*, Rückläufiges Wörterbuch der deutschen Gegenwartssprache, Leipzig 1970

Des *Matthias* von Beheim Evangelienbuch in mitteldeutscher Sprache. 1343. Herausgegeben von Reinhold Bechstein, Leipzig 1867, Nachdruck Amsterdam 1966

Matthias von Kemnat, Chronik Friedrichs I., Quellen zur Geschichte Friedrichs I. des Siegreichen. Kurfürsten von der Pfalz. Herausgegeben von Konrad Hofmann, I, Quellen und Erörterungen zur bayerischen und deutschen Geschichte, Alte Folge Band 2, Neudruck der Ausgabe München 1862, Aalen 1969, S. 1-141

Klaus *Matzel*, Die Bibelglossen des Clm 22201, Dissertation Berlin 1956 [maschinenschriftlich]

-, Zur althochdeutschen Isidorübersetzung. Die althochdeutsche Isidorübersetzung und die Bibelglossen des Clm 22201, PBB. 85 (Tübingen 1963) S. 18-34

-, Untersuchungen zur Verfasserschaft, Sprache und Herkunft der althochdeutschen Übersetzungen der Isidor-Sippe, Rheinisches Archiv 75, Bonn 1970

- - Jörg *Riecke* - Gerhard *Zipp*, Spätmittelalterlicher deutscher Wortschatz aus Regensburger und mittelbairischen Quellen, Germanische Bibliothek. Neue Folge. 2. Reihe: Wörterbücher, Heidelberg 1989

Hartwig *Mayer*, Althochdeutsche Glossen: Nachträge. Old High German Glosses: A Supplement, Toronto - Buffalo [1975]

-, Die althochdeutschen Griffelglossen der Handschrift Salzburg St. Peter a VII 2, Studien zum Althochdeutschen 28, Göttingen 1994

G. *Meier*, Catalogus codicum manu scriptorum qui in bibliotheca monasterii einsidlensis O.S.B. servantur, I. Complectens centurias quinque priores, Einsidlæ . Lipsiæ 1899

Birgit *Meineke*, Althochdeutsches aus dem 15. Jahrhundert. Glossae Salomonis im Codex Lilienfeld Stiftsbibliothek 228, Studien zum Althochdeutschen 16, Göttingen 1990

-, Zur Bedeutungsermittlung im Althochdeutschen, in: Rudolf Schützeichel, Addenda und Corrigenda (III), S. 194-253

-, Besprechung von: R. Schmidt, Reichenau und St. Gallen, BNF. NF. 22 (1987) S. 217-223

-, Besprechung von: Hans-Dieter Stoffler, Der Hortulus des Walahfried Strabo, BNF. NF. 21 (1986) S. 470-472

-, CHIND und BARN im Hildebrandslied vor dem Hintergrund ihrer althochdeutschen Überlieferung, Studien zum Althochdeutschen 9, Göttingen 1987

-, Liber Glossarum und Summarium Heinrici. Zu einem Münchner Neufund. Mit 2 Abbildungen, Abhandlungen der Akademie der Wissenschaften in Göttingen. Philologisch-historische Klasse. Dritte Folge. Nr. 207, Göttingen 1994

-, Althochdeutsche -scaf(t)-Bildungen, Studien zum Althochdeutschen 17, Göttingen 1991

Eckhard *Meineke*, Abstraktbildungen im Althochdeutschen. Wege zu ihrer Erschließung, Studien zum Althochdeutschen 23, Göttingen 1994

-, Bernstein im Althochdeutschen. Mit Untersuchungen zum Glossar Rb, Studien zum Althochdeutschen 6, Göttingen 1990

Eckhard *Meineke*, Besprechung von: Juliane Brandsch, Bezeichnungen für Bauern und Hofgesinde im Althochdeutschen, BNF. NF. 24 (1981) S. 453-460

Othmar *Meisinger*, Hinz und Kunz. Deutsche Vornamen in erweiterter Bedeutung, Dortmund o. J. [1924]

Meisterlieder der Kolmarer Handschrift. Herausgegeben von Karl Bartsch, BLVSt. 68, Stuttgart 1862

Hermann *Menhardt*, Verzeichnis der altdeutschen literarischen Handschriften der Österreichischen Nationalbibliothek, I-III, Deutsche Akademie der Wissenschaften zu Berlin. Veröffentlichungen des Instituts für deutsche Sprache und Literatur 13, Berlin 1960-1961

Hubertus *Menke*, Das Namengut der frühen karolingischen Königsurkunden. Ein Beitrag zur Erforschung des Althochdeutschen, BNF. NF. Beiheft 19, Heidelberg 1980

H. *Merguet*, Lexikon zu Vergilius. Mit Angabe sämtlicher Stellen, Hildesheim 1960, unveränderter Nachdruck der Ausgabe Leipzig 1960

Herbert Dean *Meritt*, Old English Glosses (A Collection), Oxford 1945

Der rheinische *Merlin*. Text · Übersetzung · Untersuchungen der 'Merlin'- und 'Lüthild'-Fragmente. Nach der Handschrift Ms. germ. qu. 1409 der Staatsbibliothek Preußischer Kulturbesitz Berlin neu herausgegeben und erläutert von Hartmut Beckers, Schöninghs mediävistische Editionen 1, Paderborn - München - Wien - Zürich 1991

Heinz *Mettke*, Die althochdeutschen Aldhelmglossen, Dissertation Halle - Wittenberg 1950, Jena 1957

W. *Meyer-Lübke*, Historische Grammatik der französischen Sprache. Erster Teil: Laut- und Flexionslehre. 2. und 3. A.; Zweiter Teil: Wortbildungslehre. 2. A. ergänzt von J. M. Piel, Sammlung romanischer Elementar- und Handbücher. 1. Reihe: Grammatiken 2, Heidelberg 1913-1966

Victor *Michels*, Mittelhochdeutsche Grammatik. 5. A. um ein Verzeichnis neuerer Fachliteratur erweiterter Nachdruck der dritten und vierten Auflage des Mittelhochdeutschen Elementarbuches. Herausgegeben von Hugo Stopp, Heidelberg 1979

Hans-Manfred *Militz*, Eigennamen im Sprichwort, Sprachpflege und Sprachkultur 39 (1990) S. 33-35

Theodor *Möbius*, Altnordisches Glossar. Wörterbuch zu einer Auswahl altisländischer und alt-norwegischer Prosatexte, unveränderter Nachdruck der Ausgabe Leipzig 1866, Darmstadt 1963

Ulrich *Möllmann*, Die althochdeutschen Adjektive auf *-sam*, Studien zum Althochdeutschen 24, Göttingen 1994

Leo Cunibert *Mohlberg*, Mittelalterliche Handschriften, Katalog der Handschriften der Zentralbibliothek Zürich, I, Zürich 1951

Monachi Sangallensis de gestis Karoli, MGH. SS. II., Leipzig 1829, Nachdruck 1963

The *Monsee Fragments*. Newly collated text with introduction, notes, grammatical treatise and exhaustive glossary and a photolithographic facsimile, edited by George Allison Hench, Straßburg 1890

Monumenta Boica. Volumen Quadragesimum. Edidit Academia Scientiarum Boica, Monumentorum Boicorum. Collectio Nova. Edidit Academia Scientiarum Boica. Volumen XIII, München 1870

Monumenta Wittelsbacensia. Urkundenbuch zur Geschichte des Hauses Wittelsbach. Herausgegeben von Fr. Mich. Wittmann, Erste Abtheilung von 1204 bis 1292, Zweite Abtheilung von 1293 bis 1397, Quellen und Erörterungen zur bayerischen und deutschen Geschichte 5, 6, München 1857, 1861

Elemér *Moór*, Die Herkunft der Hunnen mit besonderer Berücksichtigung ihres Namenmaterials, BNF. 14 (1963) S. 63-104

-, Noch einmal zum Hunnenproblem, BNF. 16 (1965) S. 14-22

Morant und Galie. Herausgegeben von Theodor Frings und Elisabeth Linke, DTM. 69, Berlin 1976

Moriz von Craûn. Unter Mitwirkung von Karl Stackmann und Wolfgang Bachhofer im Verein mit Erich Henschel und Richard Kienast herausgegeben von Ulrich Pretzel, 4. A. Tübingen 1973

Alfons Fridolin *Müller*, Die Pejoration von Personenbezeichnungen durch Suffixe im Nhd., Altdorf 1953

Ewald *Müller*, Vornamen als appellative Personenbezeichnungen. Onomatologische Studien zur Wortkonkurrenz im Deutschen, Helsingfors 1929

Gertraud *Müller* - Theodor *Frings*, Germania Romana, II. Dreißig Jahre Forschung. Romanische Wörter, Mitteldeutsche Studien 19/2, Halle (Saale) 1968

Elke *Müller-Ukena*, 'Josephsspiel', VL. IV, Sp. 876-878

Die *Murbacher* Hymnen. Nach der Handschrift herausgegeben von Evelyn Scherabon Firchow, New York - London 1972

Die *Musik* in Geschichte und Gegenwart. Allgemeine Enzyklopädie der Musik. Unter Mitarbeit zahlreicher Musikforscher herausgegeben von Friedrich Blume, I-XVII, Kassel - Basel - London - New York 1949-1986

Gustav *Muthmann*, Rückläufiges deutsches Wörterbuch. Handbuch der Wortausgänge im Deutschen, mit Beachtung der Wort- und Lautstruktur, Reihe Germanistische Linguistik 78, Tübingen 1988

Deutsche *Mystiker* des vierzehnten Jahrhunderts. Herausgegeben von Franz Pfeiffer, I. Hermann von Fritslar, Nicolaus von Strassburg, David von Augsburg; II. Meister Eckhart, 2. A. Göttingen 1907-1914

N

H. *Naumann*, Glossen aus Admont, ZDA. 64 (1927) S. 77-79

Bernd-Michael *Neese*, Untersuchungen zum Wortschatz des Glossators von Notkers Psalmenkommentar, Dissertation Marburg 1966 [maschinenschriftlich]

Neidharts Lieder. Herausgegeben von Moriz Haupt. 2. Auflage neu bearbeitet von Edmund Wießner. Unveränderter Nachdruck der Ausgabe 1923. Kritische Beiträge zur Textgestaltung der Lieder Neidharts. Von Edmund Wießner. Unveränderter Nachdruck der Veröffentlichung 1924. Mit einem Nachwort und einer Bibliographie zur Überlieferung und Edition der Neidhart-Lieder von Ingrid Bennewitz-Behr, Ulrich Müller und Franz Viktor Spechtler, Neidharts Lieder. Band II, Stuttgart 1986

Die Lieder *Neidharts*. Herausgegeben von Edmund Wießner. Fortgeführt von Hanns Fischer. Vierte Auflage revidiert von Paul Sappler. Mit einem Melodieanhang von Helmut Lomnitzer, ATB. 44, Tübingen 1984

Das Große *Neidhartspiel*, Neidhartspiele. Herausgegeben von John Margetts, Wiener Neudrucke 7, Graz 1982, S. 17-110

Das *Neithartspil*, Fastnachtspiele aus dem fünfzehnten Jahrhundert, I, BLVSt. 28, Stuttgart 1853, S. 393-467

Elmar *Neuß*, Besprechung von: Friedhelm Debus - Wilfried Seibicke, Reader zur Namenkunde, I, BNF. NF. 27 (1992) S. 159-164

-, Das sprachhistorische Problem von Godefrit Hagens Reimchronik der Stadt Köln, RhVB. 33 (1969) S. 297-329

-, Studien zu den althochdeutschen Tierbezeichnungen der Handschriften Paris lat. 9344, Berlin lat. 8° 73, Trier R. III. 13 und Wolfenbüttel 10.3 Aug. 4°, Münstersche Mittelalter-Schriften 16, München 1973

Das *Nibelungenlied*. Nach der Ausgabe von Karl Bartsch herausgegeben von Helmut de Boor. Zweiundzwanzigste revidierte und von Roswitha Wisniewski ergänzte Auflage, Deutsche Klassiker des Mittelalters, Mannheim 1988

J. F. *Niermeyer*, Mediae Latinitatis lexicon minus. Lexique latin médiéval-français/anglais. A Medieval Latin-French/English Dictionary. Perficiendum curavit C. van de Kieft, Leiden 1976

Notker latinus. Die Quellen zu den Psalmen. Psalm 1-50. Psalm 51-100. Psalm 101-150, den Cantica und den katechetischen Texten (mit einem Anhang zum Wiener Notker). Herausgegeben von Petrus W. Tax, Die Werke Notkers des Deutschen. Neue Ausgabe. Band 8A. 9A. 10A, ATB. 74. 75. 80, Tübingen 1972 - 1975

Notker latinus zum Martianus Capella. Herausgegeben von James C. King, Die Werke Notkers des Deutschen. Neue Ausgabe. Begonnen von Edward H. Sehrt und Taylor Starck. Fortgesetzt von James C. King und Petrus W. Tax, ATB. 4A, Tübingen 1986

Die Schriften *Notkers* und seiner Schule. Herausgegeben von Paul Piper, I-III, Germanischer Bücherschatz 8-10, Freiburg i.B. - Leipzig 1895

Die Werke *Notkers* des Deutschen. Neue Ausgabe. Begonnen von Edward H. Sehrt und Taylor Starck. Fortgesetzt von James C. King und Petrus W. Tax, I. Notker der Deutsche. Boethius, »De consolatione Philosophiæ«. Buch I/II. Buch III. Herausgegeben von Petrus W. Tax; IV. Notker der Deutsche. Martianus Capella, »De nuptiis Philologiae et Mercurii«. Herausgegeben von James C. King; V. Notker der Deutsche. Boethius' Bearbeitung der »Categoriae« des Aristoteles.

Herausgegeben von James C. King; VI. Notker der Deutsche. Boethius' Bearbeitung von Aristoteles' Schrift »De Interpretatione«. Herausgegeben von James C. King; VIII. IX. X. Notker der Deutsche. Der Psalter. Psalm 1-50. Psalm 51-100. Psalm 101-150, die Cantica und die katechetischen Texte. Herausgegeben von Petrus W. Tax, ATB. 73. 81. 84. 87. 91. 93. 94. 100, Tübingen 1972 - 1988

Notker-Wortschatz. Das gesamte Material zusammengetragen von Edward H. Sehrt und Taylor Starck. Bearbeitet und herausgegeben von Edward H. Sehrt und Wolfram K. Legner, Halle (Saale) 1955

O

Emil *Öhmann*, Über den italienischen Einfluß auf die deutsche Sprache bis zum Ausgang des Mittelalters, I, II, Annales Academiæ Scientiarum Fennicæ, BL I, 2, BL III, 2, Helsinki 1942, 1944

-, Der romanische Einfluß auf das Deutsche bis zum Ausgang des Mittelalters, Deutsche Wortgeschichte. Herausgegeben von Friedrich Maurer und Heinz Rupp. Dritte, neubearbeitete Auflage. Band I, Grundriß der germanischen Philologie 17/I, Berlin - New York 1974, S. 323-396

-, Die mittelhochdeutsche Lehnprägung nach altfranzösischem Vorbild, Suomalaisen Tiedeakatemian Toimituksia Annales Academiæ Scientiarum Fennicæ Sarja - Ser. B Nide - Tom. 68, 3, Helsinki 1951

Die großen *Ordensregeln*. Herausgegeben von Hans Urs von Balthasar. Unter Mitarbeit von Laurentius Casult u.a., 2. A. Zürich - Köln 1961

Die Lieder *Oswalds* von Wolkenstein. Unter Mitwirkung von Walter Weiß und Notburga Wolf herausgegeben von Karl Kurt Klein. Musikanhang von Walter Salmen. 3., neubearbeitete und erweiterte Auflage von Hans Moser, Norbert Richard Wolf und Notburga Wolf, ATB. 55, Tübingen 1987

Otfrids Evangelienbuch. Mit Einleitung, erklärenden Anmerkungen, ausführlichem Glossar und einem Abriß der Grammatik herausgegeben von Paul Piper. I. Theil: Einleitung und Text. Zweite, durch Nachträge erweiterte Ausgabe, Freiburg i.B. und Tübingen 1882; II. Theil: Glossar und Abriß der Grammatik, Freiburg i.B. und Tübingen 1884

Otfrids von Weissenburg Evangelienbuch. Text Einleitung Grammatik Metrik Glossar von Johann Kelle, I-III, Neudruck Aalen 1963

Otte, Eraclius. Herausgegeben von Winfried Frey, Göppinger Arbeiten zur Germanistik 348, Göppingen 1983

Der Eraclius des *Otte*. Übersetzt, mit Einführung, Erläuterungen und Anmerkungen versehen von Winfried Frey, Erzählungen des Mittelalters 3, Kettwig 1990

Ottokars Österreichische Reimchronik. Nach den Abschriften Franz Lichtensteins herausgegeben von Joseph Seemüller, I, II, MGH. Deutsche Chroniken und andere Geschichtsbücher des Mittelalters V.1, V.2, Hannover 1890, 1893

P

Hugo *Palander*, Der französische Einfluß auf die deutsche Sprache im zwölften Jahrhundert, Mémoires de la Société Néophilologique de Helsinki 3, Helsinki 1963, S. 75-204

Boris *Paraschkewoff*, Zur Entwicklung des qualitativen Adverbs im Deutschen, Deutsch als Fremdsprache 11 (1974) S. 288-291, 310

Parzifal von Claus Wisse und Philipp Colin (1331-1336). Eine Ergänzung der Dichtung Wolframs von Eschenbach. Zum ersten Male herausgegeben von Karl Schorbach, Elsässische Litteraturdenkmäler aus dem XIV. - XVII. Jahrhundert 5, Straßburg 1888

Passio Sanctorum Simonis et Iudae Apostolorum, in: Boninus Mombritius, Sanctuarium seu vitae Sanctorum, II, Paris 1910, Nachdruck Hildesheim - New York 1978, S. 534-539

Das alte *Passional*. Herausgegeben von K. A. Hahn, Frankfurt a. M. 1845

Das *Passional*. Eine Legendensammlung des dreizehnten Jahrhunderts. Zum ersten Male herausgegeben. Mit einem Glossar versehen von Fr. Karl Köpke, Bibliothek der gesammten deutschen National-Literatur von der ältesten bis auf die neuere Zeit 32, Quedlinburg und Leipzig 1852

Das Alsfelder *Passionsspiel*, Das Drama des Mittelalters. Die lateinischen Osterfeiern und ihre Entwickelung in Deutschland. Die Osterspiele. Die Passionsspiele. Weihnachts- und Dreikönigsspiele. Fastnachtspiele. Herausgegeben von Richard Froning, Stuttgart 1891/92, Nachdruck Darmstadt 1974, S. 547-864

Alsfelder *Passionsspiel* mit Wörterbuch. Herausgegeben von C. W. M. Grein, Cassel 1874

Hermann *Paul*, Deutsche Grammatik, I. Teil I: Geschichtliche Einleitung. Teil II: Lautlehre; II. Teil III: Flexionslehre; III. Teil IV: Syntax (erste Hälfte); IV. Teil IV: Syntax (zweite Hälfte); V. Teil V: Wortbildungslehre, Unveränderter Nachdruck der 1. Auflage von 1916-1920, Tübingen 1968

- - Heinz *Stolte*, Kurze deutsche Grammatik. Auf Grund der fünfbändigen deutschen Grammatik, Sammlung kurzer Grammatiken germanischer Dialekte. A. Hauptreihe. Nr. 10, 3. A. Tübingen 1962

-, Mittelhochdeutsche Grammatik, neu bearbeitet von Peter Wiehl und Siegfried Grosse, Sammlung kurzer Grammatiken germanischer Dialekte. A. Hauptreihe Nr. 2, 23. A. Tübingen 1989

-, Prinzipien der Sprachgeschichte. Studienausgabe der 8. Auflage, Tübingen 1920, Nachdruck 1970

Peter *Pauly*, Die althochdeutschen Glossen der Handschriften Pommersfelden 2671 und Antwerpen 17.4. Untersuchungen zur ihrem Lautstand, Rheinisches Archiv 67, Bonn 1968

V. M. *Pavlov*, Zur Ausbildung der Norm der deutschen Literatursprache im Bereich der Wortbildung (1470-1730). Von der Wortgruppe zur substantivischen

Zusammensetzung, Zur Ausbildung der Norm in der deutschen Literatursprache (1470-1730) VI, Berlin 1983

V. M. *Pavlov*, Die substantivische Zusammensetzung im Deutschen als syntaktisches Problem, München 1972

Pilatus, Deutsche Gedichte des zwölften Jahrhunderts und der nächstverwandten Zeit. Herausgegeben von Hans Ferdinand Maßmann. Zwei Teile in einem Band, Reprografischer Nachdruck der Ausgabe Quedlinburg und Leipzig 1837, Hildesheim - New York 1969, S. 145-152

Joseph Otto *Plassmann*, Agis. Eine Untersuchung an Wörtern, Sachen und Mythen, PBB. 82. Sonderband Elisabeth Karg-Gasterstädt zum 75. Geburtstag am 9. Februar 1961 gewidmet, Halle 1961, S. 93-135

Artur *Pohl*, Ungarische Goldgulden des Mittelalters (1325-1540) mit 4 Abbildungen und 59 doppelseitigen Münztabellen, Graz 1974

Nürnberger *Polizeiordnungen* aus dem XIII bis XV Jahrhundert. Herausgegeben von Joseph Baader, BLVSt. 63, Stuttgart 1861, Nachdruck Amsterdam 1966

Walter *Porzig*, Die Leistung der Abstrakta in der Sprache, Das Ringen um eine neue deutsche Grammatik. Aufsätze aus drei Jahrzehnten (1929-1959). Herausgegeben von Hugo Moser, Wege der Forschung 25, Darmstadt 1969, S. 255-268

Jaroslav *Pošvář*, Die Währung in den Ländern der böhmischen Krone. Eine Übersicht der Zahlungsmittel vom neunten bis zum Anfang des zwanzigsten Jahrhunderts, Graz 1970

Rudolf *Post*, Romanische Entlehnungen in den westmitteldeutschen Mundarten. Diatopische, diachrone und diastratische Untersuchungen zur sprachlichen Interferenz am Beispiel des landwirtschaftlichen Sachwortschatzes. Mit 63 Karten, Mainzer Studien zur Sprach- und Volksforschung 6, Wiesbaden 1982

Robert *Priebsch*, Deutsche Handschriften in England. I. Ashburnham - Place Cambridge Cheltenham Oxford Wigan. Mit einem Anhang ungedruckter Stücke, Erlangen 1896; II. Das British Museum. Mit einem Anhang über die Guildhall-Bibliothek, Erlangen 1901, Nachdruck Hildesheim - New York 1979

Probleme der Edition althochdeutscher Texte. Herausgegeben von Rolf Bergmann. Mit 17 Abbildungen, Studien zum Althochdeutschen 19, Göttingen 1993

Günther *Probszt*, Österreichische Münz- und Geldgeschichte. Von den Anfängen bis 1918, 2. A. Wien - Köln - Graz 1983

Proceedings of the Thirteenth International Congress of Onomastic Sciences. Cracow, August 21-25, 1978 editet by Kazimierz Rymut. Volume I, Kraków 1981

Aurelii *Prudentii* Clementis carmina. Cura et studio Mauricii P. Cunningham, CCSL. 126, Turnholti 1966

Aurelii *Prudentii* Clementis quae extant carmina. Ad vaticc. Aliorumque codicum et optimarum editionum fidem recensuit, Lectionum varietate illustravit, Notis explicavit Albertus Dressel, Lipsiae 1860

Prudentius. With an English Translation by H. J. Thomson, I, II, London - Cambridge - Massachusetts 1953, Nachdruck 1961

Die altostniederfränkischen *Psalmenfragmente*, die Lipsius'schen Glossen und die altsüdmittelfränkischen Psalmenfragmente, mit Einleitung, Noten, Indices und Grammatiken. Herausgegeben von W. L. van Helten, I. Texte, Glossen und Indices, Groningen 1902

Ernst *Pulgram*, Theory of names, BNF. 5 (1954) S. 149-196

Q

Arend *Quak*, Zu den Psalmenglossen des Clm 22201, Althochdeutsch, I, S. 576-585

Quellen zur Geschichte des Kölner Handels und Verkehrs im Mittelalter. Herausgegeben von Bruno Kuske, I. 12. Jahrhundert bis 1449; II. 1450-1500; III. Besondere Quellengruppen des späteren Mittelalters; IV. Besondere Quellengruppen des späteren Mittelalters, Publikationen der Gesellschaft für Rheinische Geschichtskunde 33, Bonn 1918-1934

R

Fidel *Rädle*, Studien zu Smaragd von Saint-Mihiel, Medium Aevum 29, München 1974

Reader zur Namenkunde, I. Namentheorie. Herausgegeben von Friedhelm Debus · Wilfried Seibicke, Germanistische Linguistik 98-100, Hildesheim - Zürich - New York 1989

Reader zur Namenkunde, II. Anthroponyme. Herausgegeben von Friedhelm Debus · Wilfried Seibicke, Germanistische Linguistik 115-118, Hildesheim - Zürich - New York 1993

Reallexikon der Germanischen Altertumskunde. Von Johannes Hoops. Zweite, völlig neu bearbeitete und stark erweiterte Auflage, I-VIII; IX, Lieferung 1/2, Berlin - New York 1973-1994

Reallexikon für Antike und Christentum, I-XI, Stuttgart 1959-1981

Hermann *Reichert*, Lexikon altgermanischer Namen, I. Text, Wien 1987

Herbert *Reier*, Die altdeutschen Heilpflanzen, ihre Namen und Anwendungen in den literarischen Überlieferungen des 8. - 14. Jahrhunderts, I-III, Kiel 1982-1983

Der heilige Georg *Reinbots* von Durne. Nach sämtlichen Handschriften herausgegeben von Carl von der Kraus, Germanische Bibliothek. Dritte Abteilung. Kritische Ausgaben altdeutscher Texte 1, Heidelberg 1907

Die Gedichte *Reinmars* von Zweter. Herausgegeben von Gustav Roethe. Mit einer Notenbeilage, Leipzig 1887

Walburga *Relleke*, Ein Instrument spielen. Instrumentenbezeichnungen und Tonerzeugungsverben im Althochdeutschen, Mittelhochdeutschen und Neuhochdeutschen, Monographien zur Sprachwissenschaft 10, Heidelberg 1980

Repertorium der Sangsprüche und Meisterlieder des 12. bis 18. Jahrhunderts. Herausgegeben von Horst Brunner und Burghart Wachinger unter Mitarbeit von Eva Kletsatschke u.a., I. Einleitung. Überlieferung; V. Katalog der Texte. Älterer Teil Q-Z. Bearbeitet von Frieder Schanze und Burghart Wachinger, Tübingen 1991-1994

Friedr. *Reuss*, Zur Geschichte der Syphilis, Anzeiger für Kunde der deutschen Vorzeit. N.F. Organ des Germanischen Museums 4 (1857) Sp. 81

Hans *Reutercrona*, Svarabhakti und Erleichterungsvokal im Althochdeutschen bis ca. 1250, Akademische Abhandlung, Heidelberg 1920

Manfred *van Rey*, Einführung in die rheinische Münzgeschichte des Mittelalters, Mönchengladbach 1983

Roland *Ris*, Das Adjektiv *reich* im mittelalterlichen Deutsch. Geschichte – semantische Struktur – Stilistik, Quellen und Forschungen zur Sprach- und Kulturgeschichte der germanischen Völker N.F. 40 (164), Berlin - New York 1971

Das *Rolandslied* des Pfaffen Konrad. Herausgegeben von Carl Wesle. Dritte, durchgesehene Auflage besorgt von Peter Wapnewski, ATB. 69, Tübingen 1985

Erik *Rooth*, Zu den Bezeichnungen für 'Eiszapfen' in den germanischen Sprachen. Historisch-wortgeographische und etymologische Studien, Kungl. Vitterhets Historie och Antikvitets Akademiens Handslingar. Filologisk-Filosofiska Serien 8, Stockholm 1961

Hans *Rosenplüt*, Der Markgrafenkrieg, Die historischen Volkslieder der Deutschen vom 13. bis 16. Jahrhundert, gesammelt und erläutert von R. v. Liliencron, I, Leipzig 1865, S. 428-437

Arvid *Rosenqvist*, Der französische Einfluß auf die mittelhochdeutsche Sprache in der ersten Hälfte des XIV. Jahrhunderts, Mémoires de la Société Néo-Philologique de Helsingfors IX, Helsinki 1932

-, Der französische Einfluß auf die mittelhochdeutsche Sprache in der 2. Hälfte des XIV. Jahrhunderts, Mémoires de la Société Néo-Philologique de Helsingfors XIV, Helsinki 1943

Hans *Rubenbauer* - J. B. *Hofmann*, Lateinische Grammatik neubearbeitet von R. Heine, Bamberg - München 1989

Rudolf von Ems, Barlaam und Josaphat. Herausgegeben von Franz Pfeiffer. Mit einem Anhang aus Franz Söhns, Das Handschriftenverhältnis in Rudolf von Ems 'Barlaam', mit einem Nachwort und einem Register von Heinz Rupp, Deutsche Neudrucke. Reihe: Texte des Mittelalters, Berlin 1965

Rudolfs von Ems Weltchronik aus der Wernigeroder Handschrift. Herausgegeben von Gustav Ehrismann. Mit drei Tafeln. 2. unveränderte Auflage, DTM. 20, Berlin 1915, Nachdruck Dublin - Zürich 1967

Rudolfs von Ems Willehalm von Orlens. Herausgegeben aus dem Wasserburger Codex der Fürstlich Fürstenbergischen Hofbibliothek in Donaueschingen von

Victor Junk. Mit drei Tafeln, DTM. 2, 2. A. Berlin 1905, unveränderter Nachdruck Dublin - Zürich 1967
Dietrich *Ruprecht*, Tristitia. Wortschatz und Vorstellung in den althochdeutschen Sprachdenkmälern, Palaestra 227, Göttingen 1957

S

Der *Saelden* Hort. Alemannisches Gedicht vom Leben Jesu, Johannes des Täufers und der Magdalena. Aus der Wiener und Karlsruher Handschrift herausgegeben von Heinrich Adrian. Mit zwei Tafeln in Lichtdruck, DTM. 26, Berlin 1927
K. *Sang*, Die appellative Verwendung von Eigennamen bei Luther, Gießener Beiträge zur deutschen Philologie 2, Gießen 1921
Piergiuseppe *Scardigli*, Germanica Florentina II. Die althochdeutschen Glossen der Bibliotheca Laurentiana, Althochdeutsch, I, S. 586-599
Peter *Schäublin*, Probleme des adnominalen Attributs in der deutschen Sprache der Gegenwart. Morpho-syntaktische und semantische Untersuchungen, Studia Linguistica Germanica 5, Berlin - New York 1972
J. *Schatz*, Altbairische Grammatik. Laut- und Flexionslehre, Grammatiken der althochdeutschen Dialekte 1, Göttingen 1907
-, Althochdeutsche Grammatik. Laut- und Flexionslehre, Göttinger Sammlung indogermanischer Grammatiken und Wörterbücher, Göttingen 1927
-, *Pilger - Piligrim* und verwandte Wortbildungen, PBB. 49 (1925) S. 125-132
Gustav *Scherrer*, Verzeichniss der Handschriften der Stiftsbibliothek von St. Gallen, herausgegeben auf Veranstaltung und mit Unterstützung des kath. Administrationsrathes des Kantons St. Gallen, Halle 1875, Nachdruck Hildesheim - New York 1975
Ulrich *Scheuermann*, Bonus Heinricus. Zur Verwendung des Nomen proprium Heinrich als Nomen appellativum, Gedenkschrift für Heinrich Wesche. Herausgegeben von Wolfgang Kramer, Ulrich Scheuermann, Dieter Stellmacher, Neumünster 1979, S. 255-268
Karl *Schiller* - August *Lübben*, Mittelniederdeutsches Wörterbuch, I. A-E; II. G-L; III. M-R; IV. S-T; V. U-Z; VI. Nachtrag, Fotomechanischer Neudruck der Ausgabe von 1875-1881. Schaan/Liechtenstein 1983
Michael *Schlaefer*, Die Adjektive auf *-isch* in der deutschen Gegenwartssprache, Monographien zur Sprachwissenschaft 5, Heidelberg 1977
Armin *Schlechter*, Die althochdeutschen Aratorglossen der Handschrift Rom, Biblioteca Apostolica Vaticana Pal. Lat. 1716 und verwandte Glossierungen, Studien zum Althochdeutschen 20, Göttingen 1993
Johann Andreas *Schmeller*, Bayerisches Wörterbuch. 3. Neudruck der von G. Karl Frommann bearbeiteten 2. Ausgabe München 1872-77. Mit der wissenschaftlichen Einleitung zur Ausgabe Leipzig 1939 von Otto Mauser und einem Vorwort von Otto Basler, I, II, Aalen 1973

Jürgen Erich *Schmidt*, Die deutsche Substantivgruppe und die Attribuierungskomplikation, Reihe Germanistische Linguistik 138, Tübingen 1993

Klaus M. *Schmidt*, Begriffsglossar und Index zu Ulrichs von Zatzikhoven LANZELET, Indices zur deutschen Literatur 25, Tübingen 1993

Wilhelm *Schmidt*, Lexikalische und aktuelle Bedeutung. Ein Beitrag zur Theorie der Wortbedeutung, Schriften zur Phonetik, Sprachwissenschaft und Kommunikationsforschung 7, 5. A. Berlin 1986

Karin *Schneider*, Gotische Schriften in deutscher Sprache. I. Vom späten 12. Jahrhundert bis um 1300. Textband. Tafelband, Wiesbaden 1987

Erika *Schönbrunn-Kölb*, 'Markolf' in den mittelalterlichen Salomondichtungen und in deutscher Wortgeographie, ZMF. 25 (1957) S. 92-122, 129-174

M. *Schönfeld*, Wörterbuch der altgermanischen Personen- und Völkernamen. Nach der Überlieferung des klassischen Altertums bearbeitet, 2. A. Heidelberg 1965

Gottfried *Schramm*, Namenschatz und Dichtersprache. Studien zu zweigliedrigen Personennamen der Germanen, Göttingen 1957

Herbert *Schreiber*, Die Glossen des Codex Parisinus 2685 und ihre Verwandten, Dissertation Jena 1961

Edward *Schröder*, Besprechung von: Othmar Meisinger, Hinz und Kunz, ADA. 43 (1924) S. 157f.

E. *Schröder*, Franci nebulones, ZDA. 74 (1937) S. 80

Marianne *Schröder*, Die frühmittelhochdeutschen -LICH-Bildungen, PBB. 83 (Halle 1961) S. 151-194

Werner *Schröder*, Kritisches zu neuen Verfasserschaften Walahfrid Strabos und zur 'althochdeutschen Schriftsprache', ZDA. 87 (1956/1957) S. 163-213

Ernst *Schröter*, Walahfrids deutsche Glossierung zu den biblischen Büchern Genesis bis Regum II und der althochdeutsche Tatian, Hermaea 16, Halle (Saale) 1926

Rudolf *Schützeichel*, Addenda und Corrigenda (III) zum althochdeutschen Wortschatz. Mit Beiträgen von Rolf Bergmann, Dorothee Ertmer, Birgit Meineke, Klaus Siewert, Stefanie Stricker, Birgit Wulf, Studien zum Althochdeutschen 12, Göttingen 1991

-, Addenda und Corrigenda (II) zur althochdeutschen Glossensammlung, Studien zum Althochdeutschen 5, Göttingen 1985

-, Addenda und Corrigenda zu Steinmeyers Glossensammlung, Nachrichten der Akademie der Wissenschaften in Göttingen. I. Philologisch-Historische Klasse. Jahrgang 1982. Nr. 6, Göttingen 1982

-, Besprechung von: Heinrich Marzell, Wörterbuch der deutschen Pflanzennamen, BNF. NF. 14 (1979) S. 200; BNF. NF. 15 (1980) S. 89

-, Codex Pal. lat. 52. Studien zur Heidelberger Otfridhandschrift, zum Kicila-Vers und zum Georgslied, Abhandlungen der Akademie der Wissenschaften in Göttingen. Philologisch-historische Klasse. Dritte Folge. Nr. 130, Göttingen 1982

-, Die philologische Erforschung des volkssprachigen Wortschatzes der Leges, Capitularien und Diplome, Sprache und Recht, II, S. 831-845

Rudolf *Schützeichel*, Unter Fettenhennen. Zur Geschichte unverschobener Wortformen im hochdeutschen Raum, Festschrift Josef Quint anläßlich seines 65. Geburtstages überreicht. Herausgegeben von Hugo Moser, Rudolf Schützeichel und Karl Stackmann, Bonn 1964, S. 203-214

-, Neue Funde zur Lautverschiebung im Mittelfränkischen, ZDA. 93 (1964) S. 19-30

-, Grenzen des Althochdeutschen, Festschrift für Ingeborg Schröbler zum 65. Geburtstag. Herausgegeben von Dietrich Schmidtke und Helga Schüppert, PBB. 95, Sonderheft, Tübingen 1973, S. 23-38

-, Kommholmech und Mariahilf. Zur Entstehung und sprachlichen Struktur ausgewählter volkstümlicher Heiligenbezeichnungen, Wandel der Volkskultur in Europa. Festschrift für Günter Wiegelmann zum 60. Geburtstag herausgegeben von Nils-Arvid Bringéus, Uwe Meiners, Ruth-E. Mohrmann, Dietmar Sauermann und Hinrich Siuts, II, Beiträge zur Volkskultur in Nordwestdeutschland 60/II, Münster 1988, S. 651-667

-, Kontext und Wortinhalt. Vorüberlegungen zu einer Theorie des Übersetzens aus älteren Texten, "Sagen mit sinne". Festschrift für Marie Luise Dittrich zum 65. Geburtstag. Herausgegeben von Helmut Rücker und Kurt Otto Seidel, Göppinger Arbeiten zur Germanistik 180, Göppingen 1976, S. 411-434

-, Mundart, Urkundensprache und Schriftsprache. Studien zur rheinischen Sprachgeschichte. Zweite, stark erweiterte Auflage. Mit 39 Karten, Rheinisches Archiv 54, Bonn 1974

-, Reda umbe diu tier. Wien ÖNB. 223 und das Problem der Abgrenzung des Althochdeutschen, Studia Linguistica et Philologica. Festschrift für Klaus Matzel zum sechzigsten Geburtstag überreicht von Schülern, Freunden und Kollegen. Herausgegeben von Hans-Werner Eroms, Bernhard Gajek und Herbert Kolb, Germanische Bibliothek. Neue Folge. 3. Reihe: Untersuchungen, Heidelberg 1984, S. 153-163

-, Die Kölner Schreibsprache. Aufgaben und Problembereiche der Erforschung spätmittelalterlicher Schreibsprachen im Nordwesten, RhVB. 27 (1962) S. 69-96

-, Zu Adolf Socins oberrheinischem Namenbuch. Mit 4 Karten, BNF. NF. (1969) S. 1-52

-, Textgebundenheit. Kleinere Schriften zur mittelalterlichen deutschen Literatur, Tübingen 1981

-, Althochdeutsches Wörterbuch, 5. A. Tübingen 1995

-, Althochdeutsche Wortforschung und Antike, Kontinuität und Transformation der Antike im Mittelalter. Veröffentlichung der Kongreßakten zum Freiburger Symposion des Mediävistenverbandes. Herausgegeben von Willi Erzgräber, Sigmaringen 1989, S. 273-283

Wolfgang *Schulte*, Die althochdeutsche Glossierung der Dialoge Gregors des Großen, Studien zum Althochdeutschen 22, Göttingen 1994

Herbert *Schwedt*, Zum informellen Namensystem einer württembergischen Landgemeinde, Reader zur Namenkunde, II, S. 413-418

Wolfgang *Schweickard*, Bemerkungen zum (Gegen-)Stand der deonomastischen Forschung, Reader zur Namenkunde, II, S. 555-563

-, «Deonomastik». Ableitungen auf der Basis von Eigennamen im Französischen (unter vergleichender Berücksichtigung des Italienischen, Rumänischen und Spanischen), Beihefte zur Zeitschrift für Romanische Philologie 241, Tübingen 1992

Johann Heinrich *Schwicker*, Geschichte der ungarischen Literatur, Leipzig o. J. [1888]

Sedulii opera omnia. Recensuit et commentario critico instruxit Iohannes Huemer. Accedunt excerpta ex remigii expositione in Sedulii Paschale Carmen, CSEL. 10, Vindobonae 1885

Edward H. *Sehrt*, Vollständiges Wörterbuch zum Heliand und zur altsächsischen Genesis, Hesperia. Schriften zur germanischen Philologie, 2. durchgesehene Auflage, Göttingen 1966

Seifried Helbling. Herausgegeben und erklärt von Joseph Seemüller, Halle a. S. 1886

Alfons *Semler*, Pilgrim, pilgram, pilgrum, pilger, ZDW. 11 (1909) S. 36-47

Gustav *Siebermann*, Wie spanisch kommen uns die Spanier vor? Beobachtungen zur Verwendung dieses Volksnamens im Deutschen, Sprache und Mensch in der Romania. Heinrich Klein zum 80. Geburtstag. Herausgegeben von Gerhard Ernst und Arnulf Stefenelli, Wiesbaden 1979, S. 152-168

Karl *Siegl*, Die Egerer Zunftordnungen. Ein Beitrag zur Geschichte des Zunftwesens. Herausgegeben vom Vereine für Geschichte der Deutschen in Böhmen, Prag 1909

Klaus *Siewert*, Glossenfunde. Volkssprachiges zu lateinischen Autoren der Antike und des Mittelalters, Studien zum Althochdeutschen 11, Göttingen 1989

-, Die althochdeutsche Horazglossierung, Studien zum Althochdeutschen 8, Göttingen 1986

Rudolf *Simek*, Lexikon der germanischen Mythologie, Stuttgart 1984

Friedrich *Slezak*, Ortsnamenableitungen, Österreichische Namenforschung 14 (1986) S. 113-116

Smaragdi abbatis monasterii sancti Michaelis virdunensis, Opera Omnia, MPL. 102, Turnholti [o. J.]

Adolf *Socin*, Mittelhochdeutsches Namenbuch. Nach oberrheinischen Quellen des zwölften und dreizehnten Jahrhunderts, Basel 1903, Nachdruck Hildesheim 1966

Rosa *Söder*, Die apokryphen Apostelgeschichten und die romanhafte Literatur der Antike, Stuttgart 1932

Annette *de Sousa Costa*, Studien zu volkssprachigen Wörtern in karolingischen Kapitularien, Studien zum Althochdeutschen 21, Göttingen 1994

Jochen *Splett*, Abrogans-Studien. Kommentar zum ältesten deutschen Wörterbuch, Wiesbaden 1976

Die kleineren althochdeutschen *Sprachdenkmäler*. Herausgegeben von Elias von Steinmeyer, Deutsche Neudrucke. Reihe Texte des Mittelalters, 3. A. Dublin - Zürich 1971
Altsaechsische *Sprachdenkmäler*. Herausgegeben von J. H. Gallée, Leiden, 1894
Der *Sprachdienst* 24 (1980) S. 114
Sprache und Recht. Beiträge zur Kulturgeschichte des Mittelalters. Festschrift für Ruth Schmidt-Wiegand zum 60. Geburtstag herausgegeben von Karl Hauck, Karl Kroeschell, Stefan Sonderegger, Dagmar Hüpper, Gabriele von Olberg, I, II, Berlin - New York 1986
Sprachgeschichte. Ein Handbuch zur Geschichte der deutschen Sprache und ihrer Erforschung. Herausgegeben von Werner Besch, Oskar Reichmann, Stefan Sonderegger, 2.2, Berlin - New York 1983
Rudolf *Šramek*, Die appellativische und die propriale Sprachsphäre, Österreichische Namenforschung 19 (1991) S. 73-78
Walter *Stach*, Mitteilungen zur mittelalterlichen Glossographie, Liber Floridus. Mittellateinische Studien. Paul Lehmann zum 65. Geburtstag am 13. Juli 1949. Herausgegeben von Bernhard Bischoff und Suso Brechter, St. Otilien 1950, S. 11-18
Taylor *Starck* - John C. *Wells*, Althochdeutsches Glossenwörterbuch (mit Stellennachweis zu sämtlichen gedruckten althochdeutschen und verwandten Glossen), Germanische Bibliothek. Zweite Reihe: Wörterbücher, Heidelberg 1990
Elias *Steinmeyer*, Beiträge zur Entstehungsgeschichte des Clm. 18140, Festschrift Seiner Königlichen Hoheit dem Prinzregenten Luitpold von Bayern zum achtzigsten Geburtstage dargebracht von der Universität Erlangen. IV.1. Philosophische Fakultät. 1. Sektion, Erlangen - Leipzig 1901, S. 17-60
-, Die Florentiner glossen, ZDA. 15 (1872) S. 332-368
- - Eduard *Sievers*, Die althochdeutschen Glossen, I-V, Berlin 1879-1922, Nachdruck Dublin - Zürich 1968-1969
-, Glossen zu Prudentius, ZDA. 16 (1873) S. 1-109
-, Ags. glossen zur Vita Cuthberti, PBB. 30 (1905) S. 6-13
-, Die deutschen Virgilglossen, ZDA. 15 (1872) S. 1-119
-, Zu den Virgilglossen, ZDA. 16 (1873) S. 110-111
Hans-Dieter *Stoffler*, Der Hortulus des Walahfrid Strabo. Aus dem Klostergarten des Klosters Reichenau. Mit einem Beitrag von Theodor Fehrenbach, Sigmaringen 1978
Karl *Strecker*, Vorbemerkungen zur Ausgabe des Waltharius, DAGM. 5 (1942) S. 23-54
Wilhelm *Streitberg*, Urgermanische Grammatik. Einführung in das vergleichende Studium der altgermanischen Dialekte, 4. A. Nachdruck Heidelberg 1974
Stefanie *Stricker*, Basel ÖBU. B IX 31. Studien zur Überlieferung des Summarium Heinrici Langfassung Buch XI, Studien zum Althochdeutschen 13, Göttingen 1989

Stefanie *Stricker*, Editionsprobleme des Summarium Heinrici, Probleme der Edition althochdeutscher Texte, S. 38-75
-, Florentinisches. Zur Überlieferung des Summarium Heinrici, in: Rudolf Schützeichel, Addenda und Corrigenda (III), S. 298-308
-, Nachträge und Korrekturen zur Ausgabe der Summarium-Heinrici-Handschrift Erlangen, UB. Erlangen-Nürnberg Ms. 396, in: Rudolf Schützeichel, Addenda und Corrigenda (III), S. 352-364
-, Die Summarium-Heinrici-Glossen der Handschrift Basel ÖBU. B X 18, Studien zum Althochdeutschen 15, Göttingen 1994
Thomas *Stührenberg*, Die althochdeutschen Prudentiusglossen der Handschrift Düsseldorf F 1, Rheinisches Archiv 91, Bonn 1974
Tekla *Sugarewa*, Adjektivderivate zu Eigennamen und ihre Konkurrenz mit Substantivkomposita und syntaktischen Wortverbindungen, PBB. 94 (Halle 1974) S. 199-256
Hugo *Suolahti*, Der französische Einfluß auf die deutsche Sprache im dreizehnten Jahrhundert, Mémoires de la Société Néo-Philologique de Helsingfors 8, I, II, Helsinki 1929, 1933

T

Tandareis und Floredibel. Ein höfischer Roman von dem Pleiaere. Herausgegeben von Ferdinand Khull, Graz 1885
Tatian. Lateinisch und althochdeutsch, mit ausführlichem Glossar, herausgegeben von Eduard Sievers, Nachdruck Paderborn 1966
Die lateinisch-althochdeutsche *Tatianbilingue* Stiftsbibliothek St. Gallen Cod. 56. Unter Mitarbeit von Elisabeth De Felip-Jaud herausgegeben von Achim Masser, Studien zum Althochdeutschen 25, Göttingen 1994
Vincent *Taylor*, The Names of Jesus, London 1953
Thesaurus Linguae Latinae. Editu iussu et auctoritate consilii ab academiis societatibusque diversarum nationum electi, I-VIII; IX, 2; X, 1; X, 2, Lieferung 1-4, 6-7, Leipzig 1900-1993
Ulrike *Thies*, Die volkssprachige Glossierung der Vita Martini des Sulpicius Severus, Studien zum Althochdeutschen 27, Göttingen 1994
-, Graphematisch-phonematische Untersuchungen der Glossen einer Kölner Summarium-Heinrici-Handschrift, Studien zum Althochdeutschen 14, Göttingen 1990
Herbert *Thoma*, Altdeutsches aus Londoner Handschriften, PBB. 73 (1951) S. 197-271
Heinz *Thomas*, THEODISCUS - DIUTISKUS - REGNUM TEUTONICORUM. Zu einer neuen Studie über die Anfänge des deutschen Sprach- und Volksnamens, RhVB. 51 (1987) S. 287-302
-, Der Ursprung des Wortes Theodiscus, Historische Zeitschrift 247 (1988) S. 295-332

Heinrich *Tiefenbach*, Besprechung von: V. M. Pavlov, Die substantivische Zusammensetzung im Deutschen als syntaktisches Problem, BNF. NF. 9 (1974) S. 226-229
-, Besprechung von: Summarium Heinrici. Band 2. Herausgegeben von Reiner Hildebrandt, BNF. NF. 19 (1984) S. 419-424
-, Nachträge zu altsächsischen Glossen aus dem Damenstift Essen, in: Rudolf Schützeichel, Addenda und Corrigenda (II), S. 113-121
-, Der Name der Wormser im Summarium Heinrici. Bemerkungen zur Neuedition des Glossars mit Beiträgen zur Lokalisierung, Datierung und Werktitel, BNF. NF. 10 (1975) S. 241-280
-, Studien zu Wörtern volkssprachiger Herkunft in karolingischen Königsurkunden. Ein Beitrag zum Wortschatz der Diplome Lothars I. und Lothars II., Münstersche Mittelalter-Schriften 15, München 1973
-, Xanten - Essen - Köln. Untersuchungen zur Nordgrenze des Althochdeutschen an niederrheinischen Personennamen des neunten bis elften Jahrhunderts, Studien zum Althochdeutschen 3, Göttingen 1984
J. *Trier*, Völkernamen, ZVGA. 97 (1947) S. 1-37
W. F. *Tulasiewicz*, Index Verborum zur Deutschen Kaiserchronik, DTM. 68, Berlin 1972
Die Ueberreste altdeutscher Dichtungen von *Tyrol* und Fridebrant. Gesammelt, herausgegeben und erläutert von E. Wilken, Paderborn 1873

U

Ulrich von Etzenbach, Wilhelm von Wenden. Kritisch herausgegeben von Hans-Friedrich Rosenfeld, DTM. 49, Berlin 1957
Ulrich von Türheim, Rennewart. Aus der Berliner und Heidelberger Handschrift. Herausgegeben von Alfred Hübner, DTM. 39, Unveränderter Nachdruck der 1. Auflage 1938, Berlin - Zürich 1964
Ulrich von dem Türlin, Willehalm. Ein Rittergedicht aus der zweiten Hälfte des dreizehnten Jahrhunderts. Herausgegeben von S. Singer, Bibliothek der mittelhochdeutschen Litteratur in Böhmen IV, Prag 1893, Reprografischer Nachdruck der Ausgabe Prag 1893, Hildesheim 1968
Ulrich von Zatzikhoven, Lanzelet. Eine Erzählung. Herausgegeben von K. A. Hahn. Mit einem Nachwort und einer Bibliographie von Frederik Norman, Frankfurt am Main 1845; Nachdruck: Deutsche Neudrucke. Reihe: Texte des Mittelalters, Berlin 1965
Franz *Unterkirchner*, Inventar der illuminierten Handschriften, Inkunabeln und Frühdrucke der Österreichischen Nationalbibliothek. I. Die abendländischen Handschriften, Museion. Veröffentlichungen der Österreichischen Nationalbibliothek. NF. 2, I, Wien 1957
Otto *Urbach*, Eigennamen werden Begriffe, Muttersprache 53 (1938) Sp. 250-253

Gertrud *Urbaniak*, Adjektive auf *-voll*, Monographien zur Sprachwissenschaft 13, Heidelberg 1983
Die *Urkunden* der deutschen Könige und Kaiser, VI. Die Urkunden Heinrichs IV., 1-3. Bearbeitet von Dietrich von Gladiss und Alfred Gawlik, MGH. DD. regum et imperatorum Germaniae, Berlin - Hannover 1941-1978
Die *Urkunden* der deutschen Könige und Kaiser, Die Urkunden Ottos des III. Herausgegeben von Th. Sickel, MGH. DD. regum et imperatorum Germaniae, II.2, Hannover 1893, Neudruck 1957
Regensburger *Urkundenbuch*. II. Band. Urkunden der Stadt 1351-1378. Bearbeitet von Franz Bastian und Josef Widemann, Monumenta Boica 54, NF. 8, München 1956

V

Melvin E. *Valk*, Word-Index to Gottfried's *Tristan*, Madison 1958
Heinz *Vater*, Eigennamen und Gattungsbezeichnungen. Versuch einer Abgrenzung, Muttersprache 75 (1965) S. 207-213
Hildebrand *Veckinghusen*. Briefwechsel eines deutschen Kaufmanns im 15. Jahrhundert. Herausgegeben und eingeleitet von Wilhelm Stieda, Leipzig 1921
Vergil. Aeneis. Lateinisch-Deutsch. In Zusammenarbeit mit Maria Götte herausgegeben und übersetzt von Johannes Götte. Mit einem Nachwort von Bernhard Kytzler, Darmstadt 1983
Vergil. Landleben. Bucolica · Georgica · Catalepton, ed. Johannes und Maria Götte, Vergil-Viten, ed. Karl Bayer. Lateinisch und deutsch, Tusculum-Bücherei, 4. A. München 1981
P. *Vergili* Maronis opera. Recognovit brevique adnotatione critica instruxit R. A. B. Mynors, Scriptorum classicorum bibliotheca Oxoniensis, Oxford 1969, Nachdruck 1977
E. *Verwijs* - J. *Verdam*, Middelnederlandsch Woordenboek, I-XI, s'-Gravenhage 1885-1952
Hans *Vintler*, Die Pluemen der Tugent. Herausgegeben von Ignaz V. Zingerle, Aeltere tirolische Dichter 1, Innsbruck 1874
Virginal, Dietrichs Abenteuer von Albrecht von Kemenaten. Nebst den Bruchstücken von Dietrich und Wenezlan. Herausgegeben von Julius Zupitza, Deutsches Heldenbuch V, Berlin 1870, S. 1-200
›Vocabularius Ex quo‹. Überlieferungsgeschichtliche Ausgabe. Gemeinsam mit Klaus Grubmüller herausgegeben von Bernhard Schnell, Hans-Jürgen Stahl, Erltraud Auer und Reinhard Pawis, I. Einleitung; II. Text A-C; III. Text D-K; IV. Text L-P; V. Text Q-Z, Texte und Textgeschichte. Würzburger Forschungen 22-26, Tübingen 1988-1989
Lothar *Voetz*, Komposita auf -man im Althochdeutschen, Altsächsischen und Altniederfränkischen, Monographien zur Sprachwissenschaft 3, Heidelberg 1977

Lothar *Voetz*, Die St. Pauler Lukasglossen. Untersuchungen · Edition · Faksimile. Studien zu den Anfängen althochdeutscher Textglossierung, Studien zum Althochdeutschen 7, Göttingen 1985
-, Summarium Heinrici Codex discissus P. Kodikologische Vorarbeiten zur sprachlichen Auswertung einer althochdeutschen Glossenhandschrift, Sprachwissenschaft 5 (1980) S. 364-414
Jan *de Vries*, Altgermanische Religionsgeschichte, I, II, Berlin 1956/57, Nachdruck 1970
-, Altnordisches etymologisches Wörterbuch, 3. A. Leiden 1977

W

Wilhelm *Wackernagel*, Die deutschen Appellativnamen, Kleinere Schriften III. Abhandlungen zur Sprachkunde, Leipzig 1874, S. 59-177
-, Mete Bier Wîn Lît Lûtertranc, Kleinere Schriften I. Abhandlungen zur deutschen Alterthumskunde und Kunstgeschichte, Leipzig 1872, S. 86-106
Elis *Wadstein*, Kleinere altsächsische sprachdenkmäler, mit anmerkungen und glossar herausgegeben, Niederdeutsche Denkmäler 6, Norden - Leipzig 1899
Norbert *Wagner*, Besprechung von: Frank Heidermanns, Etymologisches Wörterbuch der germanischen Primäradjektive, Historische Sprachforschung 106 (1993) S. 313-318
-, Zur Datierung des 'Summarium Heinrici', ZDA. 104 (1975) S. 118-126
-, Zur Etymologie von lat.-germ. -varii, BNF. NF. 28 (1993), Heft 1, S. 1-5
Walafridi Strabi Fuldensis Monachi, Opera Omnia. Ex Editione Duacensi et Collectionibus Mabillonii, Dacherii, Goldasti, etc., MPL. 114, Parisiis 1879
Waltharius, Die lateinischen Dichter des deutschen Mittelalters. Sechster Band. Nachträge zu den Poetae Aevi Carolini. Erster Teil. Mit Unterstützung von Otto Schumann herausgegeben von Karl Strecker, MGH. Poetae VI. Fasc. I, Weimar 1951, S. 1-85
Waltharius. Herausgegeben von Karl Strecker. Deutsche Übersetzung von Peter Vossen, Berlin 1947
Die Gedichte *Walthers* von der Vogelweide. Herausgegeben von Karl Lachmann. Dreizehnte, aufgrund der zehnten von Carl von Kraus bearbeiteten Ausgabe neu herausgegeben von Hugo Kuhn, Berlin 1965
Walther v. *Wartburg*, Französisches Etymologisches Wörterbuch. Eine darstellung des galloromanischen sprachschatzes. I, Bonn 1922-1928; II, III, Leipzig 1934-1940; IV-XXV, Basel 1947-1983
Werner *Wegstein*, Studien zum ›Summarium Heinrici‹. Die Darmstädter Handschrift 6. Werkentstehung, Textüberlieferung, Edition, Texte und Textgeschichte, Würzburger Forschungen 9, Tübingen 1985
Otto *Weinrich*, Die Suffixablösung bei den Nomina agentis während der althochdeutschen Periode, Philologische Studien und Quellen 56, Berlin 1971

Leo *Weisgerber*, Rhenania Germano-Celtica. Gesammelte Abhandlungen. Dem Autor zum siebzigsten Geburtstag am 25. Februar 1969. Mit Unterstützung des Landschaftsverbandes Rheinland unter redaktioneller Mitwirkung von Henning von Gadow und Gernot Schmidt herausgegeben von Johann Knobloch und Rudolf Schützeichel, Bonn 1969

-, Walhisk. Die geschichtliche Leistung des Wortes welsch, RhVB. 13 (1948) S. 87-146

Weisthümer. Gesammelt von Jacob Grimm, I. Mitherausgegeben von Ernst Dronke und Heinrich Beyer, Göttingen 1840; II. Mitherausgegeben von Ernst Dronke und Heinrich Beyer, Göttingen 1840; III, Göttingen 1842; IV, Göttingen 1863; V. Unter Oberleitung von Georg Ludwig von Maurer herausgegeben von Richard Schroeder, Göttingen 1866; VI. Bearbeitet von Richard Schroeder, Göttingen 1869; VII. Namen- und Sachregister verfasst von Richard Schroeder, Göttingen 1878

Hans *Wellmann*, Fremdwörter des Lexikons oder systemgebundene Ableitungen? Über die Integration der Adjektive auf -*esk* (und -*oid*), Sprachsystem und Sprachgebrauch. Festschrift für Hugo Moser zum 65. Geburtstag herausgegeben von Ulrich Engel und Paul Grebe, II, Sprache der Gegenwart 34, Düsseldorf 1975, S. 409-431

Wernher von Elmendorf. Unter Mitarbeit von Udo Gerdes, Joachim Heinzle und Gerhard Spellerberg. Herausgegeben von Joachim Bumke, Tübingen 1974

Carl *Wesle*, Die althochdeutschen Glossen des Schlettstadter Codex zu kirchlichen Schriften und ihren Verwandten, Untersuchungen zur Deutschen Sprachgeschichte 3, Straßburg 1913

Ulf *Wessing*, Interpretatio Keronis in Regulam Sancti Benedicti. Überlieferungsgeschichtliche Untersuchungen zu Melchior Goldasts Editio princeps der lateinisch-althochdeutschen Benediktinerregel, Studien zum Althochdeutschen 18, Göttingen 1992

Peter *Wiesinger*, Gotische Lehnwörter im Bairischen. Ein Beitrag zur sprachgeschichtlichen Frühgeschichte des Bairischen, Frühmittelalterliche Ethnogenese im Alpenraum. Herausgegeben von Helmut Neumann und Werner Schröder, Nationes 5, Sigmaringen 1985, S. 153-200

Max *Willberg*, Abgewertete Vornamen, Muttersprache 75 (1965) S. 330-342

The "Expositio in Cantica Canticorum" of *Williram* Abbot of Ebersberg 1048-1085. A Critical Edition. Erminnie Hollis Bartelmez, The American Philosophical Society Independence Square Philadelphia 1967

W. *Wilmanns*, Deutsche Grammatik. Gotisch, Alt-, Mittel- und Neuhochdeutsch, I, 3. A. Straßburg 1911; II. 2. A. Straßburg 1899; III, 1, 1./2. A. Straßburg 1906; 2, 1./2. A. Straßburg 1909; Nachdruck Berlin 1967

Marjatta *Wis*, Weinnamen bei Ottokar von Steiermark, NPhM. 59 (1958) S. 99-109

R. A. *Wisbey*, A Complete Concordance to the Rolandslied (Heidelberg Manuscript). With Word Indexes to the Fragmentary Manuscripts by Clifton Hall, Leeds 1969

R. A. *Wisbey*, A Complete Concordance to the Vorau and Strassburg *Alexander* with a Reverse to the Graphic Forms, an Index of Rhymes and a Ranking List of Frequencies, Leeds 1968

Aug. *Witzschel*, Besprechung von: Matthias Lexer, Mittelhochdeutsches Handwörterbuch, I-III, Germania 18 (1873) S. 366-381

Wörterbuch der deutschen Gegenwartssprache. Herausgegeben von Ruth Klappenbach und Wolfgang Steinitz, I-VI, Bearbeiter: R. Klappenbach und H. Malige-Klappenbach sowie G. Kempcke, 3. A. Berlin 1967

Mittellateinisches *Wörterbuch* bis zum ausgehenden 13. Jahrhundert. In Gemeinschaft mit den Akademien der Wissenschaften zu Göttingen, Heidelberg, Leipzig, Mainz, Wien und der Schweizerischen Geisteswissenschaftlichen Gesellschaft herausgegeben von der Bayerischen Akademie der Wissenschaften und der Deutschen Akademie der Wissenschaften zu Berlin, I. A-B. Redigiert von Otto Prinz unter Mitarbeit von Johannes Schneider; II, Lieferungen 1-10, München 1967-1994

Wörterbuch der Münzkunde. In Verbindung mit N. Bauer, K. Regling, A. Suhle, R. Vasmer und J. Wilcke herausgegeben von Friedrich Frhr. v. Schrötter, Berlin - Leipzig 1930

Wörterbuch der bairischen Mundarten in Österreich (WBÖ). Herausgegeben von der Kommission für Mundartkunde und Namenforschung. Band 3, Bayerisch-Österreichisches Wörterbuch: I. Österreich, Wien 1983

Pfälzisches *Wörterbuch*, begründet von Ernst Christmann. Fortgeführt von Rudolf Post. Unter Mitarbeit von Sigrid Bingenheimer und Josef Schwing, I-V; VI, Lieferung 42-45, Wiesbaden 1965-1995

Rheinisches *Wörterbuch* auf Grund der von J. Franck begonnenen, von allen Kreisen des rheinischen Volkes unterstützten Sammlung. Bearbeitet und herausgegeben von Josef Müller, II, Berlin 1931

Siebenbürgisch-Sächsisches *Wörterbuch*. Bearbeitet von Adolf Schullerus, Georg Keinzel, Friedrich Hofstädter, J. Roth, Berlin - Leipzig 1908-1931; weitergeführt von einem Autorenkollektiv, Berlin - Bukarest 1971-1975

Wörterbuch der mittelhochdeutschen Urkundensprache auf der Grundlage des Corpus der altdeutschen Originalurkunden bis zum Jahr 1300. Unter Leitung von Bettina Kirschstein und Ursula Schulze bearbeitet von Sibylle Ohly und Peter Schmitt, I. ab - hinnen; II, 10. Lieferung, Veröffentlichungen der Kommission für Deutsche Literatur des Mittelalters der Bayerischen Akademie der Wissenschaften, Berlin 1986-1995

Vollständiges *Wörterbuch* zu Neidharts Liedern. Herausgegeben von Edmund Wießner, Leipzig 1954

Vorarlbergisches *Wörterbuch* mit Einschluß des Fürstentums Liechtenstein. Herausgegeben von der Österreichischen Akademie der Wissenschaften. Bearbeitet von Leo Lutz, Lfg. 19-21 aus dem Nachlaß redigiert von Eugen Gabriel und Eberhard Kranzmayer, I-III, Wien 1955-1965

Siegmund A. *Wolf*, Wörterbuch des Rotwelschen. Deutsche Gaunersprache, 2. A. Hamburg 1985

Wolfdietrich A. Bearbeitet von Arthur Amelung, Ortnit und die Wolfdietriche. Nach Müllenhoffs Vorarbeiten. Herausgegeben von Arthur Amelung und Oskar Jänicke, Deutsches Heldenbuch III, Erster Band, Berlin 1871, S. 81-163

Wolfram von Eschenbach. Sechste Ausgabe von Karl Lachmann, Berlin - Leipzig 1926

Deutsche *Wortbildung*. Typen und Tendenzen in der Gegenwartssprache. Eine Bestandsaufnahme des Instituts für deutsche Sprache Forschungsstelle Innsbruck, I. Das Verb. Ingeburg Kühnhold - Hans Wellmann; II. Das Substantiv. Hans Wellmann; III. Das Adjektiv. Ingeburg Kühnhold -Oskar Putzer - Hans Wellmann unter Mitwirkung von Anna Maria Fahrmaier, Artur Moser, Elgin Müller, Lorelies Ortner; IV. Substantivkomposita (Komposita und kompositaähnliche Strukturen 1). Lorelies Ortner - Elgin Müller-Bollhagen - Hanspeter Ortner - Hans Wellmann -Maria Pümpel-Mader - Hildegard Gärtner; V. Adjektivkomposita und Partizipalbildungen (Komposita und kompositaähnliche Strukturen 2). Maria Pümpel-Mader - Elsbeth Gassner-Koch - Hans Wellmann unter Mitarbeit von Lorelies Ortner; Morphem- und Sachregister zur Band I-III. Ingeburg Kühnhold - Heinz-Peter Prell, Sprache der Gegenwart. Schriften des Instituts für deutsche Sprache in Mannheim 29, 32, 43, 62, 79, 80, Düsseldorf 1973-1992

Rückläufige *Wortliste* zum heutigen Deutsch, Band I: Judäa - Saman bearbeitet von Tobias Brückner und Christa Sauter, Mannheim 1984; Band II: Ataman - Jazz bearbeitet von Tobias Brückner und Christa Sauter, Mannheim 1984

Richard *Wossidlo*, Der typische Gebrauch der Vornamen im meklenburger Platt, Korrespondenzblatt des Vereins für niederdeutsche Sprachforschung 9 (1884) S. 81-88

Wyngaerden der sele. Eine aszetische Schrift aus dem 15. Jahrhundert. Niederdeutsch von Johannes Veghe. Fraterherr in Münster, Münster 1940

Z

Marguerite *Zweifel*, Untersuchung über die Bedeutungsentwicklung von Langobardus - Lombardus mit besonderer Berücksichtigung französischer Verhältnisse, Halle (Saale) 1921

Uwe *Zimmer*, Studien zu 'Alpharts Tod' nebst einem verbesserten Abdruck der Handschrift, Göppinger Arbeiten zur Germanistik 67, Göppingen 1972

I. Einleitung

Aufgabe der Arbeit ist die Untersuchung appellativischer Wörter im Deutschen, die auf der Grundlage von Eigennamen entstanden sind[1] und im folgenden 'Deonomastika' genannt werden. Der Terminus 'Deonomastika' wird für alle appellativischen Lexeme verwendet, die mit nomina propria gebildet sind, und umfaßt aus morphologischer Sicht neben Ableitungen auf der Basis von Eigennamen auch alle anderen Wortbildungsprodukte auf der Grundlage von Onymen[2]. Deonomastika entstehen aus Eigennamen einerseits ohne das Hinzutreten von Suffixen und damit ohne morphologische Veränderung. Andererseits gehören hierzu Wörter, die durch morphologische Veränderungen, also auf dem Wege der expliziten Derivation gebildet worden sind.

Im Vordergrund der Darstellung aber stehen nicht nomina appellativa. Gegenstand der Arbeit sind vielmehr Adjektive, die durch explizite Derivation auf der Basis von Eigennamen geschaffen worden sind und bislang nicht hinreichend untersucht wurden[3]. Zudem bilden deonymische Derivate eine Gruppe, die eine relative Geschlossenheit aufweist und daher in ihrer Entwicklung in den Sprachstufen des Deutschen gut verfolgt werden kann. Die Untersuchung zielt darauf, adjektivische Deonomastika im Hinblick auf ihre morphologische Ausprägung und ihre semantischen Merkmale im Deutschen zu analysieren. Das Primärinteresse ist dabei sowohl auf eine Systematisierung der am Material gewonnenen Ergebnisse als auch auf die Be-

---

[1] R. Schützeichel, in: M. Gottschald - R. Schützeichel, Deutsche Namenkunde, S. 71-74.

[2] Dazu nur für Ableitungen auf der Basis von Eigennamen E. La Stella T., Dizionario storico di deonomastica, S. 5, mit vorgängiger Literatur; W. Schweikkard, Reader zur Namenkunde, II, S. 556; W. Schweickard, «Deonomastik», S. 3, mit umfassender Bibliographie S. 276-320.

[3] Dazu vergleichbar auch die Forschungssituation im Französischen: W. Schweickard, «Deonomastik», S. 1.

schreibung der Genese von Ableitungsmustern zur adjektivischen Derivation von Eigennamen und ihrer Funktion gerichtet. Für das Germanische läßt sich dabei mit Hilfe der einschlägigen Hilfsmittel[4] feststellen, daß diese Wortbildungsmöglichkeit schon bestanden hat und die auf dem Wege der expliziten Derivation gewonnenen Deonomastika mit dem Suffix germ. *-*iska* (ahd., as. *-isc*, mhd., mnd. *-(i)sch*) gebildet wurden. Mit Blick auf das Neuhochdeutsche ist darüber hinaus aber auch die Genese eines weiteren Musters mit dem Suffix *-er* zur Ableitung von Eigennamen zu erklären, das seit mittelhochdeutscher Zeit in Verbindung mit Ortsnamen und anderen geographischen Namen in adjektivischer Funktion bezeugt ist.

Während für das Frühneuhochdeutsche und Neuhochdeutsche[5] bereits einschlägige Untersuchungen vorliegen, die auch die Entstehung und das Auftreten der im Deutschen gering produktiven Fremdsuffixe *-esk*, *-ös* und *-oid*[6] in Verbindung mit Eigennamen, Adjektivkomposita mit Eigennamen als Erstglied[7] sowie deonymische Derivate in

---

[4] F. Kluge, Nominale Stammbildungslehre, § 210, S. 104; H. Krahe - W. Meid, Germanische Sprachwissenschaft, § 148, S. 196f.; W. Wilmanns, Deutsche Grammatik, II, § 357, S. 472-474; H. Paul, Deutsche Grammatik, V, § 67, S. 90-93.

[5] R. Bentzinger, Aspekte des Sprachwandels in der deutschen Literatursprache 1570-1730, S. 119-225; R. Bentzinger, Zum Sprachwandel in der deutschen Literatursprache des 16. Jahrhunderts, S. 151-266; K. Sang, Die appellative Verwendung von Eigennamen bei Luther; M. Schlaefer, Die Adjektive auf *-isch* in der deutschen Gegenwartssprache; T. Sugarewa, PBB. 94 (Halle 1974) S. 199-256; Deutsche Wortbildung, III, passim; L. M. Eichinger, Syntaktische Transposition und semantische Derivation; dazu vergleiche man auch den Überblick bei W. Fleischer - I. Barz, Wortbildung der deutschen Gegenwartssprache, S. 238-240; W. Fleischer, Reader zur Namenkunde, I, S. 255-257.

[6] H. Wellmann, Sprachsystem und Sprachgebrauch, S. 409-431; dazu vergleiche man auch: Deutsche Wortbildung, III, S. 338f.; B. Carstensen, SPIEGEL-WÖRTER, SPIEGEL-WORTE, S. 102; W. Fleischer - I. Barz, Wortbildung der deutschen Gegenwartssprache, S. 240; W. Fleischer, Reader zur Namenkunde, I, S. 257; J. Erben, Einführung in die deutsche Wortbildungslehre, S. 116f.; F. Kluge - E. Seebold, Etymologisches Wörterbuch, S. 189.

[7] H.-J. Kann, Muttersprache 83 (1973) S. 146-150; B. Carstensen, SPIEGEL-WÖRTER, SPIEGEL-WORTE, S. 105, 108.

Redewendungen[8] berücksichtigen, sind die älteren Sprachstufen des Deutschen im Hinblick auf die im Neuhochdeutschen produktivsten adjektivischen Suffixe *-isch* und *-er* in bezug auf ihre Genese noch nicht ausreichend analysiert worden. Eine monographische Untersuchung der Adjektive auf *-isch* aus dem Jahre 1899[9] berücksichtigt zwar beispielhaft die semantische Leistung der Adjektive auf *-isch*, und zwar mit proprialen als auch mit nicht-proprialen Basen, erfolgt jedoch unter einschränkenden Gesichtspunkten und ist in vielerlei Hinsicht zu aktualisieren. Neuere Arbeiten untersuchen Fragen der Produktivität des Suffixes ahd. *-isc* in Verbindung mit nicht-proprialen Basen[10] beziehungsweise richten das Augenmerk auf die Integration fremdsprachlicher Morpheme mit dem Suffix ahd. *-isc*, wobei Interferenzen zum Lateinischen im Vordergrund stehen[11]. Eine Untersuchung bezüglich der semantischen Leistungen deonymischer Adjektive sowie der Genese des adjektivischen Suffixes *-er* steht aber bislang noch aus. Damit ist der zeitliche Untersuchungsrahmen gegeben, der Formen und Leistungen deonymischer Adjektive sowie die Genese der adjektivischen Suffixe zur Ableitung von Eigennamen in althochdeutscher und mittelhochdeutscher Zeit offenlegen kann.

Die Belege des Althochdeutschen wurden innerhalb der Grenzen ermittelt, wie sie von R. Schützeichel[12] verstanden werden. Dabei war inbesondere zu beachten, daß genauere Beobachtungen nur vor dem Hintergrund jüngerer Überlieferungen möglich sind[13]. Danach gilt für die literarischen Denkmäler des Althochdeutschen, daß die

---

[8] Dazu zum Beispiel G. Siebenmann, Sprache und Mensch in der Romania, S. 152-168; O. Urbach, Muttersprache 53 (1938) S. 250-253; O. Krueger, Eigennamen als Gattungsnamen, S. 8f.

[9] A. Goetze, PBB. 24 (1899) S. 464-522; dazu auch M. Schlaefer, Die Adjektive auf *-isch* in der deutschen Gegenwartssprache, S. 33; L. M. Eichinger, Syntaktische Transposition und semantische Derivation, S. 6f.

[10] Th. Klein, Studien zum Altgermanischen, S. 381-410.

[11] A. Decke, Synchrone und diachrone Aspekte, S. 105-112.

[12] Addenda und Corrigenda (III), S. 75f., 102f., 138-140; SchW. S. 41; R. Schützeichel, Festschrift für Ingeborg Schröbler zum 65. Geburtstag, S. 23-38; R. Schützeichel, Studia Linguistica et Philologica, S. 153-163.

[13] R. Schützeichel, Addenda und Corrigenda (III), S. 76.

Werke Notkers nicht als exakte Grenze zum Mittelhochdeutschen gelten können. Vielmehr muß das 'Gesamt der Überlieferung eines Textes' beachtet werden[14]. Für die Überlieferung in den Glossen kann diese Grenze hingegen keinesfalls angesetzt werden, weil die Tradition unter Umständen weit über die Mitte des elften Jahrhunderts hinausreicht und jüngere Handschriften häufig sehr altes Wortmaterial enthalten[15]. Beispielhaft genannt sei die Überlieferung der Langfassung Buch XI des Summarium Heinrici in der Handschrift Basel ÖBU. IX 31[16] aus dem fünfzehnten Jahrhundert[17]. So war gerade für die Glossenbelege neben Überlieferungsträgern des achten bis zehnten Jahrhunderts eine Vielzahl von Handschriften des elften, zwölften und dreizehnten Jahrhunderts zu berücksichtigen, die den Schwerpunkt der Überlieferung tragen, dazu auch zwei Handschriften und eine Inkunabel des fünfzehnten Jahrhunderts[18].

Das Sprachmaterial aus mittelhochdeutscher Zeit wird aufgrund verschiedener sprachlicher Kennzeichen[19] ungefähr von der Mitte des elften bis zum ausgehenden fünfzehnten Jahrhundert behandelt. Dabei ist zu beachten, daß die Abgrenzung des mittelhochdeutschen Belegkorpus zum althochdeutschen einerseits und zum frühneuhochdeutschen andererseits nur annähernd an Jahreszahlen festgemacht werden kann. Im Althochdeutschen waren bereits Handschriften zu berücksichtigen, deren Entstehung bis in das fünfzehnte Jahrhundert hineinreicht, weil die in ihnen tradierten Texte und Glossare auf einer Tradition fußen, die in althochdeutsche Zeit zurückreicht. Ebenso ist

---

[14] Ebenda, S. 139.

[15] Ebenda, S. 103; R. Bergmann, Deutsche Literatur und Sprache von 1050-1300, S. 19-25.

[16] BV. Nr. 34c; dazu St. Stricker, Basel ÖBU. B IX 31. Studien zur Überlieferung des Summarium Heinrici Langfassung Buch XI.

[17] St. Stricker, Basel ÖBU. B IX 31, S. 466; St. Stricker, in: R. Schützeichel, Addenda und Corrigenda (III), S. 307, passim; H. Tiefenbach, BNF. NF. 19 (1984) S. 420f.

[18] Dazu das Handschriftenverzeichnis der Glossenbelege Kapitel VII.A.b dieser Arbeit; R. Schützeichel, Addenda und Corrigenda (III), S. 139f.

[19] MG. §§ 11-16, S. 19-26; A. Lasch, Mittelniederdeutsche Grammatik, §§ 1-10, S. 1-12.

eine Vielzahl mittelhochdeutscher Quellen nur in Handschriften beziehungsweise Drucken aus der Zeit ab a. 1500 überliefert, so daß das Kriterium der Handschriftendatierung allein nicht den Ausschlag für die Zuordnung zum Althochdeutschen oder Mittelhochdeutschen geben kann. Diese Einteilung erfolgt ohnehin aus praktischen Gesichtspunkten, um eine übersichtlichere Darstellung zu ermöglichen.

Die Untersuchung richtet sich auf die historische Einzelsprache 'Deutsch', die wie jede historische Sprache ein Diasystem bildet[20]. Ausgeschlossen werden daher bei der Untersuchung appellativische Bildungen, die bereits in anderen Sprachen von Eigennamen gewonnen wurden und dann als Appellative ins Deutsche gelangt sind. Dazu gehört zum Beispiel ahd. *keisur*[21], weil dieses Substantiv bereits auf ein im Lateinischen appellativisch gebrauchtes Wort zurückgeht, das vom Namen *Julius Caesar* stammt und seit Hadrian als Herrschaftstitel gebraucht wird. Als solches wurde ahd. *keisur* aus dem Lateinischen entlehnt[22] und ist in Zusammensetzungen (*cheisurinc*[23], *cheisertuom*[24]) und Ableitungen (*cheiserlīh*[25]) in althochdeutscher Zeit anzutreffen. Anders hingegen sind Derivate auf der Basis von *kris(t)* und *christus* zu behandeln, da sowohl der Eigenname als auch das Appellativ in den althochdeutschen und altsächsischen Texten überliefert sind. Neben dem nomen appellativum kann daher auch das nomen proprium als Basis für die Derivation gedient haben[26].

Sprachgeographisch wird der gesamte deutsche Sprachraum erfaßt, soweit er durch Wörterbücher und Quellen zugänglich gemacht ist.

---

[20] E. Coseriu, Einführung in die Allgemeine Sprachwissenschaft, S. 280; U. Möllmann, Die althochdeutschen Adjektive auf -*sam*, S. 38.

[21] SchW. S. 179.

[22] F. Kluge - E. Seebold, Etymologisches Wörterbuch, S. 347; D. Berger, Muttersprache 60 (1950) S. 150f.; Reallexikon für Antike und Christentum, II, Sp. 824-826.

[23] SchW. S. 179.

[24] Ebenda; E. Meineke, Abstraktbildungen im Althochdeutschen, S. 150, 528, 537f.

[25] SchW. S. 179.

[26] Dazu die Kapitel III.E und IV.D.d dieser Arbeit.

Für die althochdeutsche Sprachstufe bedeutet das insbesondere, daß neben dem althochdeutschen auch das altsächsische Sprachmaterial untersucht wurde. Neben mittelhochdeutschen werden mittelniederdeutsche Quellen berücksichtigt.

Zur Klärung namenkundlicher Sachverhalte diente die Einführung in die Familiennamenkunde von R. Schützeichel[27]. Die germanischen Namen als Basen wurden mit Hilfe der Deutschen Namenkunde von A. Bach[28] und des Altdeutschen Namenbuches von E. Förstemann[29] erklärt. Die Ermittlung fremder Namen erfolgte neben den schon genannten Hilfsmitteln anhand einschlägiger Lexika, insbesondere mit Hilfe des Lexicon totius Latinitatis[30].

Für das Althochdeutsche und Altsächsische wird der Wortschatz der literarischen Denkmäler und der Glossen berücksichtigt, weiterhin der volkssprachige Wortschatz der Leges, Konzilien, Formulare, Kapitularien und Diplome, soweit dieser durch Register in den jeweiligen Ausgaben erschlossen ist.

Das Wortmaterial für den literarischen Wortschatz ist mit Hilfe des Althochdeutschen Wörterbuchs von R. Schützeichel[31] und des Rückläufigen morphologischen Wörterbuchs des Althochdeutschen von R. Bergmann[32] gesammelt worden. Der Wortschatz der Glossen wurde anhand des Althochdeutschen Sprachschatzes von E. G. Graff[33] und des Althochdeutschen Glossenwörterbuchs von T. Starck und J. C. Wells[34] ermittelt. Berücksichtigt wurden weiterhin neuere Editionen

---

[27] In: M. Gottschald - R. Schützeichel, Deutsche Namenkunde, S. 13-76.
[28] Deutsche Namenkunde, I-III (BN.).
[29] Altdeutsches Namenbuch, I-II (FöN.).
[30] Lexicon totius Latinitatis, V-VI.
[31] Althochdeutsches Wörterbuch. 5. A. (SchW.).
[32] Rückläufiges morphologisches Wörterbuch des Althochdeutschen (RMWA.).
[33] Althochdeutscher Sprachschatz (GSp.); H. F. Massmann, Vollständiger alphabetischer Index zu dem althochdeutschen Sprachschatze von E. G. Graff.
[34] Althochdeutsches Glossenwörterbuch (StWG.).

und Untersuchungen zur althochdeutschen Überlieferung, die durch die genannten Hilfsmittel nicht erfaßt sind[35].

Das altsächsische Material wurde mit Hilfe des Wörterbuchs zum Heliand und zur altsächsischen Genesis von E. H. Sehrt[36] sowie der Vorstudien zu einem altniederdeutschen Wörterbuch von J. H. Gallée[37] und des altsächsischen Wörterbuchs von F. Holthausen[38] erfaßt.

Über die Wörterbücher des Althochdeutschen und Altsächsischen sowie über die Register der Textausgaben wurden die Textzusammenhänge in den Editionen jeweils selbst ermittelt und aufgesucht. Bei diesem Vorgehen ist zu beachten, daß die Überlieferung des Althochdeutschen nur einen Ausschnitt aus dem Gesamt der im Althochdeutschen bestehenden Möglichkeiten bietet, der zudem aus einem Zeitraum von mehreren Jahrhunderten gewonnen ist, zunächst die sprachgeographischen Unterschiede nicht berücksichtigt und auch die soziokulturellen Unterschiede im Diasystem 'Althochdeutsch' nicht zum

---

[35] L. Voetz, Die St. Pauler Lukasglossen; K. Siewert, Die althochdeutsche Horazglossierung; K. Siewert, Glossenfunde; R. Schützeichel, Addenda und Corrigenda (III); St. Stricker, Basel ÖBU. B IX 31; U. Thies, Graphematisch-phonematische Untersuchungen der Glossen einer Kölner Summarium-Heinrici-Handschrift; St. Stricker, Die Summarium-Heinrici-Glossen der Handschrift Basel ÖBU. B X 18; B. Meineke, Althochdeutsches aus dem 15. Jahrhundert; B. Meineke, Althochdeutsche -scaf(t)-Bildungen; U. Wessing, Interpretatio Keronis in Regulam Sancti Benedicti; Probleme der Edition althochdeutscher Texte. Herausgegeben von R. Bergmann; A. Schlechter, Die althochdeutschen Aratorglossen der Handschrift Rom, Biblioteca Apostolica Vaticana Pal. Lat. 1716; A. de Sousa Costa, Studien zu volkssprachigen Wörtern in karolingischen Kapitularien; W. Schulte, Die althochdeutsche Glossierung der Dialoge Gregors des Großen; E. Meineke, Abstraktbildungen im Althochdeutschen; U. Möllmann, Die althochdeutschen Adjektive auf -sam; Die lateinisch-althochdeutsche Tatianbilingue Stiftsbibliothek St. Gallen Cod. 56. Unter Mitarbeit von E. De Felip-Jaud herausgegeben von A. Masser; D. Ertmer, Studien zur althochdeutschen und altsächsischen Juvencusglossierung; U. Thies, Die volkssprachige Glossierung der Vita Martini des Sulpicius Severus; H. Mayer, Die althochdeutschen Griffelglossen der Handschrift Salzburg St. Peter a VII 2.

[36] Vollständiges Wörterbuch zum Heliand und zur altsächsischen Genesis.

[37] Vorstudien zu einem altniederdeutschen wörterbuche.

[38] Altsächsisches Wörterbuch.

Ausdruck bringen kann[39]. Eine streng synchrone Betrachtung des sprachlichen Materials, die auf das Funktionieren der verschiedenen sprachlichen Elemente untereinander ausgerichtet ist, kann daher für das Althochdeutsche nicht weiterführen. Für die ausführliche Untersuchung am Beispiel deonymischer Adjektive folgt daraus, daß zunächst die Vorkommen in alphabetischer Reihenfolge vorgestellt werden und erst in einem weiteren Schritt die zeitliche Verteilung zu berücksichtigen ist[40]. Die Arbeiten von L. Voetz[41], B. Meineke[42] und U. Möllmann[43] zur Wortbildung im Althochdeutschen lieferten dabei methodische Anregungen im Hinblick auf die Darstellung des sprachlichen Materials und seine Auswertung.

Für die Übersetzung der lateinischen Lemmata und Textzusammenhänge wurde das Ausführliche Lateinisch-Deutsche Handwörterbuch von K. E. Georges[44] benutzt, und weiterhin auf das Oxford Latin Dictionary[45] zurückgegriffen. Bei unsicheren Belegen, insbesondere bei den Pflanzenbezeichnungen, die mit H. Marzell[46] erklärt wurden, konnte mit Hilfe des Glossarium latino-germanicum von L. Diefenbach[47] die weitere volkssprachige Glossierung festgestellt werden.

Das Korpus des mittelhochdeutschen und mittelniederdeutschen Materials kann in keiner Weise vollständig sein, da keines der zur Verfügung stehenden Wörterbücher den volkssprachigen Wortschatz

---

[39] Zum Terminus Diasystem E. Coseriu, Einführung in die Allgemeine Sprachwissenschaft, S. 280; U. Möllmann, Die althochdeutschen Adjektive auf -sam, S. 38.

[40] Dazu insbesondere U. Möllmann, Die althochdeutschen Adjektive auf -sam, S. 38.

[41] Komposita auf -man im Althochdeutschen, Altsächsischen und Altniederfränkischen.

[42] Althochdeutsche -scaf(t)-Bildungen.

[43] Die althochdeutschen Adjektive auf -sam.

[44] Ausführliches Lateinisch-Deutsches Handwörterbuch, I-II (GH.).

[45] Edited by P. G. W. Glare.

[46] Wörterbuch der deutschen Pflanzennamen.

[47] Glossarium latino-germanicum; L. Diefenbach, Novum Glossarium Latino-Germanicum.

in seiner Gesamtheit erfaßt. Die Untersuchung deonymischer Adjektive in mittelhochdeutscher Zeit kann daher nicht an einem vollständigen Korpus vorgenommen werden. Sie erfolgt über die wichtigsten mittelhochdeutschen[48] und mittelniederdeutschen[49] Wörterbücher sowie über die dazu erschienenen Nachträge[50]. Weiterhin wurden die wichtigsten Wörterbücher und Glossare zu einzelnen Sprachdenkmälern aus mittelhochdeutscher Zeit berücksichtigt, die einerseits den Quelleneditionen beigegeben oder als eigenständige Publikationen erschienen sind[51]. Im Unterschied zum überlieferten althochdeutschen und altsächsischen Material, das mit Hilfe der zur Verfügung stehenden Hilfsmittel annähernd vollständig erfaßt werden kann[52], ist für das Mittelhochdeutsche und Mittelniederdeutsche der Versuch unternommen worden, eine repräsentative Auswahl vorzustellen, die die Gebrauchsmöglichkeiten aber ausreichend umschreiben kann[53]. Mit Hilfe der Wörterbücher wurde (soweit möglich) auf die jeweiligen Textzusammenhänge selbst zurückgegriffen, wobei jeweils die neuesten textkritischen Editionen zugrundegelegt wurden. Dazu mußte berücksichtigt werden, daß in bezug auf das Textkorpus insgesamt die

---

[48] G. [F.] Benecke - W. Müller - F. Zarncke, Mittelhochdeutsches Wörterbuch, I-III (BMZ.); M. Lexer, Mittelhochdeutsches Wörterbuch, I-III (LH.); M. Lexer, Nachträge zum Mittelhochdeutschen Handwörterbuche (LH. III, Nachträge); F. Jelinek, Mittelhochdeutsches Wörterbuch zu den deutschen Sprachdenkmälern Böhmens und der mährischen Städte Brünn, Iglau und Olmütz (JW.); K. Gärtner u.a., Findebuch zum mittelhochdeutschen Wortschatz (FMW.); W. Bachhofer - W. v. Hahn - D. Möhn, Rückläufiges Wörterbuch der mittelhochdeutschen Sprache.

[49] A. Lübben, Mittelniederdeutsches Handwörterbuch (LBH.); K. Schiller - A. Lübben, Mittelniederdeutsches Handwörterbuch (SLWB.); Mittelniederdeutsches Handwörterbuch. Begründet von A. Lasch und C. Borchling (MHWB.).

[50] A. Witzschel, Germania 18 (1873) S. 366-381; K. Matzel - J. Riecke - G. Zipp, Spätmittelalterlicher deutscher Wortschatz aus Regensburger und mittelbairischen Quellen, Heidelberg 1989 (MRZ.).

[51] Zu einzelnen Glossaren und Wortindices vergleiche man das Literaturverzeichnis.

[52] Dazu weiter oben; Ausnahmen bilden neu gefundene Glossenhandschriften, deren Glossen noch nicht ediert sind und daher nicht berücksichtigt werden.

[53] Dazu auch W. Relleke, Ein Instrument spielen, S. 35f.

Qualität der Editionen aus mittelhochdeutscher Zeit (noch) unzureichend ist, vielfach also ältere Ausgaben benutzt werden mußten[54].

Die Arbeit gliedert sich in sieben Teile. Der Einleitung folgt ein zweites Kapitel mit theoretischen Vorbemerkungen[55] über den Prozeß der Wortbildung der Deonomastika und der durch sie bewirkten semantischen Veränderungen. Hier werden die am Material aufgefundenen Ergebnisse systematisiert sowie die notwendigen methodischen Grundbegriffe unter Berücksichtigung der wichtigsten Literatur erläutert.

Im dritten Kapitel wird das Phänomen der Bildung von Deonomastika in althochdeutscher und mittelhochdeutscher Zeit am Beispiel der Substantive dargestellt, wobei zunächst die Verwendung von Zweitgliedern von Rufnamen als Suffixe zu berücksichtigen ist. Zu den deonomastischen Bildungen gehören dann weiterhin Personennamen und Personengruppennamen, die als Pflanzenbezeichnungen auftreten sowie Bezeichnungen der Wochentage, appellativisch gebrauchte Volksnamen, Appellative aus Rufnamen und Ableitungen von Eigennamen mit Suffixen, die Abstrakta bilden. Ein Vergleich des in den älteren Sprachstufen gewonnenen Befundes mit dem Neuhochdeutschen beschließt das dritte Kapitel.

Die größte Gruppe appellativischer Wörter auf der Grundlage von Onymen bilden in den älteren Sprachstufen Adjektive auf der Basis von Eigennamen, die für die althochdeutsche und mittelhochdeutsche Zeit in einem vierten und fünften Kapitel der Arbeit beispielhaft für deonomastische Bildungen ausführlich untersucht werden.

Die Untersuchung deonymischer Adjektive setzt im vierten Kapitel mit dem Beginn der Überlieferung der deutschen Sprache in althochdeutscher und mittelhochdeutscher Zeit ein. Das Wortmaterial wird zunächst nach sachlichen Gesichtspunkten, also nach den jeweiligen Basen gegliedert und vorgestellt. Untersucht werden adjektivische Derivate auf der Basis von germanischen und fremden Volksnamen und Ländernamen, sowie Bildungen auf der Basis von Landschaftsnamen, Siedlungsnamen, Flurnamen und Personennnamen. Ein letztes

---

[54] Dazu auch Kapitel V (Vorbemerkung) dieser Arbeit.

[55] Zum Begriff 'Theorie' E. Coseriu, Synchronie, Diachronie und Geschichte, S. 165.

Unterkapitel behandelt zwei Zusammensetzungen mit einem Eigennamen als Erstglied, die im Hinblick auf ihre Bildungsweise von den deonymischen Derivaten zu unterscheiden sind. Das Wortmaterial wird in den Kapiteln in alphabetischer Reihenfolge in jeweils eigenständigen Unterkapiteln behandelt. Dabei wird zunächst die Bildungsweise beschrieben und die jeweilige Basis erklärt. Anschließend wird der Überlieferungszusammenhang gegeben, der die Bezeichnungsfunktion[56] des Wortes, das heißt, die aktuelle Bedeutung oder Redebedeutung an der jeweiligen Stelle liefert[57]. Vergleichbare Bildungen im Altenglischen werden im fortlaufenden Text genannt, da sie dem Althochdeutschen zeitlich nahestehen. Der Auswertungsteil untersucht zunächst die Verbreitung althochdeutscher Adjektive auf der Grundlage von Eigennamen in Quellentexten und ihrer handschriftlichen Überlieferung sowie die Flexion. Weiterhin werden bestimmte Regelmäßigkeiten der Wortbildung berücksichtigt sowie auch die notwendigen etymologischen Zusammenhänge erläutert, die ausdrücklich der Ermittlung der jeweiligen Bezeichnungsfunktionen nachgestellt sind. Dieser Vorgehensweise liegt die Erkenntnis zugrunde, daß die Etymologie zwar der Sicherung der Bezeichnungsfunktionen dienen kann, diese aber nie selbst schafft[58]. Ein letztes Unterkapitel der Auswertung beschreibt semantische Aspekte der adjektivischen Deonomastika.

Das fünfte Kapitel untersucht mittelhochdeutsche und mittelniederdeutsche Adjektive auf der Basis von Eigennamen. Angesichts der großen Materialfülle und zum besseren Vergleich mit den für die frühere Sprachstufe gewonnenen Ergebnissen setzt das Kapitel mit der Darstellung des Gesamtbefundes ein. Dabei sind insbesondere die morphologischen Ableitungsmuster sowie ihre semantischen Leistun-

---

[56] Dazu E. Coseriu, Sprachwissenschaft 12 (1987) S. 11; E. Coseriu, Formen und Funktionen, S. 182f.

[57] R. Schützeichel, "Sagen mit sinne", S. 414; W. Schmidt, Lexikalische und aktuelle Bedeutung, S. 10, 24-28; B. Meineke, in: R. Schützeichel, Addenda und Corrigenda (III), S. 197f.; zum Verfahren vergleiche man auch B. Meineke, Althochdeutsche -scaf(t)-Bildungen, S. 117; Kapitel IV (Vorbemerkung) und IV.F.d dieser Arbeit.

[58] R. Schützeichel, "Sagen mit sinne", S. 418-420, hier besonders S. 420.

gen von Interesse. In einem weiteren Unterkapitel werden zunächst diejenigen Ableitungen auf -*isch* in mittelhochdeutscher Zeit berücksichtigt, die bereits in althochdeutscher Zeit nachgewiesen werden konnten, weiterhin neue Ableitungen auf -*isch* und ihre semantischen Leistungen in den jeweiligen syntaktischen Zusammenhängen. Nach einer knappen Darstellung der wenigen deonymischen Derivate, die mit anderen adjektivischen Suffixen gebildet sind, folgt ein Überblick über Ableitungen, die auf der Basis von *krist-* entstanden sind, jedoch in mittelhochdeutscher Zeit nicht mehr als aktuelle Derivate vom Eigennamen *Christus* gelten können. In einem letzten Unterkapitel wird der Blick auf vorangestellte Nominalattribute im Genitiv Plural auf -*er* gelenkt, die seit mittelhochdeutscher Zeit in adjektivischer Funktion auftreten.

Die Zusammenfassung der wichtigsten Ergebnisse beschließt die Untersuchung. Mehrere Register im Anhang sollen die Orientierung innerhalb der Arbeit erleichtern und insbesondere systematische Zusammenhänge aufzeigen, auf die im Verlauf der Untersuchung verwiesen wird. Das Register (Kapitel VII.B) zeigt dann auch in ganzer Breite die vielfältigen deonymischen Adjektivderivate in mittelhochdeutscher Zeit, auf die in Kapitel V beispielhaft eingegangen wird.

II. Theoretische Vorbemerkungen

Das Phänomen appellativischer Wörter auf der Grundlage von Eigennamen, die seit Beginn der Überlieferung in althochdeutscher Zeit nachweisbar sind, wird unter der Fragestellung behandelt, in welchen morphologischen Programmen diese Bildungen auftreten, was sich beim Gebrauch eines Eigennamens bei den sprachlichen Merkmalen verändert, damit eine Appellativierung möglich wird und in welcher sprachlichen Funktion Deonomastika anzutreffen sind. Dazu wird im folgenden versucht, die anhand des Materials gewonnenen Ergebnisse zu systematisieren. Da die wichtigsten Gesichtspunkte zur Theorie der Eigennamen bereits ausführlich diskutiert worden sind[1], sollen hier lediglich ein kurzer Überblick über die Merkmale von Eigennamen gegeben sowie ihre Unterscheidung von Gattungsbezeichnungen skizziert werden, um dann die für Deonomastika wichtigen Kennzeichen hervorheben zu können.

Nomina lassen sich in Eigennamen und Gattungsbezeichnungen unterscheiden. Dabei ist der Satz als Einheit der Grammatik der Ausgangspunkt der Untersuchung, da nur im Satz der jeweilige Gebrauch der sprachlichen Elemente erkennbar wird[2]. Eigennamen (nomina propria) bezeichnen eine Sache oder eine Person als Individuum unmittelbar, also ohne 'das Dazwischentreten' einer lexikalischen Bedeutung. Gattungsbezeichnungen oder Appellative (nomina appellativa) hingegen benennen klassifizierend und können sowohl der Kennzeichnung der gesamten Gattung als auch der Benennung des einzelnen Vertreters dieser Gattung dienen. Der sprachliche (und auch der außersprachliche) Kontext kann letztlich darüber Aufschluß geben, ob der Angehörige einer Gattung oder die Gattung selbst sprach-

---

[1] Dazu im Überblick R. Schützeichel, in: M. Gottschald - R. Schützeichel, Deutsche Namenkunde, S. 13-76, mit weiterführender Literatur S. 551-664.
[2] Ebenda, S. 14.

lich fixiert oder ob im Sprechakt unmittelbar etwas Individuelles bezeichnet wird[3].

Appellative und Eigennamen unterscheiden sich daher in einem wichtigen Merkmal. Nomina propria besitzen im Unterschied zu den nomina appellativa eben keine lexikalische Bedeutung, wie sie für Gattungsbezeichnungen nachweisbar ist. Eigennamen haben jedoch Bezeichnungsfunktion, und zwar in dem Sinne, daß durch sie ein außersprachlicher Tatbestand bezeichnet wird[4]. Eigennamen als bilaterale Sprachzeichen besitzen neben dem Ausdruck auch einen 'proprialen Inhalt'[5], der für alle Eigennamen gleichermaßen beschrieben werden kann. Das Sprachzeichen Eigenname denotiert den Träger einer bestimmten Eigenschaft 'x heißend'[6]. Darüber hinaus lassen sich jedoch keine weiteren lexikalischen Merkmale bestimmen, da die Bezeichnung bei Eigennamen unmittelbar erfolgt, ohne daß weitere semantische Merkmale im Sinne einer lexikalischen Bedeutung aufgebaut würden, wie es für Appellative gilt. Eigennamen eignet außerdem ebenso wie Appellativen die kategorielle Bedeutung, da sie zu den Substantiven zu stellen sind, und sie haben instrumentelle Bedeutung, weil sie Relationsmorpheme tragen und in syntaktische Zusammenhänge treten können.

Die Referenz eines Eigennamens auf ein Individuum als Individuelles liegt vor den Sprechakten fest und erfolgt nicht erst aufgrund von Kontext und Sprechsituation. Eigennamen sind daher dem Objekt direkt zu eigen und dienen als feste und direkte Erkennungszeichen. Diese kontextunabhängige feste Referenz unterscheidet sich von der kontextabhängigen und situationsabhängigen Referenz, die für Appellative, das heißt, für Gattungsbezeichnungen gilt[7].

---

[3] Ebenda, S. 17f.

[4] Zu den Begriffen Bedeutung und Bezeichnung E. Coseriu, Formen und Funktionen, S. 133f., 177-198; hier besonders S. 133, 182f.; E. Coseriu, Sprachwissenschaft 12 (1987) S. 7; R. Schützeichel, Addenda und Corrigenda (III), S. 63.

[5] R. Šrámek, Österreichische Namenforschung 19 (1991) S. 74.

[6] H. Kubczak, BNF. NF. 20 (1985) S. 293f.

[7] O. Leys, Reader zur Namenkunde, I, S. 144-149; R. Schützeichel, in: M. Gottschald - R. Schützeichel, Deutsche Namenkunde, S. 21.

Ein Eigenname kann aufgrund seiner Eindimensionalität[8], das heißt, aufgrund seiner Funktion als sprachliches Mittel zur individualisierenden Benennung, nicht ohne weiteres im Plural auftreten. Ein Individuum oder eine Personengruppe werden vielmehr als Individuelles benannt. Bei Eigennamen kann weiterhin die Numerusopposition einer/viele nicht nachgewiesen werden[9]. E. Coseriu[10] unterscheidet in diesem Zusammenhang zwischen dem Plural der Allheit und dem Plural der Vielheit, was insbesondere für die Klassifizierung von Volksbezeichnungen von Bedeutung ist. Der Plural der Allheit bezeichnet eine Allheit in der Gesamtheit als Individuelles und läßt nicht zu, daß zu einem sprachlichen Ausdruck dieser Art eine Singularform gebildet wird. *Die Pyrenäen* oder *die Hebriden* dienen zum Beispiel der Bezeichnung des Gebirges oder der Inselgruppe als Individuelles. Ausdrücke wie *die Pyrenäe oder *die Hebride läßt der Sprachgebrauch nicht zu, weil mit der Pluralform nicht die Gattung bezeichnet wird, deren einzelne Vertreter dann benannt werden könnten. In diesem Zusammenhang könnte also von einem semantisch leeren, rein morphologischen Plural gesprochen werden[11].

Anders zu beurteilen ist der Plural zu einem Eigennamen *Karl*. Wenn von vielen *Karls* die Rede ist, kann der einzelne Vertreter dieser Klasse mit dem Merkmal 'jemand, der *Karl* heißt' umschrieben werden. Semantisch ist zunächst nur dieser propriale Inhalt als lexikalisches Merkmal nachzuweisen. Jedes einzelne männliche Wesen wird weiterhin individualisierend mit *Karl* benannt. Beispiele für diese pluralische Verwendung von Rufnamen sind in den germanischen Einzelsprachen schon früh nachweisbar, so zum Beispiel im altsächsischen Heliand. *Iudasas tuuêna*[12] bezeichnet zwei Personen mit dem Rufnamen *Judas*, der Nominativ Plural *Mariun*[13] bezeichnet zwei

---

[8] E. Coseriu, Reader zur Namenkunde, I, S. 232; H. Paul, Prinzipien der Sprachgeschichte, § 55, S. 81.

[9] R. Schützeichel, in: M. Gottschald - R. Schützeichel, Deutsche Namenkunde, S. 21f.

[10] Reader zur Namenkunde, I, S. 231.

[11] Ebenda, I, S. 230.

[12] Heliand, V. 1263.

[13] Heliand, V. 5784.

Frauen mit dem Rufnamen *Maria*[14]. Für alle Beispiele gilt, daß die Pluralisierung als morphologische Strategie[15] nicht die Semantik des Eigennamens verändert, weil die feste Referenz in allen Fällen bestehen bleibt. Es scheint also sinnvoll zu sein, im Falle der Pluralisierung von abgeleiteten Appellativen zu sprechen[16], die als sprachliche Ausdrücke mit dem Eigennamen identisch sind und mit gleichen Signifikanten auf unterschiedliche Signifikate referieren[17]. *Karl*, *Judas* und *Maria* als Eigennamen benennen weiterhin individualisierend und zeichnen sich durch die bestehende feste Referenz aus, während die pluralischen Wortformen *Karls*, *Judasas* und *Mariun* jeweils durch das semantische Merkmal 'x heißend' bereits auf einen appellativischen Gebrauch hinweisen. Zu dem jeweiligen proprialen Inhalt können weitere lexikalische Merkmale hinzutreten, so zum Beispiel bei *Judas* das semantische Merkmal 'Verräter'[18]. Der propriale Inhalt 'x heißend' ermöglicht aber gerade, daß eine pluralische Wortform *Judasas* gebildet werden kann. Die Pluralform *Judasas* bildet die Klasse der x heißenden Objekte (Klasse der *Judas* heißenden Objekte), deren einzelne Vertreter dann jeweils die x-Stelle gemeinsam haben (*Judas*)[19]. Für eine Appellativierung gilt dann, daß zu dem Merkmal 'x heißend' weitere semantische Merkmale hinzutreten können, so zum Beispiel durch die syntaktische Transposition eines Eigennamens als Nomen auf dem Wege der Ableitung zu einem Adjektiv[20].

Davon zu unterscheiden ist der appellativische Gebrauch von Volksnamen, die primär zunächst ein Volk als Personengruppe in ihrer Gesamtheit individualisierend benennen. Der einzelne Angehörige des Volkes kann dann die Benennung der Personengruppe tragen und damit seine Zugehörigkeit zum Ausdruck bringen, so daß zum pro-

---

[14] Dazu BN. I.1, § 48, 1, S. 49f.
[15] O. Leys, Reader zur Namenkunde, I, S. 157.
[16] Ebenda.
[17] E. Coseriu, Reader zur Namenkunde, I, S. 228.
[18] Dazu vergleiche man DWB. X, Sp. 2351.
[19] H. Kubczak, BNF. NF. 20 (1985) S. 290, 293f.
[20] Dazu weiter unten mit der einschlägigen Literatur.

prialen Inhalt 'x heißend' das lexikalische Merkmal 'zum Volk der ... gehörig' hinzukommt. Diese Benennung, die die Zugehörigkeit eines einzelnen zu einem Volk kennzeichnet, ist als sekundäre Entwicklung aufzufassen, so zum Beispiel bei *die Meder - der Meder*[21]. Aus der sekundären Singularform kann sich dann ein neuer Plural entwickeln, der ausdrucksseitig identisch mit dem Plural der Allheit ist und die Vielheit der zum Volk der Meder gehörenden Personen bezeichnet. Für das Althochdeutsche kann im Einzelfall nicht immer eindeutig entschieden werden, welcher Gebrauch im jeweiligen Textzusammenhang vorliegt[22].

Die Opposition von Singular und Plural sowie die Möglichkeit, Namenwörter mit determinativen Zusätzen zu versehen, können als Merkmale der Appellativierung von Eigennamen verstanden werden[23]. Hier ist jedoch noch zu differenzieren, da der Gebrauch des unbestimmten Artikels nicht heißt, daß schon ein Appellativ vorliegt[24]. Hinzukommen muß vielmehr eine bestimmte 'synsemantische Umgebung'[25] im Satz, so zum Beispiel die prädikative Verwendung eines Eigennamens in Verbindung mit einem unbestimmten Artikel, die die Transposition eines nomen proprium zum nomen appellativum gewährleistet. Entscheidend ist in jedem Fall die Art und Weise, wie die Namen durch die Sprecher Verwendung finden und von den Hörern verstanden werden, also ihre Funktion im kommunikativen Gebrauch[26]. In den folgenden Sätzen ist *Karl* sowohl in der ersten als auch der zweiten Verwendung als nomen proprium zu beschreiben, da in beiden Fällen das gleiche Individuum benannt wird: *Neben mir wohnt ein gewisser Karl. Karl ist ein guter Freund.* Trotz dem unbestimmten Artikel im einführenden Satz handelt es sich bei dem sprachlichen Zeichen *Karl* in beiden Sätzen um einen Eigen-

---

[21] E. Coseriu, Reader zur Namenkunde, I, S. 231.

[22] Dazu Kapitel III.D dieser Arbeit.

[23] D. Berger, in: H. H. Hornung (Hrsg.), 10. Internationaler Kongreß für Namenforschung, S. 75.

[24] So zum Beispiel H. Vater, Muttersprache 75 (1965) S. 211.

[25] H. Kalverkämper, Textlinguistik der Eigennamen, S. 331.

[26] E. Coseriu, Reader zur Namenkunde, I, S. 228; C. Knobloch, Sprachwissenschaft 17 (1992) S. 456-458.

namen, weil sich die Art der Referenz auf ein Individuum *Karl* nicht geändert hat. Mit dem unbestimmten Artikel wird die Verwendung angezeigt, die eine Person namens *Karl* zunächst in der Rede einführt und dabei individualisierend benennt und nicht klassifizierend beschreibt[27].

In der sprachwissenschaftlichen Diskussion um Eigennamen steht bisher jedoch ein Gesichtspunkt im Hintergrund, der nur beiläufig erwähnt wird und der hier auch bereits vorausgesetzt worden ist, und zwar der Übertritt von Eigennamen zu Appellativen beziehungsweise von Appellativen zu Eigennamen.

Der wechselseitige Übertritt zu einer der beiden Klassen bedeutet aber, daß ein und dasselbe Formativ beiden Klassen angehören kann und daß erst die Analyse der aktuellen Verwendung in der Rede zeigt, welcher Gebrauch jeweils vorliegt. Unter dieser Voraussetzung kann aber nicht mehr entschieden werden, ob ein Deonomastikon vorliegt. Daher führt E. Neuß[28] zunächst präzisierend die Unterscheidung in aktuelle und usuelle Eigennamen ein, für die jeweils die Eigennameneigenschaften gleichermaßen gelten.

Aktuelle Eigennamen sind solche, die aufgrund ihrer spezifischen Verwendung als Eigennamen zu interpretieren sind. Dazu gehört neben allgemein üblichen Eigennamen auch der Gebrauch von Bezeichnungen für Familienmitglieder wie *Mutter*, *Vater*, *Oma* und so weiter. In familiären Situationen benennen diese sprachlichen Zeichen ebenso individualisierend wie ein Eigenname, weil in jedem Fall für den Hörer die Identifizierung eindeutig ist, die andere Träger der gleichen Bezeichnung ausschließt[29]. Für aktuelle Eigennamen gilt dann, daß sie ebenso wie usuelle nomina propria als Genitivattribut einem Substantiv vorangestellt werden können, was im Neuhochdeutschen bei Appellativen nicht ohne weiteres möglich ist[30]. Der Ei-

---

[27] O. Leys, Reader zur Namenkunde, I, S. 155, 273-280.

[28] BNF. NF. 27 (1992) S. 163; dazu auch C. Knobloch, Sprachwissenschaft 17 (1992) S. 451-455.

[29] D. Berger, BNF. NF. 11 (1976) S. 378; F. Debus, Aspekte zum Verhältnis Name-Wort, S. 7; E. Pulgram, BNF. 5 (1954) S. 172-174; H. Paul, Prinzipien der Sprachgeschichte, § 55, S. 80.

[30] Dazu vergleiche man auch Kapitel V.E dieser Arbeit.

gennamenstatus dieser familiären Bezeichnungen kommt dann auch morphologisch zum Ausdruck. Wie bei Eigennamen erfolgt im Neuhochdeutschen die morphologische Kennzeichnung der Kasus nur im Genitiv Singular mit dem Relationsmorphem -s[31] (*Mutters Hut*). Zu den aktuellen Eigennamen sind auch Übernamen[32] beziehungsweise inoffizielle oder informelle Personennamen[33] zu rechnen, die jeweils nur in bestimmten Zusammenhängen von den jeweiligen Sprechern als Eigennamen erkannt werden, dann auch als usuelle Eigennamen gebraucht werden können und schon in alter Zeit zu Familiennamen geworden sind[34]. Beispiele für die Verwendung aktueller Eigennamen lassen sich darüber hinaus bereits in den älteren Sprachstufen finden. Eine Folge des christlichen Monotheismus ist zum Beispiel die Verwendung von ahd. *got* 'Gott'[35] als aktueller Eigenname, der dann im Althochdeutschen in Analogie zu den Eigennamen in der Form des Akkusativ Singular (*gotan*) flektiert[36] und als nominales Genitivattribut pränominal gebraucht wird[37].

Usuelle Eigennamen hingegen sind solche, die aus dem 'Durchschnitt' der Rede gewonnen werden und den Sprachteilnehmern als solche bekannt sind. Der 'Durchschnitt' der Rede bestimmt im Sinne

---

[31] P. Eisenberg, Grundriß der deutschen Grammatik, S. 179; E. Hentschel, Satz - Diskurs - Text, I, S. 18f.; dazu auch C. Knobloch, Sprachwissenschaft 17 (1992) S. 458f.

[32] R. Schützeichel, in: M. Gottschald - R. Schützeichel, Deutsche Namenkunde, S. 60f.

[33] Dazu die Untersuchung von W. Kany, Inoffizielle Personennamen; man vergleiche weiterhin H. Schwedt, Reader zur Namenkunde, II, S. 413-418; F. Kiener - H. Nitschke, Reader zur Namenkunde, II, S. 419-429; F. Kiener - M. Duske, Reader zur Namenkunde, II, S. 431-441; H. Lukesch, Reader zur Namenkunde, II, S. 443-470; R. Frank, Reader zur Namenkunde, II, S. 471-489; E. Leisi, Reader zur Namenkunde, II, S. 491-499; F. Debus, Reader zur Namenkunde, II, S. 501-523.

[34] R. Schützeichel, in: M. Gottschald - R. Schützeichel, Deutsche Namenkunde, S. 60f.

[35] SchW. S. 152.

[36] H. Paul, Prinzipien der Sprachgeschichte, § 160, S. 233.

[37] O. Behaghel, Deutsche Syntax, IV, § 1566, S. 181, A. 1; § 1567, S. 193.

von H. Paul[38] das 'eigentlich Normale' in der Sprache, also den Sprachusus. Diese Inventare von Formativen werden üblicherweise als bestimmte Klassen von Eigennamen benutzt. Dazu gehört die Klasse der Personennamen, zu der sowohl Rufnamen (*Andrea, Rudolf*) als auch Familiennamen gehören (*Petersen, Müller*) sowie auch die Klasse der Ortsnamen, so zum Beispiel für Siedlungen (*Rutsweiler*) oder für Länder (*Frankreich*).

Ein Eigennamenlexikon enthält demnach als Rekonstrukt aus der Rede diejenigen Formative, die üblicherweise (usuell) als Eigennamen in bestimmten Eigennamenklassen gelten.

An der Unterscheidung zwischen usuellen und aktuellen Eigennamen wird deutlich, daß die Sprache die Möglichkeit bietet, sprachliche Zeichen aus dem Lexikon der Appellative oder aus dem Lexikon der Eigennamen entsprechend der jeweiligen Funktion im Gebrauch zu benutzen. Ein weiteres Beispiel zeigt, daß der Wechsel von den Appellativen zu den Eigennamen ebenso möglich ist. Ahd. *diutisg*, bei Notker in der aktuellen Bedeutung 'deutsch'[39] zur Kennzeichnung der Sprache bezeugt, ist von einer appellativischen Basis mit dem Suffix *-isc* gewonnen. Erst sekundär ist daraus der Volksname der Deutschen gebildet worden[40].

Um das Phänomen der Appellativierung von Eigennamen hinreichend beschreiben zu können, reicht es daher nicht aus, Eigennamen als sprachliche Phänomene einmalig fest zu definieren. Es muß vielmehr der Gebrauch, das heißt zum Beispiel für das Althochdeutsche, der jeweils vorliegende überlieferte Textzusammenhang berücksichtigt werden, da dieser aufzeigt, in welcher Verwendung das entsprechende Nomen auftritt. Aus diesem Grund kann auch nicht von 'Übergängen' oder 'Grenzbereichen' zwischen Appellativen oder Eigennamen gesprochen werden, weil die Verwendung im spezifischen Kontext

---

[38] Prinzipien der Sprachgeschichte, § 15, S. 29.

[39] SchW. S. 113.

[40] Zur Diskussion um das Wort *deutsch* R. Lühr, Erlanger Gedenkfeier für Johann Kaspar Zeuß, S. 91-106, mit umfassenden Literaturangaben S. 106-116; W. Haubrichs, Germanistik und Deutschunterricht im historischen Wandel, S. 21-41; H. Thomas, RhVB. 51 (1987) S. 287-302; H. Thomas, Historische Zeitschrift 247 (1988) S. 295-332.

festgestellt und damit in der Regel auch bestimmt werden kann. Der Eindruck eines 'Übergangs' entsteht dagegen aus der Perspektive fixierter usueller Lexika.

Das Lexikon der deutschen Sprache hat für die Darstellung von Sachverhalten bestimmte Inventare von sprachlichen Zeichen zur Verfügung[41]. Dazu gehört zum Beispiel ein Inventar von Verben, von Adjektiven und von Substantiven, die im Satz jeweils an bestimmter Stelle funktionell eingesetzt werden können[42]. Das Inventar der Substantive läßt sich wiederum differenzieren in ein Inventar von sprachlichen Zeichen zur Bezeichnung von Individuen als Individuelles (Eigennamen) und in ein Inventar von sprachlichen Zeichen für die Bezeichnung von Gattungen oder des einzelnen Vertreters einer Gattung (Appellative). Dabei sind diese beiden Mengen von sprachlichen Zeichen je nach Gebrauch auch in der jeweils anderen Funktion verwendbar[43], was aus dem Kontext erschlossen werden kann[44].

Der Übertritt von dem jeweils einen Inventar sprachlicher Zeichen in ein anderes läßt sich auch für andere Bereiche der Sprache feststellen. *Hoheit* oder *Fürst* sind zunächst ohne weiteres als Substantive erkennbar, denen eine bestimmte lexikalische Bedeutung zukommt. In anderen Zusammenhängen werden diese sprachlichen Zeichen jedoch als Anredepronomen der zweiten Person verwandt, wobei sie im aktuellen Gebrauch ihre primäre Funktion der Benennung verlieren und in der Funktion eines Personalpronomens auftreten[45]: *Hoheit, ich bitte um eine Audienz.* Im Grunde kann jedes sprachliche Element Wortstatus haben, was an Beispielen wie *das A und O* oder bei Bezeichnungen wie *das Suffix -isc* deutlich wird. Im ersten Beispiel haben zwei Vokale Wortstatus, im zweiten Beispiel tritt ein Suffix als Formativ auf. Auch das sprachliche Phänomen der Konversion von einer Wortart zur anderen kann als Übertritt eines sprachlichen Zeichens in ein anderes Inventar gewertet werden. Beispielhaft genannt

---

[41] K. Bühler, Sprachtheorie, S. 235.
[42] E. Neuß, BNF. NF. 27 (1992) S. 163.
[43] K. Bühler, Sprachtheorie, S. 235.
[44] E. Neuß, BNF. NF. 27 (1992) S. 162f.
[45] K. Bühler, Sprachtheorie, S. 147f.

seien hier die Bewohnerbezeichnungen im Genitiv Plural auf -er, die in mittelhochdeutscher Zeit aufgrund ihrer Voranstellung als Nominalattribute vor dem Nukleus sowohl substantivisch als auch adjektivisch gedeutet werden konnten. Der Genese nach als Substantive zu beschreiben, sind diese Bewohnerbezeichnungen bereits in mittelhochdeutscher Zeit zu Adjektiven uminterpretiert worden. Als Ergebnis dieses historischen Prozesses ist das Suffix -er im Neuhochdeutschen neben seiner Funktion zur substantivischen Ableitung auch als Adjektivsuffix -er in Verbindung mit Ortsnamen produktiv[46]. Derivate auf der Basis von *krist-* in mittelhochdeutscher Zeit ergeben eine interessante Parallele zu deoymischen Ableitungen auf -er, weil auch bei mhd., mnd. *kristen* die syntaktische Uminterpretation vom Adjektiv zum Substantiv zur Umdeutung der ursprünglichen Funktion geführt hat[47].

In dieser Untersuchung wird von Deonomastika ausgegangen, deren Basen usuelle Eigennamen sind, weil nur vom usuellen Eigennamenlexikon aus über die jeweiligen Basen entschieden werden kann. Diese Feststellung ist für vor allem für das Althochdeutsche (und für die älteren Sprachstufen überhaupt) umso bedeutsamer, da es dem heutigen Bearbeiter beziehungsweise Übersetzer volkssprachiger Texte aus früheren Sprachstufen aufgrund der historischen Distanz nicht möglich ist, das 'Gesamt' der in der frühen Sprachstufe der Einzelsprache Deutsch bestehenden Möglichkeiten in der Überlieferung zu erkennen[48]. Bei älteren Texten erfolgt die Zuordnung aufgrund der Sprachkompetenz des neuhochdeutschen Bearbeiters beziehungsweise Übersetzers, also durch Interpretation des engeren oder weiteren Kontextes[49], der als 'erstarrte aktuelle Rede' angesehen werden kann[50]. Die Möglichkeit der Zuordnung zum Inventar der

---

[46] Zur Genese der Adjektive auf -er in mittelhochdeutscher Zeit Kapitel V.E dieser Arbeit.

[47] Dazu Kapitel V.D dieser Arbeit.

[48] Dazu grundlegend B. Meineke, in: R. Schützeichel, Addenda und Corrigenda (III), S. 194-203; weiterhin U. Möllmann, Die althochdeutschen Adjektive auf -sam, S. 38.

[49] B. Meineke, in: R. Schützeichel, Addenda und Corrigenda (III), S. 199.

[50] Ebenda, S. 196.

Eigennamen oder der Appellative kann offenbleiben, weil ein Bearbeiter des althochdeutschen Wortschatzes nicht ohne weiteres die gesamten sprachlichen Möglichkeiten überblickt, die in den älteren Sprachstufen bestanden[51]. Die 'Rekonstruktion' des Überlieferten kann daher nur über den außersprachlichen Sachverhalt erfolgen, und zwar über die jeweils einzelnen Bezeichnungsfunktionen eines Wortes[52]. Wenn zum Beispiel eine Entscheidung für die Texte des Althochdeutschen getroffen wird, führt das dazu, daß in ein Wörterbuch des appellativischen althochdeutschen Wortschatzes Bezeichnungen wie *franko*[53] oder *pharisei*[54] aufgenommen werden, während die Vielzahl der Volksnamen ausgeschlossen bleibt. Da die hier untersuchten Deonomastika zur Gruppe der Adjektive gehören, folgt weiter, daß die Ergebnisse der Wortbildungsprozesse selbst nicht Eigennamen sind. Sie müssen vielmehr Appellative sein. Über den Weg der substantivischen Verwendung können diese Neubildungen (ahd. *frenkisc* zu *franco*, lat. *Franci*) wiederum zu Eigennamen werden (*Franziskus*)[55], was ein weiteres Beispiel für den wechselseitigen Übertritt ist.

Als Bedingungen der Appellativierung lassen sich nun verschiedene Kriterien formulieren, die den Übergang eines Eigennamens in den Bereich der lexikalisierten Appellative anzeigen können. Dabei ist zunächst morphologisch zwischen der Appellativierung ohne morphologische Veränderung und der Appellativierung mit morphologischer Veränderung zu unterscheiden[56].

Eigennamen können ohne morphologische Veränderung appellativisch gebraucht werden, wenn Sprecher und Hörer wissen, daß ein nomen proprium appellativisch verwendet wird. Die Verwendung wird möglich, wenn eine bestimmte Tradition in der Sprache diesen

---

[51] Ebenda, S. 196f.

[52] Ebenda, S. 197.

[53] SchW. S. 140.

[54] SchW. S. 232.

[55] Dazu Kapitel IV.A.a.1 dieser Arbeit.

[56] Dazu (für Deonomastika im Französischen, Spanischen und Italienischen) W. Schweickard, «Deonomastik», S. 1; BN. I.1, §§ 269-273, S. 323-331.

Gebrauch erlaubt, so zum Beispiel bei *Judas* in folgendem Textzusammenhang: *Setzt sich auf Martins Platz, so ein Judas, und hat keine Ahnung, daß es bessere, vornehme, hochanständige Menschen gibt* ...[57]. Hinzu kommt, daß appellativisch verwendete Eigennamen vielfach häufig gebrauchte nomina propria sind[58], die gerade durch ihren häufigen Gebrauch in bestimmten Kontexten zu Gattungsbezeichnungen werden. Insbesondere die Mundarten bieten vielfältige Beispiele für die appellativische Verwendung von Personennamen, so die pfälzische Mundart: *daawər Hanjörg* oder *daawər Hanjoob* treten dort als Benennungen für einen schwerhörigen Menschen auf[59]. Eine Vielzahl dieser Namen kann dann auch reihenbildend als Suffix in Wortbildungsprozesse eingehen, wie zum Beispiel *-liese* in *Bummelliese*[60]. Schon im Althochdeutschen können häufig gebrauchte Zweitglieder von Eigennamen als Suffixe für die Bildung appellativischer Personenbezeichnungen verwendet werden[61].

Eine Appellativierung eines Eigennamens kann erfolgen, weil Sprecher und Hörer jeweils eine gewisse Sachkenntnis in die Situation einbringen, die aus der Kenntnis traditioneller Muster entsteht oder aber in der Gesprächssituation abgeleitet wird. Referenz und prädikative Kenntnis über den jeweiligen Referenten sind daher nicht voneinander zu trennen, woraus sich erklärt, daß Eigennamen sich mit gewissen, auf die Eigenschaften des Referenten zielenden Bedeutungsmerkmalen aufladen können. Eigennamen können so zum referenzfähigen prädikativen Ausdruck werden, das heißt, als Appellativ im Satz verwendet werden. Zum Beispiel führt die Verwendung eines Eigennamens als Prädikatsnomen dazu, daß der Name als Appellativ gebraucht wird, da Prädizieren heißt, daß einer bestimmten Sache oder einer Person eine Eigenschaft oder eine Klasse zugesprochen wird, die eine inhaltliche Qualität haben muß, also eine lexikalische

---

[57] H. Broch, Die Schlafwandler, S. 269f.

[58] H. Paul, Prinzipien der Sprachgeschichte, § 66, S. 93f.; H. Kalverkämper, Textlinguistik der Eigennamen, S. 327f.; Beispiele bei R. Schützeichel, in: M. Gottschald - R. Schützeichel, Deutsche Namenkunde, S. 72f.

[59] Ph. Keiper - Th. Zink, ZDM. 5 (1910) S. 129.

[60] Kapitel III.G dieser Arbeit.

[61] Kapitel III.A dieser Arbeit.

Bedeutung. *Du bist ein dummer August* ist keine Aussage einer Identität. Gemeint ist vielmehr, daß von einer Person etwas ausgesagt wird, das sich im Prädikatsnomen *dummer August* ausdrückt. Der Eigenname wird zum Ausdruck von Eigenschaften verwendet, die zunächst Eigenschaften der mit dem nomen proprium bezeichneten Person waren. Dabei gilt nicht ohne weiteres, daß ein ursprünglich usuell als Eigenname gebrauchtes Sprachzeichen auch von allen Sprachteilnehmern als Appellativ erkannt wird.

Das ist dann möglich, wenn eine Person sehr berühmt wird und sich durch bestimmte hervorragende Eigenschaften auszeichnet, die nicht mehr nur auf die Person bezogen werden. Das lexikalische Merkmal kann dann dem sprachlichen Ausdruck zugeordnet werden[62]. Auf diese Weise setzt die Appellativierung semantisch ein[63]. Die Kenntnis traditioneller Muster und hohe Vorkommenshäufigkeit können daher als lexematische Voraussetzungen für die Transposition in die Funktion eines Appellativs angesehen werden[64].

Eigennamen werden nun weiterhin durch morphologische Veränderung in den appellativischen Wortschatz integriert, weil sie aufgrund ihres Wortstatus in Wortbildungsprozesse eingehen können[65]. Sie treten dann zum Beispiel in Ableitungen auf, die je nach Suffix eine bestimmte Klasse bilden, so im Althochdeutschen die Klasse der Adjektive auf *-isc*. Durch Ableitung verlieren Onyme ihren proprialen Status, den sie nur als Substantive haben[66]. Der Eigenname wird auf diese Weise mit einem Suffix für die Wortart Adjektiv nutzbar gemacht[67] und in den appellativischen Wortschatz integriert.

Im folgenden sollen Deonomastika im Mittelpunkt der Untersuchung stehen, die auf dem Wege der expliziten Derivation mit einem Suffix gebildet sind. Morphologisch wird bei der expliziten Derivation im

---

[62] H. Paul, Prinzipien der Sprachgeschichte, § 66, S. 94.

[63] J. Lyons, Semantik, I, S. 232.

[64] H. Kalverkämper, Textlinguistik der Eigennamen, S. 327.

[65] E. Neuß, BNF. NF. 27 (1992) S. 162f.

[66] W. Fleischer, Reader zur Namenkunde, I, S. 253-261; C. Knobloch, Sprachwissenschaft 17 (1992) S. 459.

[67] Dazu auch E. Meineke, Abstraktbildungen im Althochdeutschen, S. 463.

Unterschied zur impliziten Derivation die Basis um ein Suffix erweitert. Während bei einer impliziten Ableitung ohne Hinzutreten eines Suffixes ein Derivat geschaffen wird, ist das Derivat bei einer expliziten Ableitung mit Suffixen und Präfixen durch eine morphologische Veränderung charakterisiert. Neben Präfixbildungen, die lediglich zu einer Modifizierung der lexikalischen Bedeutung der Basis führen, kann ein Lexem durch ein Suffix zusätzlich in eine andere Wortart überführt und so für andere syntaktische Funktionen nutzbar gemacht werden[68]. Dieser als Transposition bezeichnete Vorgang führt zum Beispiel dazu, daß aus der Verbindung eines Eigennamens, der zur Wortart Substantiv gehört, mit dem Suffix ahd. -isc, mhd. -(i)sch, ein Derivat entsteht, das der Wortart Adjektiv zuzuordnen ist und die kategorielle Bedeutung der Eigenschaft hat. Der Prozeß der Wortbildung auf dem Wege der Ableitung von der zugrundeliegenden Basis Eigenname ist als denominale Derivation zu fassen, weil Eigennamen der Wortart Substantiv zugehören.

Bei den auf solche Weise gewonnenen Deonomastika ist also einerseits der morphologische Vorgang bei der Bildung der Derivate zu beachten, da mit Hilfe von Affixen eine Reihe expliziter Derivationen erfolgen. Andererseits werden aber auch semantische Veränderungen desjenigen Sachverhaltes angezeigt, der in der Basis angelegt war. Durch Derivation von einem Nomen wird dasjenige verändert, was zunächst in der Basis lexikalisch vorgelegen hat. Es ergibt sich ein 'Mehr' an Bedeutung oder mit anderen Worten ein lexikalischer Zugewinn[69]. Diese Feststellung ist umso bedeutsamer, da Eigennamen an sich keine lexikalische Bedeutung besitzen, wie sie Gattungsbezeichnungen eignet.

Die auf dem Wege der expliziten Derivation entstandenen Adjektive lassen sich nach verschiedenen Merkmalen im Syntagma in relational

---

[68] E. Coseriu, Perspektiven der Wortbildungsforschung, S. 53f.; E. Coseriu, Sprache. Strukturen und Funktionen, S. 174-176; W. Schweickard, «Deonomastik», S. 208; H.-M. Gauger, Durchsichtige Wörter, S. 70-74, 90-95; dazu auch J. Erben, Einführung in die deutsche Wortbildungslehre, S. 21; E. Meineke, Abstraktbildungen im Althochdeutschen, S. 463.

[69] R. Schützeichel, in: M. Gottschald - R. Schützeichel, Deutsche Namenkunde, S. 71; dazu Kapitel IV.F.d dieser Arbeit.

und qualitativ gebrauchte Bildungen unterscheiden[70]. Diese Differenzierung ist für die Untersuchung bedeutsam, weil sich so insbesondere die semantischen Aspekte der deonymischen Derivate beschreiben lassen. Die Abgrenzung von relational und qualitativ gebrauchten Adjektiven im Syntagma ist im folgenden nicht mit der Klassifizierung von O. Behaghel[71] in absolute und relative Adjektive zu verwechseln, die für die hier vorzunehmende Analyse syntagmainterner Bedeutungsstrukturen[72] nicht praktikabel ist. O. Behaghels Unterscheidung zielt insbesondere auf das Merkmal der Graduierbarkeit von Adjektiven und nicht auf die Bedeutungsbeziehungen im gesamten Syntagma, die gerade für die semantische Beschreibung der hier vielfach auftretenden Herkunftsbezeichnungen von Interesse sind.

Relationale Adjektive in Verbindung mit einem Substantiv bezeichnen nicht eine unmittelbare, an den bezeichneten Referenzobjekten feststellbare Eigenschaft. Bezeichnet wird vielmehr eine an den bezeichneten Dingen gegebene Eigenschaft, die in einem Verhältnis zu demjenigen steht, das durch die Basis des Adjektivs gefaßt wird. Eine Eigenschaft wird nicht als Qualität ausgedrückt. Es handelt sich vielmehr um eine Relation zwischen zwei Sachverhalten[73]. Das althochdeutsche Syntagma *affricanisgemo zisale* bezeichnet zum Beispiel den Purpur, der aus Afrika kommt[74]. Hergestellt wird eine Relation zwischen dem in der Basis bezeichneten Sachverhalt und dem Substantiv, das durch das Adjektiv näher bestimmt wird.

Im Unterschied zu qualitativen Adjektiven sind relationale Adjektive nicht steigerungsfähig, da Steigerungsformen nur für Qualitäten gebraucht werden können. Relationale Adjektive können zudem nicht ohne weiteres in der syntaktischen Funktion eines prädikativen Attributs auftreten oder im Prädikat verwendet werden, weil auch das eine qualitative Komponente voraussetzt. Die althochdeutsche Zeit

---

[70] Dazu auch für das Französische W. Schweickard, «Deonomastik», S. 208-211.

[71] Deutsche Syntax, I, §§ 91-93, S. 140-147.

[72] Dazu vergleiche man M. Schlaefer, Die Adjektive auf *-isch* in der deutschen Gegenwartssprache, S. 94-96.

[73] W. Admoni, Der deutsche Sprachbau, S. 142; Deutsche Wortbildung, III, S. 260; H. Lauffer, Sprachliche Interferenz, S. 436f.

[74] Kapitel IV.A.b.1 dieser Arbeit.

bezeugt die prädikative Verwendung nur bei ahd. *judeisc*, das in einigen Textzusammenhängen auch in qualitativer Verwendung auftritt[75]. Auf dem Wege der Ableitung von einem Eigennamen entstehen deonomastische Relationsadjektive, die notwendig appellativisch sind[76]. Relational gebrauchte deonymische Derivate können in einer Vielzahl von Ad-hoc-Bildungen auftreten, die nicht ohne weiteres in das Lexikon der deutschen Sprache aufgenommen werden, weil sie je nach Gelegenheit und Gebrauch immer wieder neu nach dem bekannten Muster gebildet werden können[77].

Da relationale Adjektive die Beziehung zwischen zwei Dingen bezeichnen, sind Syntagmen wie *die spanische Literatur* in Syntagmen mit Nominalattributen im Genitiv (*die Literatur Spaniens*) oder in Syntagmen mit Präpositionalattributen (*die Literatur von Spanien*) oder auch in Zusammensetzungen (*Spanienliteratur*) umwandelbar[78]. Schon für das Althochdeutsche läßt sich die Konkurrenz von Zusammensetzungen (*judeoliuti*[79]) und Syntagmen mit relationalen Adjektiven (*iudêiscon liûto*[80]) nachweisen[81].

In althochdeutscher und mittelhochdeutscher Zeit kennzeichnen adjektivische Eigennamenableitungen nur in seltenen Fällen eine Qualität, die dann bereits vom lateinischen Gebrauch vorgegeben sein kann, wie zum Beispiel bei ahd. *dorisg*[82]. Potentiell kann zwar jedes relationale Adjektiv qualitative Funktionen erhalten. Jedoch ist das Hervortreten 'inhärenter Eigenschaften' selten und in Abhängigkeit vom jeweiligen Kontext zu beobachten[83]. Durch Ableitung mit

---

[75] Kapitel IV.A.b.12 dieser Arbeit.

[76] Dazu W. Schweickard, «Deonomastik», S. 208.

[77] Dazu die Kapitel IV (Vorbemerkung), IV.F.c.1 und V.B dieser Arbeit.

[78] W. Admoni, Der deutsche Sprachbau, S. 142f.; P. Schäublin, Probleme des adnominalen Attributs in der deutschen Sprache der Gegenwart, hier besonders S. 117-134; T. Sugarewa, PBB. 94 (Halle 1974) S. 199-256.

[79] SchW. S. 178.

[80] N. IX, 318, 2; Kapitel IV.A.b.12 dieser Arbeit.

[81] Dazu auch Kapitel V.B dieser Arbeit.

[82] Kapitel IV.A.b.4 dieser Arbeit.

[83] Dazu W. Schweickard, «Deonomastik», S. 209f.

Suffixen werden Eigennamen vielmehr zunächst nur als Adjektive für die attributive Verwendung nutzbar gemacht. Bei den in dieser Arbeit behandelten Derivaten handelt es sich daher in der Regel um Ad-hoc-Bildungen, die jeweils nach Gebrauch immer wieder neu geschaffen werden können, was sich am Nebeneinander konkurrierender Bildungen zur Bezeichnung des erkennbar gleichen Sachverhaltes zeigt.

Semantisch ist bei althochdeutschen Adjektiven auf der Basis von Eigennamen die Motivierung der Bildung noch unmittelbar erkennbar, weil es sich in der Regel um relationale Adjektive in attributiver Stellung handelt, die einen Bezug zwischen der Basis und dem attribuierten Substantiv herstellen. Diese 'etymologische Bedeutung'[84] oder 'Bedeutungsindizierung'[85] kann mit der aktuellen Bedeutung im jeweiligen althochdeutschen Textzusammenhang zusammenfallen, in einigen Fällen jedoch auch abweichen, so zum Beispiel bei ahd. *tuscānisch*[86]. Dennoch ist aufgrund der Basis Eigenname der Bezug deutlich, weil dem neuhochdeutschen Sprecher der usuelle Eigenname in der Regel bekannt ist beziehungsweise aus der Tradition erschlossen werden kann. Für die Bedeutungsermittlung ist daher nicht auszuschließen, daß neben der im jeweiligen Überlieferungszusammenhang ermittelten aktuellen Bedeutung die aufgrund der Basis erkennbare etymologische Bedeutung in anderen Zusammenhängen gebraucht wurde, und zwar dann als aktuelle Bedeutung.

---

[84] J. Lyons, Semantik, I, S. 234.
[85] C. P. Herbermann, ZVSpF. 95 (1981) S. 30.
[86] Kapitel IV.A.b.26 dieser Arbeit.

III. Deonymische Substantive
in althochdeutscher und mittelhochdeutscher Zeit

Das Phänomen deonomastischer Bildungen soll hier zunächst am Beispiel der Substantive in althochdeutscher und mittelhochdeutscher Zeit dargestellt werden. Dabei ist keine Vollständigkeit aller vorkommenden Wörter angestrebt. Vielmehr sollen verschiedene Wortbildungstypen und Verwendungsweisen erläutert werden, um Tendenzen aufzuzeigen, wie sie in der deutschen Sprache seit frühester Überlieferung angelegt sind. Das impliziert, daß zunächst der jeweilige Wortbildungstyp in althochdeutscher und altsächsischer Überlieferung dargestellt wird und dann Beispiele für den Gebrauch in mittelhochdeutscher Zeit folgen. Die einzelnen Unterkapitel sind grob nach der Häufigkeit der Vorkommen des einzelnen Typs angeordnet. Zu berücksichtigen ist an erster Stelle der Gebrauch von Zweitgliedern von Namen als Suffixe. Es folgen Pflanzenbezeichnungen aus Personennamen, Bezeichnungen der Wochentage, appellativisch gebrauchte Volksnamen sowie einzelne Appellative aus Rufnamen und Abstraktbildungen. Das Kapitel schließt mit einem Ausblick auf neuzeitliche Entwicklungen. Das morphologische, semantische und syntaktische Programm deonomastischer Bildungen wird ausführlich im vierten und fünften Kapitel dieser Arbeit am Beispiel der Adjektive auf der Basis von Eigennamen erläutert.

A. Zweitglieder von Personennamen als Suffixe

Schon in althochdeutscher Zeit zeigt sich die Möglichkeit der deutschen Sprache, appellativische Personenbezeichnungen durch Ableitung mit Namenbestandteilen zu gewinnen[1]. Als Suffixe fungieren

---

[1] BN. I.1, § 271, S. 326-328; W. Wilmanns, Deutsche Grammatik, II, § 285, S. 380; § 297, S. 394-396; H. Paul, Deutsche Grammatik, V, § 49, S. 66f.; F. Kluge, Nominale Stammbildungslehre, § 32, S. 18f.; W. Henzen, Deutsche Wortbildung,

zumeist häufiger auftretende Namenzweitglieder, deren ursprüngliche, im appellativischen Wortschatz anzutreffende lexikalische Bedeutung verloren gegangen ist[2]. Bestimmte Personennamentypen erzeugen so auf dem Weg der Analogie Personenbezeichnungen[3]. Im folgenden wird der Terminus 'Namensuffix' zur Bezeichnung der neugewonnenen Suffixe aus Namen und Namenzweitgliedern gebraucht.

Ähnliche Entwicklungen zeigen sich im Althochdeutschen auch bei Namen, die mit Zweitgliedern wie *-man*, *-kind* und *-wīb* gebildet werden, so zum Beispiel in Namen wie *Karlmann*, *Widukint* und *Gērwīf*. Die Namen können morphologisch als Komposita angesehen werden. Der zweite Bestandteil der Onyme tritt jedoch nicht mehr als Namenzweitglied auf. Er wird vielmehr wie ein Suffix reihenbildend mit kosender Bedeutung eingesetzt, so daß die Bildungen eher den eingliedrigen Namen zuzuordnen sind[4]. Vergleichbare Entwicklungen sind auch bei mittelalterlichen Rufnamen anzutreffen, die mit den Namenzweitgliedern *-bald*, *-burg*, *-hart*, *-heri*, *-hilt*, *-rāt*, *-rīh*, *-old*, *-olf*, *-uuin* und deren Varianten gebildet werden, die dann wie Suffixe wirken[5].

Von diesen neugewonnenen Suffixen aus Namenzweitgliedern treten einige auch reihenbildend in althochdeutscher und mittelhochdeutscher Zeit im appellativischen Wortschatz auf. Das Produkt der Wortbildung ist aufgrund einer in der Basis angelegten abschätzigen Bedeutung häufig pejorativ besetzt[6], wie zum Beispiel in *trunkenbolt*[7]. Für

---

§ 108, S. 169; H. Krahe - W. Meid, Germanische Sprachwissenschaft, III, § 167, S. 225f.; dazu auch W. Wackernagel, Kleinere Schriften, III, S. 105-108; J. Schatz, PBB. 49 (1925) S. 125-132.

[2] R. Schützeichel, in: M. Gottschald - R. Schützeichel, Deutsche Namenkunde, S. 36f.

[3] H. Krahe - W. Meid, Germanische Sprachwissenschaft, III, § 167, S. 225.

[4] BN. I.1, § 109, S. 126f.; R. Schützeichel, in: M. Gottschald - R. Schützeichel, Deutsche Namenkunde, S. 35f.

[5] D. Geuenich, Die Personennamen der Klostergemeinschaft von Fulda, S. 36f.; R. Schützeichel, in: M. Gottschald - R. Schützeichel, Deutsche Namenkunde, S. 37.

[6] A. F. Müller, Die Pejoration von Personenbezeichnungen durch Suffixe, S. 233; BN. I.1, § 271b, S. 327.

alle Personenbezeichnungen, die mit Namensuffixen gebildet sind, zeigt sich (mehr oder weniger ausgeprägt) eine gemeinsame Bedeutungskomponente. Bezeichnet wird jeweils eine Person, die die durch die Basis bezeichnete Sache oder Tätigkeit besonders gern und häufig oder zuviel tut[8] oder von der angenommen wird, daß sie sich in solcher Weise verhält. Hierbei handelt es sich um einen lexikalischen Ausgriff[9], weil zwei Elemente zur Beschreibung des lexikalischen Inhalts nötig sind (*trunkenbolt*: 'einer, der ...' + lexikalische Bedeutung der Basis 'trinken' > 'einer, der viel trinkt'). Im Althochdeutschen sind appellativische Wörter mit den Namenzweitgliedern *-bold*, *-olf*, *-olt* und *-rīh* bezeugt, die der Bildung maskuliner Personenbezeichnungen dienen. Die Verwendung von Suffixen, die aus Namenzweitgliedern gewonnen sind, erweitert sich dann zum Mittelhochdeutschen hin insbesondere um Bildungen auf *-hart/-ert*. Namensuffixe dienen in den älteren Sprachstufen der Bildung von maskulinen Personenbezeichnungen. Ausnahmen sind einige wenige Bildungen auf *-hilt*, die nach dem derzeitigen Forschungsstand im Deutschen nicht produktiv geworden sind[10], so zum Beispiel mhd. *plumphilt* 'plumpe Person'[11]. Namenzweitglieder, die nicht als Suffixe zur Bildung von Personenbezeichnungen gedient haben, können hier außer acht gelassen werden. Dazu gehört zum Beispiel ahd. *piligrīm* 'Pilger'[12] als Lehnwort aus lat. *pelegrinus*, dissimiliert zu *peregrinus* 'fremd, ausländisch'[13], das lediglich eine sekundäre Anglei-

---

[7] LH. II, Sp. 1546.

[8] Deutsche Wortbildung, III, S. 349.

[9] H.-M. Gauger, Durchsichtige Wörter, S. 67f., 70-72.

[10] H. Krahe - W. Meid, Germanische Sprachwissenschaft, III, § 167, S. 226; F. Kluge, Nominale Stammbildungslehre, § 52, S. 27; W. Henzen, Deutsche Wortbildung, § 108, S. 169; BN. I.1, § 271b, S. 327.

[11] FMW. S. 275; man vergleiche W. Wackernagel, Kleinere Schriften, III, S. 106.

[12] SchW. S. 232; StWG. S. 464.

[13] GH. II, Sp. 1582; dazu J. Schatz, PBB. 49 (1925) S. 125-132.

chung[14] an männliche germanische Rufnamen auf germ. *grīm-an-*[15] (*Piligrīm*[16]) zeigt.

In der deutschen Sprache ist damit ein Wortbildungsmuster angelegt, das es möglich macht, viele weitere appellativische Bezeichnungen zu bilden, die mit einer pejorativen Bedeutungskomponente besetzt sein können. Sie finden als Gelegenheitsbildungen nicht ohne weiteres Eingang in das Lexikon der deutschen Sprache. Dieser Vorgang ist vergleichbar mit der Bildung deonymischer Adjektive auf ahd., as. *-isc*, mhd., mnd. *-(i)sch*, die ebenfalls als Ad-hoc-Bildungen auftreten können[17].

a. *-bold* (< *-bald*). - Das althochdeutsche Namenzweitglied *-bold*, in älteren Belegen *-bald*, zu germ. *balþ-a-* 'kühn'[18], ahd. *bald* 'kühn, mutig; stark, heftig; zuversichtlich; frei'[19], ist in althochdeutschen Rufnamen wie zum Beispiel *Grimbald* und *Winibold*[20] überliefert, die als Primärbildungen im Zweitglied Namenwörter aus dem Bereich des Kampfes, hier für eine kriegerische, mutige Gesinnung, enthalten[21]. Im Deutschen bildet das Namensuffix *-bold* maskuline Personenbezeichnungen auf der Basis von Substantiven und Verben, seltener von Adjektiven, die zunächst Nachahmungen von Personennamen sind und dann auch einen pejorativen Nebensinn erhalten können. In den meisten Fällen wird mit den Personenbezeichnungen auf *-bold* jemand bezeichnet, der eine Sache oder Tätigkeit, die mit der Basis bezeichnet wird, gern, ständig oder zuviel tut, oder dem man ein solches Verhalten zuschreibt. In dieser Verwendung sind Ableitungen auf *-bold* seit mittelhochdeutscher Zeit nach-

---

[14] F. Kluge - E. Seebold, Etymologisches Wörterbuch, S. 546.

[15] H. Tiefenbach, Xanten - Essen - Köln, S. 359.

[16] Ebenda.

[17] Dazu die Kapitel IV und V dieser Arbeit.

[18] H. Tiefenbach, Xanten - Essen - Köln, S. 347; F. Heidermanns, Etymologisches Wörterbuch der germanischen Primäradjektive, S. 115.

[19] SchW. S. 92.

[20] H. Tiefenbach, Xanten - Essen - Köln, S. 347; FöN. Sp. 234, 1611.

[21] R. Schützeichel, in: M. Gottschald - R. Schützeichel, Deutsche Namenkunde, S. 29; BN. I.1, § 200, S. 221.

weisbar. Noch im Neuhochdeutschen ist *-bold* zur Bildung von maskulinen Personenbezeichnungen produktiv, die dann zumeist pejorativ besetzt sind[22].

Das Namensuffix *-bold* ist in althochdeutscher Zeit in der scherzhaften Bezeichnung *churzibolt*[23] überliefert, so zum Beispiel in der Handschrift Lilienfeld, Stiftsbibliothek 228[24] aus dem fünfzehnten Jahrhundert[25] zum lateinischen Lemma *pigillus*, das B. Meineke[26] mit 'kurzes Gewand (?); Zwerg (?)' übersetzt. Die Angabe der aktuellen Bedeutung 'Zwerg' beruht auf der Vermutung, daß lat. *pigillus* aus *pygmaeus* entstellt sein könnte[27]. Zum Namenzweitglied *-bold* tritt das Appellativ *kurz* 'kurz'[28], das den lexikalischen Schwerpunkt der Bildung trägt.

Ahd. *churzibolt* ist die älteste Bezeichnung für einen kurzen rockartigen Überwurf und steht in den Glossen zu lat. *cyclas* 'Rundrock, Rundkleid'[29]. Das Gewand tritt als Männerkleidung und Frauenkleidung bereits im zehnten Jahrhundert auf. Ahd. *churzibolt* bezeichnete nach M. Heyne[30] eine Art weiter Ärmeljacke, die ausschließlich die Brust und den oberen Teil des Rückens bedeckte und am Rücken einen runden Schnitt aufwies. Auf die Bezeichnung ist auch der scherzhafte Beiname für den Grafen Konrad vom Niederlahngau zurückzuführen: *Chuono quidam regii generis, Churzibolt a brevitate cognominatus*[31]. Konrad ist den Berichten nach von 'kurzer' Gestalt,

---

[22] W. Fleischer - I. Barz, Wortbildung der deutschen Gegenwartssprache, S. 197.

[23] B. Meineke, Althochdeutsches aus dem 15. Jahrhundert, S. 37; StWG. S. 355; dazu auch Du Cange, II, S. 664 (latinisiert *Curcinbaldus*).

[24] BV. Nr. 1036.

[25] B. Meineke, Althochdeutsches aus dem 15. Jahrhundert, S. 15f.

[26] Ebenda, S. 66; dazu F. Kluge - W. Mitzka, Etymologisches Wörterbuch, S. 90.

[27] Weitere Belege: StSG. III, 174, 46; 693, 37; IV, 86, 47-51; 155, 15; 174, 8; 179, 4.

[28] SchW. S. 187.

[29] GH. I, Sp. 1860.

[30] Körperpflege, S. 294.

[31] Ekkehard IV., St. Galler Klostergeschichten, Casus s. Galli 50, S. 112.

so daß ahd. *churzibolt* in diesem Sinne als Beiname verwendet werden konnte.

Erst die mittelhochdeutsche Zeit bringt weitere neue maskuline Personenbezeichnungen mit dem Namenzweitglied *-bold* hervor. Mhd. *hetzebold* für den Hetzhund oder Jagdhund[32] war zunächst die Bezeichnung für einen bestimmten Jagdhund und wurde dann auf den Jagdhund schlechthin übertragen[33]. In den meisten neuen Bildungen wird dann aber insbesondere eine pejorative Komponente ausgedrückt. Mhd. *trunkenbolt* 'trunkenbold'[34] bezeichnet jemanden, der gern und übermäßig viel trinkt. Jemand, der häufig wankelmütig ist, kann mit mhd. *wankelbolt*[35] benannt werden. Mhd. *diebolt*[36] bezeichnet jemanden, der häufig stiehlt. Eine männliche Person, die in der *minne* sehr gewandt ist, trägt die Bezeichnung *minnebolt*[37]. Mhd. *witzbold*[38] diente zunächst der Kennzeichnung eines frühzeitig klugen Kindes. Die Bezeichnung *Witzbold* wird dann im Neuhochdeutschen für eine Person gebraucht, die (gern) Witze macht[39] oder aber auch für jemanden, dessen unangemessene Äußerung ironisch abgewiesen werden soll. Für die genannten Beispiele gilt, daß ebenfalls Personen beschrieben werden können, denen man lediglich unterstellt, daß sie eine Tätigkeit (häufig oder zuviel) ausüben.

Im Neuhochdeutschen ist mit pejorativer oder scherzhafter Bedeutung insbesondere in der Umgangssprache eine große Anzahl neuer Ableitungen nachzuweisen, die sich auch neu schaffen lassen: *Raufbold, Tückebold, Witzbold, Lügenbold, Schimpfbold, Neidbold* und so

---

[32] LH. I, Sp. 1279.
[33] BN. I.1, § 271b, S. 327.
[34] LH. II, Sp. 1546.
[35] LH. III, Sp. 680.
[36] LH. I, Sp. 423.
[37] FMW. S. 243.
[38] LH. III, Sp. 955.
[39] Wörterbuch der deutschen Gegenwartssprache, VI, S. 4375.

weiter[40]. Basen sind in der Regel Verben, seltener Substantive[41]. In allen Fällen wird auch hier eine Person bezeichnet, die eine Sache oder Tätigkeit häufig oder zuviel tut oder der unterstellt wird, sie verhalte sich auf diese Weise.

b. -hart, -ert. - Das Namenzweitglied -*hart* (>-*ert*) aus germ. **hard-u-*[42] ist in althochdeutschen Namen wie zum Beispiel *Bernhart* und *Gerhart*[43] überliefert, die als Primärbildungen im Zweitglied Namenwörter für eine kriegerische und mutige Gesinnung enthalten[44]. Als Namensuffix tritt -*hart*/-*ert* seit mittelhochdeutscher Zeit reihenbildend in desubstantivischen maskulinen Personenbezeichnungen auf, die durchweg negativ konnotiert sind[45]. Romanische Lehnwörter auf -*ardo*, die Nachbildungen alter Eigennamen auf -*hart* sind, zeigen die frühe Verbreitung dieses Wortbildungsmusters auch außerhalb des deutschen Sprachraums[46]. Personenbezeichnungen auf -*hart*/-*ert* können ebenfalls nach dem Muster 'jemand, der den in der Basis bezeichneten Sachverhalt oft oder zuviel tut' beschrieben werden. Bezeichnet werden können auch Personen, denen man ein solches Verhalten lediglich unterstellt.

Mhd. *slurchart*[47] und mhd. *slinthart*[48] bezeichnen einen Schlemmer oder Vielesser. Mhd. *banchart*[49] für einen Bastard meinte zunächst ein Kind, das nicht im Ehebett, sondern auf der (Schlaf-)Bank

---

[40] Die Beispiele nach A. F. Müller, Die Pejoration von Personennamen durch Suffixe, S. 235-237; W. Wackernagel, Kleinere Schriften, III, S. 106; dazu auch die einschlägige Literatur in A. 1 in diesem Kapitel.

[41] Deutsche Wortbildung, II, S. 349f., 382.

[42] H. Tiefenbach, Xanten - Essen - Köln, S. 361.

[43] Ebenda.

[44] R. Schützeichel, in: M. Gottschald - R. Schützeichel, Deutsche Namenkunde, S. 29.

[45] BN. I.1, § 271b, S. 326.

[46] F. Kluge, Nominale Stammbildungslehre, § 32, S. 18; J. Grimm, Deutsche Grammatik, II, S. 322f.

[47] LH. II, Sp. 993.

[48] LH. II, Sp. 982.

[49] LH. I, Sp. 120.

(der Magd) gezeugt wurde[50]. Jemand, der oft heuchelt, wird mit der Bezeichnung *gelîchsenhart*[51] benannt. Mhd. *nîthart*[52] kennzeichnet eine Person, die oft neidisch oder mißgünstig ist. Mhd. *vrîhart*[53] ist als Bezeichnung für einen berufslosen und herrenlosen Landstreicher oder auch für einen Vagabund, Gaukler oder Spielmann bezeugt (jemand der viel 'Freiheit' hat). Besonders anschaulich wird die Verwendung pejorativer Ableitungen auf *-hart/-ert* im Renner des Hugo von Trimberg[54]. Mhd. *gebehart* bezeichnet jemanden, der gern gibt[55]. Mhd. *nëmhart* dient zur Bezeichnung eines Menschen, der gern nimmt[56]. Ein *nagehart* ist eine Person, die gern nagt[57]. Bezeichnet wird wohl jemand, der besonders hartnäckig ist. Ein *lugenhart* lügt gern[58]. Mhd. *kratzhart* ist eine Bezeichnung für einen Wucherer oder für einen Geizhalz[59].

Im Neuhochdeutschen sind noch einige Bildungen mit diesem Namensuffix bezeugt, so zum Beispiel *Grobhart* und *Tappert*. Im Unterschied zu *-bold* scheint das Namensuffix *-hart/-ert* in der Gegenwartssprache jedoch nur noch schwach produktiv sein[60]. Untersuchungen über die Produktivität stehen aber bislang noch aus. In den Mundarten wird *-ert* häufig zur Bildung von Personenbezeichnungen gebraucht.

---

[50] Ebenda; F. Kluge - E. Seebold, Etymologisches Wörterbuch, S. 59.
[51] LH. I, Sp. 815.
[52] LH. II, Sp. 87.
[53] LH. III, Sp. 517.
[54] Hugo von Trimberg, Der Renner, I, V. 1561, 9064, 9069-9071, 9074.
[55] LH. I, Sp. 748.
[56] LH. II, Sp. 54.
[57] LH. II, Sp. 18.
[58] LH. I, Sp. 1980.
[59] LH. I, Sp. 1713.
[60] Weitere Beispiele bei A. F. Müller, Die Pejoration von Personenbezeichnungen durch Suffixe, S. 238.

Der heilige Papst Klemens zum Beispiel wurde *Pissert* genannt, weil er wegen des Bettnässens um Hilfe angerufen wurde[61].

c. -olf (< *-wolf*). - Germ. **wulf-a*[62], ahd. *wolf* 'Wolf'[63], gehört ebenfalls zu Namenwörtern germanischer Primärbildungen wie zum Beispiel in *Ruotholf*[64]. Auch im Bereich der Namen finden sich bereits frühe urkundliche Belege[65], die aufzeigen, daß hier ein weitgehend frei verwendbares Suffix vorliegt, das dann auch Eingang in den appellativischen Wortschatz gefunden hat[66]. Ebenso wie auch *-bold* und *-hart/-ert* dient das Namensuffix *-olf* der Ableitung maskuliner Personenbezeichnungen, die seit mittelhochdeutscher Zeit jemanden bezeichnen können, der eine Sache gern, viel oder allzusehr tut oder dem man ein solches Verhalten zuschreibt.

Der Übergang des Namenzweitgliedes *-olf* aus ahd. *-wolf* zum Suffix läßt sich besonders deutlich an volkssprachigen Appellativen beobachten, die Notker zu lateinischen Götternamen und Personenbezeichnungen bildet. Notker übersetzt in seiner althochdeutschen Übertragung des Martianus Capella lat. *Nocturnus* 'Gott der Nacht'[67] mit ahd. *náhtolf*[68] zu ahd. *naht* 'Nacht, Abend'[69]. Für den lateinischen Götternamen *Consus*[70] überliefert Notkers Übersetzung die althochdeutsche Bildung *uuíllolf*[71] 'Gott des Wollens, der Zustimmung'[72] zu

---

[61] R. Schützeichel, Wandel der Volkskultur in Europa, II, S. 663-666, mit weiteren Beispielen, hier besonders S. 664; man vergleiche auch A. F. Müller, Die Pejoration von Personenbezeichnungen durch Suffixe, S. 240f.; BN. I.1, § 271b, S. 326.

[62] H. Tiefenbach, Xanten - Essen - Köln, S. 390.

[63] SchW. S. 329.

[64] H. Tiefenbach, Xanten - Essen - Köln, S. 390.

[65] A. Socin, Mittelhochdeutsches Namenbuch, S. 176; J. Grimm, Deutsche Grammatik, II, S. 313f.

[66] R. Schützeichel, BNF. NF. 4 (1969) S. 14.

[67] GH. II, Sp. 1177.

[68] N. IV, 51, Z. 20a; IV, 54, 9.

[69] SchW. S. 219.

[70] GH. I, Sp. 1587f.

[71] N. IV, 53, Z. 17.

ahd. *willo* 'Wille, Wollen'[73]. Eine weitere Ableitung ahd. *rîcholf*[74] von ahd. *rîh(h)i* 'reich, mächtig'[75] übersetzt lat. *dives* 'der Reiche'[76], woran deutlich wird, daß das Suffix *-olf* bereits in althochdeutscher Zeit zum Ausdruck einer negativen Nuance der Bedeutung eingesetzt werden konnte[77]. Der Notker-Glossator hat lat. *dives* nicht einfach mit ahd. *rîhho* 'der Reiche (schlechthin)' wiedergegeben. Mit *rîhholf* wird vielmehr derjenige bezeichnet, der aus Sorge um seine weltlichen Güter nicht an sein Seelenheil denkt und daher verdammt ist[78]. Ahd. *Vuisolf*[79] könnte zu ahd. *wîs* 'weise, klug; wissend, kundig'[80] gehören und bezeichnet einen 'Weisen'[81].

Das Mittelhochdeutsche schließlich überliefert eine Vielzahl von Bildungen auf *-olf*, so zum Beispiel *markolf* 'Eichelhäher'[82]. Die semantische Durchsichtigkeit des parallel bezeugten Namens *Markolf*[83] konnte offensichtlich dazu führen, daß *markolf* zunächst eine Bezeichnung für einen Spötter war und dann für den Eichelhäher verwendet wurde, der dafür bekannt ist, daß er die Stimmen anderer Vögel nachahmt[84]. Mhd. *ammolf*[85] schließlich dient der Bezeichnung eines Pflegevaters oder Erziehers, jemandes also, der (regelmäßig) Kinder betreut. Mhd. *bitterolf*[86] wird als Schimpfname für ei-

---

[72] SchW. S. 324.
[73] Ebenda.
[74] N. VIII, 168, 26.
[75] SchW. S. 238.
[76] GH. I, Sp. 2248.
[77] R. Ris, Das Adjektiv *reich*, S. 82.
[78] Ebenda.
[79] StSpD. S. 97, Z. 60.
[80] SchW. S. 326.
[81] R. Schützeichel, Cod. Pal. lat. 52, S. 60.
[82] E. Schönbrunn-Kölb, ZMF. 25 (1957) S. 92-122, 129-174.
[83] M. Gottschald - R. Schützeichel, Deutsche Namenkunde, S. 342; FöN. Sp. 1098.
[84] F. Kluge - E. Seebold, Etymologisches Wörterbuch, S. 462f.
[85] LH. I, Sp. 52; JW. S. 14.
[86] LH. I, Sp. 288.

nen Menschen gebraucht, der viel schimpft oder wütet. Als mhd. *triegolf*[87] konnte jemand bezeichnet werden, der gern betrügt. Mhd. *wânolf*[88] benennt eine Person, die gern, viel oder leicht weint[89]. Im Neuhochdeutschen scheint das Suffix zur Bildung von Personennamen nicht mehr produktiv zu sein. Auch hier stehen Untersuchungen über die Produktivität noch aus.

d. -olt (< -walt). - Das Namenzweitglied *-walt* aus germ. **wald-a-*[90] (in ahd. *waltan* 'herrschen'[91]) dient in germanischen Primärbildungen der poetischen Bezeichnung des Mannes als Herrscher[92], so zum Beispiel in *Berathold*[93]. Das Namensuffix *-olt* ist nach dem Überlieferungsbefund nicht in gleichem Maße produktiv wie die Suffixe *-bold*, *-hart/-ert* und *-olf*. Im Vergleich sind nur wenige Bildungen im Althochdeutschen und Mittelhochdeutschen nachweisbar, die dann als maskuline Personenbezeichnungen mit einer pejorativen Bedeutungskomponente jemanden kennzeichnen, der eine bestimmte Sache oft, gern oder zuviel tut oder dem man ein solches Verhalten unterstellt.

Die Verwendung des Suffixes *-olt* aus dem Namenzweitglied mit *w*-Ausfall im Anlaut zweiter Kompositionsglieder nach konsonantischem Auslaut des Erstgliedes und möglicher gleichzeitiger Verdumpfung /a/ zu /o/[94] zeigt sich charakteristisch in zwei Bildungen, die in den althochdeutschen Glossen jeweils zu zwei verschiedenen Basen überliefert sind. In den Glossen zur Apostelgeschichte ist zu lat. *Pharisaei* 'die Pharisäer'[95] die althochdeutsche Bildung *rātolt*[96] überliefert,

---

[87] LH. II, Sp. 1512.

[88] LH. III, Sp. 682.

[89] Weitere Beispiele bei W. Bachhofer - W. v. Hahn - D. Möhn, Rückläufiges Wörterbuch der Mittelhochdeutschen Sprache, S. 187f.; FMW. S. 554.

[90] H. Tiefenbach, Xanten - Essen - Köln, S. 384.

[91] SchW. S. 308.

[92] R. Schützeichel, in: M. Gottschald - R. Schützeichel, Deutsche Namenkunde, S. 30.

[93] H. Tiefenbach, Xanten - Essen - Köln, S. 384; FöN. Sp. 295f.

[94] R. Schützeichel, BNF. NF. 4 (1969) S. 15.

[95] GH. II, Sp. 1681.

die in einem weiteren Beleg[97] zu lat. *rabula* 'ein tobender, schreiender Sachwalter, ein Zungendrescher, Rabulist'[98] bezeugt ist und hier ausführlich erläutert wird: *thincman. qui semper uult ad unam quamque rem disputare. sicut ratolt faciet*[99]. Bezeichnet wird eine Person, die viel redet oder schreit, und zwar mit negativer Konnotation. Ein alphabetisch geordnetes Glossar überliefert eine weitere Ableitung *egisgrīmolt*[100] 'Träger der Schreckensmaske (Schlangenhelm)'[101] mit dem Namensuffix *-olt* zu lat. *larva* 'böser Geist, Gespenst'[102] und lat. *daemon* 'ein böser Geist, Dämon'[103]. Das Altenglische tradiert dazu *eges grime* 'a horrible mask, a creature that has assumed a horrible form, a spectre'[104], dessen Erstbestandteil zu einem *-s*-Stamm **agis*[105] gehört.

Das Mittelhochdeutsche schließlich überliefert einige neue Bildungen, deren Erklärung zum Teil schwer fällt, da ihre Bildungsweise verdunkelt ist. Mhd. *herolt*[106] als Bezeichnung für den spätmittelalterlichen Hofbeamten, Verkünder[107] ist aus afrz. *héraut* entlehnt, das aber seinerseits auf frk. **heriwald* 'Heeres-walter'[108] zurückgeht. Mhd. *kotzold*[109] zu *kotze* 'Hure'[110] bezeichnet ebenso wie

---

[96] StSG. I, 754, 34 (BV. Nr. 505).

[97] StSG. II, 323, 41 (BV. Nr. 225).

[98] GH. II, Sp. 2185.

[99] StSG. II, 323, 39-41 (BV. Nr. 225).

[100] StSG. IV, 178, 27 (BV. Nr. 49).

[101] KFW. III, Sp. 82f.; dazu auch J. O. Plassmann, PBB. 82. Sonderband Elisabeth Karg-Gasterstädt, S. 98; J. Grimm, Deutsche Grammatik, II, S. 682.

[102] GH. II, Sp. 568.

[103] GH. I, Sp. 1872.

[104] BTD. Supplement, S. 184; J. Schatz, PBB. 49 (1925) S. 131.

[105] O. Gröger, Die althochdeutsche und altsächsische Kompositionsfuge, § 105, S. 156.

[106] LH. I, Sp. 1251.

[107] F. Kluge - E. Seebold, Etymologisches Wörterbuch, S. 306.

[108] Ebenda.

[109] LH. I, Sp. 1692.

[110] LH. I, Sp. 1690.

mhd. *kotzenschalc* 'Hurenknecht'[111] und mhd. *kotzensun* 'Hurensohn'[112] in abschätziger Weise eine Person, die durch (häufiges) unzüchtiges Verhalten auffällt. In diesem Fall dient das Suffix *-olt* der Movierung einer femininen Basis zu einer maskulinen Personenbezeichnung. Mhd. *künolt*[113] ist als Bezeichnung für das Kaninchen überliefert und läßt sich mit der lateinischen Bezeichnung *cuniculus* in Verbindung bringen[114]. Die Motivation für eine Ableitung mit dem Namensuffix *-olt* läßt sich hierbei nicht erkennen. Mhd. *liumolt*[115] zu *liumunt* 'Ruf, Ruhm, Gerücht, Leumund'[116] kann jemanden bezeichnen, der nach Ruhm trachtet oder viele Gerüchte in die Welt setzt. Mhd. *manolt, meinolt*[117] benennt eine Person, die meineidig geworden ist oder der man ein solches Verhalten zuschreibt. Mhd. *rowolt, robolt*[118] zu *robât(e)* 'Fronarbeit' < slaw. *robóta, rabóta*[119] ist als Bezeichnung für eine männliche Person überliefert, die als Knecht Fronarbeit zu leisten hat. Mhd. *swerolt*[120] kennzeichnet jemanden, der viel beteuert. In der deutschen Gegenwartssprache ist das Namensuffix *-olt* nach dem derzeitigen Forschungsstand nicht mehr produktiv.

e. *-rīh*. - Das Namenzweitglied germ. **rīk-a-*[121] > ahd. *-rīh*, das zum Beispiel in der germanischen Primärbildung *Ermanrich*[122] vorliegt, ist als Namensuffix zur Bildung denominaler und deverbaler

---

[111] LH. I, Sp. 1692.

[112] Ebenda.

[113] LH. I, Sp. 1779.

[114] DWB. XI, Sp. 1706.

[115] LH. I, Sp. 1942.

[116] LH. I, Sp. 1941f.

[117] LH. I, Sp. 2036.

[118] LH. II, Sp. 478.

[119] Ebenda.

[120] LH. II, Sp. 1364.

[121] H. Tiefenbach, Xanten - Essen - Köln, S. 378; F. Heidermanns, Etymologisches Wörterbuch der germanischen Primäradjektive, S. 450f.

[122] R. Schützeichel, in: M. Gottschald - R. Schützeichel, Deutsche Namenkunde, S. 30.

Personenbezeichnungen in mittelhochdeutscher Zeit bezeugt, die spöttisch-pejorativ gebraucht werden können[123].

Die althochdeutsche Zeit überliefert zunächst Bezeichnungen aus dem Bereich des Kampfes wie ahd. *balderich* 'Gürtel'[124] zu lat. *balteus* 'Gürtel, Wehrgehenk'[125] und ahd. *kawirīch* (?) 'Sieg'[126] zu ahd. *gewi* 'Gau, Land, Gegend'[127]. Als Bildung mit dem Namensuffix *-rīh* ist auch ahd. *butirīh* 'Weinschlauch; Gefäß für Flüssigkeiten'[128] aus mlat. *butina* 'Weingefäß, -schlauch'[129] bezeugt. Ebenfalls die Pflanzenbezeichnungen *holdrīh*[130] als Umdeutung aus ahd. *holuntar*[131] sowie die noch im Neuhochdeutschen gebrauchte Bezeichnung ahd. *wegerīh*[132] für den Wegerich[133] sind Bildungen mit dem Namenzweitglied *-rīh*. Mit ahd. *wuotrīh* 'Gewaltherrscher, Tyrann; Wüterich; Teufel'[134] ist für das Althochdeutsche bereits

---

[123] A. F. Müller, Die Pejoration von Personenbezeichnungen durch Suffixe, S. 223.

[124] StSG. III, 152, 14 (BV. Nr. 461, 882, 945); weitere Belege: KFW. I, Sp. 866.

[125] GH. I, Sp. 784; dazu H. Götz, PBB. 77 (Halle 1955) S. 242-246; J. Schatz, PBB. 49 (1925) S. 130.

[126] SchW. S. 151.

[127] Ebenda.

[128] KFW. I, Sp. 1571; StWG. S. 88.

[129] E. Alanne, Die deutsche Weinbauterminologie in althochdeutscher und mittelhochdeutscher Zeit, S. 52f.; G. Müller - Th. Frings, Germania Romana, II, S. 133-135; R. Post, Romanische Entlehnungen, S. 200f., Nr. 310; R. Ris, Das Adjektiv *reich*, S. 129.

[130] StSG. III, 43, 23 (BV. Nr. 376).

[131] H. Marzell, Wörterbuch der deutschen Pflanzennamen, IV, Sp. 64f.; StWG. S. 282f.

[132] B. Meineke, Althochdeutsches aus dem 15. Jahrhundert, S. 73 (BV. Nr. 1036); weitere Belege: SchW. S. 313; StWG. S. 703.

[133] R. Ris, Das Adjektiv *reich*, S. 131-134; R. Loewe, PBB. 60 (1936) S. 171; H. Marzell, Wörterbuch der deutschen Pflanzennamen, III, Sp. 816.

[134] StSG. II, 79, 77 (BV. Nr. 408); weitere Belege: StWG. S. 749f.; dazu auch: Kleinere deutsche Gedichte des 11. und 12. Jahrhunderts, S. 23, Z. 344 (Ezzolied); R. Schützeichel, Textgebundenheit, S. 95.

eine Personenbezeichnung mit negativem Beiklang bezeugt, die auch noch im Neuhochdeutschen gebraucht wird[135].

Das Mittelhochdeutsche überliefert eine Vielzahl von Personenbezeichnungen, die mit dem Namensuffix *-rīh* abgeleitet sind. Dazu gehören die Bezeichnungen *phetterich*[136] für den Stellvertreter des Taufpaten, *sudrich*[137] für den Koch, *toberîch*[138] für jemanden, der viel tobt und *wuotrĭch, wüeterĭch*[139] für jemanden, der (oft) wütend ist. Mhd. *vüllerich*[140] benennt eine Person, die viel ißt ('Fresser'[141]). Mhd. *œderich*[142] als Ableitung zu mhd. *œde* 'eitel, widerwärtig, dumm, töricht'[143] ist als Bezeichnung für einen Menschen bezeugt, der sich als besonders töricht oder dumm erweist. Einige dieser Bildungen sind deutlich negativ konnotiert. Die meisten Personenbezeichnungen im Sinne von 'jemand, der eine Tätigkeit besonders viel, gern, allzusehr ausübt' können wiederum auch Personen bezeichnen, denen man die genannte Tätigkeit nur unterstellt.

Im Neuhochdeutschen ist das Suffix zur Bildung von Personenbezeichnungen sehr produktiv und in nhd. *Tatterich* und *Schlenkrich*[144] anzutreffen. Von der Genese her gesehen ist die Bezeichnung *Enterich* aus ahd. *anutrehho*[145] nicht zu diesen Bildungen zu stellen. Sie wurde lautlich erst sekundär den Personenbezeichnungen

---

[135] Wörterbuch der deutschen Gegenwartssprache, VI, S. 4409.

[136] LH. II, Sp. 243.

[137] LH. II, Sp. 1286.

[138] LH. II, Sp. 1454.

[139] LH. III, Sp. 984f.; dazu auch W. Wilmanns, Deutsche Grammatik, II, § 285, S. 380; W. Bachhofer - W. v. Hahn - D. Möhn, Rückläufiges Wörterbuch der mittelhochdeutschen Sprache, S. 212; FMW. S. 562.

[140] FMW. S. 447.

[141] Ebenda.

[142] FMW. S. 265.

[143] LH. II, Sp. 141.

[144] Weitere Beispiele bei E. Mater, Rückläufiges Wörterbuch der deutschen Gegenwartssprache, S. 241; Rückläufige Wortliste zum heutigen Deutsch, S. 282; G. Muthmann, Rückläufiges deutsches Wörterbuch, S. 434.

[145] F. Kluge - E. Seebold, Etymologisches Wörterbuch, S. 180; F. Kluge, Nominale Stammbildungslehre, § 32, S. 19.

auf *-rīh* angeglichen. Die Interpretation von *-erich* in *Enterich* als Suffix führte dann im Neuhochdeutschen zur Bildung weiterer maskuliner Tierbezeichungen aus femininen Grundwörtern, wie zum Beispiel *Gänserich* und *Mäuserich*[146].

B. Personennamen und Personengruppennamen als Pflanzenbezeichnungen

Aus althochdeutscher und mittelhochdeutscher Zeit sind für eine Vielzahl von Pflanzenbezeichnungen volkssprachige Wörter überliefert, die auf Personennamen zurückgehen. Einerseits handelt es sich um die unmittelbare Benennung mit einem männlichen germanischen Rufnamen. Andererseits sind auch appellativische Wörter überliefert, die im Volksmund erst sekundär einem Rufnamen angeglichen wurden, weil eine lautliche Ähnlichkeit zu diesem vorlag. Neben germanischen Rufnamen sind auch fremde Personennamen in Pflanzenbezeichnungen anzutreffen (*Maria, Christ*). In einigen Fällen werden auch Personengruppennamen sowie Volksnamen in den volkssprachigen Pflanzenbenennungen vermutet.

Die Übertragung der Rufnamen auf Pflanzen ist wohl dadurch motiviert, daß der Rufname semantisch noch durchsichtig war und daher seine etymologische Bedeutung[147] erkannt werden konnte. Wenn man bestimmte Kräfte, die man den Pflanzen zuschrieb, in den Namengliedern treffend ausgedrückt fand, konnte der Rufname appellativisch zur Bezeichnung von Pflanzen benutzt werden. Zudem handelt es sich um häufig nachweisbare Rufnamen, bei denen sich zum Teil eine Tendenz zur Appellativierung abzeichnet[148].

a. *Bertram*. - Der Wortschatz der althochdeutschen Glossen überliefert für die Pflanze lat. *Anacyclus Pyrethrum*[149] die volkssprachi-

---

[146] W. Wilmanns, Deutsche Grammatik, II, § 285, S. 380; A. F. Müller, Die Pejoration von Personenbezeichnungen durch Suffixe, S. 223.

[147] C.-P. Herbermann, ZVSpF. 95 (1981) S. 30; dazu auch Kapitel II dieser Arbeit.

[148] Dazu Kapitel II dieser Arbeit.

[149] H. Marzell, Wörterbuch der deutschen Pflanzennamen, I, Sp. 251.

ge Bezeichnung *bertram*[150], und zwar insbesondere in den sachlich geordneten Glossaren zum Pflanzenreich. Diese Benennung geht auf die germanische Rufnamenprimärbildung aus germ. **hraban-a-*[151] und germ. **berht-a-*[152] zurück (ahd. *Bertram*[153]), die im Namenzweitglied den Mann poetisch als Tier[154], hier als *raben* 'Rabe'[155], bezeichnet. Die Benennung der scharf schmeckenden Wurzel dieser Heilpflanze wurde bei ihrer Übernahme ins Deutsche offensichtlich sekundär an den Rufnamen *Bertram* angeglichen[156], da die spätlateinischen Belege für *Anacyclus Pyrethrum* in den althochdeutschen Glossaren, *Piretrum* und *Peretrum*[157], bereits lautliche Ähnlichkeiten zeigen[158]. Die Bezeichnung ist weiterhin im Mittelhochdeutschen bezeugt[159].

b. Gundram. - Die Pflanze lat. *Glechoma hederacea L.* 'Gundermann'[160] trägt die althochdeutschen Bezeichnungen *gundram*[161] und *gvndereba*[162] (mhd. *gunderëbe*[163]). Die ältere Bezeichnung

---

[150] StSG. III, 387, 59 (BV. Nr. 726); weitere Belege: StWG. S. 47.

[151] H. Tiefenbach, Xanten - Essen - Köln, S. 366.

[152] Ebenda, S. 349; F. Heidermanns, Etymologisches Wörterbuch der germanischen Primäradjektive, S. 123f.

[153] FöN. Sp. 290f.; H. Kaufmann, Ernst Förstemann. Altdeutsches Namenbuch. Ergänzungsband, S. 59.

[154] R. Schützeichel, in: M. Gottschald - R. Schützeichel, Deutsche Namenkunde, S. 30.

[155] SchW. S. 233.

[156] F. Kluge - E. Seebold, Etymologisches Wörterbuch, S. 77; F. Kluge - W. Mitzka, Etymologisches Wörterbuch, S. 68.

[157] StSG. III, 49, 10 (BV. Nr. 694); 387, 59 (BV. Nr. 726); weitere Belege: StWG. S. 47.

[158] A. L. Lloyd - O. Springer, Etymologisches Wörterbuch, I, Sp. 559f.

[159] LH. I, Sp. 191.

[160] H. Marzell, Wörterbuch der deutschen Pflanzennamen, II, Sp. 698-704.

[161] StSG. III, 547, 27 (BV. Nr. 455); weitere Belege: StWG. S. 243.

[162] StSG. III, 52, 36 (BV. Nr. 160); weitere Belege: StWG. S. 244.

[163] LH. I, Sp. 1119.

gvndereba wird im zwölften Jahrhundert zu *gundram* umgebildet[164], und zwar in Anlehnung an den althochdeutschen Rufnamen *Gundhram* als germanische Primärbildung aus germ. **hraban-a-*[165] und germ. **gunþ-a-/*gunþ-ī-*[166]. Die Herkunft des Bestimmungswortes in ahd. *gvndereba* und ahd. *gundram* kann auf zweierlei Weise erklärt werden. Es kann sich um ein Bestimmungswort *gunt, gund* 'Eiter, Beule, faule Flüssigkeit, Gift'[167] handeln, was R. Loewe[168] ablehnt, da die heute noch bekannte Pflanze *Gundermann* keine Giftpflanze sei. Vermutet wird weiterhin die volkssprachige Nachbildung der lateinischen Bezeichnung *hedera terrestis*, so daß das Bestimmungswort als *grunt* 'Grund, Wurzel'[169] zu deuten wäre und damit eine volksetymologisch entstandene Bezeichnung für das Kraut mit kriechendem, an den unteren Knoten wurzelndem Hauptstengel vorläge[170]. Seit dem siebzehnten Jahrhundert trägt die Pflanze die volkssprachige Bezeichnung *Gundermann*[171], wohl in Anlehnung an Bildungen auf *-mann*, in denen das Namenzweitglied schon in dieser Zeit der Bildung von Appellativen dient.

c. Ysenhard. - Die althochdeutschen Glossen überliefern für die Pflanze lat. *Verbena officinalis L.*[172] die althochdeutsche Bezeichnung *ysenhard*[173], (mhd. *îsenhart*[174]) für 'Eisenkraut', die in Anlehnung an den germanischen Rufnamen aus germ. **hard-u-*[175] und

---

[164] F. Kluge - E. Seebold, Etymologisches Wörterbuch, S. 282.

[165] H. Tiefenbach, Xanten - Essen - Köln, S. 366.

[166] Ebenda, S. 360.

[167] H. Marzell, Wörterbuch der deutschen Pflanzennamen, II, S. 699.

[168] PBB. 60 (1936) S. 164-166.

[169] SchW. S. 154.

[170] R. Loewe, PBB. 60 (1936) S. 164-166; F. Kluge - E. Seebold, Etymologisches Wörterbuch, S. 282.

[171] F. Kluge - E. Seebold, Etymologisches Wörterbuch, S. 282.

[172] H. Marzell, Wörterbuch der deutschen Pflanzennamen, IV, Sp. 1047.

[173] StSG. III, 515, 14 u. A. 9 (BV. Nr. 694); weitere Belege: StWG. S. 313.

[174] LH. I, Sp. 1456.

[175] H. Tiefenbach, Xanten - Essen - Köln, S. 361.

germ. *īsarn-a-[176], ahd. *Isanhart*[177] (ahd. *hart* 'hart'[178], ahd. *īsa(r)n* 'Eisen'[179]), entstanden sein könnte. Die Pflanze trägt diesen Namen vermutlich wegen ihres festen und zähen Stengels, oder da nach Plinius diese Pflanze mit einem eisernen Werkzeug auszugraben sei[180]. Sie konnte diese Bezeichnung offenbar erhalten, weil der Rufname etymologisch noch durchsichtig war, so daß die etymologische Bedeutung das Motiv für die appellativische Verwendung abgegeben hat. Vermutlich gehören auch die Bezeichnungen ahd. *hernhart*[181] und *Bernhart*[182] zu lat. *Demetria* in diesen Zusammenhang, die nach E. Björkmann[183] aus *ysenhard* verderbt sind.

d. Madelger. - Für die Pflanze lat. *Gentiana cruciata L.* 'Kreuz-Enzian'[184] überliefert das Althochdeutsche die volkssprachige Bezeichnung *madelger* (mhd. *madalgêr*[185]) zu verschiedenen lateinischen Lemmata im Summarium Heinrici[186] und in sachlich geordneten Glossaren zum Pflanzenreich[187]. Vermutlich wurde die germanische Primärbildung aus germ. *gaiz-a-[188] und germ. *maþal-a-[189], ahd. *Mathalger*[190], auf die Pflanze übertragen[191].

---

[176] Ebenda, S. 369.

[177] M. Gottschald - R. Schützeichel, Deutsche Namenkunde, S. 169; FöN. Sp. 976; H. Kaufmann, Ernst Förstemann. Altdeutsches Namenbuch. Ergänzungsband, S. 217f.

[178] SchW. S. 160.

[179] SchW. S. 176.

[180] H. Marzell, Wörterbuch der deutschen Pflanzennamen, IV, Sp. 1046.

[181] StSG. III, 554, 52 (BV. Nr. 455).

[182] StSG. III, 554, 52 (BV. Nr. 285).

[183] ZDW. 3 (1902) S. 292.

[184] H. Marzell, Wörterbuch der deutschen Pflanzennamen, II, Sp. 619f.

[185] LH. I, Sp. 2004.

[186] StSG. III, 104, 22-25 (zum Beispiel BV. Nr. 461); weitere Belege: StWG. S. 392.

[187] StSG. III, 473, 11 (BV. Nr. 632); weitere Belege: StWG. S. 392.

[188] H. Tiefenbach, Xanten - Essen - Köln, S. 356.

[189] Ebenda, S. 374.

[190] Ebenda.

Der Rufname zeigt im Motiv der Erstbenennung die Wertschätzung der Betätigung des guten Rates und der Rede und gehört zu den germanischen Primärbildungen, die die Welt poetisch als Erfahrung darstellen[192]. Für das Benennungsmotiv der althochdeutschen Pflanzenbezeichnung lassen sich keinerlei Aussagen machen, weil die Überlieferung hierzu keinen Aufschluß gibt. Es kann nur allgemein vermutet werden, daß der Bekanntheitsgrad des Onyms zur Bezeichnung der Pflanze mit diesem Namen beigetragen hat[193]. Dieses Motiv des Wechsels von Eigennamen in den appellativischen Wortschatz zeigt sich in späterer Zeit bei Rufnamen wie *August* und *Hans*, die auch aufgrund der Häufigkeit ihrer Vergabe zu Appellativen werden konnten.

e. **Mangold**. - Der Wortschatz der althochdeutschen Glossen überliefert zwei Belege für die Pflanzenbezeichnung *mangolt*[194] (mhd. *mangolt*[195]) für lat. *Beta vulgaris L.* 'Runkelrübe'[196], in der der althochdeutsche Rufname *Managold*[197] mit dem Zweitglied germ. **wald-a-*[198] zu *-olt* (< *-walt* in ahd. *waltan* 'herrschen'[199]) und dem Erstglied ahd. *manag* 'manch, viel; zahllos, zahlreich; lang; groß; mancherlei'[200] vermutet wird. Die wahrscheinlich von den Küsten des Mittelmeers stammende Pflanze[201] trägt weiterhin die

---

[191] H. Marzell, Wörterbuch der deutschen Pflanzennamen, II, Sp. 620.

[192] BN. I.1, § 205, S. 225; R. Schützeichel, in: M. Gottschald - R. Schützeichel, Deutsche Namenkunde, S. 31.

[193] E. Björkmann, ZDW. 3 (1902) S. 271f.

[194] StSG. III, 536, 23 (BV. Nr. 808); 549, 51 (BV. Nr. 285).

[195] LH. I, Sp. 2031.

[196] H. Marzell, Wörterbuch der deutschen Pflanzennamen, I, Sp. 583f.

[197] FöN. Sp. 1092; H. Kaufmann, Ernst Förstemann. Altdeutsches Namenbuch. Ergänzungsband, S. 247f.; M. Gottschald - R. Schützeichel, Deutsche Namenkunde, S. 339; dazu auch die latinisierten Formen *Manigoldus, Mangoldum* (H. Gallmann, Stifterbuch des Klosters Allerheiligen zu Schaffhausen, S. 124*).

[198] H. Tiefenbach, Xanten - Essen - Köln, S. 384.

[199] SchW. S. 308; dazu auch weiter oben zum Namensuffix *-olt*.

[200] SchW. S. 206.

[201] R. Fischer-Benzon, Altdeutsche Gartenflora, S. 129.

althochdeutsche Bezeichnung *Biezze*[202]. J. Schatz[203] vermutet im Erstglied des Rufnamens ahd. *magan* 'Kraft, Stärke, Vermögen'[204], was H. Kaufmann[205] als bloße Denkmöglichkeit zurückweist, weil ein Personennamenstamm *manag-* auch sonst in vielerlei Personennamen bezeugt ist. Möglicherweise wurde das Motiv der Erstbenennung des Personennamens 'Vielbeherrscher' zur Zeit der Übertragung auf die Pflanze noch verstanden, so daß der etymologisch noch durchsichtige Name dann auf die Pflanze übertragen werden konnte[206]. Danach könnte gemeint sein, daß sich die Pflanze mit der volkssprachigen Bezeichnung *mangold* durch Vorzüge gegenüber anderen Pflanzen auszeichnet und sie deswegen als 'Beherrscher' anderer Pflanzen erscheinen läßt. Wie bei anderen Pflanzenbezeichnungen sind hier ebenfalls nur Vermutungen möglich, weil die mittelalterliche Nomenklatur der Pflanzen noch nicht hinreichend untersucht ist.

f. Fremde Personennamen. - Die althochdeutschen Glossen bezeugen für lat. *Helleborus niger L.*[207] die volkssprachige Bezeichnung *Cristeswrtz*[208] (mhd. *kristwurz*[209]) beziehungsweise *heiligen cristwrtz*[210] zum Beinamen *Christus* für den Erlöser[211]. Die Pflanze wurde nach H. Marzell[212] so benannt, da sich die Schwarze Nieswurz durch eine besonders frühe Blütezeit auszeichnet und manchmal schon um Weihnachten ihre Blüten trägt.

Aufgrund verschiedener Legenden hat auch der biblische Name *Maria* der Benennung von verschiedenen Pflanzen gedient. Die alt-

---

[202] StSG. III, 549, 50 (BV. Nr. 285).
[203] PBB. 49 (1925) S. 129.
[204] SchW. S. 205.
[205] Ernst Förstemann. Altdeutsches Namenbuch. Ergänzungsband, S. 247f.
[206] Zu *mangold* vergleiche man R. Loewe, PBB. 61 (1937) S. 230-236.
[207] H. Marzell, Wörterbuch der deutschen Pflanzennamen, II, Sp. 797.
[208] StSG. III, 520, 29 (BV. Nr. 551).
[209] LH. I, Sp. 1739.
[210] StSG. III, 556, 5 (BV. Nr. 285).
[211] Zu *Christus* Kapitel IV.D.d dieser Arbeit.
[212] Wörterbuch der deutschen Pflanzennamen, II, Sp. 797.

hochdeutsche Bezeichnung *sente marie dorn*[213] wurde für lat. *Rosa rubignosa* 'Wein-Rose'[214] verwendet, weil nach einer weitverbreiteten Legende der Strauch deswegen besonders gut dufte, weil die heilige Maria auf der Flucht nach Ägypten die Windeln des Jesuskindes auf den Zweigen dieser Rose getrocknet hat[215]. Aufgrund ihres starken Geruchs trägt auch die volkssprachige Bezeichnung *sante marien mince*[216] für lat. *Tanacetum balsamita* 'Frauenblatt'[217] den Namen der heiligen Maria. Die althochdeutsche Pflanzenbezeichnung *marien distel*[218] für lat. *Silybum marianum* 'Mariendistel'[219] verdankt ihre Herkunft der Legende, daß die weißen Flecken auf den Blättern der Distel aus der Milch der heiligen Maria entstanden seien[220].

g. Volksnamen. - In einem Fall kann in Pflanzenbezeichnungen die Benennung mit einem Volksnamen vermutet werden. Im Wortschatz der althochdeutschen Glossen sind für lat. *Prunus insititia L.* 'Kriechenpflaume'[221] die Bezeichnungen *criechbŏm* 'Kriechenpflaumbaum'[222] und *krichen*[223] überliefert, die auch im Mittelhochdeutschen als *kriechboum, kriechenboum*[224] und *krieche*[225] bezeugt sind. H. Marzell[226] vermutet, daß die Bezeichnung des Baumes auf seine Herkunft aus dem Südosten deutet, da Obstarten häufig nach

---

[213] StSG. III, 531, 48 (BV. Nr. 455).

[214] H. Marzell, Wörterbuch der deutschen Pflanzennamen, III, Sp. 1438.

[215] Ebenda.

[216] StSG. III, 532, 7f. (BV. Nr. 455).

[217] H. Marzell, Wörterbuch der deutschen Pflanzennamen, IV, Sp. 574-576.

[218] StSG. III, 560, 13 (BV. Nr. 455).

[219] H. Marzell, Wörterbuch der deutschen Pflanzennamen, IV, Sp. 330-333.

[220] Ebenda, IV, Sp. 332f.

[221] H. Marzell, Wörterbuch der deutschen Pflanzennamen, III, Sp. 1117-1119.

[222] St. Stricker, Basel ÖBU. B IX 31, S. 284, Nr. 98 (BV. Nr. 34c); weitere Belege: StWG. S. 347.

[223] StSG. III, 563, 31 (BV. Nr. 455).

[224] LH. I, Sp. 1727.

[225] LH. I, Sp. 1727f.

[226] Wörterbuch der deutschen Pflanzennamen, III, Sp. 1118.

ihrem Ursprungsland benannt sind. Nach Th. Frings[227] liegt hier eines der Wörter vor, das schon in römischer Zeit vom Balkan über die Donaustraße an den Niederrhein gelangt ist und im Althochdeutschen nur noch in *criechbŏm* und seinen Varianten seit dem elften Jahrhundert überliefert ist. Dafür spricht, daß keine romanischen Bezeichnungen für diesen Baum bekannt sind.

h. Unsichere Bildungen. - In einigen weiteren volkssprachigen Bezeichnungen für Pflanzen ist es zumindest möglich, daß eine sekundäre Angleichung an germanische Rufnamen stattgefunden hat.

Das Althochdeutsche überliefert zum Beispiel für lat. *Veratrum album* 'Weißer Germer'[228] die Bezeichnung *germâra*[229], die der Benennung von Pflanzen mit scharfen, oft giftigen oder heilkräftigen Säften dient[230]. J. Schatz[231] vermutet in ahd. *germâra* eine germanische Primärbildung mit dem Zweitglied germ. *$mēr$-a-*[232] und dem Erstglied germ. *$gaiz$-a-*[233], ahd. *Geremar*[234] (zu ahd. *māri* 'bekannt, berühmt'[235] und ahd. *gēr* 'Speer'[236]). Die Überlieferung erbringt keinerlei Anhaltspunkte für diese Vermutung, aber aufgrund der Verwendung von Rufnamen für Pflanzen in anderen Fällen läßt sich eine sekundäre Angleichung zumindest vermuten. Hier läge dann ebenfalls eine Übertragung des Namens vor, die durch die etymologische Durchsichtigkeit motiviert wäre. Ähnliches läßt sich auch für die

---

[227] Germania Romana, I, S. 68; G. Müller - Th. Frings, Germania Romana, II, S. 419f.

[228] H. Marzell, Wörterbuch der deutschen Pflanzennamen, IV, Sp. 1015-1017.

[229] StSG. III, 299, 15 (BV. Nr. 151); weitere Belege: StWG. S. 197.

[230] H. Marzell, Wörterbuch der deutschen Pflanzennamen, IV, Sp. 1016.

[231] PBB. 49 (1925) S. 129.

[232] H. Tiefenbach, Xanten - Essen - Köln, S. 374.

[233] Ebenda, S. 356.

[234] M. Gottschald - R. Schützeichel, Deutsche Namenkunde, S. 207, 341.

[235] SchW. S. 208.

[236] SchW. S. 150.

volkssprachigen Bezeichnungen *uuermuota* und *wermuote*[237] (in verschiedenen lautlichen und graphischen Varianten[238], dazu mhd. *wërmuot(e), wërmüete*[239]) für lat. *Artemisia Absinthium L.* 'Wermut'[240] annehmen, die vielleicht sekundär aufgrund von Volksetymologie dem germanischen Personennamen *Warmut*[241] angeglichen worden sind.

Sehr zweifelhaft ist die Verwendung des Volksnamens der Juden in der volkssprachigen Pflanzenbezeichnung *idecle*[242] 'Judenklee?' zu *Tragopogon pratensis* 'Wiesen-Bockskraut'[243].

Als weitgehend geklärt[244] gilt hingegen, daß in der Pflanzenbezeichnung ahd. *alrūn, alrūna*[245], mhd. *alrûne*[246], nicht der Name einer altgermanischen Weissagerin *Albruna vorliegen wird, weil die textliche Unsicherheit an der herangezogenen Stelle in Tacitus' Germania, VIII, diese Interpretation nicht zuläßt. Bei dieser Bezeichnung ist vielmehr von einem Kompositum aus *rūna* zu *girūni* 'Geheimnis'[247] und *al* 'ganz, unbeschädigt, gesamt, vollständig, all, jeder'[248] als erster Komponente auszugehen, so daß das Benennungs-

---

[237] StSG. III, 573, 18f. (BV. Nr. 611); B. Meineke, Althochdeutsches aus dem 15. Jahrhundert, S. 47 (BV. Nr. 1036); weitere Belege: StWG. S. 717; SchW. S. 319.

[238] B. Meineke, Althochdeutsches aus dem 15. Jahrhundert, S. 47.

[239] LH. III, Sp. 787.

[240] H. Marzell, Wörterbuch der deutschen Pflanzennamen, I, Sp. 420-423; F. Kluge - E. Seebold, Etymologisches Wörterbuch, S. 788.

[241] FöN. Sp. 1536, 1545; M. Gottschald - R. Schützeichel, Deutsche Namenkunde, S. 517.

[242] StSG. III, 545, 37 (BV. Nr. 947).

[243] H. Marzell, Wörterbuch der deutschen Pflanzennamen, IV, Sp. 747.

[244] A. L. Lloyd - O. Springer, Etymologisches Wörterbuch, I, Sp. 168-170.

[245] StSG. III, 100, 19f. (BV. Nr. 786, 945); weitere Belege: StWG. S. 21.

[246] LH. I, Sp. 41.

[247] SchW. S. 241.

[248] SchW. S. 84.

motiv für die Pflanze 'ganz und gar geheimnisvolle Zauberkraft' lautet[249].

C. Bezeichnungen der Wochentage

Weitere Beispiele für die Bildung deonomastischer Wörter sind die Bezeichnungen der Wochentage[250] in den germanischen Sprachen. Die Germanen übernahmen die Zeiteinteilung in Wochen von den Römern[251], indem sie für die nach heidnischen Göttern benannten Wochentage der Antike entsprechende heimische Götter einsetzten[252]. Die Bezeichnungen der Wochentage sind damit wichtige Zeugnisse für die germanische Götterwelt. Die überlieferten Bildungen sind zudem besonders frühe Beispiele für das Phänomen der Zusammenrückung, die aus der Zusammenfügung einer syntaktischen Gruppe entsteht, deren Glieder zu einer fest gefügten Ganzheit miteinander verbunden werden[253].

Das Althochdeutsche überliefert die Bezeichnungen der Wochentage *ciestag*, *toniristac* und *frīadag*, wobei davon auszugehen ist, daß neben diesen auch weitere Bildungen gebraucht wurden, so zum Beispiel für den Mittwoch als Tag des Wodan, der in Kölner Urkunden des zwölften Jahrhunderts als *gudenstag*[254] bezeugt ist und im Englischen heute noch *Wednesday* heißt[255]. Im Althochdeut-

---

[249] A. L. Lloyd - O. Springer, Etymologisches Wörterbuch, I, Sp. 168-170; zur Alraune jetzt auch P. Lehrnbecher, Engelwurz und Teufelsdreck, S. 94-154, hier besonders S. 94-98.

[250] A. Ebenbauer, TRE. XII, S. 512f.; E. Kranzmayer, Die Namen der Wochentage; G. Müller - Th. Frings, Germania Romana, II, S. 318-320.

[251] G. Müller - Th. Frings, Germania Romana, II, S. 318-320.

[252] F. Kluge - E. Seebold, Etymologisches Wörterbuch, S. 143.

[253] J. Erben, Einführung in die deutsche Wortbildungslehre, S. 128; W. Wilmanns, Deutsche Grammatik, II, § 390, S. 519; O. Gröger, Die althochdeutsche und altsächsische Kompositionsfuge, § 17, II, 3a, S. 40.

[254] WMU. S. 765.

[255] J. Erben, Einführung in die deutsche Wortbildungslehre, S. 483.

schen ist für den Mittwoch nur noch die Bezeichnung *mittwocha*[256] tradiert (anstelle von lat. *dies Mercurii*), die als jüdisch-christliche Bezeichnung für den Tag des Wodan eingetreten ist[257].

Für den lat. *Martis dies* zu Ehren des römischen Gottes Mars setzten die Germanen den heidnischen Stammesgott **Teiwa-* > ahd. *ziu* ein und nannten den Dienstag *ciestag*[258]. Die Bezeichnung ist im Althochdeutschen nur einmal im Summarium Heinrici[259] überliefert. Das Mittelhochdeutsche bezeugt mhd. *zîstac, zinstac*[260] dann häufig für den Dienstag, so zum Beispiel im Rappoltsteiner Parzifal[261].

Lat. *Jovis dies* als Benennung nach dem Gott Jupiter findet im Althochdeutschen seine Ersetzung in *toniristac* 'Donnerstag'[262] nach dem germanischen Gott *donar*[263], der von der bäuerlichen Bevölkerung als Wettergott verehrt wurde[264]. Die Bezeichnung für den Donnerstag ist sowohl in den Glossen zu Notkers Psalmen[265] als auch zweimal in den althochdeutschen Glossen[266] überliefert und dann im Mittelhochdeutschen als *donerstac, donrestac, dunrestac*[267] häufig tradiert.

Nhd. *Freitag* bezeugt den Namen der germanischen Göttin *Freia*, die mit der römischen Göttin Venus in der entsprechenden lateinischen Wochentagsbezeichnung *Veneris dies* gleichgesetzt wurde. Ahd. *friadag* 'Freitag, Rüsttag'[268] ist sowohl in den literarischen Denk-

---

[256] StSG. III, 205, 7 (BV. Nr. 68).
[257] F. Kluge - E. Seebold, Etymologisches Wörterbuch, S. 483.
[258] Ebenda, S. 143.
[259] StSG. III, 205, 6 (BV. Nr. 68).
[260] LH. III, Sp. 1136.
[261] Parzifal von C. Wisse und Ph. Colin, Sp. 349, Z. 25.
[262] SchW. S. 113.
[263] H. Beck, RGA. VI, S. 1-7, hier besonders S. 2.
[264] F. Kluge - E. Seebold, Etymologisches Wörterbuch, S. 151.
[265] N. IX, 295, 8.
[266] StSG. III, 205, 8 (BV. Nr. 68); 397, 2 (BV. Nr. 51).
[267] LH. I, Sp. 448f.
[268] SchW. S. 141.

mälern (im althochdeutschen Tatian[269] und bei Otfrid[270]) überliefert als auch ein weiteres Mal in den Glossae Hildegardis[271], darüber hinaus auch im Mittelhochdeutschen als *vrîtac*[272] bezeugt. Nur die bairische Mundart tradiert für die mittelhochdeutsche Zeit die mundartlichen Varianten *ërtac, ërtag, irtag, ergetac*[273] für den 'Dienstag' zu griech. *Áreōs hēméra* 'Tag des Ares'[274].

D. Appellativisch gebrauchte Volksnamen

Unter Deonomastika können auch appellativisch gebrauchte Volksnamen im Singular und im Plural gefaßt werden, die im Unterschied zur Bezeichnung der Allheit die Vielheit zum Ausdruck bringen[275]. Das Kriterium 'Bezeichnung einer Vielheit' (Appellativ) und 'Bezeichnung einer Allheit' (Eigenname)[276] kann dazu dienen, in den jeweiligen Texten zu entscheiden, welche Art der Verwendung vorliegt[277]. In bezug auf das Althochdeutsche ist die Differenzierung zwischen der Verwendung als Appellativ oder als Eigenname gelegentlich schwierig, weil die Diskrepanz zwischen Sprechsituation und der Aussage des Textes so groß sein kann, daß das tatsächlich im Althochdeutschen 'Gemeinte' nicht immer eindeutig nachvollzogen werden kann. Deutlich wird der appellativische Gebrauch einer Volksbezeichnung, wenn die Verwendung folgendermaßen umschrie-

---

[269] T. S. 651, Z. 1: *friietag*; T. S. 655, Z. 22: *frigetag*.

[270] O. V, 4, 6: *friadag*; O. V, 4, 6 (Freisinger Handschrift): *frîtach*.

[271] StSG. III, 397, 3 (BV. Nr. 51).

[272] LH. III, Sp. 523.

[273] LH. I, Sp. 680; JW. S. 243; dazu E. Kranzmayer, Die Namen der Wochentage, S. 74-76; P. Wiesinger, Frühmittelalterliche Ethnogenese im Alpenraum, S. 158; J. A. Schmeller, Bayerisches Wörterbuch, I, Sp. 127f.

[274] F. Kluge - E. Seebold, Etymologisches Wörterbuch, S. 185.

[275] Dazu Kapitel II dieser Arbeit.

[276] D. Berger, in: H. H. Hornung (Hrsg.), 10. Internationaler Kongreß für Namenforschung, S. 76; D. Geuenich, Proceedings of the Thirteenth International Congress of Onomastic Sciences, S. 444f.; dazu auch Kapitel II dieser Arbeit.

[277] E. Coseriu, Reader zur Namenkunde, I, S. 229-231.

ben werden kann: 'jemand aus dem Volke der ...' oder 'ein Individuum, das zu einem in seiner Gesamtheit sich ... nennenden Volk gehört'. Zum Ausdruck gebracht wird die 'Ansammlung' im Gegensatz zur 'Einheit'[278]. Ebenso können Singularformen der Volksnamen appellativisch aufgefaßt werden, wenn die Zuordnung eines einzelnen zu einer Gemeinschaft erfolgt: ahd. *franko* 'Franke'[279] als 'jemand, der zum Volk der Franken gehört'[280]. Als Appellative sind Volksnamen insbesondere in Syntagmen und Komposita mit den Bezeichnungen *thiod*, *folk* und *liudi* sowie an Bestimmungswörtern wie zum Beispiel in *edilfranko* und *sceitjudo* erkennbar. Im folgenden wird eine kurzer Überblick über verschiedene Typen der appellativischen Verwendung gegeben, soweit sie in den Texten des Althochdeutschen und Altsächsischen festgestellt werden können. Der appellativische Gebrauch von Volksnamen ist auch in mittelhochdeutscher Zeit häufig anzutreffen, so daß das Gesagte hierfür ebenfalls gilt. Mittelhochdeutsche Beispiele brauchen also nicht eigens aufgeführt zu werden.

Das Altsächsische überliefert zwei verschiedene Bezeichnungen in Verbindung mit *folk* im Heliand: as. *ebreo folk*[281] zum Volksnamen der Hebräer[282] sowie as. *judeo folk*[283] zum Volksnamen der Juden[284]. Das Gewicht liegt lexikalisch auf *folk*, also: 'Volk, das sich Juden nennt' oder 'Volk, das sich Hebräer nennt'. Bei Syntagmen und Komposita mit *liudi* zu ahd. *liut* 'Volk, Leute, Menschen, Menge'[285] und *thiot* 'Volk, Menschen'[286], so zum Beispiel bei as.

---

[278] Ebenda, S. 231.

[279] SchW. S. 140.

[280] D. Berger, in: H. H. Hornung (Hrsg.), 10. Internationaler Kongreß für Namenforschung, S. 76-79.

[281] Heliand, V. 307.

[282] Dazu Kapitel IV.A.b.6 dieser Arbeit.

[283] Heliand, V. 463, 3543, 4263.

[284] Dazu Kapitel IV.A.b.12 dieser Arbeit.

[285] SchW. S. 200.

[286] SchW. S. 112.

*ebreo liudi*²⁸⁷, ahd. und as. *judeoliuti*²⁸⁸, as. *rômanoliudi*²⁸⁹, ahd. *rōmliute*²⁹⁰, as. *sodomoliudi*²⁹¹ und as. *sôdomothiod*²⁹², läßt sich gleiches beobachten: 'Volk, das sich ... nennt'²⁹³. Hier ist hervorzuheben, daß Volksbezeichnungen in Syntagmen als Genitivattribut vor den Nukleus treten und ebenso wie deonymische Adjektive auf *-isc* der Kennzeichnung der Herkunft, Abstammung oder Zugehörigkeit dienen können, so zum Beispiel in dem Syntagma *thero Beiaro riche*²⁹⁴. Seit mittelhochdeutscher Zeit können Bewohnerbezeichnungen, die mit dem Suffix *-er*²⁹⁵ gebildet sind, als Adjektive fungieren. Sie sind zunächst in ihrer syntaktischen Stellung vor dem regierenden Substantiv ambivalent²⁹⁶.

Neben der Verbindung von Volksnamen mit *folk* und *liudi* überliefern das Althochdeutsche und Altsächsische Komposita, in denen Volksnamen appellativisch gebraucht werden. Otfrid²⁹⁷ bezeugt die Bezeichnung *édil franko* mit einem Bestimmungswort *edil(i)* 'vornehm, von adeliger Abkunft, adlig'²⁹⁸, womit ein 'vornehmer, hervorragender Franke, Franke von adeliger Abstammung'²⁹⁹ bezeichnet wird. Die Glossen zu Notkers Psalter³⁰⁰ bezeugen die Bezeichnung *sceitjudo* zu lat. *Pharisaei* 'die Pharisäer'³⁰¹ mit einem Be-

---

²⁸⁷ Heliand, V. 104.
²⁸⁸ SchW. S. 178; Heliand, V. 788.
²⁸⁹ Heliand, V. 54.
²⁹⁰ SchW. S. 240.
²⁹¹ Altsächsische Genesis, V. 151.
²⁹² Ebenda, V. 326; dazu auch as. *Sôdomarîki* 'das Reich der Sodomiter' (Altsächsische Genesis, V. 321).
²⁹³ Dazu auch StSpD. S. 85, Z. 12: *Thiot Urancono*.
²⁹⁴ StSpD. S. 110, Z. 4; dazu auch *súabo rîchi* (O. Sal. 5).
²⁹⁵ Zum Suffix *-er* Kapitel V.E dieser Arbeit.
²⁹⁶ Dazu ausführlich Kapitel V.E dieser Arbeit.
²⁹⁷ O. Lud. 13.
²⁹⁸ SchW. S. 119.
²⁹⁹ Ebenda.
³⁰⁰ N. VIII, 57, 23.
³⁰¹ GH. II, Sp. 1681.

stimmungswort *sceit-* zu ahd. *sceit* 'Spaltung' oder *sceidan* 'scheiden, (sich) trennen, unterscheiden, teilen, aufteilen, zerteilen, einteilen'[302], die ein Mitglied der Pharisäer kennzeichnet, jener jüdischen Religionspartei, die sich von einer älteren, schon bestehenden Gruppe distanzierte und sich auch in ihrer Lebensweise von allen fernhielt, die nicht den Pharisäern angehörten[303]. Der Notker-Glossator hat mit der Wahl der althochdeutschen Bezeichnung *sceitjudo* zu erkennen gegeben, daß er die Motivierung des Namens lat. *Pharisaei* 'die Abgesonderten' verstanden hat.

E. Appellative aus Rufnamen

Der appellativische Gebrauch von Rufnamen ist im Althochdeutschen und Altsächsischen nur in wenigen Fällen überliefert, und zwar einzig bei *Krist* beziehungsweise *Christus* als Eigenname für Jesus. Die appellativische Verwendung ist darauf zurückzuführen, daß bestimmte, auf die Eigenschaften des Referenten zielende Bedeutungsmerkmale bei der Verwendung des ursprünglichen nomen proprium mitgedacht wurden[304]. Da bereits der Rufname *Krist*[305] zu einem Appellativ *kris(t)*[306] 'Christus, Gesalbter; Christ'[307] geworden ist, sind auch Zusammensetzungen wie ahd. *christuobo* 'Diener Christi'[308] und ahd., as. *antikristo* 'Antichrist'[309] möglich, weiterhin Verbindungen

---

[302] SchW. S. 255.

[303] LThK. VIII, Sp. 438-441; Bibellexikon, S. 397f.; man vergleiche auch B.-M. Neese, Untersuchungen zum Wortschatz des Glossators von Notkers Psalmenkommentar, S. 165f.

[304] Dazu Kapitel II dieser Arbeit.

[305] So zum Beispiel: I. 28, 8.

[306] So zum Beispiel: T. S. 519, Z. 5.

[307] SchW. S. 184.

[308] SchW. S. 185; B.-M. Neese, Untersuchungen zum Wortschatz des Glossators von Notkers Psalmenkommentar, S. 81; zu *uobo* J. Brandsch, Bezeichnungen für Bauern und Hofgesinde im Althochdeutschen, S. 12; E. Meineke, BNF. NF. 24 (1989) S. 456.

[309] SchW. S. 89.

wie as. *cristinfolc* 'Christenvolk, Christenheit'[310]. Auf den appellativischen Gebrauch deuten auch zwei Bildungen auf der Basis von *Krist* und *Christus*[311], die sich in bezug auf Morphologie und Semantik deutlich von den deonymischen Adjektiven auf *-isc* unterscheiden[312].

In mittelhochdeutscher Zeit sind ebenfalls vereinzelte Fälle der Appellativierung von Rufnamen nachzuweisen. Mhd. *Metze*[313] als Kurzform zu *Mechthild*[314] konnte seit dem Anfang des fünfzehnten Jahrhunderts[315] in appellativischer Verwendung zur Bezeichnung von Mädchen eines niederen Standes dienen. Die Bezeichnung ist pejorativ besetzt und mit der Bedeutungskomponente der Leichtfertigkeit verbunden oder dient dann auch der Bezeichnung von Huren[316].

Aufgrund der Überlieferungslage ergibt sich, daß der appellativische Gebrauch von Rufnamen stärker erst in neuhochdeutscher Zeit einsetzt[317].

F. Abstraktbildungen mit Eigennamen

In einigen wenigen Fällen lassen sich für die althochdeutsche Überlieferung auch Abstraktbildungen[318] mit Eigennamen nachweisen, die Ableitungen zu Personengruppennamen[319] sind. Die Glossen

---

[310] Heliand, V. 2426.

[311] Dazu Kapitel IV.D.d dieser Arbeit.

[312] Dazu die Kapitel IV.F.c.2 und IV.F.d.2 dieser Arbeit.

[313] LH. I, Sp. 2126f.

[314] BN. I.1, § 100, 1, S. 115.

[315] J. Knobloch, Name und Geschichte, S. 113; BN. I.1, § 270, S. 324.

[316] LH. I, Sp. 2126f.

[317] BN. I.1, § 270, S. 323f.

[318] Zur Diskussion um den Abstraktbegriff W. Porzig, Das Ringen um eine neue deutsche Grammatik, S. 255-268; E. Meineke, Abstraktbildungen im Althochdeutschen, S. 71-132; dazu A. Masser, BNF. NF. 29/39 (1994/95) S. 198-201.

[319] Dazu auch E. Meineke, Abstraktbildungen im Althochdeutschen, S. 544f.

zum Liber comitis überliefern zu einem lateinischen Lemma *Iudaismus* das althochdeutsche Interpretament *iudantuom*[320] 'Judentum'[321]. Die Abstraktbildung *c(h)ristănheit* 'Christentum, Christsein'[322] zu *Christus* ist zum Beispiel im althochdeutschen Isidor[323] tradiert und dort mit 'Christenheit'[324] zu übersetzen. Gerade die Möglichkeit, Eigennamen als Basen für Abstraktbildungen zu verwenden, setzt den appellativischen Gebrauch der Onomastika voraus, weil auf diesem Wege qualitative Merkmale zum Ausdruck gebracht werden können. Abstraktbildungen von Eigennamen können zum einen Bezeichnungen für innere Zustände und für Verhaltensweisen sein, die die Zugehörigkeit zu einer bestimmten, in der Basis genannten Gruppe bezeichnen oder auch zur Einordnung in diese Gruppe führen[325]. In einem Fall wie *iudantuom* drückt das Abstraktum die Zugehörigkeit zu einer Religion und zu den Verhaltensweisen und Lebensformen der Religionsgemeinschaft aus, so daß schließlich metonymisch verschoben das Abstraktum für die Gemeinschaft selbst eintreten kann[326].

G. Entwicklungen zur Neuzeit

Im Vergleich zu den älteren Sprachstufen zeigt sich, daß die deutsche Sprache in der nachfolgenden Zeit die bereits angelegten Möglichkeiten der appellativischen Verwendung von Eigennamen weiter entfal-

---

[320] StSG. I, 805, 15 (Smaragdi, Opera Omnia, MPL. 102, Sp. 393, Z. 4 zu Gal. 1, 13; BV. Nr. 637).
[321] StWG. S. 317.
[322] SchW. S. 185; StWG. S. 348.
[323] I. 42, 5.
[324] E. Meineke, Abstraktbildungen im Althochdeutschen, S. 189.
[325] Ebenda, S. 545.
[326] Zu *-tuom* ebenda, S. 501-552, hier besonders S. 544f.

tet[327]. Die bereits beschriebenen Typen der Appellativierung lassen sich folgendermaßen systematisieren.

Zunächst wird die Möglichkeit, Namenzweitglieder als Suffixe zu gebrauchen, um einen charakteristischen Aspekt erweitert. Während in althochdeutscher Zeit in Analogie zu den zweigliedrigen Rufnamen Suffixe aus Namenzweitgliedern gewonnen wurden, werden im Neuhochdeutschen weiterhin auch die Rufnamen selbst als Suffixe[328] reihenbildend gebraucht. Das Neuhochdeutsche verzeichnet, insbesondere in Mundarten[329] und in Sondersprachen[330], eine Vielzahl solcher Bildungen. Beispiele für maskuline Personenbezeichnungen sind Ableitungen auf *-peter* (*Struwwelpeter*), auf *-hans* (*Prahlhans*), auf *-jan* (*Grobian* und *Schlendrian*) und auf *-fritze* (*Bummelfritze*). Feminine Personenbezeichnungen werden zum Beispiel mit *-suse* (*Heulsuse*), mit *-trine* (*Quasseltrine*), mit *-jule* (*Schnapsjule*) oder mit *-liese* (*Flennliese*) gebildet[331]. Nach dem Vorbild oberdeutscher Familiennamen auf *-berger* bezeugt das Neuhochdeutsche weiterhin maskuline Personenbezeichnungen wie *Schlauberger*, dazu auch appellativische Substantive auf *-meier* wie *Schlaumeier* und *Angst-*

---

[327] Überblick bei R. Schützeichel, in: M. Gottschald - R. Schützeichel, Deutsche Namenkunde, S. 71-74; BN. I.1, §§ 269-273, S. 323-331.

[328] Zur Wortbildung G. Bergmann, Reader zur Namenkunde, II, S. 533-539; weiterhin Deutsche Wortbildung, II, S. 114; J. Erben, Einführung in die deutsche Wortbildungslehre, S. 94; BN. I.1, § 271a, S. 326; M. Andrjuschichina, Reader zur Namenkunde, II, S. 530f.; R. Schützeichel, in: M. Gottschald - R. Schützeichel, Deutsche Namenkunde, S. 72; anders dagegen W. Fleischer - I. Barz, Wortbildung der deutschen Gegenwartssprache, S. 135.

[329] Beispiele bei K. Albrecht, Die Leipziger Mundart, S. 36-40; R. Wossidlo, Korrespondenzblatt des Vereins für niederdeutsche Sprachforschung 9 (1884) S. 81-88.

[330] Beispiele bei L. Günther, Die deutsche Gaunersprache, S. 177-203.

[331] Weitere Beispiele bei R. Schützeichel, in: M. Gottschald - R. Schützeichel, Deutsche Namenkunde, S. 72f.; A. F. Müller, Die Pejoration von Personenbezeichnungen, S. 241-245; M. Andrjuschichina, Reader zur Namenkunde, II, S. 527-532, hier besonders S. 528; G. Bergmann, Reader zur Namenkunde, II, S. 533-539; BN. I.1, § 271, S. 326-328; W. Fleischer - I. Barz, Wortbildung der deutschen Gegenwartssprache, S. 135; Deutsche Wortbildung, II, S. 114, 339, 364f., 370-372, 390f., 406f., 413.

meier[332] und auch mit fremden Suffixen (slaw. *-inski*) wie *Radikalinski*[333]. Ein Blick in die rückläufigen morphologischen Wörterbücher zur deutschen Gegenwartssprache[334] zeigt, daß dieses Wortbildungsmuster im Neuhochdeutschen produktiv ist, und zwar insbesondere auch im Bereich der Umgangssprache[335].

Allen mit Namensuffixen gebildeten Wörtern ist ebenso wie im Althochdeutschen gemeinsam, daß besonders häufige und nichts Individuelles mehr enthaltende Personennamen für Typen verwendet werden[336], deren Bedeutung jeweils in der ersten Wortkonstituente angelegt ist[337]. Es handelt sich im Neuhochdeutschen bei Appellativen mit Namensuffixen um expressive und emotional gefärbte Wörter, die mit pejorativen Bedeutungsnuancen auftreten und häufig Synonyme für neutralere und sachlichere Personenbezeichnungen sind (*Prahler - Prahlhans*)[338].

Ebenso wie in den älteren Sprachstufen sind weiterhin Appellative aus häufig verwendeten Rufnamen bezeugt, so zum Beispiel in Goethes Wilhelm Meister: *Dieser Mann hat eigentlich nur das falsche Ansehen eines Bekannten, weil er aussieht wie ein Mensch und nicht wie Hans oder Kunz*[339]. Appellativisch gebrauchte Rufnamen finden sich weiterhin in Verbindung mit Eigenschaftswörtern in Syntagmen

---

[332] R. Schützeichel, in: M. Gottschald - R. Schützeichel, Deutsche Namenkunde, S. 73.

[333] Ebenda.

[334] E. Mater, Rückläufiges Wörterbuch der deutschen Gegenwartssprache, S. 120, 497, 502, 528; Rückläufige Wortliste zum heutigen Deutsch, S. 160, 324 625, 631, 664; G. Muthmann, Rückläufiges deutsches Wörterbuch, S. 270, 466, 763, 769, 795.

[335] H. Küpper, Illustriertes Lexikon der deutschen Umgangssprache, I, S. 131, 136, 156 und viele weitere Beispiele; dazu auch M. Andrjuschichina, Reader zur Namenkunde, II, S. 527.

[336] H. Paul, Prinzipien der Sprachgeschichte, § 66, S. 94.

[337] Zu Verben als Erstkonstituente G. Bergmann, Reader zur Namenkunde, II, S. 533-539.

[338] M. Andrjuschichina, Reader zur Namenkunde, II, S. 529, 531.

[339] Goethes Werke, VII, S. 123, Z. 18-20; dazu auch O. Meisinger, Hinz und Kunz, passim; E. Schröder, ADA. 43 (1924) S. 157f.

wie *dummer August* oder *de flotte Gustav* für einen Darmkatarrh[340], in phraseologischen Redewendungen[341] und Sprichwörtern[342] oder auch unmittelbar in Bezeichnungen wie *Stoffel* von *Christophorus* für einen dummen oder ungeschickten Menschen, *Metze* aus *Machthild* (*Mechthild*) als abwertende Bezeichnung für Frauen oder Prostituierte[343] oder in der Metallbezeichnung *Nickel* aus *Nikolaus*[344]. Auch zur Benennung von Tieren werden häufig Rufnamen gebraucht, wie zum Beispiel *Reinhard* für den Fuchs in der Tierdichtung[345].

Die bisher genannten Beispiele sind Appellative, die aus häufig gebrauchten Rufnamen entstanden sind[346]. Diese Entwicklung zeigt sich zum Neuhochdeutschen hin und hängt vielleicht mit der Vergrößerung der Gemeinschaften in Haus und Hof sowie der Bevölkerungsexpansion in den Städten zusammen. Der verstärkte appellativische Gebrauch von Rufnamen im Vergleich zur althochdeutschen Zeit findet womöglich eine Erklärung in der Bevölkerungszunahme im Laufe des Mittelalters, wenn das Inventar an Rufnamen weitgehend konstant geblieben ist und Namenmoden zu einer hohen Frequenz bei einzelnen Namen führten.

---

[340] Rheinisches Wörterbuch, II, Sp. 1507.

[341] C. Földes, Muttersprache 95 (1984/85) S. 174-180; C. Földes, ZGL. 15 (1987) S. 1-19.

[342] H.-M. Militz, Sprachpflege und Sprachkultur 39 (1990) S. 33-35.

[343] J. Knobloch, Name und Geschichte, S. 113f.; dazu auch Kapitel III.E dieser Arbeit.

[344] F. Kluge - E. Seebold, Etymologisches Wörterbuch der deutschen Sprache, S. 503f.; weitere Beispiele bei U. Scheuermann, Gedenkschrift für Heinrich Wesche, S. 255-268; Ph. Keiper - Th. Zink, ZDM. 5 (1910) S. 126-139; G. Krueger, Königliche Realschule zu Berlin. Realgymnasium. Bericht über das Schuljahr Ostern 1890 bis 1891, S. 3-19; E. Müller, Vornamen als appellative Personenbezeichnungen; O. Urbach, Muttersprache 53 (1938) Sp. 250-253; M. Willberg, Muttersprache 75 (1965) S. 330-342; D. Berger, Muttersprache 60 (1950) S. 149-157; O. Meisinger, Hinz und Kunz, passim.

[345] R. Schützeichel, in: M. Gottschald - R. Schützeichel, Deutsche Namenkunde, S. 72; H. P. Althaus, LB. 57 (1968) S. 92-100.

[346] Dazu schon F. Latendorf, Die deutschen Mundarten 3 (1856) S. 1-8, 370f.

Im Neuhochdeutschen werden auch die Namen berühmter Personen zu Appellativen. Die Bezeichnung *Boykott* zum Beispiel geht auf einen irischen Pächter mit gleichem Namen zurück, dessen Landsleute ihm als erstem im Jahre 1880 den Dienst verweigerten[347]. Metonymisch kann auch der Name eines Erfinders für sein Werk stehen (zum Beispiel *Zeppelin*), oder ein Werk eines Künstlers wird mit dessen Namen bezeichnet (ein *Picasso*). Eigennamen treten auch weiterhin in Abstraktbildungen auf wie in *Luthertum*[348]. Zudem sind weitere Möglichkeiten der Bildung substantivischer deonymischer Derivate bezeugt, die überwiegend mit Fremdsuffixen gebildet werden[349].

Die bereits in althochdeutscher und mittelhochdeutscher Zeit angetroffene Möglichkeit, Pflanzen mit Personennamen zu bezeichnen, setzt sich im Neuhochdeutschen fort, wie bereits ein Blick in H. Marzells Wörterbuch der deutschen Pflanzennamen zeigt. Dort finden sich Bezeichnungen wie *Faules Hänschen*[350], *Guter Heinrich*[351] und *Peterlein*[352], um nur einige der zahlreichen Belege zu nennen.

Seit dem Mittelhochdeutschen zeigt die deutsche Sprache dann auch Beispiele für die Ableitung von Verben aus Eigennamen. Daß dieses Wortbildungsmuster im Germanischen angelegt war, bezeugt ein im Gotischen überliefertes schwaches Verb *iudaiwiskon* 'jüdisch leben'[353] zu dem Adjektiv *iudaiwisks* 'jüdisch'[354]. Die mittelhochdeutsche Zeit überliefert primäre Verbbildungen zu Rufnamen wie mhd. *saulen* 'sich wie ein Saulus betragen'[355], mhd. *wider-paulen*

---

[347] D. Berger, Muttersprache 60 (1950) S. 156.

[348] R. Schützeichel, in: M. Gottschald - R. Schützeichel, Deutsche Namenkunde, S. 73; W. Fleischer, Reader zur Namenkunde, I, S. 254; zu *-tum* im Neuhochdeutschen E. Meineke, Abstraktbildungen im Althochdeutschen, S. 539-548.

[349] W. Fleischer, Reader zur Namenkunde, I, S. 253-255.

[350] H. Marzell, Wörterbuch der deutschen Pflanzennamen, I, Sp. 256.

[351] Ebenda, I, Sp. 936-942.

[352] Ebenda, I, Sp. 136f.

[353] Die gotische Bibel, An die Galater II, 14, S. 355.

[354] Die gotische Bibel, An Titus I, 14, S. 447.

[355] FMW. S. 297; BN. I.1, § 273c, S. 330.

'im Gegensatz zu Paulus sich zu etwas stellen'[356] und mhd. *vlæmen* 'nach Art der Flamländer sprechen'[357]. Dazu bezeugt das Neuhochdeutsche weitere Verbbildungen aus Eigennamen[358] wie zum Beispiel nhd. *röntgen, nassauern, schwäbeln* und *fringsen* (nach dem Kölner Kardinal Frings, der in seiner Neujahrspredigt im Jahre 1947 das 'Organisieren' von Kohlen aus Not gebilligt hatte[359]).

---

[356] FMW. S. 466; BN. I.1, § 273c, S. 330.

[357] LH. III, Sp. 385; dazu auch Kapitel V.B dieser Arbeit (mhd. *vlæmisch*).

[358] Zusammenstellung für Verben im Neuhochdeutschen, die von Personennamen abgeleitet sind, bei H. Bruderer, Reader zur Namenkunde, II, S. 541-554.

[359] D. Berger, Muttersprache 60 (1950) S. 156f.; H. Küpper, Illustriertes Wörterbuch der deutschen Umgangssprache, III, S. 939.

IV. Deonymische Adjektive in althochdeutscher Zeit

In den folgenden Abschnitten[1] werden alle ermittelten Belege nach den jeweiligen Basen geordnet in alphabetischer Reihenfolge vorgestellt, wobei in der Regel zunächst die literarischen Denkmäler berücksichtigt sind und anschließend die Belege der Glossen und der übrigen Quellen folgen.

Diese Anordnung innerhalb der einzelnen Wortartikel folgt der Auffassung, daß bei der Ermittlung von aktuellen Bedeutungen im Althochdeutschen und Altsächsischen zwischen Wortvorkommen in literarischen Denkmälern und in Glossen zu unterscheiden ist, weil die Bezeichnungsfunktionen oft auf unterschiedliche Weise gewonnen werden.

Während bei den literarischen Denkmälern ein innersprachlicher Zusammenhang vorliegt, der durch die Interpretation des Textes, also durch die Erschließung des Sinns erkannt werden kann[2], ist für die Vorkommen in den Glossen zu beachten, daß kein zusammenhängender volkssprachiger Text vorliegt. Es handelt sich vielmehr um einen 'grammatisch kombinierten Zusammenhang', der in zumeist lateinischen Texten gegeben ist, in denen althochdeutsche Glossen auftreten. Eine althochdeutsche Glosse kann demnach ein einzelnes Wort oder auch ein ganzes Syntagma wiedergeben, das dann seinerseits in einem bestimmten, zumeist lateinischen Text steht[3]. Aufgrund des vorliegenden lateinischen Textzusammenhangs kann dann die Bezeichnungsfunktion des jeweiligen Interpretaments ermittelt werden. Für die Vorkommen in den althochdeutschen Glossen gilt daher, daß das Verständnis des gesamten Zusammenhangs und die Funktion des einzelnen Elements aus dem lateinischen Text zu gewinnen ist[4]. Bis

---

[1] Zum Verfahren B. Meineke, Althochdeutsche -scaf(t)-Bildungen, S. 37.
[2] R. Schützeichel, Addenda und Corrigenda (III), S. 69.
[3] Ebenda.
[4] R. Schützeichel, Addenda und Corrigenda (III), S. 70f.

auf einen Fall (*pulleohti*[5]) hat sich bei der Ermittlung der jeweiligen aktuellen Bedeutungen der volkssprachigen Interpretamente gezeigt, daß die Glossatoren den lateinischen Text sehr gut verstanden haben und daß zum Teil sogar differenziertere und genauere Ausdrücke zu den lateinischen Wörtern auftreten[6]. Das ist umso wichtiger, weil ungefähr zwei Drittel des althochdeutschen Gesamtwortschatzes durch Glossen überliefert sind[7] und somit der Wortschatz der Glossen für die Erforschung des Althochdeutschen von größter Bedeutung ist.

Problematischer ist die Bedeutungsermittlung der volkssprachigen Interpretamente, die in Glossaren auftreten, weil hier zunächst kein Textzusammenhang vorliegt. Volkssprachige Wörter in Glossaren beziehen sich jedoch ihrerseits auf glossierte Texte, so zum Beispiel auf Bibelglossierungen oder aber auf lateinisch-lateinische Glossare, die aus lateinischen Texten gewonnen sein können[8]. In vielen Fällen kann daher ebenfalls ein Textzusammenhang beziehungsweise der Verband im Glossar berücksichtigt werden.

Der in der Überschrift gewählte Ansatz richtet sich, soweit dort vorhanden, nach den Ansatzformen des Althochdeutschen Wörterbuches von R. Schützeichel. Soweit der ermittelte Beleg in den literarischen Denkmälern nicht auftritt, ist ein Ansatz aus einer belegten Variante der jeweiligen Edition für die Kapitelüberschrift gebildet worden. Dabei folgt die Kennzeichnung der Vokalquantitäten bei den nur in den Glossen belegten Bildungen den Quantitäten der jeweiligen Basen, die in den meisten Fällen aus dem Lateinischen stammen. Ist ein Wort nur einmal oder ohne Varianten belegt, wurde dieses als Ansatz in die Überschrift gesetzt. Mit ihm wird in den einzelnen Unterkapiteln durchgängig gearbeitet, damit die Übersichtlichkeit gewahrt bleibt. Die in den Kapitelüberschriften auftretenden Wörter sind also aus praktischen Gesichtspunkten gewählt.

Der für die Überschrift gewählte Ansatz erscheint im Nominativ Singular, auch wenn er im Einzelfall nicht in dieser Wortform, son-

---

[5] Kapitel IV.B.1 dieser Arbeit.

[6] Dazu zum Beispiel ahd. *mantinisc* (Kapitel IV.C.b dieser Arbeit).

[7] H. Götz, Sprachwissenschaft 19 (1994) S. 164.

[8] R. Schützeichel, Addenda und Corrigenda (III), S. 69f.

dern nur im syntaktischen Zusammenhang vorliegt. Dieser Vorgehensweise liegt die Erkenntnis zugrunde, daß ein einzelner Vertreter eines Flexionsparadigmas jeweils das gesamte Paradigma vertritt[9].

Falls ein Wort nur als Adjektivadverb bezeugt ist (mit dem Suffix -o[10]), dem als Basis ein deonymisches Adjektiv zugrundeliegt[11], wird das für den Ansatz erschlossene Adjektiv mit * gekennzeichnet.

Bis auf einige wenige Ausnahmen, wozu insbesondere die Bildungen auf der Basis von *Krist* und *Christus*, weiterhin ahd. *pulleohti* und *sodomitīco* gehören, handelt es sich um Ableitungen von Onymen mit dem Suffix *-isc*. Daher werden zusätzlich zur Ermittlung der aktuellen Bedeutungen die Bezeichnungsfunktionen beschrieben, die deonymische Adjektive in den jeweiligen Textzusammenhängen erfüllen[12].

Vorab sind jedoch noch einige Bemerkungen zu den zugrundeliegenden Basen volkssprachiger deonymischer Adjektive notwendig, die das Nebeneinander morphologisch verschiedener Bildungen zur Bezeichnung des gleichen Sachverhaltes erklären können (*indisg - indigisc*[13]).

Das Althochdeutsche bietet die Möglichkeit, Eigennamen als Nominalattribute oder adjektivisch in den syntaktischen Zusammenhang einzubinden[14]. In den althochdeutschen Überlieferungszusammenhängen wird in der Regel die Herkunft oder Abstammung von einem Land oder Volk beziehungsweise die Zugehörigkeit zu einer Personengruppe mit adjektivischen Deonomastika auf *-isc* gekennzeichnet, deren Gebrauch durch das Lateinische motiviert sein kann. Bei 43 verschiedenen Bildungen auf *-isc* (zusätzlich auch bei ahd. *kristīn* und

---

[9] R. Schützeichel, Addenda und Corrigenda (III), S. 56.

[10] BEG. § 267, S. 228f.; J. H. Gallée, Altsächsische Grammatik, § 357, S. 232.

[11] Ahd. *sirisco* (Kapitel IV.A.b.23 dieser Arbeit) und *sodomitīco* (Kapitel IV.C.k dieser Arbeit).

[12] Zur systematischen Auswertung Kapitel IV.F.d dieser Arbeit; man vergleiche weiterhin M. Schlaefer, Die Adjektive auf *-isch* in der deutschen Gegenwartssprache, S. 112-120; T. Sugarewa, PBB. 94 (Halle 1974) S. 199-256, hier besonders S. 233; Deutsche Wortbildung, III, S. 261f., 269f., 275f., 322, 333, 356; L. M. Eichinger, Syntaktische Transposition und semantische Derivation, S. 79-83.

[13] Dazu die Kapitel IV.A.b.8 und 9 dieser Arbeit.

[14] Dazu auch Kapitel II dieser Arbeit.

pulleohti) kann ein Eigenname in der Volkssprache unmittelbar als Basis gedient haben (ahd. *ara-bisg*[15] zu *Arabia, Arabes*). Häufig zeigt auch die Vorlage ein lateinisches Adjektiv auf der Basis eines Eigennamens, das mit einem lateinischen Adjektivsuffix gebildet ist (lat. *Arab-icus*). In diesem Fall ist davon auszugehen, daß ein Übersetzer oder Glossator den Wortbildungsprozeß im Lateinischen nachvollzogen hat und ihn mit volkssprachigen Mitteln nachbildet[16]. Jede Sprache schafft also deonymische Adjektive mit ihren eigenen Mitteln, wobei das Lateinische die Motivation für die Verwendung liefern kann.

Andererseits werden in der Volkssprache Ableitungen gebildet, die als Grundlage unzweifelhaft ein im Lateinischen gebildetes deonymisches Adjektiv haben (ahd. *affric-ān-isg*[17]). Diese Möglichkeit ist bei 13 Derivaten auf *-isc* (sowie ahd. *c(h)ristāni* und **sodomitīg*) in althochdeutscher Zeit anzutreffen. Die aus der althochdeutschen Bildung isolierbare Basis enthält dann noch einen morphologischen Hinweis auf das lateinische Adjektivsuffix (lat. *Afric-an-us*). Das Lateinische liefert in diesem Falle mit einem Adjektiv die Motivation für die Bildung eines volkssprachigen Adjektivs und die unmittelbare morphologische Basis. Der Eigenname kann bei diesen Derivationen als mittelbare Basis bezeichnet werden, da er 'mitgedacht' wurde beziehungsweise durch die lateinische Adjektivbildung vermittelt wird.

Das Gesagte sei noch einmal anhand zweier Schemata verdeutlicht:

1. Eigenname (Substantiv)
    unmittelbare Basis

    ↙   ↘

    lateinisches Adjektiv - - - - - - - - - → volkssprachiges Adjektiv
    (Motivation)

---

[15] Kapitel IV.A.b.2 dieser Arbeit.

[16] Dazu auch A. Decke, Synchrone und diachrone Aspekte, S. 105-112, hier besonders 109f.

[17] Kapitel IV.A.b.1 dieser Arbeit.

2.   Eigenname (Substantiv)
                    mittelbare Basis

                    ↓

                  lateinisches Adjektiv
              unmittelbare Basis/Motivation

                    ↓

                  volkssprachiges Adjektiv

In althochdeutscher Zeit sind daher sowohl die Eigennamen selbst als auch die von Eigennamen gebildeten lateinischen Adjektive als unmittelbare Basen anzutreffen. In beiden Fällen stimmt jedoch die Motivation zur Bildung überein. Ein heimischer oder fremder Eigenname wird in die Wortart Adjektiv überführt (Transposition[18]) und so für die Bildung von Attributen in adjektivischer Gestalt nutzbar gemacht[19].

A. Derivate von Volksnamen und Ländernamen

a. Germanische Volksnamen

1. *frenkisc*

Ahd. *frenkisc* ist mit dem Suffix *-isc* von dem Volksnamen der Franken abgeleitet. Der Wurzelvokal /e/ erklärt sich durch Umlautung des /a/ aufgrund des Vokals /i/ der Folgesilbe *-isc*. Der seit dem dritten

---

[18] Dazu J. Erben, Einführung in die deutsche Wortbildungslehre, S. 21.
[19] E. Coseriu, Perspektiven der Wortbildungsforschung, S. 53f.; E. Coseriu, Sprache. Strukturen und Funktionen, S. 174-176; H.-M. Gauger, Durchsichtige Wörter, S. 70-74, 90-95; E. Meineke, Abstraktbildungen im Althochdeutschen, S. 463; Kapitel II dieser Arbeit.

Jahrhundert[20] bezeugte Name der Franken steht zu lat. *Franci* 'die Franken'[21], in den literarischen Denkmälern und in den Glossen belegt als ahd. *franko* 'Franke'[22], pl. *Frankun, Frankon*[23]. Sowohl der lateinische als auch der volkssprachige Volksname können als unmittelbare Basen für ahd. *frenkisc* gedient haben.

Nach dem neueren Forschungsstand[24] knüpft der Volksname der Franken an ein Adjektiv germ. **franka-*[25] mit der Bedeutung 'kühn, mutig, kampflustig' an. A. Bach[26] stellt den Volksnamen der Franken daher zu den Übernamen, die auf Geisteseigenschaften und Charaktereigenschaften, hier also auf eine gute Eigenschaft zurückgehen. In dieser Bedeutung ist das Adjektiv in der Folgezeit durch den Volksnamen zurückgedrängt worden und schließlich sogar aus dem volkssprachigen Wortschatz verschwunden. Aus dem Volksnamen hat sich dann unter den geschichtlichen Gegebenheiten ein neues Adjektiv mit der Bedeutung 'frei' entwickelt, das im fünfzehnten Jahrhundert aus dem Französischen ins Deutsche zurückentlehnt wurde[27].

Das althochdeutsche Adjektiv *frenkisc*, ae. *frencisc*[28], ist sowohl in den literarischen Denkmälern bei Otfrid[29] als auch in den Glossen[30] belegt, darüber hinaus in den lateinischen Rechtsquellen latinisiert bezeugt.

---

[20] M. Schönfeld, Wörterbuch der altgermanischen Personen- und Völkernamen, S. 89; J. Franck - R. Schützeichel, Altfränkische Grammatik, S. 1.

[21] GH. I, Sp. 2833f.; dazu auch KFW. III, Sp. 1223f.

[22] SchW. S. 140; dazu D. Geuenich, Die Personennamen der Klostergemeinschaft von Fulda, S. 94.

[23] GSp. III, Sp. 825; StWG. S. 176.

[24] H. Tiefenbach, Studien zu Wörtern volkssprachiger Herkunft in karolingischen Königsurkunden, S. 52-56; Lexikon des Mittelalters, IV, Sp. 693f.

[25] F. Heidermanns, Etymologisches Wörterbuch der germanischen Primäradjektive, S. 210.

[26] BN. I.1, § 262, 4b, a*, S. 308.

[27] H. Kaufmann, Ernst Förstemann. Altdeutsches Namenbuch. Ergänzungsband, S. 120.

[28] BTD. S. 333.

[29] SchW. S. 140; KFW. III, Sp. 1245.

[30] StWG. S. XL; KFW. III, Sp. 1245.

Ahd. *frenkisc* ist bei Otfrid mehrfach überliefert und dort je nach Textstelle mit 'fränkisch' beziehungsweise in dem Syntagma *in frenkisgon* mit 'auf fränkisch'[31] zu übersetzen. Das Adjektiv steht zunächst in Verbindung mit *liut* 'Volk, Leute, Menschen'[32] in folgendem Textzusammenhang: *Thaz uuir éngil nénnen, thaz héizent, sô uuir zéllen, / bóton in githíuti frénkisge líuti*[33] 'Was wir Engel nennen, so wie wir berichten, das nennen die fränkischen Menschen in der Volkssprache Boten'. Bezeichnet wird an diesem Stelle die Zugehörigkeit.

An vier weiteren Textstellen bei Otfrid ist *frenkisc* in den Syntagmen *uuorton frénkisgên*[34], *frénkisgêro uuorto*[35], *in frénkisga zúngûn*[36] überliefert und bezeichnet hier die fränkische Rede, also die Volkssprache[37]. Darüber hinaus ist viermal[38] das Syntagma *in frenkisgon* bezeugt. Otfrid kennzeichnet auf diese Weise die Volkssprache im Unterschied zur Gelehrtensprache Latein[39].

Hergestellt wird hier also zunächst ein lokaler Bezug: 'die in Franken gesprochene Sprache' beziehungsweise 'die von Franken gesprochene Sprache'. Der lokale Bezug kann noch erweitert werden, da hier eine Zugehörigkeit zu einem kulturellen Bezugssystem[40] gegeben ist, also zu einem Bereich, in dem die Volkssprache im Gegensatz zum Latein gesprochen wird.

---

[31] SchW. S. 140.
[32] SchW. S. 200.
[33] O. V. 8, 7f.
[34] O. I. 3, 46.
[35] O. V. 14, 3.
[36] O. I. 1, 114; O. I. 1, 122.
[37] KFW. III, Sp. 1245.
[38] O. I. 1, 34; O. I. 1, 46; O. I. 1, 126; O. III. 7, 13.
[39] H. Eggers, PBB. 82. Sonderband Elisabeth Karg-Gasterstädt, S. 167f.; W. Haubrichs, Germanistik und Deutschunterricht im historischen Wandel, S. 26, A. 25.
[40] M. Schlaefer, Die Adjektive auf *-isch* in der deutschen Gegenwartssprache, S. 114.

Die Handschrift Innsbruck, UB. Handschrift-Fragmente 89 und 90[41] überliefert einige deutsche Glossen von einer Hand des zwölften Jahrhunderts[42] zum lateinischen Waltharius. Am rechten Rand der Handschrift steht die althochdeutsche Glosse *frazescen*[43] 'die Fränkischen' zu einem lateinischen Syntagma *Franci nebulones*[44]. In der Bezeichnung könnte der Spott der Nachbarstämme auf die *Franci nobiles* anklingen, wie sich die Rheinfranken im Unterschied zu den Ostfranken und Westfranken nannten[45]. Dazu gehört der folgende Textzusammenhang: *'Non assunt Avares hic, sed Franci nebulones, / Cultores regionis,' et en galeam Haganonis / Aspicit et noscens iniunxit talia ridens: / 'Et meus hic socius Hagano collega veternus'*[46]. Zu vermuten ist hier ein fehlender Nasalstrich ‹ā›, der als Abbreviatur im Althochdeutschen für inlautendes /n/ anzutreffen ist[47] (**franzescen*).

In den jüngeren Quellen ist nur noch ein latinisiertes Adverb *francisce* bezeugt, so zum Beispiel in den Glossen zu Boethius' Consolatio Philosophiae[48]. In der Handschrift München, BSB. Clm 15825[49] des zehnten/elften Jahrhunderts[50] werden zu dem lateinischen Lem-

---

[41] BV. Nr. 288.

[42] Waltharius. Herausgegeben von K. Strecker, S. 8.

[43] Einsicht in den Mikrofilm der Handschrift im Archiv des Forschungsprojekts Althochdeutsches Wörterbuch von Prof. Dr. Dr. h.c. R. Schützeichel; Waltharius. Herausgegeben von K. Strecker, S. 8 zu V. 555.

[44] *nebulones* zu lat. *nebulo* 'der Dunstmacher, Windbeutel, Taugenichts, Schuft' (GH. II, Sp. 1119).

[45] E. Schröder, ZDA. 74 (1937) S. 80; K. Strecker, DAGM. 5 (1942) S. 43; BN. I.1, § 262, S. 309; dazu SH. IV, 9. De gentium vocabulis: zu lat. *Franci nobiles* steht ahd. *frankun* (StSG. III, 131, 32; 206, 34).

[46] Waltharius. Herausgegeben von K. Strecker, S. 47, V. 555-558.

[47] BEG. § 126, A. 2, S. 117.

[48] Anicii Manlii Severini Boethii, Philosophiae Consolatio. Iteratis curis edidit L. Bieler, I, 7, 6, S. 16.

[49] BV. Nr. 619.

[50] Mittelalterliche Bibliothekskataloge Österreichs, IV, Nr. 9, S. 24; W. Bach, Die althochdeutschen Boethiusglossen und Notkers Übersetzung der Consolatio, S. 7.

ma *auster* 'der Südwind'⁵¹ die Interlinearglossen *Sundroni uiunt francisce*⁵² überliefert. Aus dem Textzusammenhang ergibt sich, daß hier die volkssprachige Bezeichnung für 'Südwind' gegeben wird, *francisce*⁵³ also mit 'auf fränkisch' im Sinne von 'volkssprachig' zu übersetzen ist⁵⁴.

Die Rechtsquellen tradieren an mehreren Stellen ein latinisiertes Adjektiv *frankiscus*⁵⁵. Der älteste Beleg aus den Anfängen des Althochdeutschen⁵⁶ stammt aus den Concilia Aevi Merovingici⁵⁷, in denen von den *canones Francisci* 'fränkische Rechte' berichtet wird. Die Kapitularien der fränkischen Könige⁵⁸ überliefern neben dem Adjektiv *franciscus*⁵⁹ die dazugehörige substantivische Wortform *franciscos*⁶⁰ 'die Fränkischen' im Akkusativ Plural. Aus der latinisierten Bildung hat sich schließlich der Beiname *Franciscus* entwickelt, wie er zum Beispiel in einer Urkunde Heinrichs IV. aus dem Jahre 1060 bezeugt ist⁶¹.

---

⁵¹ GH. I, Sp. 744f.

⁵² StSG. II, 73, 65.

⁵³ Dazu auch StSG. II, 10, 28.

⁵⁴ Zu *frenkisc* vergleiche man StSG. IV, 64, 56: *Francisca* zu ahd. *helmhacha*.

⁵⁵ GH. I, Sp. 2834.

⁵⁶ Dazu R. Schützeichel, Festschrift für Ingeborg Schröbler zum 65. Geburtstag, S. 34.

⁵⁷ Concilia Aevi Merovingici, MGH. LL. III.1, S. 10, Z. 28.

⁵⁸ Capitularia Regum Francorum. Edidit G. H. Pertz, MGH. LL. II, S. 328, Z. 39 und weitere; man vergleiche auch A. de Sousa Costa, Studien zu volkssprachigen Wörtern in karolingischen Kapitularien.

⁵⁹ Capitularia Regum Francorum, MGH. LL. II.1. Edidit A. Boretius, S. 192, Z. 23: *comis Franciscus* (die gleiche Quelle tradiert auch *langubardiscus*, man vergleiche das folgende Kapitel *lanc(h)partisc*); Capitularia Regum Francorum, MGH. LL. II.2. Denuo Edidit A. Boretius et V. Krause, S. 68, Z. 12: *In scara Francisca*.

⁶⁰ Capitularia Regum Francorum. Edidit G. H. Pertz, MGH. LL. II, S. 328, Z. 39.

⁶¹ Die Urkunden der deutschen Könige und Kaiser, MGH. DD. VI.1, S. 82.

2. lanc(h)partisc

Grundlage für ahd. *lanc(h)partisc* ist der seit dem ersten Jahrhundert[62] bezeugte Name der Langobarden, ahd. *Lancparta*[63], lat. *Langobardi*[64], der als unmittelbare Basis für das Adjektiv auf *-isc* gedient haben kann. Der Name bezeichnet ein Volk, das aus dem nördlichen Germanien westlich der Elbe stammt. Lat. *Langobardi* ist die älteste Bezeugung und steht neben einer jüngeren, auf lateinische Volksetymologie zurückgehenden Variante *Longobardi*[65]. Der Name gehört in die älteste Schicht germanischer Wörter, und zwar zu den durch die klassischen Schriftsteller vermittelten Eigennamen[66].

Ahd. *Lanchparta* ist aus einem Grundwort *bart* 'Bart'[67] und einem adjektivischen Bestimmungswort *lang, lanc(h)* 'lang, lang dauernd; ausführlich'[68] gebildet und weist auf die Haartracht der Namenträger, die das primäre Namengebungsmotiv gewesen sein könnte[69]. A. Bach[70] stellt den Namen daher zu den Übernamen nach Haartracht oder Kleidertracht. Der Volksname der Langobarden und der

---

[62] M. Schönfeld, Wörterbuch der altgermanischen Personen- und Völkernamen, S. 150.

[63] GSp. III, Sp. 212.

[64] GH. II, Sp. 551f.

[65] M. Schönfeld, Wörterbuch der altgermanischen Personen- und Völkernamen, S. 150-152.

[66] W. Streitberg, Urgermanische Grammatik, § 55, S. 46; man vergleiche auch BN. II.1, § 79, 1, S. 69; § 98, 1, S. 81; O. Bremer, IF. 14 (1903) S. 363f.; M. Zweifel, Untersuchung über die Bedeutungsentwicklung von Langobardus-Lombardus, S. 3-8.

[67] SchW. S. 93.

[68] SchW. S. 190.

[69] H. Menke, Das Namengut der frühen karolingischen Königsurkunden, S. 235f.; andere stellen den Namen zu *parta* 'Axt' (SchW. S. 93); dazu H. Kaufmann, Ernst Förstemann. Altdeutsches Namenbuch. Ergänzungsband, S. 54; FöN. I, Sp. 247; zu weiteren Deutungen J. Knobloch, Gießener Flurnamen-Kolloquium, S. 391-394.

[70] BN. I.1, § 262, 4d, e, S. 309f.

davon abgeleitete Ländername[71] sind in den Glossen vielfach bezeugt[72], so zum Beispiel in einer Vermischung der Glossae Salomonis mit dem Abavus major[73] in der Handschrift London, BMMss. Add. 18379[74]. Weiterhin ist zum Volksnamen auch der Beiname *Langbarto* überliefert[75].

Ahd. *lanc(h)partisc*, ae. *langbeardisc*[76], ist nur in den Glossen und latinisiert in den lateinischen Rechtsquellen bezeugt.

Das Adjektiv ist zu drei Textstellen in den Werken von Prudentius belegt. Die Handschriften Paris, BN. Nouv. acquis. lat. 241[77] und München, BSB. Clm 14395[78] aus dem elften Jahrhundert[79] überliefern die althochdeutsche Glosse *lanchpartiscin*[80] zu einem lateinischen Lemma *Latios* zu *Latius* 'zu Latium gehörig, lateinisch', poetisch auch 'römisch'[81]. Der Zusammenhang stammt aus der Passio Hippolyti Beatissimi Martyris: *Conglobat in cuneum Latios simul ac peregrinos / permixtim populos religionis amor*[82]. An der betreffenden Stelle wird berichtet, daß die Liebe des Glaubens sowohl die zu Latium Gehörigen, also die Einheimischen, als auch die Fremden miteinander verbindet. Daß der Glossator hier ein Adjektiv auf der Basis des Volksnamens der Langobarden zu den Einwohnern des Römischen Reiches stellt, hat wohl unmittelbar damit zu tun, daß das Volk im sechsten Jahrhundert Oberitalien und Mittelitalien eroberte

---

[71] H. Menke, Das Namengut der frühen karolingischen Königsurkunden, S. 235.

[72] GSp. III, Sp. 212; StWG. S. 359, 781.

[73] StSG. IV, 148, 38: *lanchbarch .t.* zu einem lateinischen Lemma *Latium*.

[74] BV. Nr. 391.

[75] D. Geuenich, Die Personennamen der Klostergemeinschaft von Fulda, S. 94.

[76] BTD. Supplement, S. 606.

[77] BV. Nr. 771.

[78] BV. Nr. 579.

[79] B. Kölling, Kiel UB. Cod. Ms. K. B. 145, S. 57, 64; Th. Frings - G. Müller, Erbe der Vergangenheit, S. 109.

[80] StSG. II, 439, 3.

[81] GH. II, Sp. 578.

[82] Prudentius, Peristefanon, XI, Z. 191f.; die Werke des Prudentius werden nach der Ausgabe von M. P. Cunningham zitiert.

und dort eine Herrschaft errichtete, während sie zur Zeit des Prudentius (*a. 348 n. Chr. in Spanien; gestorben nach a. 405 n. Chr.)[83] noch nicht mit diesem Gebiet in Verbindung gebracht werden konnten[84]. Zudem war der Name *Italien* im Mittelalter ungebräuchlich, und das Land trug die Bezeichnungen *Walholand, Lancpartoland, Langobardia*[85]. Es behielt mithin den langobardischen Namen auch nach dem Untergang des Langobardenreiches. Die Glosse ist an dieser Stelle also mit 'die zu Latium Gehörigen, die Langobardischen' zu übersetzen und kennzeichnet die langobardische Herrschaft im Sinne der Abstammung oder Herkunft aus der Gegend des ehemaligen Langobardenreiches.

In einem weiteren Textzusammenhang zum Liber Apotheosis des Prudentius, der gleichfalls in den Pariser und Münchner Prudentiushandschriften überliefert ist, steht *lanch*[86] zu einem lateinischen Lemma *Ausonię* zum Ländernamen lat. *Ausonia*[87], der Bezeichnung für das Land der Ausonier, die auch für Unteritalien und poetisch übertragen für Italien steht. Ahd. *lanch* wird von E. Steinmeyer und E. Sievers[88] zu *lanchpartiskun* ergänzt. Bei Prudentius heißt es an der betreffenden Stelle: *Nec solum legis, nam quae iam littera Christum / non habet, aut quae non scriptorum armaria Christi / laude referta nouis celebrant miracula libris? / Hebraeus pangit stilus, Attica copia pangit, / pangit et Ausoniae facundia tertia linguae*[89]. Die Kunst der Darstellung, wie Ausonien sie beherrscht, dient ebenso zum Preis Gottes wie die Schriften der Hebräer und Athener. Lat. *Ausoniae* steht in diesem Zusammenhang stellvertretend für Italien und bezeichnet im übertragenen Sinne die *tertia lingua*, also die lateinische Sprache. Ähnlich wie an der zuvor besprochenen Textstelle benutzt der Glossator wohl statt der im lateinischen Text ge-

---

[83] Der Kleine Pauly, IV, Sp. 1202; LThK. VIII, Sp. 845.
[84] Der Kleine Pauly, III, Sp. 476f.; Lexikon des Mittelalters, V, Sp. 1689.
[85] BN. II.2, § 525, S. 243.
[86] StSG. II, 457, 39.
[87] GH. I, Sp. 742.
[88] StSG. II, 457, 39 u. A. 6.
[89] Prudentius, Liber Apotheosis, Z. 376-380.

brauchten Bezeichnung für Italien, das in dieser Zeit nach den Langobarden benannt ist, die ihm näherliegende Formulierung. Für *lanchpartiscun* wäre eine aktuelle Bedeutung 'die in Italien, im Land der Langobarden Lebenden' im Sinne einer Kennzeichnung der Zugehörigkeit oder Abstammung anzugeben. Da das glossierte Lemma im lateinischen Text als Ländername bestimmt wurde, könnte *lanch* aber gleichfalls zu dem Ländernamen ahd. *Lanchparta* aufgelöst werden und wäre dann nicht als Adjektiv zu interpretieren. Eindeutiger ist der folgende Fall, in dem das lateinische Lemma *Ausonius* glossiert wird.

Die Prudentiushandschrift Paris BN. Nouv. acquis. lat. 241[90] aus dem elften Jahrhundert[91] überliefert zu dem lateinischen Lemma *Ausoniam* zu *Ausonius* 'ausonisch' und poetisch 'italisch, lateinisch, römisch'[92], dem ein überschriebenes *Latiam* folgt, die Glosse *l ⁞ nchp ⁞ rt.sc⁚n*[93], die mit E. Steinmeyer und E. Sievers als *lanchpartiscun*[94] zu lesen ist. Dazu gehört der folgende Textzusammenhang: *Quin et Olibriaci generisque et nominis heres / adiectus fastis palmata insignis abolla / martyris ante fores Bruti submittere fasces / ambit et Ausoniam Christo inclinare securem*[95]. Das lateinische Adjektiv *Ausonius* steht attributiv zu lat. *securis*, das metonymisch mit 'höchste Gewalt = Macht, römische Oberherrschaft'[96] zu übersetzen ist. Das lateinische Syntagma bezeichnet hier die römische Macht, die sich Christus beugt. Weil das Gebiet Italien zu dieser Zeit weiterhin nach den Langobarden benannt wurde, ist als aktuelle Bedeutung für ahd. *lanchpartisc* 'langobardisch' anzusetzen. Gekennzeichnet wird in diesem Textzusammenhang bei Prudentius die 'Macht, die von den Römern ausgeht'.

Das Adjektiv ist weiterhin zu verschiedenen lateinischen Lemmata in den Glossae Salomonis tradiert. Die Handschrift London, BMMss.

---

[90] BV. Nr. 771.
[91] B. Kölling, Kiel UB. Cod. MS. K. B. 145, S. 64.
[92] GH. I, Sp. 742.
[93] StSG. II, 468, 41.
[94] StSG. II, 468, 41 u. A. 13.
[95] Prudentius, Contra Symmachum, I, Z. 554-557.
[96] GH. II, Sp. 2565.

Add. 18379[97] aus dem dreizehnten Jahrhundert[98] überliefert zu lat. *Latiari* von *Latiaris* 'zu Latium gehörig, latinisch, lateinisch'[99] die althochdeutsche Glosse *lanchbartisker .t.*[100]. In der Handschrift München, BSB. Clm 17152[101] aus dem zwölften Jahrhundert[102] steht im ersten Glossar der Glossae Salomonis das althochdeutsche Interpretament *lancpartiscer*[103] zu *Rutuli gens italię*. Vier weitere Handschriften[104] und die Inkunabel der Salomonischen Glossen[105] überliefern die althochdeutsche Glosse *lancpartisker*[106] beziehungsweise *lampartischer*[107] zu dem lateinischen Lemma *Rutulus* 'rutulisch'[108] zu lat. *Rutuli*[109], der Bezeichnung für eine Völkerschaft im alten Latium[110]. Zum gleichen lateinischen Lemma tradiert die Handschrift London, BMMss. Add. 18379 das althochdeutsche Interpretament *lanchbartisch: .t.*[111]. Damit steht in dieser Handschrift zu dem althochdeutschen Adjektiv sowohl das lateinische Lemma *Latius* als auch das Lemma *Rutulus*.

---

[97] BV. Nr. 391.

[98] R. Priebsch, Deutsche Handschriften in England, II, S. 175; B. Meineke, Liber Glossarum und Summarium Heinrici, S. 169.

[99] GH. II, Sp. 579.

[100] StSG. IV, 148, 39 u. A. 15.

[101] BV. 626.

[102] H. Reutercrona, Svarabhakti, S. 20; E. Rooth, Zu den Bezeichnungen für 'Eiszapfen', S. 45.

[103] StSG. IV, 93, 34.

[104] Zwettl, StiftsB. 1 (BV. Nr. 1020); München, BSB. Clm 22201 (BV. Nr. 681); München, BSB. Clm 17152 (BV. Nr. 626); Heiligenkreuz, StiftsB. 17 (BV. Nr. 278).

[105] BV. Nr. 1023.

[106] StSG. IV, 121, 52.

[107] StSG. IV, 121, 53 (Inkunabel).

[108] GH. II, Sp. 2436.

[109] GH. II, Sp. 2435f.

[110] GH. II, Sp. 2435f.; Der kleine Pauly, IV, Sp. 1474.

[111] StSG. IV, 158, 43 u. A. 10: *lanchbartisch*^{s}.

In den Kapitularien schließlich ist an zwei Stellen eine latinisierte Variante des Adjektivs anzutreffen. Im Capitulare Mantuanum, das vermutlich aus dem Jahre 781 stammt, ist das Syntagma *hominem Langobardiscum*[112] bezeugt. In einem Kapitular des Königs Pippin aus den Jahren 782 bis 786 steht das Syntagma *de Langubardiscos comites*[113]. In beiden Textzusammenhängen sind die in Italien ansässigen Bewohner gemeint, die in dem Gebiet Italiens wohnten, das zum ehemaligen Langobardenreich gehörte und dann Teil des fränkischen Reiches wurde.

b. Fremde Volksnamen und Ländernamen

1. *affricānisg*

Das althochdeutsche Adjektiv *affricānisg* ist mit dem Suffix *-isc* unmittelbar von einem lateinischen Adjektiv *Africanus* 'zu Afrika gehörig, afrikanisch, in Afrika, aus Afrika'[114] abgeleitet. Das lateinische Adjektiv steht zu dem Ländernamen lat. *Africa*[115], der zu einem Volksnamen lat. *Afri*[116] gebildet wurde und als mittelbare Basis bezeichnet werden kann. Die Afri wurden für die Römer das bekannteste Volk Libyens, da sie die unterdrückte Bevölkerung des karthagischen Gebietes waren. Nach ihnen benannten die Römer den neuen südlichen Teil des Römischen Reiches (*Provincia Africa*), woraus sich die Bezeichnung des Erdteils entwickelte[117].

Ahd. *affricānisg*, ae. *africanisc, afrisc*[118], ist nur in den Glossen zu Aldhelms Carmen de virginitate belegt. Die Handschrift Admont,

---

[112] Capitularia Regum Francorum. Denuo Edidit A. Boretius, MGH. LL. II.1, S. 191, Z. 8.
[113] Ebenda, S. 192, Z. 25.
[114] GH. I, Sp. 239.
[115] GH. I, Sp. 238f.
[116] GH. I, Sp. 238.
[117] BN. II.2, § 497, S. 199f.
[118] BTD. S. 27.

StiftsB. 718[119] aus der Zeit um das Jahr 1150[120] überliefert zu lat. *puniceo murice* das althochdeutsche Syntagma *affricanisgemo zisale*[121]. Dazu gehört der folgende Textzusammenhang: *Sic casta integritas, auri flaventis imago, / Gignitur e spurca terreni carne parentis. / Ut rosa puniceo tincturas murice cunctas / Coccineosque simul praecellit rubra colores*[122]. Aldhelm beschreibt hier den Färbeprozeß mit dem punischen Purpursaft, der von den Ausscheidungen einer Meerschnecke gewonnen wird[123]. Ahd. *affricanisgemo* steht als Wortform des Dativ Singular Maskulinum der starken Flexion attributiv zu ahd. *zisal*[124] und übersetzt lat. *Puniceus* 'punisch, karthagisch'[125], das im lateinischen Text zu *murex* 'der Purpursaft als Purpurfarbe'[126] gehört. Da die *Provincia Africa* den Teil des Römischen Reiches meint, der den Siedlungsbereich der Punier umfaßt, bezeichnet ahd. *affricānisg* 'von der Provincia Africa stammend' die Herkunft des Farbstoffes.

2. *arabisg*

Das Adjektiv *arabisg*, ae. *arabisc*[127], steht zum Volksnamen der Araber, lat. *Arabes*[128], der Bezeichnung für die Bewohner Arabiens. Davon abgeleitet ist im Lateinischen der Ländername *Ara-*

---

[119] BV. Nr. 7, fol. 65ʳ, Z. 4f.

[120] Einsicht in den Mikrofilm der Handschrift im Archiv des Forschungsprojekts Althochdeutsches Wörterbuch von Prof. Dr. Dr. h.c. R. Schützeichel; H. Mettke, Die althochdeutschen Aldhelmglossen, S. 5.

[121] H. Naumann, ZDA. 64 (1927) S. 78, Z. 11f.

[122] Aldhelm, Carmen de virginitate, S. 359, Z. 160-163.

[123] Der Kleine Pauly, IV, Sp. 1243f.

[124] GSp. V, Sp. 585; StWG. S. 765.

[125] GH. II, Sp. 1752.

[126] GH. II, Sp. 1060.

[127] BTD. Supplement, S. 45.

[128] GH. I, Sp. 531.

bia[129]. Sowohl der Volksname als auch der Ländername können als unmittelbare Basen für die Ableitung mit dem Suffix *-isc* gedient haben. Der Volksname der Arabiten sowie der Ländername sind im althochdeutschen Wortschatz der Glossen als Lehnwörter bezeugt[130].

Das Adjektiv ist nur bei Notker, und zwar seiner Übersetzung des Martianus Capella überliefert und mit 'arabisch'[131] zu übertragen. Im dazugehörigen Zusammenhang ist von arabischen Wohlgerüchen die Rede: *sáz er frô arábiskes stánches*[132]. Der althochdeutsche Text übersetzt den vorangehenden lateinischen Text: *arabices lętabatur halatibus*[133]. Notker ordnet die Erzeugung von Wohlgerüchen dem Land Arabien zu. Ahd. *arabisg* steht attributiv zu ahd. *stank*, das mit 'Wohlgeruch, Duft'[134] zu übertragen ist, und übersetzt lat. *Arabicus* 'arabisch'[135]. Das althochdeutsche Adjektiv kennzeichnet hier die Herkunft der Wohlgerüche: 'Wohlgerüche aus Arabien'.

3. *perezintisc*

Die althochdeutschen Glossen überliefern eine Adjektivbildung mit dem Suffix *-isc* auf der Basis einer Bezeichnung für eine phrygische Völkerschaft, lat. *Berecyntes*[136]. Zu diesem Namen gehört ein lateinisches Adjektiv *Berecyntius* 'berecyntisch, phrygisch', das in poetischem Sinne mit 'zur Cybele gehörig'[137] übersetzt werden kann.

---

[129] Ebenda.
[130] GSp. I, Sp. 460; StSG. III, 612, 11.
[131] SchW. S. 90.
[132] N. IV, 168, 10.
[133] N. IV, 168, 6.
[134] SchW. S. 268; zu lat. *halatus* 'Hauch der Wohlgerüche, Duft' (GH. I, Sp. 3006; mit Stellenangabe zu Martianus Capella).
[135] GH. I, Sp. 531.
[136] GH. I, Sp. 815.
[137] Ebenda.

Sowohl der lateinische Volksname als auch das lateinische Adjektiv können als unmittelbare Basen gedient haben.

Das Wort ist in althochdeutscher Zeit nur in den Glossen in zwei Handschriften zu Prudentius zu der folgenden Textstelle belegt: *Iamque Lupercales ferulae nudique petuntur / discursus inuuenum, Megalesius hinc spado diris / incensus furiis caeca ad responsa uocatur*[138]. Die Handschriften München, BSB. Clm 14395[139] und Paris, BN. Nouv. acquis. lat. 241[140] aus dem elften Jahrhundert[141] überliefern zu dem lateinischen Lemma *Megalesius* das althochdeutsche Interpretament *perezintiscer*[142]. Lat. *Megalesius*[143] gehört zu einem Substantiv *Megale*[144], das als Beiname einer phrygischen Göttin Cybele bezeugt ist[145] und hier einen zur Cybele gehörigen heidnischen Priester bezeichnet. Das althochdeutsche Interpretament ist substantivisch als Wortform des Nominativ Singular Maskulinum der starken Flexion aufzufassen und in diesem Zusammenhang mit 'der zur Cybele Gehörige' zu übersetzen. Gekennzeichnet wird hier also eine Zugehörigkeit. Dem Glossator war dieser Zusammenhang wohl bewußt, zumal ein lateinisches Adjektiv *Berecyntiacus* im vorangehenden lateinischen Text überliefert ist[146].

---

[138] Prudentius, Contra Symmachum, II, Z. 862-864.

[139] BV. Nr. 579.

[140] BV. Nr. 771.

[141] B. Kölling, Kiel UB. Cod. MS. K. B. 145, S. 57, 64; Th. Frings - G. Müller, Erbe der Vergangenheit, S. 109.

[142] StSG. II, 472, 59f.

[143] Lexicon totius Latinitatis, VI, S. 241.

[144] GH. II, Sp. 853.

[145] GH. I, Sp. 1860.

[146] Prudentius, Contra Symmachum, II, Z. 51.

4. *dorisg*

Das Adjektiv *dorisg* ist mit dem Suffix *-isc* unmittelbar vom Volksnamen *Dores* 'die Dorer'[147] abgeleitet, der einen Hauptstamm der Griechen bezeichnet. Möglicherweise hat auch das lateinische Adjektiv *Dorius* 'dorisch'[148] als unmittelbare Basis gedient.

Ahd. *dorisg* ist nur einmal in den literarischen Denkmälern bei Notker belegt und hier mit 'dorisch'[149] zu übersetzen. In Notkers Übersetzung des Martianus Capella[150] heißt es: *dér sáng in dóriscûn* 'dieser sang dorisch'. Das Adjektiv *dorisg* dient der Kennzeichnung eines Tongeschlechts, dessen Bezeichnung vom Volksnamen der Dorer abgeleitet ist[151]. Hergestellt wird jedoch kein Bezug zu den Dorern. Das Adjektiv kennzeichnet vielmehr eine spezifische Art und Weise des Gesangs. Die qualitative Verwendung wird bereits durch den Gebrauch von lat. *Dorius*[152] vorgegeben, das in der lateinischen Vorlage die dorische Tonart bezeichnet.

5. *egypzisg*

Das Adjektiv *egypzisg* ist unmittelbar mit dem Suffix *-isc* vom Ländernamen *Ägypten*, lat. *Aegyptus*[153], abgeleitet. Dazu steht im Lateinischen ein Adjektiv *Aegyptius* 'ägyptisch'[154], das gleichfalls als Basis für die Bildung gedient haben kann. Der Name des Landes Ägypten beziehungsweise der Volksname der Ägypter sind im Wort-

---

[147] GH. I, Sp. 2289f.
[148] GH. I, Sp. 2290.
[149] SchW. S. 113.
[150] N. IV, 159, 1f.
[151] MGG. III, Sp. 266; XIII, Sp. 541, 543.
[152] Dazu N. IVa, 235, 2-18.
[153] GH. I, Sp. 177.
[154] Ebenda.

schatz des Althochdeutschen sowohl in den literarischen Denkmälern[155] als auch in den althochdeutschen Glossen[156] bezeugt.

Ahd. *egypzisg*, ae. *egiptisc, egyptisc*[157], ist bei Notker und weiterhin im Glossenwortschatz mehrfach überliefert. In Notkers Übersetzung des Martianus Capella ist das Adjektiv an sechs verschiedenen Textstellen bezeugt und mit 'ägyptisch'[158] zu übertragen. Dort heißt es zum Beispiel: *Târ stûont an míttero der egypzisco fógal . dér dâr ibis héizet*[159] 'Da stand in der Mitte der ägyptische Vogel, welcher Ibis genannt wird'. Der lateinische Text tradiert das Lemma *egyptia*[160] zu lat. *Aegyptius*. An einer weiteren Stelle steht ahd. *egypzisg*[161] zu lat. *Memphiticus* 'ägyptisch'[162] von lat. *Memphis*[163], dem Namen einer Stadt in Mittel-Ägypten, und bezeichnet hier den ägyptischen Namen eines Monats. Schließlich berichtet Notker von einem ägyptischen Horn: *Dâr uuás ána daz egypzisca hórn*[164]. Im lateinischen Text steht zu ahd. *egypziska* das Lemma *Niliacus* 'ägyptisch'[165]. Bezeichnet wird in allen Fällen die Herkunft einer Sache aus Ägypten.

In den althochdeutschen Glossen ist das Adjektiv zweimal überliefert, und zwar in den Glossen zu Gregors Homiliarum in Evangelia Liber II und weiterhin zu einer Textstelle bei Prudentius. Die Handschrift München, BSB. Clm 4542[166] vom Anfang des neunten Jahr-

---

[155] Zum Beispiel T. S. 97, Z. 5: *fon ęgyptin*.

[156] GSp. I, Sp. 128; StWG. S. 118, 802.

[157] BTD. S. 244.

[158] SchW. S. 120.

[159] N. IV, 149, 8f.

[160] N. IV, 149, 7; dazu auch N. IV, 125, 14: ahd. *egypziscon* zu lat. *egiptiorum*.

[161] N. IV, 150, 13: *egypziskes*.

[162] GH. II, Sp. 871.

[163] Ebenda.

[164] N. IV, 146, 5f.

[165] GH. II, Sp. 1161: zu lat. *Nilus* 'der Nil'; zu *egypzisg* zwei weitere Belege: N. IV, 125, 1: *demo egypzisken bíneze*; N. IV, 90, 14f.: *fóne egipzisken*.

[166] BV. Nr. 477.

hunderts[167] tradiert zu dem lateinischen Lemma *Aegiptius* die althochdeutsche Griffelglosse *egiptisco*[168]. Das lateinische Lemma steht in dem folgenden Textzusammenhang: *Quod bene Amalecitarum puer ille Ægyptius designat, qui Amalecitis prædantibus atque currentibus æger remansit in via, et fame sitique aruit*[169]. Ahd. *egiptisco* als Wortform des Nominativ Singular Maskulinum der schwachen Flexion steht zu dem lateinischen Syntagma *puer ille Ægyptius* 'jener ägyptische Knabe' und erhält die aktuelle Bedeutung 'ägyptisch'. Bezeichnet wird die Herkunft des Knaben.

Zu Prudentius' Cathemerinon ist ahd. *egypzisg* ein weiteres Mal belegt: *Hic iam seruitii nescia pristini / gens Pelusiacis usta uaporibus / tandem purpurei gurgitis hospita / rubris litoribus fessa resederat*[170]. Der Erzähler berichtet von einem Wettlauf in der pelusischen Hitze, der nun endlich an den Ufern des Roten Meeres endet. Die Prudentiushandschrift München, BSB. Clm 14395[171] des elften Jahrhunderts[172] überliefert zu dem lateinischen Lemma *Pelusiacis* das althochdeutsche Interpretament *egiptiiscun*[173]. Das lateinische Lemma *Pelusiacus* 'pelusisch'[174] ist von lat. *Pelusium*[175] abgeleitet, der Bezeichnung für eine Stadt in Unterägypten an der östlichen Nilmündung, und steht zu lat. *vapor* 'Dunst, Dampf, Dunsthitze, Wärme'[176]. Als aktuelle Bedeutung von ahd. *egypzisg* ist 'zu Ägypten gehörig' anzusetzen. Gekennzeichnet wird in diesem Textzusammenhang ein lokaler Bezug.

---

[167] B. Bischoff, Die südostdeutschen Schreibschulen, I, S. 43-45; H. Mayer, Althochdeutsche Glossen: Nachträge, S. 50; B. Meineke, CHIND und BARN, S. 48.

[168] H. Mayer, Althochdeutsche Glossen: Nachträge, S. 55, Z. 26.

[169] Sancti Gregorii Papæ, Opera Omnia, MPL. 76, Lib. 2, Hom. 36, p. 1622.

[170] Prudentius, Cathemerinon, V, Z. 57-60.

[171] BV. Nr. 579.

[172] B. Kölling, Kiel UB. Cod. MS. K. B. 145, S. 64.

[173] StSG. II, 417, 34.

[174] GH. II, Sp. 1546.

[175] Ebenda.

[176] GH. II, Sp. 3364.

6. hebræisc

Das Adjektiv *hebræisc*, ae. *ebréisc, hebréisc*[177], ist mit dem Suffix *-isc* unmittelbar von dem biblischen Namen lat. *Hebraei* 'die Hebräer = Juden'[178] abgeleitet. Das Wort ist nur in den literarischen Denkmälern und dort im althochdeutschen Isidor, in den Monseer Fragmenten und im althochdeutschen Tatian bezeugt und je nach Textstelle mit 'hebräisch, auf hebräisch'[179] zu übersetzen. Gekennzeichnet wird in allen Textzusammenhängen die Volkszugehörigkeit beziehungsweise die hebräische Sprache im Sinne von 'Sprache, die von den Hebräern gesprochen beziehungsweise geschrieben wird'.

Im althochdeutschen Isidor steht *hebræisc* in zwei Textzusammenhängen[180] in Verbindung mit *giscrib* '(Heilige) Schrift'[181] als Übersetzung zum lateinischen Syntagma *in hebreo*, das mit 'im hebräischen Text der Bibel'[182] zu übersetzen ist. Analog zum lateinischen Text lautet die Übertragung der althochdeutschen Syntagmen 'in dieser hebräischen Schrift'.

In den Monseer Fragmenten ist die Wortform des Dativ Plural *hebreiscum* zu ahd. *hebræisc* tradiert: *Enti auh · der · edili meistar deotono · paulus apostolus dem hebreiscum ... quad*[183]. Das althochdeutsche Wort steht zu dem lateinischen Lemma *ebreis*[184] und ist mit 'den Hebräern' zu übertragen.

---

[177] BTD. S. 238, 524; Supplement, S. 177.

[178] GH. I, Sp. 3021; zum Beispiel Biblia sacra, I, Gn. 14, 13.

[179] SchW. S. 160.

[180] I. 32, 20: *in dhemu hebræischin chiscribe*; I. 43, 16f.: *in dhemu ebræischin chiscribe*.

[181] SchW. S. 259.

[182] H. Eggers, Vollständiges Lateinisch-Althochdeutsches Wörterbuch zur Althochdeutschen Isidor-Übersetzung, S. 53.

[183] MF. S. 43, Z. 24-26.

[184] MF. S. 42, Z. 25.

Der althochdeutsche Tatian überliefert dreimal[185] das Syntagma *in ebraisgōn*, das in jedem Fall mit 'auf hebräisch'[186] zu übersetzen ist. Der lateinische Text bezeugt dazu ein Adverb *(h)ebraice* zu lat. *Hebraicus* 'hebräisch'[187].

7. hūnisc

Als Grundlage dieser Bildung könnte der Volksname der Hunnen, lat. *Hunni (Huni)*[188], anzusetzen sein, der ein Volk bezeichnet, das aus Asien stammt und im vierten Jahrhundert nach Christus fast durch das gesamte Abendland zog. Einer der bekanntesten Hunnenkönige war Attila, dessen Name in der volkssprachigen Literatur aus mittelhochdeutscher Zeit immer wieder eine wichtige Rolle spielt. Der Volksname der Hunnen ist in den althochdeutschen Glossen[189] häufig bezeugt. Daneben steht im Althochdeutschen die Bezeichnung *hūn* im Hildebrandslied[190] und ein Beiname *Huno, Hun*[191] zu germ. **hūn-i-*[192]. Die letztgenannten Bezeichnungen sind etymologisch nicht ohne weiteres zu dem im Lateinischen bezeugten Volksnamen zu stellen. Sie können sowohl mit an. *húnn* 'junger Bär, junger Bur-

---

[185] T. S. 283, Z. 25: *in ebreiscon*; T. S. 629, Z. 30: *In ebreisgon*; T. S. 641, Z. 3: *In ebraisgon*.

[186] SchW. S. 160.

[187] GH. I, Sp. 3021.

[188] GH. I, Sp. 3095f.; zur Herkunft und zum Namen der Hunnen: Lexikon des Mittelalters, V, Sp. 222-224; E. Moór, BNF. 14 (1963) S. 63-104; E. Moór, BNF. 16 (1965) S. 14-22; O. Maenchen-Helfen, BNF. 14 (1963) S. 273-278.

[189] GSp. IV, Sp. 960; StWG. S. 291; dazu BN. I.1, § 209, S. 229; II.1, § 354, S. 357.

[190] hiltibraht. Faksimile der Kasseler Handschrift, Bl. 76ʳ, Z. 6: *du bist dir alter hun*; Z. 4: *huneo truhtin*; R. Schützeichel, Textgebundenheit, S. 8; StSpD. S. 5, Z. 35, 39; man vergleiche R. Lühr, Studien zur Sprache des Hildesbrandliedes, II, S. 580-582.

[191] D. Geuenich, Die Personennamen der Klostergemeinschaft von Fulda, S. 94.

[192] H. Tiefenbach, Xanten - Essen - Köln, S. 368.

sche'[193] als auch mit kelt. *kūno* 'hoch' in Verbindung gebracht werden[194]. Es ist aber zumindest mit einer sekundären Angleichung an den Volksnamen der Hunnen zu rechnen[195]. Für die Bildung *hūnisc* kann nicht eindeutig geklärt werden, welche Basis der Ableitung mit dem Suffix *-isc* gedient hat.

Ahd. *hūnisc* ist nur in den Glossen, und zwar im Summarium Heinrici und in weiteren, sachlich geordneten Glossaren in verschiedenen Handschriften überliefert.

Im Summarium Heinrici der Handschrift Einsiedeln, StiftsB. cod. 171 (688)[196] aus dem zwölften Jahrhundert[197] steht zu einem lateinischen Lemma *Balatine* ein althochdeutsches Interpretament *huniscidrubin*[198]. Die Handschrift Trier, StadtB. 1124/2058 (früher 31)[199] des dreizehnten Jahrhunderts[200] überliefert zum gleichen lateinischen Lemma die Glosse *huníscdrubo*[201]. Das Syntagma

---

[193] J. de Vries, Altnordisches etymologisches Wörterbuch, S. 267; Th. Möbius, Altnordisches Glossar, S. 208.

[194] Dazu BN. I.1, § 209, S. 229; H. Kaufmann, Ernst Förstemann. Altdeutsches Namenbuch. Ergänzungsband, S. 207f.; FöN. Sp. 929f.; M. Schönfeld, Wörterbuch der altgermanischen Personen- und Völkernamen, S. 143; G. Schramm, Namenschatz und Dichtersprache, S. 66, 79.

[195] H. Tiefenbach, Xanten - Essen - Köln, S. 368.

[196] BV. Nr. 118.

[197] St. Stricker, Probleme der Edition althochdeutscher Texte, S. 40; W. Wegstein, Studien zum ›Summarium Heinrici‹, S. 75; G. Meier, Catalogus, I, S. 137f.

[198] StSG. III, 91, 50.

[199] BV. Nr. 882.

[200] R. Bergmann, Mittelfränkische Glossen, S. 166; St. Stricker, Probleme der Edition althochdeutscher Texte, S. 39; H. Tiefenbach, BNF. NF. 10 (1975) S. 244f.; A. Becker, Die deutschen Handschriften der Stadtbibliothek zu Trier, Nr. 1124, S. 149.

[201] StSG. III, 91, 52; StSG. III, 91, 47-53; andere Handschriften überliefern zu dem gleichen lateinischen Lemma verschiedene graphische Varianten: Wien, ÖNB. Cod. 2400 (BV. Nr. 945): *hv̓nischedrv̂ben*; München, BSB. Clm 2612 (BV. Nr. 461): *hvneschedrv̓ben*; Zürich, ZB. Ms. C 58 (BV. Nr. 1001): *hvnesche drvbin*; Prag, Universitní knihovna MS XXIII E 54 (BV. Nr. 786): *hunischedruben*; München, BSB. Clm 23796 (BV. Nr. 691): *haünischtraub*; Darmstadt, Hessische Landes- und Hochschulbibliothek 6 (BV. Nr. 93): *hunskedruuen*; Erfurt, Wissen-

hūnisc drūbo ist die volkssprachige Bezeichnung für *Amenium*[202] 'weiße Traube, Weißwein' und wird im Neuhochdeutschen auch Bauernweinbeere genannt. *Hunnisch*[203] dient in der Pfälzischen Mundart der Bezeichnung eines Weines von minderer Qualität im Gegensatz zum fränkischen Wein, der eine bessere Weinsorte kennzeichnet[204]. Dazu sind in mittelhochdeutscher Zeit die Bezeichnungen *frenkischer wîn* und *hiunischer wîn* bezeugt[205]. Der Anbau dieser Traubensorte, auch *Heunisch, Heunschen* 'Bauernweinbeere' genannt, wurde mit dem Beginn des fünfzehnten Jahrhunderts verboten, weil hieraus ein schlechter, zumeist säuerlicher Wein entstand[206]. Bei der althochdeutschen Pflanzenbezeichnung *hūnisc drūbo* handelt es sich offensichtlich um eine Bezeichnung für diese Traubensorte[207]. Erklärungsbedürftig ist in diesem Zusammenhang insbesondere das lateinische Lemma *balatinę* des Glossars, das bei Isidor, der für diese Bezeichnung die Quelle liefert, als *balanitę* zu finden ist[208]. R. Hildebrandt[209] stellt *balatinę* zu *balaton*, der ungarischen Bezeichnung für den Plattensee. Das lateinische Lemma *balanite* ist bereits im lateinischen Text verderbt und wurde nicht mehr verstanden, so daß vermutet werden kann, der Verfasser des Summarium Heinrici habe eine etymologische Neudeutung vorgenommen und so die primäre Bedeutung wiederherzustellen versucht. Ursprüng-

---

schaftliche Allgemeinbibliothek F 81 (BV. Nr. 142): *hunisdruben*. StSG. III, 194, 51: zu *Balatinæ* steht *hunisc drubun* (St. Blasien, StiftsB. verschollen, BV. Nr. 68) und *hunisc druben* (Brixen, Bibliothek des Priesterseminars D 19 (Nr. 86), BV. Nr. 77). Man vergleiche auch R. Hildebrandt, Summarium Heinrici, I, S. 172, Z. 1: *hunisdruben* (Erlangen, UB. Erlangen-Nürnberg Ms. 396, BV. Nr. 145).

[202] L. Diefenbach, Glossarium latino-germanicum, S. 29c.

[203] Pfälzisches Wörterbuch, III, Sp. 1259.

[204] Ebenda, II, Sp. 1565.

[205] Dazu Kapitel V.B dieser Arbeit.

[206] Pfälzisches Wörterbuch, II, Sp. 1565.

[207] E. Alanne, Die deutsche Weinbauterminologie in althochdeutscher und mittelhochdeutscher Zeit, S. 24f.

[208] Isidori Hispalensis episcopi etymologiarum, II, liber XVII. V, 21.

[209] R. Hildebrandt, Soziokulturelle Kontexte der Sprach- und Literaturentwicklung, S. 237-243, hier besonders S. 242.

lich gemeint war wohl eine Weinsorte, die am Plattensee angebaut wurde. Ahd. *hūnisc* wäre daher in diesem Falle mit 'ungarisch, vom Plattensee stammend' zu übersetzen[210].

Ein sachlich geordnetes Glossar in der Handschrift Wien, ÖNB. Cod. 10[211] aus dem elften Jahrhundert[212] überliefert zu dem lateinischen Lemma *Bedullacia* das althochdeutsche Interpretament *hunisca*[213], das gleichfalls eine volkssprachige Bezeichnung für die Bauernweinbeere[214] ist. Da *Bedullacia* ebenso wie auch *Balatine* als Bezeichnung für die Bauernweinbeere bekannt ist, läßt sich auch hier für ahd. *hūnisc* die aktuelle Bedeutung 'ungarisch, vom Plattensee stammend' angeben.

Das Althochdeutsche Glossenwörterbuch[215] führt unter ahd. *hūnisc* weiterhin ein Lemma *hūnischwurz* zu lat. *Hesbura* von *Espurium*, *Eupatorium* 'Salbenblume' an[216]. Die deutsche Bezeichnung für *Eupatorio* zu *Agrimonia* lautet auch *Odermennig*[217]. Auch hier kann die Zugehörigkeit nicht näher bestimmt werden. Daneben werden weitere Belege zu *hūnischwurz*[218] geliefert, die jedoch auch zu *Hundswurz* gehören können[219]. Weil Zusammensetzungen mit *Hund-* in Pflanzennamen häufig das gemeine Vorkommen bezeichnen[220], könnte bei diesen Belegen eine sekundäre Angleichung an ahd. *(h)unt* 'Hund'[221] vorliegen.

---

[210] Ebenda, S. 243.
[211] BV. Nr. 887.
[212] W. Henzen, Geschichte. Deutung. Kritik, S. 18.
[213] StSG. III, 486, 12.
[214] L. Diefenbach, Glossarium latino-germanicum, S. 70c.
[215] StWG. S. 850.
[216] L. Diefenbach, Glossarium latino-germanicum, S. 210c.
[217] H. Marzell, Wörterbuch der deutschen Pflanzennamen, I, Sp. 139-144; R. v. Fischer-Benzon, Altdeutsche Gartenflora, S. 76f.
[218] StWG. S. 291.
[219] Dazu H. Marzell, Wörterbuch der deutschen Pflanzennamen, III, Sp. 64; R. v. Fischer-Benzon, Altdeutsche Gartenflora, S. 214.
[220] H. Marzell, Wörterbuch der deutschen Pflanzennamen, IV, S. 624.
[221] SchW. S. 172.

8. *indigisc*

Das Adjektiv *indigisc* ist mit dem Suffix *-isc* unmittelbar von einem lateinischen Adjektiv *Indicus* 'indisch'[222] abgeleitet, das zu dem Volksnamen lat. *Indi*[223], der Bezeichnung für die Bewohner Indiens, gebildet ist.

Ahd. *indigisc* ist in drei Handschriften mit Glossen zu einer Textstelle bei Ezechiel überliefert. Drei weitere Handschriften bezeugen zum selben Textzusammenhang die althochdeutsche Glosse *indisg*[224]. Die Handschriften München, BSB. Clm 18140[225] aus dem dritten Viertel des elften Jahrhunderts[226], München, BSB. Clm 19440[227] und Wien, ÖNB. Cod. 2732[228] aus dem zehnten Jahrhundert[229] tradieren zu dem lateinischen Syntagma *ex ebore indico* die althochdeutschen Glossen *vonna indigiscemo ephove*[230]. Dazu gehört der folgende Textzusammenhang der Vulgata: *quercus de Basan dolaverunt in remos tuos / transtra tua fecerunt tibi ex ebore indico / et praetoriola de insulis Italiae*[231]. In einer Drohrede über die Nachbarvölker berichtet der Prophet über die Stadt Tyrus, die er mit einem Schiff vergleicht. Die Ruder seien aus Eichen vom Baschan und das Deck aus indischem Elfenbein und Eschenholz von den Inseln der Italier gefertigt. Ahd. *indigisc* kennzeichnet in diesem Zusammen-

---

[222] GH. II, Sp. 191f.

[223] GH. II, Sp. 191.

[224] Dazu das folgende Kapitel.

[225] BV. Nr. 637.

[226] W. Schulte, Die althochdeutsche Glossierung der Dialoge Gregors des Großen, S. 512; Ch. E. Eder, StMOSB. 83 (1972) S. 113.

[227] BV. Nr. 665.

[228] BV. Nr. 950.

[229] Ch. E. Eder, StMOSB. 83 (1972) S. 141; W. Schulte, Die althochdeutsche Glossierung der Dialoge Gregors des Großen, S. 745f., 824; Th. Frings - G. Müller, Erbe der Vergangenheit, S. 110.

[230] StSG. I, 647, 64f.

[231] Biblia sacra, II, Ez. 27, 6.

hang die Herkunft des Elfenbeins aus Indien und ist mit 'indisch' zu übertragen.

9. *indisg*

Ahd. *indisg*, ae. *indisc*[232], ist mit dem Suffix *-isc* abgeleitet. Sowohl der Volksname *Indi*[233] als auch der hiervon abgeleitete Ländername *India*[234] können als unmittelbare Basen für *indisg* in Betracht kommen.

Zur Textstelle bei Ezechiel, die im vorangehenden Kapitel vorgestellt wurde, überliefern drei Handschriften das althochdeutsche Adjektiv *indisg*[235] zum lateinischen Syntagma *ex ebore indico*. Die Handschrift Wien, ÖNB. Cod. 2723[236] aus der zweiten Hälfte des zehnten Jahrhunderts[237] tradiert das althochdeutsche Glossengefüge *vonnaindiscemo ephove*[238]. Die Handschrift Göttweig, StiftsB. 46/ 103 (früher E 5)[239] aus dem zwölften Jahrhundert[240] belegt zum selben lateinischen Zusammenhang das althochdeutsche Syntagma *uonnaindiscemo epoume*[241]. Die althochdeutschen Glossen *uoni indiscemo helpinpeina*[242] sind in der Handschrift München, BSB. Clm 14689[243] aus dem zwölften Jahrhundert[244] überliefert. Eben-

---

[232] BTD. S. 591.
[233] GH. II, Sp. 191.
[234] Ebenda.
[235] StSG. I, 647, 65-67.
[236] BV. Nr. 949.
[237] W. Schulte, Die althochdeutsche Glossierung der Dialoge Gregors des Großen, S. 785.
[238] StSG. I, 647, 65f. u. A. 18.
[239] BV. Nr. 264.
[240] B. Meineke, CHIND und BARN, S. 61, A. 373.
[241] StSG. I, 647, 66f.
[242] StSG. I, 647, 67f.
[243] BV. Nr. 604.

so wie *indigisc* ist auch *indisg* in diesem Textzusammenhang mit 'indisch' zu übersetzen und bezeichnet die Herkunft des Elfenbeins aus Indien.

Das Adjektiv ist weiterhin an einer Textstelle bei Notker bezeugt. Ein letzter Glossenbeleg steht in einer Handschrift, die den Hortulus des Walahfried Strabo überliefert.

In Notkers Übersetzung des Martianus Capella bezeichnet *indisg* den indischen Blumenschmuck einer Krone: *Ióh tíu corona . díu mít indisken blûomon geféhet íst*[245]. Das die Herkunft der Blumen bezeichnende Adjektiv steht zu lat. *Indicus* und ist mit 'indisch'[246] zu übersetzen.

Die Handschrift Leipzig, UB. Rep. I. 53[247] mit einigen Glossen einer Hand des zehnten Jahrhunderts[248] überliefert zum lateinischen Lemma *Indica* die althochdeutsche Glosse *indiskiu*[249]. Das lateinische Lemma steht in einem Passus zur Pflanze *Puleium* 'der Polei, das Flöhkraut'[250] im Hortulus des Walahfried Strabo: *Non patitur cunctas angustia carminis hujus / Pulei virtutes celeri comprendere versu. / Hoc apud Indorum tanti constare peritos / Fertur, apud Gallos quanti valet Indica nigri / Congeries piperis, quis jam dubitare sinetur / Hac herba plures leniri posse labores?*[251] Walahfried berichtet hier von den Tugenden der Pflanze, die bei den Indern so hoch geschätzt wird wie bei den Galliern ein ganzer Vorrat des schwarzen

---

[244] W. Schulte, Die althochdeutsche Glossierung der Dialoge Gregors des Großen, S. 856f.; man vergleiche auch I. Frank, Aus Glossenhandschriften des 8. bis 14. Jahrhunderts, S. 149-153.

[245] N. IV, 87, 7.

[246] SchW. S. 174.

[247] BV. Nr. 383.

[248] Th. Frings, PBB. 91 (Halle 1969) S. 182.

[249] StSG. II, 768, 58.

[250] GH. II, Sp. 2075.

[251] Walafridi Strabi, MPL. 114, Sp. 1127.

indischen Pfeffers[252]. Ahd. *indisg* ist mit 'indisch' zu übertragen und bezeichnet die Herkunft des Gewürzes aus Indien.

10. *israhēlisc*

Das Adjektiv ist mit dem Suffix *-isc* unmittelbar von lat. *Israel (Israhel)*[253] abgeleitet. Der biblische Name[254] wurde zunächst für Jakob gebraucht, wird dann aber auf das gesamte israelitische Volk übertragen[255]. Bildungen mit dieser Basis könnten also auch zu den Ableitungen von Personennamen gestellt werden. Die Bezeichung *isra(h)ēl* 'Israel, Israelit'[256] ist sowohl im Wortschatz der literarischen Denkmäler anzutreffen als auch in den Glossen belegt[257].

Ahd. *israhēlisc*, ae. *isra(h)élisc*[258], ist nur im althochdeutschen Isidor tradiert und steht in dem folgenden Textzusammenhang: *Dher selbo infenc haerduom dhes israhelischin folches ...*[259] 'Dieser empfing die Herrschaft des israelitischen Volkes ...'. Das althochdeutsche Lemma steht attributiv zu *folk* 'Volk, Volksmenge, Schar'[260] und ist mit 'israelitisch'[261] zu übersetzen. Bezeichnet wird die Abstammung des alttestamentlichen Volkes.

---

[252] H. D. Stoffler, Der Hortulus des Walahfried Strabo, S. 93; dazu B. Meineke, BNF. NF. 21 (1986) S. 470-472.

[253] GH. II, Sp. 462.

[254] Zum Beispiel Biblia sacra, I, Gn. 32, 28; 35, 10.

[255] LThK. V, Sp. 803.

[256] SchW. S. 176.

[257] GSp. I, Sp. 503; StWG. S. 314.

[258] BTD. Supplement, S. 597.

[259] I. 31, 7f.

[260] SchW. S. 137.

[261] SchW. S. 176.

11. israhelitesg

Ahd. *israhelitesg* als Ableitung auf *-isc* gehört mittelbar zur gleichen Basis wie das zuvor besprochene Adjektiv und zeichnet sich durch eine Suffixerweiterung aus, die auf die lateinischen Bildungen *Israelita*, *Israelites* 'der Israelit' beziehungsweise *Israeliticus* 'israelitisch'[262] zurückzuführen ist. Sowohl die lateinischen Substantive als auch das lateinische Adjektiv können als unmittelbare Basen gedient haben.

Das volkssprachige Adjektiv *israhelitesg* ist nur bei Notker überliefert: *Daz ist diû fernúmest sînes israhelitesken bruôder*[263] 'Das ist die Erkenntnis seines israelitischen Bruders'. Im vorangehenden lateinischen Textzusammenhang aus Psalm 87, Vers 1 ist lat. *ISRAHELITE*[264] bezeugt. Ahd. *israhelitesg* ist mit 'israelitisch'[265] zu übertragen und bezeichnet hier die Zugehörigkeit zum alttestamentlichen Volk Israel.

12. judeisc

Das volkssprachige Adjektiv *judeisc*, ae. *iudéisc*[266], steht als Ableitung mit dem Suffix *-isc* zum biblischen Namen lat. *Iudaea* 'das jüdische Land'[267]. Das Lateinische überliefert dazu das Adjektiv *Iudaeus* 'jüdisch', substantiviert auch 'der Jude' beziehungsweise 'die Juden'[268]. Unter Anschluß an Bezeichnungen wie *franko* 'Franke'[269] und *sachso* 'Sachse'[270], die im Althochdeutschen schwach

---

[262] GH. II, Sp. 462.
[263] N. IX, 318, 14f.
[264] N. IX, 318, 12.
[265] SchW. S. 176.
[266] BTD. S. 602.
[267] GH. II, Sp. 480; zum Beispiel Biblia sacra, II, Mt. 2, 1.
[268] GH. II, Sp. 480.
[269] SchW. S. 140.
[270] GSp. VI, Sp. 91; StWG. S. 503.

flektiert werden, ist von den lateinischen Lemmata die althochdeutsche Bezeichnung *judeo* 'Jude'[271] gebildet worden. Weiterhin überliefert das Althochdeutsche auch ein stark flektiertes Pluraletantum *judea* 'Juden'[272]. Die Bezeichnung für das Volk der Juden ist in den literarischen Denkmälern häufig anzutreffen[273] und auch im Wortschatz der althochdeutschen Glossen breit belegt[274]. Sie kann als unmittelbare Basis für ahd. *judeisc* gedient haben. In der ältesten germanischen Textüberlieferung ist bereits got. *iūdaíwisks* 'jüdisch'[275] belegt, daneben got. *Iūdaíus* 'Jude'[276].

Bei ahd., as. *judeisc* ist eine längere Tradition zu vermuten, was durch die einigermaßen breite Belegbasis gestützt wird[277]. Das Wort ist sowohl in den literarischen Denkmälern, und zwar im althochdeutschen Isidor, bei Notker, bei Otfrid und im althochdeutschen Tatian belegt und dort mit 'jüdisch'[278] zu übertragen. Daneben ist das Adjektiv auch in den althochdeutschen und altsächsischen Glossen bezeugt.

Ahd. *judeisc* ist im althochdeutschen Isidor in dem folgenden Textzusammenhang tradiert: *Oh huuanda sie mit dhes iudeischin muotes hartnissu christan arsluogun* ...[279] 'Aber da sie in der Verstocktheit ihres jüdischen Herzens Christus umbrachten ...'. Der dazugehörige lateinische Text[280] bezeugt das lateinische Adjektiv *Iudaicus* 'jü-

---

[271] SchW. S. 178.

[272] Ebenda; BEG. § 223, A. 4, S. 207.

[273] SchW. S. 178.

[274] GSp. I, Sp. 595f.; StWG. S. 317.

[275] Die gotische Bibel, An Titus I, 14, S. 447; S. Feist, Vergleichendes Wörterbuch der gotischen Sprache, S. 297; F. Holthausen, Gotisches etymologisches Wörterbuch, S. 54.

[276] Die gotische Bibel, An die Galater II, 14, S. 355; S. Feist, Vergleichendes Wörterbuch der gotischen Sprache, S. 297; F. Holthausen, Gotisches etymologisches Wörterbuch, S. 54; dazu D. Hofmann, German Life & Letters 35 (1981-1982) S. 296-314.

[277] Dazu Kapitel IV.F.a sowie V.B dieser Arbeit.

[278] SchW. S. 178.

[279] I. 28, 7f.

[280] I. 28, 6f.

disch'. Ahd. *judeisc* steht bei Isidor weiterhin in dem Syntagma *fona dheru iudæischun euu*[281] 'von dem jüdischen Gesetz'. In beiden Fällen ist ahd. *judeisc* mit 'jüdisch' zu übersetzen. Das Adjektiv bezeichnet die Zugehörigkeit zu den Israeliten, wobei im ersten Fall eine pejorative Bedeutungskomponente anklingt, die religiös motiviert ist.

In Notkers Übersetzung der Psalmen wird von den Schriften der Juden berichtet: ... *an diên scriften déro iudêiscon liûto*[282]. Auch hier ist *judeisc* mit 'jüdisch' zu übertragen. Bezeichnet wird die Zugehörigkeit beziehungsweise die Abstammung der Menschen.

Auch bei Otfrid ist an zwei Textstellen für *judeisc* die aktuelle Bedeutung 'jüdisch' anzugeben, und zwar für die Syntagmen *iúdisgêro líuto*[283] 'der jüdischen Menschen, der Juden' und *iúdiisgêr man*[284] 'ein jüdischer Mensch, ein Jude'. Gekennzeichnet wird auch hier die Volkszugehörigkeit oder Abstammung.

Die Erzählung von der barmherzigen Samariterin im althochdeutschen Tatian überliefert schließlich einen letzten Beleg: *uueo thu mitthiu iudeisg bist / trinkan fon mir bitis*[285] 'Wieso erbittest du, obwohl du ein Jude bist, von mir zu trinken'. Ahd. *judeisc* ist in diesem Textzusammenhang substantivisch mit 'Jude, der Jüdische' zu übertragen und dient der Kennzeichnung der Herkunft beziehungsweise Abstammung. Das Syntagma erhält eine negative Komponente, weil hier die traditionelle Feindschaft zwischen Samaria und Judea zum Ausdruck kommt.

Im Wortschatz der althochdeutschen Glossen ist das Adjektiv einmal in einer Handschrift zu Gregors Moralia in Iob tradiert. Die Handschrift München, BSB. Clm 8104[286], die im neunten Jahrhundert entstanden ist und Glossen von einer Hand des zehnten Jahrhunderts

---

[281] I. 41, 7f.
[282] N. IX, 318, 2.
[283] O. IV, 27, 26.
[284] O. II, 14, 17.
[285] T. S. 277, Z. 5f.
[286] BV. Nr. 547.

enthält[287], überliefert zu einem lateinischen Syntagma *Iudaicum populum* die althochdeutsche Interlinearglosse *iudescæ luod*[288]. Der Text dazu lautet: *Nemo ergo discutiat cur, stante Judaico populo, dudum in infidelitate gentilitas jacuit; et cur, ad finem gentilitate surgente, judaicum populum infidelitatis culpa prostravit*[289]. Berichtet wird, daß das durch Abfall vom Glauben schuldige jüdische Volk niedergeworfen wurde. Analog zum lateinischen Syntagma ist die althochdeutsche Glosse mit 'das jüdische Volk' im Sinne der Kennzeichnung der Herkunft beziehungsweise Abstammung zu übertragen.

In der Handschrift Essen, Münsterschatz[290] aus der Zeit um a. 800[291] mit althochdeutschen und lateinischen Glossen aus dem zehnten Jahrhundert[292] ist zu einem Vers des Matthäusevangeliums zweimal das volkssprachige Interpretament *judeisc* bezeugt, das dem Altsächsischen zuzuordnen ist[293]. Anhand dieses Belegs wird ein religiös motivierter negativer Gebrauch des Adjektivs noch offensichtlicher, der in einigen Texten bereits anklang.

Bei Matthäus heißt es: *Vae vobis scribae et Pharisaei hypocritae / quia circuitis mare et aridam ut faciatis unum proselytum / et cum fuerit factus facitis eum filium gehennae duplo quam vos*[294]. Matthäus droht hier den Schriftgelehrten und Pharisäern, die einen Menschen für ihren Glauben gewinnen wollen, um ihn dann zu einem Sohn der Hölle zu machen. Zum lateinischen Lemma *proselytum* zu

---

[287] H. Hoffmann, Buchkunst und Königtum im ottonischen und frühsalischen Reich, S. 250f.; man vergleiche auch J. Franck - R. Schützeichel, Altfränkische Grammatik, S. 7.

[288] StSG. II, 319, 42 u. A. 5.

[289] Sancti Gregorii Papæ, Opera Omnia, MPL. 76, Lib. 25, Caput 14, p. 805.

[290] BV. Nr. 149.

[291] B. Bischoff, Mittelalterliche Studien, III, S. 14; B. Bischoff, Scriptorium 22 (1968) S. 308.

[292] H. Tiefenbach, in: R. Schützeichel, Addenda und Corrigenda (II), S. 118; H. Tiefenbach, Xanten - Essen - Köln, S. 186.

[293] J. H. Gallée, Vorstudien, S. 166; F. Holthausen, Altsächsisches Wörterbuch, S. 40.

[294] Biblia sacra, II, Mt. 23, 15.

*proselytus*²⁹⁵ 'Proselyt, ein vom Heidentum zum Judentum Übergetretener'²⁹⁶ mit übergeschriebenem *aduenam* sind die Interlinearglossen *nodago iudeiscan*²⁹⁷ überliefert. Das lateinische Substantiv *advena* 'Ankömmling, Fremdling'²⁹⁸ steht hier zusammen mit as. *nôdago*, adv. 'zwangsweise, gezwungen'²⁹⁹, ahd. *nōtag* 'mit zwingendem Grund'³⁰⁰, was die Auslegung des Glossators bezeugt, daß ein Fremdling von den Pharisäern und Schriftgelehrten zwangsweise zu einem Juden, also zu einem der Ihren gemacht wird. As. *judeisc* ist als Randglosse kurz darauf ein weiteres Mal in Verbindung mit *nôdago* zu den lateinischen Lemmata *Fuerit factus* bezeugt. Nach E. Steinmeyer und E. Sievers³⁰¹ lauten die Glossen *Fuerit factus vuerthid nodago iudeisk ( ) dum esset gentilis ... talem uitam aggressus est. ana geing.* As. *judeisc* steht in beiden Zusammenhängen für die Pharisäer und Schriftgelehrten und gewinnt dadurch einen offensichtlich negativen Klang, der religiös motiviert ist. Gekennzeichnet wird in diesem Textzusammenhang die Zugehörigkeit.

13. *chriehhisg - grēcisc*

Ahd. *chriehhisg* beziehungsweise *chrēchisc* sind mit dem Suffix *-isc* vom Volksnamen der Griechen abgeleitet. Die Bezeichnung für das Volk der Griechen ist schon früh in die germanischen Sprachen übernommen worden und im Gotischen als *Kreks* 'Grieche'³⁰² überlie-

---

²⁹⁵ StSG. IV, 291, 31: *Prosilitum*.
²⁹⁶ GH. II, Sp. 2025.
²⁹⁷ StSG. IV, 291, 31.
²⁹⁸ GH. I, Sp. 155.
²⁹⁹ J. H. Gallée, Vorstudien, S. 230; F. Holthausen, Altsächsisches Wörterbuch, S. 56.
³⁰⁰ SchW. S. 226.
³⁰¹ StSG. IV, 291, 33-35 u. A. 8.
³⁰² Die gotische Bibel, An die Galater II, 3, S. 353; S. Feist, Vergleichendes Wörterbuch der gotischen Sprache, S. 314; F. Holthausen, Gotisches etymologisches Wörterbuch, S. 58.

fert. Das Nebeneinander von ‹e› und ‹ea› (› ‹ia›) als Wurzelvokal erklärt sich als graphischer Reflex von germ. /ē²/ im Wurzelvokal, wie ihn got. *Kreks* bezeugt[303]. Die in den Abroganshandschriften gefundenen Belege tragen daher noch den Wurzelvokal ‹e› (*chrēchisc* zum Volksnamen *Chrēchi, Chreachi*[304]). Bei Notker, Otfrid und im althochdeutschen Tatian sowie in den Glossen zu Notkers Psalter findet sich als graphischer Reflex für germ. /ē²/ der Wurzelvokal ‹ie› beziehungsweise ‹ia›, der seit dem neunten Jahrhundert über ‹ea› regelmäßig aus germ. /ē²/ entstanden ist (*chriehhisg* zum Volksnamen *kria(h)hi*[305]).

Neben diesen Varianten, die wie got. *Kreks* im Anlaut /k/ zeigen, ist im Althochdeutschen parallel die Bildung *grēcisc* mit anlautendem /g/ und dem Monophthong /ē/ als Wurzelvokal bezeugt, für die als Basis lat. *Graeci*[306] anzunehmen ist. Ahd. *grēcisc* verweist damit auf eine enge Bindung an die Vorlage beziehungsweise auf eine Anpassung an den jeweiligen lateinischen Text, in dem das Wort überliefert ist[307].

Zu vermuten ist, daß es sich bei ahd. *grēcisc* um ein nur schriftlich gebrauchtes Wort handelt, das in enger Anlehnung an den glossierten Text im Anlaut mit der Variante /g/ und dem Wurzelvokal /ē/ auftritt. Die Varianten *chriehhisg* und *chrēchisc* hingegen können für die in der gesprochenen Sprache tradierten Bildungen stehen, die mit anlautendem /k/ und dem Diphthong /ie/ bezeugt sind. Für diese Annahme spricht, daß *grēcisc* in den volkssprachigen Glossen zu lateinischen Texten und weiterhin einmal latinisiert auftritt, während *chriehhisg* beziehungsweise *chrēchisc* im Althochdeutschen insbesondere in den literarischen Denkmälern gut bezeugt sind, die bereits eine gewisse Unabhängigkeit von der eventuell vorhandenen Vorlage zeigen beziehungsweise keine (überlieferte) lateinische Vorlage haben. Ahd. *grēcisc* und ahd. *chriehhisg* werden daher als Varianten der

---

[303] BEG. § 35, S. 36f.
[304] BEG. § 36, S. 37f.; dazu auch GSp. IV, Sp. 591f.; StWG. S. 347.
[305] SchW. S. 184.
[306] GH. I, Sp. 2956.
[307] J. Schatz, Althochdeutsche Grammatik, § 220, S. 147.

Schriftlichkeit einerseits und der gesprochenen Sprache andererseits aufgefaßt und in diesem Unterkapitel gemeinsam behandelt[308]. Im Altenglischen ist dazu ein Adjektiv *creácisc*[309] zu *Créce, Crécas*[310] belegt. Weiterhin ist ae. *grécisc, gréccisc*[311] zu *Gréc, Grécas*[312] bezeugt. Auch hier zeigt sich das Nebeneinander einer in der gesprochenen Sprache tradierten Variante einerseits und einer primär schriftlich gebrauchten Variante andererseits.

Das Adjektiv *chriehhisg* (beziehungsweise *chrēchisc*) ist im Althochdeutschen breit belegt und tritt sowohl in den literarischen Denkmälern als auch im Wortschatz der Glossen auf. Bei Notker, bei Otfrid, im althochdeutschen Tatian und in den Glossen zu Notkers Psalter ist es je nach Textstelle mit 'griechisch' und in Verbindung mit der Präposition *in* substantivisch mit 'auf griechisch, im Griechischen, nach griechischer Art'[313] zu übersetzen.

Notker verwendet ahd. *chriehhisg* 'griechisch'[314] zunächst viermal in attributiver Stellung. In seiner Übersetzung des Martianus Capella bezeichnet es einen griechischen Vers[315]. In zwei weiteren Textzusammenhängen der Consolatio kennzeichnet Notker mit *chriehhisg* den Buchstaben ‹p›[316] und ein Wort *telon*[317]. Zu den vorgestellten drei Belegen stellt sich ein weiterer aus den Glossen zu Notkers Psalter. Dort wird lat. *grecum*, das ein Wort *isêona* der griechischen Sprache zuordnet, mit *chriêchisca*[318] glossiert. In allen Fällen wird

---

[308] Ähnlich verhalten sich *rōmisc* und *rūmisc* (Kapitel IV.C.h dieser Arbeit); dazu auch O. Behaghel, Die deutsche Sprache, S. 52.

[309] BTD. S. 170.

[310] Ebenda; daneben as. *Griec* (J. H. Gallée, Vorstudien, S. 119).

[311] BTD. S. 488.

[312] Ebenda.

[313] SchW. S. 184.

[314] N. Lindahl, Vollständiges Glossar zu Notkers Boethius De Consolatione Philosophiae, S. 47.

[315] N. IV, 30, 2f.: *chrîechisken uérs*.

[316] N. I, 8, 29.

[317] N. I, 57, 8.

[318] N. X, 402, 14.

ein lokaler Bezug hergestellt: 'Sprache, die bei den Griechen gesprochen wird'.

Notkers Übersetzung der Consolatio des Boethius überliefert ahd. *chriehhisg* in Verbindung mit dem althochdeutschen Substantiv *meisterscaft* 'Wissenschaft, Gelehrsamkeit, Kunst'[319] zu lat. *eleaticis studiis*: *Hunc uero innutritum eleaticis studiis . atque achademicis . ... Áber dísen chrîechiskero méisterskéfte . únde achademiskero dúrhlêrten. ...*[320]. Das Syntagma *chrîechiskero méisterskéfte* bezeichnet hier eine bestimmte griechische Wissenschaft[321]. Hergestellt wird aber nicht nur eine Relation. Das Adjektiv erscheint vielmehr in qualitativer Verwendung, da hier die Wissenschaft der eleatischen Schule, also eine philosophische Lehre gemeint ist[322].

Schließlich ist das Wort bei Notker viermal in einem Syntagma bezeugt und dort mit 'auf griechisch, im Griechischen, nach griechischer Art'[323] zu übersetzen. Notker nennt die Bezeichnungen *triumphus*[324] und *tropheum*[325] jeweils in Verbindung mit *in‿chrîe-[ch]skun* 'auf griechisch'. Dazu stellen sich weitere Belege in den Glossen zu Notkers Psalter. Das lateinische Lemma *grece* wird an zwei Textstellen mit dem althochdeutschen Syntagma *in chrîechiscun*[326] glossiert. Auch bei Otfrid[327] und im althochdeutschen Tatian[328] ist das Syntagma in dieser Verwendung anzutreffen.

---

[319] SchW. S. 210.

[320] N. I, 10, 15-17.

[321] Dazu B. Meineke, Althochdeutsche -scaf(t)-Bildungen, S. 60.

[322] Dazu der Kommentar von O. Gigon zu dieser Stelle: Boethius, Trost der Philosophie, S. 207; vergleichbar auch ahd. *achadēmisg* (Kapitel IV.C.a dieser Arbeit).

[323] SchW. S. 184.

[324] N. I, 64, 29f.: *hîez in‿chrîechiskûn triumphus*.

[325] N. I, 64, 22: *Tiu mínnera hîez in‿chrîe‹chi›skûn tropheum*; in der Ausgabe zu Notker von P. Piper: *in chrîeskûn* (I, 75, 13).

[326] N. VIII, 99, 6; N. IX, 278, 5.

[327] O. III, 4, 4: *in kríahhisgon*.

[328] T. S. 641, Z. 2-4: *Inti uuas giscriban / In ebraisgon Inti in criehisgon Inti in latinisgon*.

In einem weiteren Textzusammenhang bei Notker schließlich lautet die Übersetzung für *chriehhisg* 'nach griechischer Art': *in͜ chrîechiskûn gemántelôte*[329] 'nach griechischer Art mit einem Mantel bekleidet'. Das Syntagma bringt hier einen Vergleich zum Ausdruck: 'etwas ist wie das in der Basis Benannte'.

Die Handschriften zum althochdeutschen Abrogans überliefern einige Belege zu ahd. *chrēchisc*, und zwar zunächst zu dem lateinischen Lemma *gregum est*[330]. Die Handschrift St. Gallen, StiftsB. 911[331] vom Ende des achten Jahrhunderts[332] überliefert das althochdeutsche Interpretament *khrechisc ist*[333], das ein Wort *omelia* zu lat. *homilia* 'die Rede vor dem Volke, Predigt'[334] der griechischen Sprache zuordnet. An anderer Stelle der Handschrift steht zum gleichen lateinischen Lemma das Syntagma *creches ist*[335], das E. G. Graff[336] zu *chrēchisc* stellt. Die Abroganshandschrift Paris, BN. lat. 7640[337] vom Anfang des neunten Jahrhunderts[338] tradiert die Glosse *chrehistiz*[339], die aus *chrehisc ist* verderbt ist[340].

Zum lateinischen Lemma *gregum* überliefert die Pariser Abroganshandschrift weiterhin das althochdeutsche Syntagma *in chrehis-*

---

[329] N. IV, 167, 8f.; dazu auch N. I, 70, 5.

[330] StSG. I, 52, 35; I, 223, 17.

[331] BV. Nr. 253.

[332] R. Bergmann, Die althochdeutsche Glossenüberlieferung des 8. Jahrhunderts, S. 15; B. Bischoff, FMSt. 5 (1971) S. 119.

[333] B. Bischoff - J. Duft - St. Sonderegger, Das älteste deutsche Buch, Faksimile, S. 222, Z. 11f.; dazu ebenda der Kommentar, S. 266; StSG. I, 223, 17.

[334] GH. I, Sp. 3067.

[335] B. Bischoff - J. Duft - St. Sonderegger, Das älteste deutsche Buch, Faksimile, S. 42, Z. 3; dazu ebenda der Kommentar, S. 168; StSG. I, 53, 35 u. A. 3.

[336] GSp. IV, Sp. 591f.

[337] BV. Nr. 747.

[338] B. Bischoff, FMSt. 5 (1971) S. 120-122; B. Bischoff, Mittelalterliche Studien, III, S. 96-98; B. Meineke, CHIND und BARN, S. 53.

[339] StSG. I, 52, 35.

[340] E. G. Graff, Diutiska, I, S. 161 u. A. 64; J. Splett, Abrogans-Studien, S. 109.

cun[341]. Zum gleichen Lemma steht in der Samanunga-Handschrift Wien, ÖNB. Cod. 162[342] aus der Zeit um a. 820 bis a. 830[343] das althochdeutsche Interpretament *chréhhisc eimpar*[344] 'griechisches Reimpaar'. Auch weitere Beispiele zeigen die semantische Leistung des Adjektivs, die griechische Sprache zu bezeichnen. Zu lat. *gramma* steht in der Pariser Abroganshandschrift das Syntagma *chrehisc uuort*[345]. Die Abroganshandschriften St. Gallen StiftsB. 911[346] aus dem späten achten Jahrhundert[347] und Karlsruhe, BLB. Aug. CXI[348] aus dem frühen neunten Jahrhundert[349] tradieren zu lat. *gramma* die althochdeutschen Interpretamente *crefisc uuort*[350] beziehungsweise *kreihisc uuorto*[351]. Die Graphie ‹ei› steht in älteren Denkmälern für /$\bar{e}^2$/[352], woraus sich die graphische Variante *kreihisc* erklärt. Ahd. *crefisc* kann als Verschreibung aus *crehisc* gedeutet werden[353].

Mehrere althochdeutsche Glossare überliefern die Variante *chriehhisg* in zwei verschiedenen Pflanzenbezeichnungen. Zum einen steht zu *Trigonella foenum-graecum*, einer alten antiken Pflanzenbezeich-

---

[341] StSG. I, 94, 33.

[342] BV. Nr. 895.

[343] B. Bischoff, Die südostdeutschen Schreibschulen, I, S. 209f.; B. Bischoff, Mittelalterliche Studien, III, S. 80, 82f.

[344] StSG. I, 95, 32.

[345] StSG. I, 160, 31.

[346] BV. Nr. 253.

[347] B. Bischoff, FMSt. 5 (1971) S. 119; R. Bergmann, Die althochdeutsche Glossenüberlieferung des 8. Jahrhunderts, S. 15.

[348] BV. Nr. 298.

[349] B. Bischoff, FMSt. 5 (1971) S. 119f.; E. Meineke, Bernstein im Althochdeutschen, S. 74.

[350] B. Bischoff - J. Duft - St. Sonderegger, Das älteste deutsche Buch, Faksimile, S. 139, Z. 5; dazu ebenda der Kommentar, S. 224; StSG. I, 161, 31 u. A. 1.

[351] StSG. I, 161, 31.

[352] BEG. § 36, S. 37f.

[353] R. Kögel, Ueber das Keronische Glossar, S. 87; J. Splett, Abrogans-Studien, S. 235f.

nung[354], das althochdeutsche Glossengefüge *criechesz howe*[355] als volkssprachige Bezeichnung für den Bockshornklee[356] in fünf verschiedenen Handschriften[357]. Ahd. *criehisz howe* ist eine Übersetzung zu lat. *graecum* 'griechisch' und lat. *fenum* 'Heu'[358]. Drei weitere Handschriften überliefern ahd. *Criehischpeh*[359] zu lat. *Colophonia*[360], einer alten lateinischen Pflanzenbezeichnung für den Geigenharz oder Geigenwachs, die auf die für ihr Harz berühmte Stadt *Colophon* zurückgeht[361]. Die Verwendungsweise in den Glossaren hat ebenfalls die Bezeichnungsfunktion des Adjektivs aufgezeigt, etwas auf griechisch zu benennen beziehungsweise es als griechisch zu kennzeichnen.

Das Adjektiv ist in der Variante *grēcisc* zweimal in den Glossen und daneben einmal in einer Urkunde Ottos III. bezeugt.

In der Handschrift München, BSB. Clm 18059[362] aus dem zweiten Viertel des elften Jahrhunderts[363] mit Werken des Vergil steht das Interpretament *grecisca*[364] zu einem lateinischen Lemma *Achaica* zu lat. *Achaicus* 'achäisch, griechisch'[365]: *turrim in praecipiti stantem summisque sub astra / eductam tectis, unde omnis Troia*

---

[354] GH. I, Sp. 2719.

[355] StSG. III, 488, 25; weitere Belege: StSG. III, 529, 13; 541, 39f.; 556, 48f.

[356] H. Marzell, Wörterbuch der deutschen Pflanzennamen, IV, S. 804.

[357] Wien, ÖNB. Cod. 9 und 10: *criehesz howe*; München, BSB. Clm 615: *Criches howe, Chrichishouh*; Wien, ÖNB. 2524: *crischowe*; Rom, BV. Pal. lat. 1259: *críez hawe*; Innsbruck, UB. 355: *Criechisch hoẃ*.

[358] GH. I, Sp. 2719.

[359] Innsbruck, UB. 355 (StSG. III, 552, 27f.); München, BSB. Clm 615: *Crispech* (StSG. III, 552, 27); Wien, ÖNB. 2524: *krisbeth* (StSG. III, 539, 41), *-th* verschrieben aus *-ch* (G. Müller – Th. Frings, Germania Romana, II, 398), *crisbech* (StSG. III, 538, 28).

[360] StSG. III, 539, 41 u. A. 19 (*Celifonia*).

[361] GH. I, Sp. 1282.

[362] BV. Nr. 634.

[363] Ch. E. Eder, StMOSB. 83 (1972) S. 89; P. Glauche, Schullektüre im Mittelalter, S. 41, A. 54.

[364] StSG. II, 650, 11.

[365] GH. I, Sp. 79.

uideri / et Danaum solitae naues et Achaica castra ...³⁶⁶. Berichtet wird von einem hochaufragenden Turm, der als Wachtturm dient und den Ausblick auf ganz Troja ermöglicht und der zudem die Danaerflotte und das griechische Lager überschaubar macht. Die Glosse *grecisca* kann in Anlehnung an das lateinische Interpretament als althochdeutsche Wortform des Nominativ Singular Femininum der schwachen Flexion bestimmt werden und ist mit 'griechisch' zu übersetzen³⁶⁷. Möglicherweise handelt es sich bei *grecisca* aber auch um ein latinisiertes volkssprachiges Adjektiv, weil einerseits die Flexionsendung mit der lateinischen Wortform *Achaica* übereinstimmt und andererseits auch der Anlaut /g/ Anschluß an das Lateinische zeigt³⁶⁸. Gekennzeichnet wird die Herkunft der in diesem Lager befindlichen Personen.

Die Abroganshandschrift St. Gallen, StiftsB. 911³⁶⁹ vom Ende des achten Jahrhunderts³⁷⁰ tradiert zu einem lateinischen Lemma *gregum* zu *Graecus* 'griechisch'³⁷¹ das althochdeutsche Syntagma *in g̊rekiskʰun*³⁷² 'auf griechisch', das der Kennzeichnung der griechischen Sprache dient. Hergestellt wird hier ein lokaler Bezug im Sinne von 'Sprache, die in Griechenland, von den Griechen gesprochen wird'. Dem anlautenden /g/ ist als Korrektur ‹c› überschrieben, was darauf deutet, daß dem Abschreiber das mit /k/ anlautende Wort bekannt gewesen ist.

Ein letzter Beleg ist in einer Urkunde Ottos III. aus dem Jahre 997 überliefert, in der Otto Gerbert bittet, ihn in der Wissenschaft zu unterrichten und ihm seinen Rat in Staatsgeschäften zu geben. An der betreffenden Stelle wird vom griechischen Scharfsinn gesprochen: ...

---

³⁶⁶ Vergil, Aeneis, II, Z. 460-462.

³⁶⁷ Dazu auch M. Luukkainen, Untersuchungen zur morphematischen Transferenz, S. 221.

³⁶⁸ J. Schatz, Althochdeutsche Grammatik, § 220, S. 147.

³⁶⁹ BV. Nr. 253.

³⁷⁰ B. Bischoff, FMSt. 5 (1971) S. 119; R. Bergmann, Die althochdeutsche Glossenüberlieferung des 8. Jahrhunderts, S. 15.

³⁷¹ GH. I, Sp. 2956f.

³⁷² B. Bischoff - J. Duft - St. Sonderegger, Das älteste deutsche Buch, Faksimile, S. 81, Z. 16f.; dazu ebenda der Kommentar, S. 191; StSG. I, 95, 33.

sed Greciscam nostram subtilitatem ...³⁷³. Ahd. *grēcisc* ist lateinisch flektiert und dadurch syntaktisch in den fortlaufenden lateinischen Text eingebunden. Es ist mit 'griechisch' zu übertragen und kennzeichnet eine den Griechen zugeschriebene Fähigkeit.

In den drei zuletzt vorgestellten Belegen ist jeweils die graphische Anlehnung an das lateinische Lemma erkennbar, woraus sich die mit /g/ anlautende Variante *grēcisc* erklärt. Der letztgenannte Beleg steht in einem lateinischen Satz.

14. macediisc

Die althochdeutschen Glossen überliefern zum Volksnamen der Mazedonier, lat. *Macedo* 'der Mazedonier, Pl. die Mazedonier'³⁷⁴, das Adjektiv *macediisc* als Ableitung mit dem Suffix *-isc*. Der lateinische Volksname ist als unmittelbare Basis für das volkssprachige Adjektiv anzunehmen. Dazu ist im Altenglischen ein Adjektiv *mæcedonisc*³⁷⁵ bezeugt. Der Name der Mazedonier war in den germanischen Sprachen schon früh bekannt, wovon der im Gotischen überlieferte Volksname *Makidōneis*³⁷⁶ zeugt, der als Bildung mit einem *-i*-Suffix aufzufassen ist³⁷⁷. Der Name des Landes Mazedonien findet sich im althochdeutschen Wortschatz nur bei Otfrid³⁷⁸.

Die Handschrift Prag, Universitní knihovna MS VIII H 4³⁷⁹ des elften Jahrhunderts³⁸⁰ überliefert eine Randglosse *macediisca*³⁸¹

---

[373] Die Urkunden der deutschen Könige und Kaiser, MGH. DD. II.2, S. 659, Z. 20.

[374] GH. II, Sp. 744f.

[375] BTD. S. 653.

[376] Die gotische Bibel, An die Korinther II, IX, 4, S. 313; BN. I.1, § 179, 3, S. 200.

[377] BN. I.1, § 179, 3, S. 200.

[378] O. I, 1, 91: *fon macedóniu*.

[379] BV. Nr. 785.

[380] H. Reutercrona, Svarabhakti, S. 9.

[381] StSG. II, 403, 16.

zu einem im fortlaufenden Text auftretenden lateinischen Lemma *Illyricos* (in der Handschrift *Illiricos*). Das althochdeutsche Wort steht bei Prudentius: *Hic sub Galerio duce, / qui tunc Illyricos sinus / urgebat dicionibus, / fertur catholicam fidem / inlustrasse per exitum*[382]. An der betreffenden Stelle beginnt ein Lobgesang auf Quirinius, der unter der Herrschaft des Galerius Bischof in Siscia, einer Stadt in Illyrien, war. Galerius wurde an den illyrischen Buchten in seiner Herrschaft bedrängt. Das lateinische Lemma *Illyricus* 'illyrisch'[383] bezeichnet in diesem Textzusammenhang die Buchten der römischen Provinz Illyrien, zu der auch Mazedonien gehörte[384]. Der althochdeutsche Glossator hatte offenbar gute Kenntnisse von der römischen Geschichte, weil er erkannte, daß hier die mazedonischen Buchten gemeint sind. Das althochdeutsche Lemma ist als Wortform des Akkusativ Plural Maskulinum der starken Flexion[385] in Anlehnung an die lateinische Wortform zu verstehen. Als aktuelle Bedeutung ist für *macediisc* 'mazedonisch' anzugeben. Gekennzeichnet wird die Zugehörigkeit zum illyrischen Teil des Römischen Reiches.

15. *māzianisc*

Die Bildung *māzianisc* ist unmittelbar mit dem Suffix *-isc* von lat. *Madian*[386] abgeleitet, das zunächst als Bezeichnung für einen nomadischen Stämmeverband in der syrisch-arabischen Wüste gebraucht wurde. Die Angehörigen dieses Stammes waren nach der biblischen Tradition[387] Nachkommen Abrahams und der Ketura[388]. In späterer Zeit ist der Name für eine Siedlung bezeugt, de-

---

[382] Prudentius, Peristefanon, VII, Z. 6-10.
[383] GH. II, Sp. 57.
[384] Der kleine Pauly, II, Sp. 1367-1369.
[385] BEG. § 248, A. 9, S. 219.
[386] Lexicon totius Latinitatis, VI, S. 172f.
[387] Biblia sacra, I, Gn. 25, 2.
[388] LThK. VII, Sp. 407f.

ren Lage nicht bekannt ist[389]. Zu lat. *Madian* wird im Lateinischen ein Adjektiv *Madianitis, Madanitis* 'a Madian, ad Madian pertinens sive quæ est ex Madian'[390] und eine Bezeichnung *Madianitæ*[391] für die Madianiter gebildet. Das althochdeutsche Glossenwörterbuch[392] stellt die Ableitung zu lat. *Matius*[393], einem römischen Geschlechternamen. Der Überlieferungszusammenhang zeigt jedoch, daß dieser Name nicht als Basis zugrunde gelegen haben kann.

Das Adjektiv ist nur in den Glossen[394] zu Gregors Cura Pastoralis überliefert, und zwar zu einem lateinischen Lemma *Madianitis* (in der Handschrift *Mazianite*). Die Handschriften Wien, ÖNB. Cod. 2723[395] und 2732[396] aus dem zehnten Jahrhundert[397] tradieren dazu das althochdeutsche Interpretament *mazianiscemo*, während die Handschrift München, BSB. Clm 14689[398] des zwölften Jahrhunderts[399] die Glosse *mazianischemo* mit der regelmäßigen Entwicklung des inlautenden /sk/ zu /sch/[400] zeigt. Dazu gehört der folgende Satz aus der Cura Pastoralis: *Hinc Phinees peccantium civium gratiam spernens, coeuntes cum Madianitis perculit, et iram Domini iratus placavit*[401]. Gregor berichtet in diesem Kapitel, wie man Unverträgliche und Friedfertige zu ermahnen hat. Es wird derjenige gelobt, der die sündigen Mitbürger verachtet und diejenigen tötet, die

---

[389] Ebenda; dazu auch Lexicon totius Latinitatis, VI, S. 173.
[390] Lexicon totius Latinitatis, VI, S. 173.
[391] Ebenda.
[392] StWG. S. 404.
[393] GH. II, Sp. 829.
[394] StSG. II, 192, 43f. u. A. 9.
[395] BV. Nr. 949.
[396] BV. Nr. 950.
[397] W. Schulte, Die althochdeutsche Glossierung der Dialoge Gregors des Großen, S. 785, 824; Th. Frings - G. Müller, Erbe der Vergangenheit, S. 110.
[398] BV. Nr. 604.
[399] W. Schulte, Die althochdeutsche Glossierung der Dialoge Gregors des Großen, S. 856f.
[400] MG. § 155, S. 164f.
[401] Sancti Gregorii Papæ, Opera Omnia, MPL. 77, Pars tertia, Caput 22, p. 70.

mit den Madianitern verkehrten. Der lateinische Text zeigt in der vorliegenden Edition einen Ablativ Plural. Die der Edition von E. Steinmeyer und E. Sievers zugrundeliegende Handschrift überliefert den lateinischen Ablativ *Mazianite*, also eine Wortform des Singular, die durch die althochdeutschen Interpretamente mit einer Form des Dativ Singular wiedergegeben wird. Die lateinische Vorlage zeigt, daß der Wechsel von ‹d› zu ‹z› bereits eine Angelegenheit des Lateinischen ist und nicht die althochdeutsche Lautverschiebung reflektiert. Für ahd. *māzianisc* ist hier die aktuelle Bedeutung 'madianitisch' anzusetzen. Gekennzeichnet wird die Zugehörigkeit beziehungsweise die Abstammung.

18. *māzianitisc*

Zum gleichen lateinischen Lemma im vorgestellten Textzusammenhang der Cura Pastoralis überliefern die Handschriften München, BSB. Clm 18140[402] aus dem dritten Viertel des elften Jahrhunderts[403] und München, BSB. Clm 19440[404] mit Glossen vom Anfang des elften Jahrhunderts[405] ein althochdeutsches Interpretament *maziantiscemo*[406]. Als unmittelbare Basen können die lateinischen Lemmata *Madianitæ* beziehungsweise *Madianitis* zum Namen *Madian* gedient haben. Für ahd. *mazianitisc* ist als aktuelle Bedeutung 'madianitisch' anzugeben. Gekennzeichnet wird hier ebenfalls die Zugehörigkeit oder Abstammung.

---

[402] BV. Nr. 637.

[403] Ch. E. Eder, StMOSB. 83 (1972) S. 113; W. Schulte, Die althochdeutsche Glossierung der Dialoge Gregors des Großen, S. 512.

[404] BV. Nr. 665.

[405] Ch. E. Eder, StMOSB. 83 (1972) S. 141; W. Schulte, Die althochdeutsche Glossierung der Dialoge Gregors des Großen, S. 745f.

[406] StSG. II, 192, 44f. u. A. 10.

17. *numediisc*

Das Adjektiv *numediisc* ist mit dem Suffix *-isc* von lat. *Numidia*[407] abgeleitet. *Numidia* war zunächst Bezeichnung für eine Landschaft in Afrika am Mittelländischen Meer zwischen Mauretanien und dem karthagischen Gebiet. Der Landschaftsname stammt von der lateinischen Bezeichnung *Numida* 'der Nomade, der Numider'[408], die im Plural das Volk der Numider benennt. Die Numider waren zunächst Nomaden, wurden dann aber durch Massinissa im zweiten Jahrhundert vor Christus seßhaft gemacht und sind in althochdeutscher Zeit bereits als seßhaftes Volk bekannt[409]. Das Adjektiv ist daher zu den Derivaten von Volksnamen zu stellen. Anhand der Basis *Numidia* erklärt sich der silbische Vokal /i/, der zum Stamm gehört.

Ahd. *numediisc* ist nur in den Glossen überliefert, und zwar zur Contra Symmachum des Prudentius: *Laurea uictoris Marii minus utilis urbi, / cum traheret Numidam populo plaudente Iugurtham, / nec tantum Arpinas consul tibi, Roma, medellae / contulit extincto iusta inter uincla Cethego, / quantum praecipuus nostro sub tempore princeps / prospexit tribuitque boni*[410]. Der Erzähler berichtet in diesem Zusammenhang, daß der Sieger Marius in Rom unter dem Applaus der Bevölkerung den gefesselten Numider Jugurtha vorführt.

Zum lateinischen Lemma *Numidam* von lat. *Numidus* 'numidisch'[411] steht in den Handschriften Paris, BN. Nouv. acquis. lat. 241[412], München, BSB. Clm 14395[413] und BSB. Clm 475[414] aus dem

---

[407] GH. II, Sp. 1220.
[408] Ebenda.
[409] Der Kleine Pauly, III, Sp. 1068-1070; IV, Sp. 197-199.
[410] Prudentius, Contra Symmachum, I, Z. 524-529.
[411] GH. II, Sp. 1220.
[412] BV. Nr. 771.
[413] BV. Nr. 579.
[414] BV. Nr. 453.

elften Jahrhundert[415] die althochdeutsche Glosse *numediiscen*[416]. Das althochdeutsche Wort ist hier mit 'numidisch' zu übertragen. Es bezeichnet die Abstammung von Iugurtha, dem König der Numider.

18. *partisc*

In zwei Handschriften zu einer Textstelle bei Prudentius ist das Adjektiv *partisc* überliefert, das E. G. Graff[417] zu lat. *Parthus* 'parthisch'[418] zum Volksnamen der Parther, lat. *Parthi*[419], stellt. Sowohl das lateinische Adjektiv als auch der Volksname können als unmittelbare Basen gedient haben. Auch hier liegt wiederum eine Bildung mit dem Suffix *-isc* vor.

Die verwandten Prudentiushandschriften Paris, BN. Nouv. acquis. lat. 241[420] und München, BSB. Clm 14395[421] aus dem elften Jahrhundert[422] tradieren zu einem lateinischen Lemma *Partha* beziehungsweise *parra* in der hier zitierten Edition die althochdeutsche Glosse *partiscemo*[423]. Das Glossengefüge zu *oscine partha* lautet in beiden Handschriften übereinstimmend *sangar fogalrarte partiscemo*

---

[415] B. Kölling, Kiel UB. Cod. MS. K. B. 145, S. 57, 64; Th. Frings - G. Müller, Erbe der Vergangenheit, S. 109; Catalogus Codicum Latinorum, III.1, S. 134.

[416] StSG. II, 468, 34.

[417] GSp. III, Sp. 350; ebenso auch StWG. S. 458.

[418] GH. II, Sp. 1488.

[419] Ebenda.

[420] BV. Nr. 771; Einsicht in den Mikrofilm der Handschrift im Archiv des Forschungsprojekts Althochdeutsches Wörterbuch von Prof. Dr. Dr. h.c. R. Schützeichel.

[421] BV. Nr. 579; Einsicht in den Mikrofilm der Handschrift im Archiv des Forschungsprojekts Althochdeutsches Wörterbuch von Prof. Dr. Dr. h.c. R. Schützeichel.

[422] B. Kölling, Kiel UB. Cod. MS. K. B. 145, S. 57, 64; Th. Frings - G. Müller, Erbe der Vergangenheit, S. 109.

[423] StSG. II, 471, 56.

above & *cano*[424]. Dazu gehört der folgende Textzusammenhang: *Cur Cremerae in campis cornice uel oscine parra / nemo deum monuit perituros Marte sinistro / tercentum Fabios uix stirpe superstite in uno?*[425]. Es wird gefragt, warum Gott keine Warnung durch das Geschrei von Vögeln gab.

Lat. *parra* bezeichnet nach den einschlägigen Hilfsmitteln[426] einen Vogel, dessen Geschrei Unglück bedeutet. Die der Edition von E. Steinmeyer und E. Sievers zugrundeliegende Handschrift tradiert jedoch ein lateinisches Lemma *partha* an der betreffenden Stelle, das in mehreren Handschriften der Prudentiusüberlieferung[427] bezeugt ist. Es handelt sich hier offensichtlich um einen Fehler in der Prudentiustradition. Lat. *Partha* zu *Parthus* könnte attributiv zu lat. *oscen* 'Weissagevogel'[428] stehen und würde dann einen parthischen Vogel bezeichnen. Ein althochdeutscher Glossator konnte eine Ableitung *partisc* zu lat. *Partha* bilden, wobei es sich dann um eine Vokabelübersetzung handeln würde, die den weiteren Textzusammenhang nicht berücksichtigt. Hieran zeigt sich, daß die Glossatoren nicht immer den gesamten Text zusammenhängend lasen und verstanden. Sie suchten vielmehr auch einzelne Teile beziehungsweise Wörter heraus oder verfuhren assoziativ. Die Bildung *partisc* wäre in diesem Falle zu lat. *Parthus* 'parthisch' zu stellen und tatsächlich als Ableitung zum Volksnamen der Parther zu verstehen. Als aktuelle Bedeutung ergibt sich 'parthisch'. Bezeichnet würde dann die Herkunft des Weissagevogels von den Parthern.

---

[424] BV. Nr. 579, fol. 196ᵛ, Z. 8; BV. Nr. 771, fol. 187ʳ, Z. 10.

[425] Prudentius, Contra Symmachum, II, Z. 571-573.

[426] GH. II, Sp. 1483, mit Stellennachweis zu Prudentius; Oxford Latin Dictionary, S. 1299; Thesaurus, X.1, Sp. 438f.; dazu auch L. Diefenbach, Glossarium latino-germanicum, S. 411b.

[427] Dazu der Variantenapparat bei M. P. Cunningham, CCSL. 126, S. 231, A. 571: *parrha, partha*, sowie der Variantenapparat in der Prudentiusausgabe von A. Dressel, S. 274: *partha, parta, parrta, parrha*.

[428] GH. II, Sp. 1411.

19. pūnikisk

Das Adjektiv ahd. *pūnikisk* steht als unmittelbare Ableitung mit dem Suffix *-isc* zu lat. *Punicus* 'phönizisch, punisch, karthagisch'[429], das zum Volksnamen der Punier, lat. *Poeni*[430], gebildet ist. Lat. *Poeni* bezeichnet die von den Phöniziern abstammenden Karthager, die als verschlagen und treulos verrufen waren.

Im Althochdeutschen ist *pūnikisk* nur einmal im Bibelglossar Rb überliefert. Zum lateinischen Lemma *Mala punica* steht in der Handschrift Karlsruhe, BLB. Aug. IC[431] aus dem ausgehenden achten Jahrhundert[432] das althochdeutsche Interpretament *effiliu punikiske*[433]. Dazu gehört der folgende Textzusammenhang aus der Vulgata: *deorsum vero ad pedes eiusdem tunicae per circuitum / quasi mala punica facies / ex hyacintho et purpura et cocco bis tincto / mixtis in medio tintinabulis*[434]. Auf dem Berg Sinai gibt Gott Moses Anweisungen für die Kleidung der Priester. Beschrieben wird das Übergewand zu einer priesterlichen Bekleidung, das an seinem unteren Saum Applikationen von Granatäpfeln aus violettem und rotem Purpur und aus Karmesin enthalten soll, dazu rings am Saum goldene Glöckchen. Dem Schreiber des Glossars Rb war die alte Bezeichnung *malum punicum* 'Punischer Apfel'[435] aus der Familie der Granatapfelgewächse (*Punica granatum*) bekannt, die schon bei Varro,

---

[429] GH. II, Sp. 1752.

[430] Ebenda.

[431] BV. Nr. 296.

[432] B. Bischoff, FMSt. 5 (1971) S. 107; B. Bischoff, Mittelalterliche Studien, III, S. 80; R. Bergmann, Die althochdeutsche Glossenüberlieferung des 8. Jahrhunderts, S. 17; E. Meineke, Bernstein im Althochdeutschen, S. 75f., 218.

[433] StSG. I, 336, 52; KFW. III, Sp. 322; dazu auch StSG. II, 241, 21: zu lat. *Mala punica* steht ahd. *affricana ephili*; StSG. I, 206, 29f.: zu lat. *Malum punie(-cum) mala granata* steht *pulleohti* (Kapitel IV.B.1 dieser Arbeit).

[434] Biblia sacra, I, Ex. 28, 33.

[435] H. Marzell, Wörterbuch der deutschen Pflanzennamen, III, Sp. 1192f.; E. Björkmann, ZDW. 2 (1902) S. 210.

Columella und Plinius bezeugt ist[436]. Für *pūnikisk* ist daher hier die aktuelle Bedeutung 'punisch' anzugeben.

20. *pūnisk*

Ahd. *pūnisk* ist unmittelbar mit dem Suffix *-isc* vom Volksnamen der Punier, lat. *Poeni*[437], abgeleitet. Möglich ist auch, daß die Bildung des Adjektivs durch die lateinische Vorlage motiviert ist und daher das Adjektiv *Punicus* als Basis vorliegt. Darauf deutet auch der Wurzelvokal ‹u›.

Das Adjektiv ist zweimal im Glossar Rb überliefert, und zwar ebenfalls zum lateinischen Lemma *malum punicum*. Die Handschrift Karlsruhe, BLB. Aug. IC[438] aus dem ausgehenden achten Jahrhundert[439] überliefert in den Glossen zum Canticum Canticorum die althochdeutschen Glossen *ephili puniske*[440]. Dazu gehört der folgende Zusammenhang aus der Vulgata: *sicut vitta coccinea labia tua et eloquium tuum dulce / sicut fragmen mali punici ita genae tuae absque eo quod intrinsecus latet*[441]. Der Erzähler preist seine Geliebte, deren Mund die Farbe karmesinroter Bänder hat und deren Schläfe wie der Riß eines Granatapfels hinter dem Schleier hervorschimmert. Wenige Verse später findet sich die Textstelle zu einem weiteren althochdeutschen Glossengefüge *ephile puniskero*[442] aus dem Glossar Rb in der Karlsruher Handschrift: *emissiones tuae paradisus malorum punicorum cum pomorum fructibus / cypri cum nar-*

---

[436] H. Marzell, Wörterbuch der deutschen Pflanzennamen, III, Sp. 1192.

[437] GH. II, Sp. 1752.

[438] BV. Nr. 296.

[439] B. Bischoff, FMSt. 5 (1971) S. 107; B. Bischoff, Mittelalterliche Studien, III, S. 80; R. Bergmann, Die althochdeutsche Glossenüberlieferung des 8. Jahrhunderts, S. 17; E. Meineke, Bernstein im Althochdeutschen, S. 75f., 218.

[440] StSG. I, 552, 27 u. A. 12.

[441] Biblia sacra, II, Ct. 4, 3.

[442] StSG. I, 553, 3.

do[443]. Der Erzähler vergleicht hier den Schoß der Geliebten mit einem Garten von Granatapfelbäumen, die allerlei köstliche Früchte tragen. Ahd. *pūnisk* 'punisch'[444] in der Bezeichnung für den Punischen Apfel hat bei der Erstbenennung die Herkunft der Frucht bezeichnet.

23. *rōmānisc*

Das Altsächsische überliefert in den Glossen zu Prudentius zum Volksnamen *Romani*[445] beziehungsweise zu lat. *Romanus* 'zu Rom gehörig, in, aus Rom, römisch'[446] das Adjektiv *rōmānisc*[447], ae. *rómánisc*[448], das mit dem Suffix *-isc* abgeleitet ist. Als Basen könnten sowohl der Volksname als auch das lateinische Adjektiv gedient haben.

Die Handschrift Düsseldorf, Heinrich-Heine-Institut F1[449] aus dem zehnten Jahrhundert[450] tradiert zu dem lateinischen Syntagma *Quirinali togę* zu lat. *Quirinalis* 'dem Quirinus (Romulus) geweiht'[451] und lat. *toga* 'Bekleidung'[452] das altsächsische Interpretament *romaníscon drémbila*[453] zu einem Textzusammenhang aus der Passio Laurentii Beatissimi Martyris: ... *qui sceptra Romae in uertice / rerum locasti, sanciens / mundum Quirinali togae / serui-*

---

[443] Biblia sacra, II, Ct. 4, 13.

[444] KFW. I, Sp. 612-614, hier besonders Sp. 614.

[445] GH. II, Sp. 2406.

[446] GH. II, Sp. 2406f.

[447] J. H. Gallée, Vorstudien, S. 253; F. Holthausen, Altsächsisches Wörterbuch, S. 61.

[448] BTD. S. 801.

[449] BV. Nr. 105.

[450] Th. Klein, Studien zur Wechselbeziehung, S. 97; Th. Stührenberg, Die althochdeutschen Prudentiusglossen, S. 122-130.

[451] GH. II, Sp. 2172.

[452] GH. II, Sp. 3139.

[453] StSG. II, 587, 54.

re et armis cedere ...⁴⁵⁴. Das altsächsische Adjektiv *rōmānisc* steht in der Wortform des Nominativ Plural Maskulinum der schwachen Flexion in attributiver Stellung zu *drembil*⁴⁵⁵. Es glossiert das lateinische Lemma *Quirinalis*, das zusammen mit lat. *toga* die römische Bekleidung bezeichnet, die auf Romulus (Quirinus) zurückgeführt wird. Als aktuelle Bedeutung ist hier für *rōmānisc* 'römisch' anzugeben, so daß das Syntagma mit 'römische Bekleidung, wie sie Quirinus (Romulus) getragen hat' wiedergegeben werden kann. Es liegt also ein Vergleich vor.

22. *serzisc*

Ahd. *serzisc* (beziehungsweise *sarzisc*), ae. *saracenisc*⁴⁵⁶, ist unmittelbar mit dem Suffix *-isc* von dem Volksnamen *Sarzi, Serzi* 'Sarazenen'⁴⁵⁷, lat. *Saraceni*⁴⁵⁸, abgeleitet. Das Althochdeutsche überliefert weiterhin die Bezeichnung *serzo*⁴⁵⁹. Der Wechsel des Wurzelvokals von ‹a› zu ‹e› erklärt sich durch die Umlautwirkung des Suffixes *-isc*.

Das althochdeutsche Adjektiv ist nur in den Glossen bezeugt⁴⁶⁰, und zwar in sieben Handschriften zum lateinischen Lemma *Arabico* aus dem Prolog zu Iob. Der Zusammenhang in der Vulgata lautet: *Haec autem translatio nullum de veteribus sequitur interpretem, sed ex ipso hebraico arabicoque sermone et interdum syro, nunc verba, nunc sensus, nunc simul utrumque resonabit*⁴⁶¹. Lat. *arabico* steht hier zusammen mit *hebraico* und *syrico* zu lat. *sermone*, womit die arabische, hebräische und auch die syrische Sprache gekennzeichnet

---

⁴⁵⁴ Prudentius, Peristefanon, II, Z. 417-420.
⁴⁵⁵ GSp. V, Sp. 532; StWG. S. 633.
⁴⁵⁶ BTD. S. 817.
⁴⁵⁷ Man vergleiche GSp. VI, Sp. 281; StWG. S. 518.
⁴⁵⁸ GH. II, Sp. 2488f.
⁴⁵⁹ GSp. VI, Sp. 281; StWG. S. 518.
⁴⁶⁰ StSG. I, 498, 54-56.
⁴⁶¹ Biblia sacra, I, Prolog zu Iob, S. 731.

werden. Lat. *Arabicus* 'arabisch'[462] als allgemeinere Bezeichnung wurde vom Glossator mit *serzisc* übertragen, weil ihm die Araber nur durch die arabische Völkerschaft der Sarazenen bekannt waren. Dafür spricht auch die Überlieferung in den mittelalterlichen lateinischen Quellen, in denen die Araber *Saraceni* (oder *Hagareni*) genannt werden[463]. Die Handschrift München, BSB. Clm 18140[464] aus dem dritten Viertel des elften Jahrhunderts[465] tradiert die althochdeutsche Glosse *sarziscen*[466], während die Handschriften München, BSB. Clm 19440[467], Wien, ÖNB. 2723[468] und 2732[469], Göttweig, StiftsB. 46/103 (früher E 5)[470], München, BSB. Clm 4606[471] und Clm 14689[472] umgelautete Belege überliefern. Als aktuelle Bedeutung ist für diese Belege 'sarazenisch' anzugeben. Hergestellt wird hier ein lokaler Bezug im Sinne von 'Sprache, die von den Sarazenen gesprochen wird'.

Die Handschrift München, BSB. Clm 22201[473] aus der Mitte des zwölften Jahrhunderts[474] überliefert zum gleichen lateinischen Lemma *Arabico* im vorgestellten Zusammenhang bei Iob das althochdeutsche Interpretament *serzin*[475], das als unflektierte Wortform eines

---

[462] GH. I, Sp. 531.

[463] Lexikon des Mittelalters, I, Sp. 834.

[464] BV. Nr. 637.

[465] Ch. E. Eder, StMOSB. 83 (1972) S. 113; W. Schulte, Die althochdeutsche Glossierung der Dialoge Gregors des Großen, S. 512.

[466] StSG. I, 498, 54.

[467] BV. Nr. 665: *særziscin*.

[468] BV. Nr. 949: *serziscin*.

[469] BV. Nr. 950: *serziscin*.

[470] BV. Nr. 264: *serziscin*.

[471] BV. Nr. 486: *serziskin*.

[472] BV. Nr. 604: *serzisco* (latinisiert oder Adverb).

[473] BV. Nr. 681.

[474] K. Schneider, Gotische Schriften in deutscher Sprache. Textband, I, S. 28; R. Bergmann, Mittelfränkische Glossen, S. 304-309; K. Matzel, PBB. 85 (Tübingen 1963) S. 18; A. Quak, Althochdeutsch, I, S. 576.

[475] StSG. I, 498, 56.

Adjektivs ahd. *serzīn aufgefaßt werden könnte. Denkbar wäre weiterhin eine Kontraktion ahd. *serziscin* > ahd. *serzīn*, so daß der Beleg zu ahd. *serzisc* zu stellen und als *-isc*-Ableitung aufzufassen wäre. Da jedoch vergleichbare Kürzungen in der Handschrift nicht auftreten[476], ist es plausibel, mit K. Matzel[477] ein Substantiv, also den Volksnamen *Serzi* anzusetzen, der in der Wortform des Dativ Plural (*Serzin*) auftritt. Hierbei handelt es sich dann um eine 'abweichende Nominalglossatur', die die grammatische Form des lateinischen Lemmas zwar verfehlt, aber an sich nicht unverständlich ist[478]. Der Ansatz eines Adjektivs *serzīn* als Ableitung mit dem Suffix *-īn* kann auch aufgrund des sonstigen Befundes zur Bildung adjektivischer Ableitungen von Eigennamen ausgeschlossen werden, weil dieses Derivat vereinzelt neben den in der Regel bezeugten *-isc*-Ableitungen von Onymen steht und zudem das Suffix *-īn* in althochdeutscher Zeit zumeist in Stoffadjektiven auftritt[479].

Das gleiche Bibelglossar[480] überliefert zu einem weiteren Textzusammenhang der Vulgata zu dem lateinischen Lemma *Arabica* die althochdeutschen Glossen *serciscero*[481] beziehungsweise *serziscero*[482], und zwar zum Prolog des Hieronymus zu Daniel: *Sciendum quippe Danihelem maxime et Ezram hebraicis quidem litteris, sed chaldaico sermone conscriptos, et unam Hieremiae pericopen, Iob quoque cum arabica lingua habere plurimam societatem*[483]. Der Ablativ Singular Femininum der lateinischen Wortform wird mit einem althochdeutschen stark flektierten Adjektiv im Dativ Singular

---

[476] Dazu K. Matzel, Die Bibelglossen des Clm 22201, S. 4f.

[477] Ebenda, S. 43.

[478] Ebenda.

[479] Dazu die Kapitel IV.F.c.2 und IV.F.d.2, weiterhin auch Kapitel V.C dieser Arbeit.

[480] StSG. I, 656, 9f.

[481] München, BSB. Clm 18140 (BV. Nr. 637) und Clm 19440 (BV. Nr. 665), und Wien, ÖNB. Cod. 2723 (BV. Nr. 949) und 2732 (BV. Nr. 950).

[482] Göttweig, StiftsB. 46/103 (früher E 5; BV. Nr. 264); München, BSB. Clm 22201 (BV. Nr. 681): *serzisc'er* (mit Verlust des Endvokals).

[483] Biblia sacra, II, Prolog zu Daniel, S. 1341.

Femininum wiedergegeben. Das lateinische Syntagma *cum arabica lingua* bezeichnet die arabische Sprache. Für ahd. *serzisc* ist die aktuelle Bedeutung 'sarazenisch' anzugeben. Gekennzeichnet wird auch hier die von den Sarazenen geprochene Sprache.

23. *sirisc

Das Adjektiv ahd. *sirisc* als Ableitung auf *-isc* ist nur als Adjektivadverb *sirisco* bezeugt. Die Bildung steht zum Volksnamen der Syrer, der im althochdeutschen Wortschatz der literarischen Denkmäler in der Bezeichnung *Syr* 'Syrer'[484] belegt ist. Daß der Volksname der Syrer in den germanischen Sprachen bekannt war, bezeugen got. *Saúreis* 'Syrer'[485] aus lat. *Syri*[486] und das altenglische Adjektiv *syrisc*[487]. Als unmittelbare Basen können sowohl die althochdeutsche Bezeichnung *Syr* als auch die lateinische Bezeichnung *Syri* gedient haben.

Die Handschrift München, BSB. Clm 14689[488] aus dem zwölften Jahrhundert[489] tradiert die althochdeutsche Glosse *sirisco*[490] zu dem Lemma *arabica* im zuvor zitierten Zusammenhang aus dem Prolog zu Daniel. Das Adverb sowie das zugrundeliegende Adjektiv kommen sonst im althochdeutschen Wortschatz nicht vor. Als aktuelle Bedeutung ist hier für *sirisco* 'syrisch' als Bezeichnung der Sprache (*cum arabica lingua*) anzusetzen. Bei ahd. *sirisco* handelt es sich entweder um eine Verkürzung aus *siriscero* oder, was für diesen

---

[484] SchW. S. 253; dazu auch *sīrlant* (ebenda).

[485] Die gotische Bibel, An die Galater I, 21, S. 353; BN. I.1, § 179, 3, S. 200.

[486] GH. II, Sp. 2996.

[487] BTD. S. 966.

[488] BV. Nr. 604, fol. 41ʳ, Z. 27 (im Kontext und übergeschrieben).

[489] W. Schulte, Die althochdeutsche Glossierung der Dialoge Gregors des Großen, S. 856f.

[490] Einsicht in den Mikrofilm der Handschrift im Archiv des Forschungsprojekts Althochdeutsches Wörterbuch von Prof. Dr. Dr. h.c. R. Schützeichel; StSG. I, 656, 11 u. A. 10.

Überlieferungszusammenhang wahrscheinlicher ist, um ein Adjektivadverb mit der regelmäßigen Endung -o[491].

24. spānisc

Das Adjektiv *spānisc* steht zum Volksnamen der Spanier, lat. *Hispani*[492], zu dem im Althochdeutschen die Bezeichnungen *Spāni* und *Span*[493] bezeugt sind, die als unmittelbare Basen für die Bildung mit dem Suffix *-isc* gedient haben können. Ahd. *spānisc* ist nur im Wortschatz der Glossen überliefert, und zwar in den Glossen zur Genesis und daneben zweimal in den Glossen zu Prudentius. Im Altenglischen sind die Adjektive *speónisc*[494] und *ispánisc*[495] bezeugt.

Zum lateinischen Lemma *Hiberus* 'hiberisch, hispanisch'[496] zum Volksnamen der Hiberer, lat. *Hiberes*[497], steht in vier verschiedenen Handschriften[498] des zehnten beziehungsweise elften Jahrhunderts[499] das althochdeutsche Adjektiv *spānisc*[500]. In der Handschrift München, BSB. Clm 22307[501] übersetzt *spaniskiu* *gipô-*

---

[491] StSG. I, 656, 11, A. 10.
[492] GH. I, Sp. 3061.
[493] GSp. VI, Sp. 348; StWG. S. 571.
[494] BTD. Supplement, S. 708.
[495] Ebenda, S. 597.
[496] GH. I, Sp. 3045.
[497] Ebenda.
[498] München, BSB. Clm 18140 (BV. Nr. 637); München, BSB. Clm 22307 (BV. Nr. 685); Wien, ÖNB. 2723 (BV. Nr. 949); Wien, ÖNB. 2732 (BV. Nr. 950).
[499] W. Schulte, Die althochdeutsche Glossierung der Dialoge Gregors des Großen, S. 512, 785; Ch. E. Eder, StMOSB. 83 (1972) S. 50f., 113; Th. Frings - G. Müller, Erbe der Vergangenheit, S. 110; E. Steinmeyer, Festschrift Seiner Königlichen Hoheit, S. 2; P. Glauche, Schullektüre im Mittelalter, S. 52.
[500] StSG. I, 304, 12-14.
[501] BV. Nr. 685.

si[502] das lateinische Syntagma *Hiberas nenias*. Die Handschriften München, BSB. Clm 18140[503] und Wien, ÖNB. Cod. 2723[504] überliefern jeweils Erläuterungen zu dem althochdeutschen Interpretament, wie zum Beispiel *ł lptbrsprbhb*[505] und *sisuva*[506]. Dazu gehört der folgende Zusammenhang aus der Vulgata: ... *quod multi ignorantes epocriforum deliramenta sectantur et hiberas nenias libris authenticis praeferunt*[507]. Lat. *nenia* kann sowohl das Leichenlied, den Leichengesang oder jedes traurige Lied bezeichnen und daneben auch als 'die hämische Krittelei'[508] übersetzt werden. Die Glosse im Wiener Codex 2723 faßt diese Bedeutungen zusammen, da sowohl *giposi*[509] als auch *sisuua*[510] zum lateinischen Lemma tradiert sind. Ahd. *spānisc* ist in diesen Belegen mit 'hispanisch' zu übersetzen und bezeichnet den Gesang in der hiberischen Sprache. Hergestellt wird hier also ein lokaler Bezug.

An zwei weiteren Textstellen zu Prudentius steht ahd. *spānisc* zum lateinischen Lemma *Hiberus*. Die Prudentiushandschrift München, BSB. Clm 14395[511] aus dem elften Jahrhundert[512] überliefert zu *Hiberus* in der Passio Laurentii Martyris die Glosse *spanisca*[513].

---

[502] Die Glossenhandschrift Wien, ÖNB. Cod. 2732 tradiert *spanisciugiposi*.

[503] BV. Nr. 637.

[504] BV. Nr. 949.

[505] München, BSB. Clm 18140; nach StSG. I, 304, 12f. u. A. 7 *lotar-sprāhha* (GSp. VI, Sp. 386) zu ahd. *loter* 'Schlechtigkeit, Unreinheit; Nichtiges, Torheit' (SchW. S. 201) und ahd. *sprāh(h)a* 'Sprache; Aussage, Ausspruch; Gerede' (SchW. S. 266).

[506] Wien, ÖNB. Cod. 2723: *sisuva* zu *sisuua, sisa* 'Totenklagelied' (GSp. VI, Sp. 281; StWG. S. 527).

[507] Biblia sacra, I, Prolog zur Genesis, S. 3.

[508] GH. II, Sp. 1139.

[509] GSp. III, Sp. 217: *gibosi*; StWG. S. 202; dazu ahd. *bōsa* 'Härte' und ahd. *bōsheit* 'Nichtiges, Nichtigkeit; nichtswürdiges, sündiges Treiben' (SchW. S. 100).

[510] GSp. VI, Sp. 281; StWG. S. 527.

[511] BV. Nr. 579.

[512] B. Kölling, Kiel UB. Cod. MS. K. B. 145, S. 57, 64.

[513] StSG. II, 435, 51; Paris, BN. Nouv. acquis. lat. 241: *spanisci*; das letzte *i* auf Rasur *a*.

Dazu gehört der folgende Textzusammenhang: *Nos Vasco Hiberus diuidit / binis remotos Alpibus / trans Cottianorum iuga / trans et Pyrenas ninguidos*[514]. *Hiberus* bezeichnet hier die Herkunft des Vasconers, der zu einem Volk in Hispanien, den Vasconern, gehört[515], so daß auch hier für *spānisc* die aktuelle Bedeutung 'hispanisch' anzusetzen ist. Bezeichnet wird in an dieser Stelle die Herkunft.

Im Liber Apotheosis des Prudentius steht *spānisc* ein weiteres Mal zu lat. *Hiberus*: *Audiit aduentum domini, quem solis Hiberi / uesper habet, roseos et qui nouus excipit ortus*[516]. *Hiberus* bezeichnet hier die hiberische Abendsonne. Die Prudentiushandschriften Paris, BN. Nouv. acquis. lat. 241[517] und München, BSB. Clm 14395[518] aus dem elften Jahrhundert[519] überliefern zu lat. *Hiberi* das althochdeutsche Interpretament *spanisce*[520], das E. Steinmeyer und E. Sievers zu *spaniscero* ergänzen[521]. Die Wortform ist dann als Dativ Singular Femininum der starken Flexion zu bestimmen und als interpretierende Glosse auf das Syntagma *solis Hiberi* zu beziehen. In Anlehnung an das lateinische Lemma *Hiberi* könnte auch eine Wortform des Genitiv Singular Maskulinum der starken Flexion vorliegen (ahd. *spanisces*). Das Adjektiv ist auch hier mit 'hispanisch' zu übertragen, und zwar zur Bezeichnung eines lokalen Bezugs.

---

[514] Prudentius, Peristefanon, II, Z. 537-540.
[515] GH. II, Sp. 3373.
[516] Prudentius, Liber Apotheosis, Z. 424f.
[517] BV. Nr. 771.
[518] BV. Nr. 579.
[519] B. Kölling, Kiel UB. Cod. MS. K. B. 145, S. 57, 64.
[520] StSG. II, 457, 51 u. A. 9.
[521] Ebenda.

25. *tracisg*

Zum Volksnamen der Thrazier, der Bewohner der Landschaft Thrazien im südöstlichen Europa, lat. *Thraces*[522], wird mit dem Suffix *-isc* ein Adjektiv *thracisg* gebildet, das einmal in Notkers Übersetzung des Martianus Capella und daneben in substantivischer Verwendung in den Glossen zu Vergil belegt ist.

Bei Notker[523] wird mit dem Syntagma *in traciscūn* 'auf thrakische Weise'[524] der Gesang in einer fremden Sprache bezeichnet, also ein Vergleich. Im vorangehenden lateinischen Text steht das Lemma *treicium* zu lat. *Threicius*, poetisch 'thrazisch'[525].

Die Vergilhandschrift München, BSB. Clm 18059[526] aus dem zweiten Viertel des elften Jahrhunderts[527] überliefert zu einem lateinischen Lemma *Threissa* 'in oder aus Thrazien', substantiviert 'die Thrazierin'[528], ein althochdeutsches Interpretament *trachiisca*[529]. In der Aeneis des Vergil findet sich dazu der folgende Textzusammenhang: *cui mater media sese tulit obuia silua / uirginis os habitumque gerens et uirginis arma / Spartanae, uel qualis equos Threissa fatigat / Harpalyce uolucremque fuga praeuertitur Hebrum*[530]. Im Wald tritt dem Aeneas die Mutter entgegen, die die Waffen einer Spartanerin trägt und der Thrazierin Harpalyke gleicht. Analog zum lateinischen Wort ist die feminine Wortform *trachiisca* mit 'die Thrazische, die Thrazierin' zu übersetzen, womit in diesem Zusammenhang die Volkszugehörigkeit der Harpalyce gekennzeichnet wird. Der silbische Vokal ‹i› erklärt sich wohl in Anlehnung an lat. *Threicius*.

---

[522] GH. II, Sp. 3114.
[523] N. IV, 109, 12.
[524] SchW. S. 284.
[525] GH. II, Sp. 3114.
[526] BV. Nr. 634.
[527] Ch. E. Eder, StMOSB. 83 (1972) S. 89.
[528] GH. II, Sp. 3114f.
[529] StSG. II, 646, 42.
[530] Vergil, Aeneis, I, Z. 314-317.

28. tuscānisch

Zu zwei Textstellen des Vergil ist ein weiteres Adjektiv bezeugt, das mit dem Suffix *-isc* mittelbar vom Volksnamen der Tusker, lat. *Tusci*[531], abgeleitet ist, der die Einwohner Etruriens bezeichnet. Sowohl das im Lateinischen dazu gebildete Adjektiv *Tuscanicus* 'tuskanisch'[532] als auch der im Summarium Heinrici bezeugte und mit einem lateinischen *-i*-Suffix gebildete Name *Tuscani*[533] können als unmittelbare Basen gedient haben.

Ahd. *tuscānisch* ist nur in den Glossen bezeugt, und zwar zunächst in der Handschrift Paris, BN. lat. 9344[534] aus dem elften Jahrhundert[535] zu einem Textzusammenhang aus der Aeneis des Vergil: *ante et Trinacria lentandus remus in unda / et salis Ausonii lustrandum nauibus aequor / infernique lacus Aeaeaeque insula Circae, / quam tuta possis urbem componere terra*[536]. Ein Priester verkündet Aeneas, daß er die trinakrische See und das italische Salzmeer durchqueren muß, bevor er gesichert im ausonischen Hafen landen kann. Das althochdeutsche Interpretament *tuscanischen*[537] steht als Randglosse zu einem lateinischen Lemma *Ausonii* von lat. *Ausonius* 'ausonisch'[538] zum Volksnamen der Ausonier. Lat. *Ausones* und *Ausonii*[539] als Bezeichnungen für die Ureinwohner von Mittelitalien und Unteritalien werden bei Vergil auch als Bezeichnungen für die

---

[531] GH. II, Sp. 3268; J. Knobloch, Onoma 30 (1990-91) S. 30.

[532] GH. II, Sp. 3268.

[533] Im vierten Buch des SH. unter 9. De gentium vocabulis: *Tuscani* (StSG. III, 206, 27f.); dazu auch *Tusculari*, *Tuski* (StSG. III, 131, 22; 206, 27).

[534] BV. Nr. 752.

[535] R. Bergmann, Mittelfränkische Glossen, S. 107-129; E. Neuß, Studien zu den althochdeutschen Tierbezeichnungen, S. 15-18.

[536] Vergil, Aeneis, III, Z. 384-387.

[537] StSG. II, 706, 18.

[538] GH. I, Sp. 742.

[539] Ebenda.

Einwohner Italiens gebraucht[540]. Ahd. *tuscānisch* bezeichnet daher hier 'italisch, zu Ausonien gehörend' und stellt einen lokalen Bezug her.

Die Vergilhandschrift Berlin, StBPK. Ms. lat. 4° 215[541] aus der ersten Hälfte des elften Jahrhunderts[542] überliefert zu einem lateinischen Lemma *Tyrrenus* die althochdeutsche Glosse *thuschanisgu*[543]. Der Textzusammenhang stammt aus den Georgica: *an memorem portus Lucrinoque addita claustra / atque indignatum magnis stridoribus aequor, / Iulia qua ponto longe sonat unda refuso / Tyrrhenusque fretis immittitur aestus Auernis?*[544] Der Erzähler berichtet, daß er oft an die Häfen am Lucrinersee und an die starke Brandung des Meeres denke, die er als Tyrrhenische Flut bezeichnet. Lat. *Tyrrhenus* 'tyrrhenisch, etruskisch'[545] steht zu lat. *Tyrrheni*[546], dem Volksnamen der Tyrrhener oder Etrusker. Die althochdeutsche Glosse *thuschanisgu* stellt ebenso wie im vorangehenden Beleg einen lokalen Bezug im Sinne einer Lagebezeichnung her.

27. vngrisch

Das volkssprachige Adjektiv *vngrisch* ist mit dem Suffix *-isc* unmittelbar vom Volksnamen der Ungarn abgeleitet. *Ungarn* ist die deutsche Benennung eines finno-ugrischen Völkerstammes. Darüber hinaus dient der Name ebenfalls der Bezeichnung des von diesem Volk a. 860 besetzten Gebietes an der mittleren Donau. Die mittelalterlichen Chronisten übertrugen häufig den Volksnamen der *Hunnen* auf die Ungarn, weil sich der Mittelpunkt des hunnischen Reiches auf dem

---

[540] GH. I, Sp. 742, mit Stellennachweis zu Vergil; H. Merguet, Lexikon zu Vergilius, S. 85; Thesaurus, II, Sp. 1539.

[541] BV. Nr. 50.

[542] Ch. E. Eder, StMOSB. 83 (1972) S. 138.

[543] StSG. II, 721, 33.

[544] Vergil, Georgicon, II, Z. 161-164.

[545] GH. II, Sp. 3278.

[546] GH. II, Sp. 3277.

Wohngebiet der Ungarn befand[547]. Der Volksname ist an slaw. *Ugr* angelehnt und nach der früheren Heimat des Stammes *Ugor, Jugoria*, dem Land der Ugrier, Wogulen und Ostjaken am Fluß *Jugra*, benannt[548]. Das Volk der *Ungri* wird bei den Franken zuerst bei Hinkmar von Reims genannt: *sed ad hostes antea illis populis inexperti, qui Ungri vocantur, regnum eiusdem populantur*[549]. Zum Volksnamen der Ungarn ist schon im Wortschatz der althochdeutschen Glossen ahd. *ungar* belegt, das in den ältesten Belegen zu lat. *Parthus*[550] steht, dann auch zu mlat. *Ungarii* oder *Pannonii*[551].

Das Adjektiv *vngrisch* ist nur einmal in einer Pflanzenbezeichnung belegt[552], und zwar in einem alphabetischen lateinisch-deutschen Kräuterglossar. Bei dieser *isc*-Ableitung handelt es sich offensichtlich um eine Bildung in jüngerer Überlieferung ohne erkennbar ältere Tradition. Sie könnte jedoch vorgelegen haben, da bereits der Volksname in alter Überlieferung bezeugt ist. Daher wird diese Bildung im folgenden berücksichtigt, obwohl die Datierung der Handschrift bereits ins Mittelhochdeutsche verweist. Die Handschrift München, BSB. Clm 9607[553] von einer Hand des vierzehnten Jahrhunderts[554] überliefert zu lat. *Aristologia longa*[555] die althochdeut-

---

[547] E. Moór, BNF. 14 (1963) S. 63f.

[548] J. J. Egli, Nomina Geographica, S. 954; DWB. XXIV, Sp. 611-613; man vergleiche E. Dümmler, Geschichte des ostfränkischen Reiches, III, S. 438; J. H. Schwicker, Geschichte der ungarischen Literatur, S. 6.

[549] Hincmari Remensis Annales. A. 862, MGH. SS. I, S. 458, Z. 23f.

[550] StSG. II, 719, 44; K. Siewert, Die althochdeutsche Horazglossierung, S. 278f.

[551] StSG. III, 132, 12-14; 207, 3f.; SH. I, 275, 15f.

[552] Ein weiterer Beleg bei StWG. S. 659 (*ungerischampfe*) gehört wohl zu *hungersampfer*: StSG. III, 599, 28, A. 7; dazu anders O. Gröger, Die althochdeutsche und altsächsische Kompositionsfuge, S. 462.

[553] BV. Nr. 551, pag. 184ᵇ, Z. 31.

[554] StSG. IV, 533.

[555] CGL. III, 543, 13.

sche Pflanzenbezeichnung *vngrischwrtz*[556]. Die Bezeichnung wurde offensichtlich gewählt, da mit diesem Kraut eine Krankheit *Hinsch* behandelt wurde, die auch als *ungarische Krankheit* (a. 1567) bekannt war, weil sie wohl aus Ungarn in das deutschsprachige Gebiet gebracht wurde[557]. Neben der *ungarischen Krankheit* ist als ältester Beleg für die Bezeichnung einer Krankheit mit dem Adjektiv *vngrisch*[558] das *ungerische Feber* (a. 1542) bezeugt.

28. walasg

Grundlage der Bildung ist der Volksname der Welschen, der auf den keltischen Stammesnamen lat. *Volcae*[559] zurückgeht. Auf lat. *Volcae* ist im Althochdeutschen die Bezeichnung *wal(a)h* 'Romane'[560], Pl. *uualha*[561], zurückzuführen[562]. Der Volksname bezeichnete ursprünglich die keltischen Nachbarn der Germanen, wurde jedoch nach deren Romanisierung auf die romanischen Völker übertragen[563]. Als unmittelbare Basis für das Adjektiv mit dem Suffix *-isc* ist der schon im Althochdeutschen bezeugte Volksname anzunehmen.

Das Adjektiv tritt in verschiedenen graphischen Varianten auf, die auf die Lautentwicklung des im Auslaut auftretenden Konsonanten /h/

---

[556] Einsicht in den Mikrofilm der Handschrift im Archiv des Forschungsprojekts Althochdeutsches Wörterbuch von Prof. Dr. Dr. h.c. R. Schützeichel; StSG. III, 518, 20 u. A. 4.

[557] H. Marzell, Wörterbuch der deutschen Pflanzennamen, I, Sp. 391; M. Höfler, Deutsches Krankheitsnamen-Buch, S. 323f.

[558] M. Höfler, Deutsches Krankheitsnamen-Buch, S. 144f.

[559] GH. II, Sp. 3538.

[560] SchW. S. 307; D. Geuenich, Die Personennamen der Klostergemeinschaft von Fulda, S. 95; FöN. Sp. 1513; H. Kaufmann, Ernst Förstemann. Altdeutsches Namenbuch. Ergänzungsband, S. 380.

[561] GSp. I, Sp. 841f.; StWG. S. 692; dazu StSG. III, 131, 11; 206, 18.

[562] BN. I.1, § 266, S. 319; I.2, § 379, S. 125; dazu L. Weisgerber, RhVB. 13 (1948) S. 91-94.

[563] H. Kaufmann, Ernst Förstemann. Altdeutsches Namenbuch. Ergänzungsband, S. 380f.

zurückzuführen sind. Germ. /h/ zeigt in allen germanischen Sprachen die Neigung, sich vom stimmlosen velaren Frikativ zum bloßen Hauchlaut zu entwickeln. Bei *walah-isc* steht /h/ als Hauchlaut inlautend vor einem Vokal /i/ und schwindet im Wortinnern (*walasg*), woran sich eine Entwicklung des späteren Mitteldeutschen ankündigt[564]. In den Texten Notkers erscheint für das Suffix *-isc* zudem häufig die abgeschwächte Variante *-esc*[565] (*in walescūn*).

Ahd. *walasg* ist sowohl in den literarischen Denkmälern als auch im Wortschatz der Glossen bezeugt. Weiterhin tradieren die Leges Burgundionum das Wort auch latinisiert.

Bei Notker und in den Glossen zu Notkers Psalter ist dreimal das Syntagma *in walescūn* belegt, das mit 'auf romanisch, lateinisch'[566] zu übersetzen ist. In jedem Beleg dient das Syntagma der Kennzeichnung der fremden Sprache, so zum Beispiel in Notkers Übersetzung des Martianus Capella: *táz íst electrum . dáz héizet in uuálascun smaldum*[567]. Die Bezeichnung mlat. *smaldum* 'Weißgold'[568] für lat. *electrum* 'Bernstein', im übertragenen Sinne als Bezeichnung für ein Metallgemisch aus Silber und Gold[569], ist schon früh in die romanischen Sprachen übernommen worden und stammt aus dem Fränkischen[570]. Notker konnte das Wort daher als lateinisch beziehungsweise romanisch bezeichnen. In den Glossen zu Notkers Psalter[571] steht das althochdeutsche Interpretament *in uuálescun* zu lat. *vulgariter* 'gewöhnlich, alltäglich'[572], mlat. 'volkssprachig'[573]. Das Syn-

---

[564] BEG. §§ 150-154, S. 143-150.
[565] BEG. § 63, A. 1, S. 65.
[566] SchW. S. 307.
[567] N. IV, 23, 17.
[568] SchW. S. 262; E. Meineke, Bernstein im Althochdeutschen, S. 66.
[569] GH. I, Sp. 2378.
[570] L. Weisgerber, RhVB. 13 (1948) S. 107.
[571] N. IX, 333, 23.
[572] GH. II, Sp. 3559.
[573] J. F. Niermeyer, Mediae Latinitatis lexicon minus, S. 1117f.

tagma *in uuálescun*[574] ist ein weiteres Mal als Glosse zu *latîne* 'lateinisch, lateinisch'[575] bezeugt.

Im Wortschatz der althochdeutschen Glossen tritt das Adjektiv in Pflanzenbezeichnungen auf. Die Handschrift Bern, BB. Cod. 803 (Rolle der Grafen von Mülinen)[576] aus dem elften oder zwölften Jahrhundert[577] überliefert zu dem lateinischen Lemma *Balsamiten* zu *balsamum* 'der Balsambaum, -strauch, die Balsamstaude'[578] ein althochdeutsches Interpretament *welehesc minza*[579]. Mit *Balsamum* werden im Mittelalter im Garten gezogene Minzen benannt, so zum Beispiel auch die Frauenminze oder das Frauenblatt, das die lateinische Bezeichnung *Costum* oder *Tanacetum Balsamita* führt[580]. In den Pflanzenglossaren ist die Bezeichnung sonst sehr selten bezeugt, so zum Beispiel in einem mittelniederdeutschen Glossar des vierzehnten Jahrhunderts[581].

Zwei Handschriften der Glossae Salomonis überliefern zu einem lateinischen Lemma *Volema*[582] zu *volemum pirum* 'eine Art großer Birnen, etwa Pfundbirne'[583] die althochdeutschen Glossen *walhische pira. winigifta*[584] beziehungsweise *walahischivpira .t.*[585].

---

[574] N. VIII, 99, 7.

[575] GH. II, Sp. 578f.

[576] BV. Nr. 67.

[577] W. Henzen, Geschichte. Deutung. Kritik, S. 13.

[578] GH. I, Sp. 783.

[579] StSG. III, 494, 11; dazu L. Diefenbach. Glossarium latino-germanicum, S. 67af.

[580] H. Marzell, Wörterbuch der deutschen Pflanzennamen, IV, Sp. 579; R. v. Fischer-Benzon, Altdeutsche Gartenflora, S. 71, 73, 179.

[581] Lat. *costi* zu *wescheminthe* (M. Kleemann, ZDPh. 9 (1878) S. 233).

[582] StSG. IV, 110, 10; 165, 64.

[583] GH. II, Sp. 3538.

[584] München, BSB. Clm 22201 (BV. Nr. 681) aus dem zwölften Jahrhundert (K. Schneider, Gotische Schriften in deutscher Sprache. Textband, I, S. 28; R. Bergmann, Mittelfränkische Glossen, S. 304-309; K. Matzel, PBB. 85 [Tübingen 1963] S. 18; A. Quak, Althochdeutsch, I, S. 576).

Ahd. *winigifta* ist auch in weiteren Überlieferungszusammenhängen als volkssprachiges Interpretament zu *volemum* beziehungsweise *volemum pirum* bezeugt[586]. Die Tegernseer Vergilhandschrift München, BSB. Clm 18059[587] aus dem zweiten Viertel des elften Jahrhunderts[588] überliefert zu dem lateinischen Lemma *Uolemis* 'Pfundbirne'[589] die althochdeutsche Glosse *uvalihiscunpir̥n*[590] in dem folgenden Textzusammenhang: *pomaque et Alcinoi siluae, nec surculus idem / Crustumiis Syriisque piris grauibusque volemis*[591]. Hier wird zwischen einfachen Birnen und den größeren Pfundbirnen unterschieden[592].

Die Leges Burgundionum tradieren einen Personennamen *Walestus*[593], der in verschiedenen Handschriften in den Varianten *Walisci, Walesci, Walisce* und *Valisce*[594] bezeugt ist. Der Namenbildung liegt vermutlich ein Adjektiv *walisc* zugrunde und bezeichnete bei der Erstbenennung den Welschen in einer Herkunftsbezeichnung.

---

[585] London, BMMss. Add. 18379 (BV. Nr. 391) aus dem dreizehnten Jahrhundert (R. Priebsch, Deutsche Handschriften in England, S. 175, Nr. 202; B. Meineke, Liber Glossarum und Summarium Heinrici, S. 169).

[586] GSp. IV, Sp. 125; StWG. S. 731f.; dazu St. Stricker, Basel ÖBU. B IX 31, S. 252; L. Diefenbach, Glossarium latino-germanicum, S. 628a.

[587] BV. Nr. 634.

[588] Ch. E. Eder, StMOSB. 83 (1972) S. 89.

[589] Dazu auch H. Merguet, Lexikon zu Vergilius, S. 774.

[590] StSG. II, 631, 62.

[591] Vergil, Georgicon, II, Z. 87f.

[592] KFW. I, Sp. 1101f.

[593] Leges Burgundionum, S. 34, Z. 12.

[594] Ebenda, S. 35, Z. 9.

29. windisc

Grundlage der Bildung *windisc* mit dem Suffix *-isc* ist der ins Germanische übernommene fremde Volksname der Wenden, ahd. *Winid(a)*[595], germ. **Wĭniþa-*, **Wĭnida-*[596] zu lat. *Venedi*[597], als Bezeichnung für eine nordgermanische Völkerschaft an der Mündung der Weichsel. Der Name wurde später auf die den Germanen östlich benachbarten Slaven übertragen[598].

Das Adjektiv ist im Wortschatz der althochdeutschen Glossen in verschiedenen, sachlich geordneten Glossaren überliefert. Die Handschrift Wien, ÖNB. Cod. 804[599] aus dem zwölften Jahrhundert[600] bezeugt zu einem lateinischen Lemma *Slauicus* zu *sclavus* 'esclave, slave'[601] das althochdeutsche Interpretament *windischer*[602]. Lat. *Slauicus* ist nur im Mittellateinischen bezeugt, aber darüber hinaus im Althochdeutschen in einem Beinamen *Slauuo*[603] anzutreffen. Ahd. *windischer* bezeichnet in diesem Zusammenhang den 'Slaven', dient also der Bezeichnung der Volkszugehörigkeit.

---

[595] GSp. I, Sp. 892; StWG. S. 731; FöN. Sp. 1617f.; H. Kaufmann, Ernst Förstemann. Altdeutsches Namenbuch. Ergänzungsband, S. 407f.; dazu auch der Beiname *Uuinid* (D. Geuenich, Die Personennamen der Klostergemeinschaft von Fulda, S. 95).

[596] H. Kaufmann, Ernst Förstemann. Altdeutsches Namenbuch. Ergänzungsband, S. 407f.; M. Schönfeld, Wörterbuch der altgermanischen Personen- und Völkernamen, S. 280f.

[597] GH. II, Sp. 3398.

[598] BN. II.2, § 418, S. 13.

[599] BV. Nr. 926.

[600] W. Schulte, Die althochdeutsche Glossierung der Dialoge Gregors des Großen, S. 915; Th. Frings - G. Müller, Erbe der Vergangenheit, S. 110.

[601] J. F. Niermeyer, Mediae Latinitatis lexicon minus, S. 946; dazu StSG. III, 207, 9 u. A. 3: *Sclaui, Slavi*; DuCange, VII, S. 500: **Slawe*; L. Diefenbach, Glossarium latino-germanicum, S. 519b; man vergleiche auch F. Kluge - E. Seebold, Etymologisches Wörterbuch, S. 676; F. Kluge - W. Mitzka, Etymologisches Wörterbuch, S. 711f.

[602] StSG. III, 429, 27.

[603] D. Geuenich, Die Personennamen der Klostergemeinschaft von Fulda, S. 95.

Weiterhin ist das Wort nur noch als Pflanzenbezeichnung zu dem lateinischen Lemma *Gilisia* tradiert. Die Handschrift Florenz, Biblioteca Medicea Laurenziana Plut. 16.5[604] vom Anfang des dreizehnten Jahrhunderts[605] überliefert in Buch XI des Summarium Heinrici das althochdeutsche Interpretament *windisca*[606]. Nach H. Marzell[607] ist *windisca* als volkssprachige Bezeichnung zu *Veratrum album* 'Weißer Germer' bezeugt. Die Pflanzenbezeichnung steht zu ahd. *windisc* und ist als 'Wendische Wurzel' bekannt[608]. In zwei weiteren sachlich geordneten Glossaren sind dazu *Widisca*[609] und *widisa*[610] (zu *Galisia*[611] beziehungsweise *Gelisia*[612]) überliefert, bei denen in der Überlieferung vermutlich der Nasalstrich über dem Stammvokal verlorengegangen ist (*Wīdisca, *wīdisa). Zu *widisa* ist weiterhin das althochdeutsche Interpretament *nessiwrz* tradiert[613]. Diese Tatsache veranlaßt R. v. Fischer-Benzon[614] zu der Vermutung, daß die Pflanze zu Nieswurz zu stellen ist. Bei der Erstbenennung *windisca* spielte offensichtlich ein Bezug zu den Wenden eine Rolle, so daß hier eine lokale Relation vermutet werden kann.

---

[604] BV. Nr. 151.

[605] St. Stricker, Probleme der Edition althochdeutscher Texte, S. 42; St. Stricker, Basel ÖBU. B IX 31, S. 89; St. Stricker, in: R. Schützeichel, Addenda und Corrigenda (III), S. 298, 307; P. Scardigli, Althochdeutsch, I, S. 586; W. Schröder, ZDA. 87 (1956/1957) S. 197; dazu auch E. Steinmeyer, ZDA. 15 (1872) S. 332-368.

[606] StSG. III, 301, 45; die Handschrift München, BSB. Clm 3215 (BV. Nr. 464) überliefert zum gleichen lateinischen Lemma *widisca*.

[607] Wörterbuch der deutschen Pflanzennamen, IV, Sp. 1023.

[608] Ebenda.

[609] StSG. III, 579, 6.

[610] StSG. III, 500, 15.

[611] Rom, BV. Reg. lat. 1701; BV. Nr. 827.

[612] Bern, BB. Cod. 803 (Rolle der Grafen von Mülinen); BV. Nr. 67.

[613] StSG. III, 500, 15 u. A. 11; dazu auch L. Diefenbach, Glossarium latinogermanicum, S. 258c.

[614] Altdeutsche Gartenflora, S. 208.

B. Derivate von Landschaftsnamen

a. *alpisc*

Das Adjektiv *alpisc* steht als Bildung mit dem Suffix *-isc* zum Landschaftsnamen lat. *Alpes*[615], der schon von den antiken Schriftstellern genannt wird[616]. Nach F. Kluge und E. Seebold[617] geht der Name auf ein vorindogermanisches Wort zurück, für das die Bedeutung 'Berg' vermutet wird. Der Anschluß an lateinisch *albus* 'weiß'[618] hat wohl bei der Benennung des Gebirgszuges mitgewirkt. Im Wortschatz der althochdeutschen Glossen ist der Landschaftsname *Alpūn* vielfach bezeugt[619] und kann als unmittelbare Basis für ahd. *alpisc* gedient haben.

Ahd. *alpisc* ist nur in den althochdeutschen Glossen bezeugt, und zwar in den Glossen zur Aeneis des Vergil zu zwei verschiedenen Textstellen. Die Handschrift München, BSB. Clm 18059[620] aus dem zweiten Viertel des elften Jahrhunderts[621] überliefert zu dem lateinischen Lemma *Alpini* zu *Alpinus* 'zu den Alpen gehörig, alpisch, Alpen-'[622] die althochdeutsche Glosse *alpîscun*[623]. Dazu gehört der folgende Textzusammenhang, in dem der Erzähler von einem alten, starken Eichenbaum berichtet, der durch alpinische Winde ins Wanken gebracht wird: *ac uelut annoso ualidam cum robore quercum / Alpini Boreae nunc hinc nunc flatibus illinc / eruere inter se cer-*

---

[615] GH. I, Sp. 336f.
[616] BN. II.2, § 524, S. 241.
[617] Etymologisches Wörterbuch, S. 21.
[618] GH. I, Sp. 291.
[619] GSp. I, Sp. 242; StWG. S. 21; dazu A. L. Lloyd - O. Springer, Etymologisches Wörterbuch des Althochdeutschen, I, Sp. 155-157.
[620] BV. Nr. 634.
[621] Ch. E. Eder, StMOSB. 83 (1972) S. 89.
[622] GH. I, Sp. 337.
[623] StSG. II, 654, 8.

*tant*⁶²⁴. Das althochdeutsche Interpretament ist mit 'alpinisch' zu übertragen. Bezeichnet wird die Herkunft der kräftigen Stürme⁶²⁵.

Die gleiche Handschrift tradiert zu einem weiteren Textzusammenhang aus der Aeneis die althochdeutsche Glosse *alpisca*⁶²⁶ zu dem lateinischen Lemma *Alpina*. Bei Vergil heißt es: *aurea caesaries ollis atque aurea uestis, / uirgatis lucent sagulis, tum lactea colla / auro innectuntur, duo quisque Alpina coruscant / gaesa manu, scutis protecti corpora longis*⁶²⁷. Der Erzähler berichtet von einem nächtlichen Überfall der Gallier und beschreibt ihr kriegerisches Aussehen. Nach seinem Bericht tragen die Gallier goldene Gewandungen und grellgestreifte Kriegsmäntel und sind bewaffnet mit blitzenden alpinischen Wurfspießen. Lat. *gaesum* 'Wurfspieß'⁶²⁸ bezeichnet einen schweren eisernen Wurfspieß, der insbesondere von den Alpenvölkern als Waffe benutzt wurde. Das lateinische Adjektiv *Alpinus* dient der genaueren Bezeichnung der Waffe. Ahd. *alpisc* als Glosse zu *Alpinus* ist daher auch in diesem Zusammenhang mit 'alpinisch' zu übersetzen und kennzeichnet die Herkunft der Waffe⁶²⁹.

b. ĕpīretisc

Die Bildung *ĕpīretisc* ist unmittelbar mit dem Suffix *-isc* von einem lateinischen Adjektiv *Epiroticus* 'epirotisch'⁶³⁰ zu lat. *Epirus (Epiros)*⁶³¹ abgeleitet, der Bezeichnung für eine Landschaft in Griechenland.

---

⁶²⁴ Vergil, Aeneis, IV, Z. 441-443.

⁶²⁵ Dazu auch M. Luukkainen, Untersuchungen zur morphematischen Transferenz, S. 218.

⁶²⁶ StSG. II, 663, 62.

⁶²⁷ Vergil, Aeneis, VIII, Z. 659-662.

⁶²⁸ GH. I, Sp. 2895.

⁶²⁹ Dazu auch M. Luukkainen, Untersuchungen zur morphematischen Transferenz, S. 218.

⁶³⁰ GH. I, Sp. 2437.

⁶³¹ Ebenda.

Das Adjektiv ist nur einmal in den Glossen zur Aeneis des Vergil überliefert. In der Handschrift München, BSB. Clm 18058[632] aus dem zweiten Viertel des elften Jahrhunderts[633] steht die Interlinearglosse *epireti:sca*[634] zu dem lateinischen Lemma *Dodoneos* von *Dodonaeus* 'dodonäisch, epirisch'[635] zu der folgenden Textstelle: *Quae postquam uates sic ore effatus amico est, / dona dehinc auro grauia ac secto elephanto / imperat ad nauis ferri, stipatque carinis / ingens argentum Dodonaeosque lebetas, / loricam consertam hamis auroque trilicem, / et conum insignis galeae cristasque comantis, / arma Neoptolemi*[636]. An der betreffenden Textstelle wird davon berichtet, daß der Seher Geschenke aus Gold und Elfenbeinschnitzwerk zu den Schiffen tragen und in die Kiele große Mengen von Silber füllen ließ, die ihm von Dodona (in Epirus) geliefert wurden. Ahd. *ēpīretisc* ist mit 'epirisch' zu übersetzen. Bezeichnet wird an dieser Textstelle die Herkunft der Schätze[637].

c. *galilēisk*

Das Adjektiv *galilēisk*, ae. *galiléisc*, *galilésc*[638], als Ableitung mit dem Suffix *-isc* ist nur einmal im altsächsischen Heliand überliefert. Es steht zum Namen der Landschaft *Galilaea*[639] im nördlichen Teil Palästinas. Im Lateinischen wird dazu ein Adjektiv *Galilaeus* 'galiläisch'[640] gebildet, das ebenso wie der Landschaftsname als unmittelbare Basis für das altsächsische Adjektiv gedient haben kann.

---

[632] BV. Nr. 634.

[633] Ch. E. Eder, StMOSB. 83 (1972) S. 89.

[634] StSG. II, 652, 13.

[635] GH. I, Sp. 2272.

[636] Vergil, Aeneis, III, Z. 463-469.

[637] Dazu auch M. Luukkainen, Untersuchungen zur morphematischen Transferenz, S. 218.

[638] BTD. S. 360.

[639] GH. I, Sp. 2898; Biblia sacra, Mt. 4, 15.

[640] GH. I, Sp. 2898.

As. *galilēisk* ist im Heliand in dem folgenden Zusammenhang überliefert: *'ni bist thu thesoro burgliudio,' quâðun sie; 'that mugun uui an thînumu gibârie gisehan, / an thînun uuordun endi an thînaru uuîson, that thu theses uuerodes ni bist, / ac thu bist galilêisk man.'*[641] 'Du bist keiner der Einwohner dieser Stadt', sagten sie; 'das können wir an deinem Verhalten sehen, an deinen Worten und an deiner Art, daß du nicht aus diesem Volk stammst: Du bist vielmehr ein Mann aus Galiläa.' Petrus wird nach der Gefangennahme Jesu im Garten Gethsemani von einer Magd des Hohenpriesters als Galiläer erkannt und hier zum dritten Male direkt darauf angesprochen. Das attributiv gebrauchte Adjektiv *galilēisk* ist mit 'galiläisch (aus Galiläa)'[642] zu übersetzen und bezeichnet die Zugehörigkeit mit einem leicht negativen Beiklang[643].

d. *cholchisg*

Das Adjektiv *cholchisg* ist mit dem Suffix *-isc* unmittelbar vom Namen der Landschaft *Colchis*[644] abgeleitet, die am östlichen Ufer des Schwarzen Meeres an Armenien und den Kaukasus grenzt. Die Landschaft war insbesondere als Heimat der Medea berühmt[645].

Ahd. *cholchisg* ist im Wortschatz des Althochdeutschen nur einmal in Notkers Übersetzung des Martianus Capella bezeugt: *Ter chólchisko gérmenod uuárd óuh fóne íro gezéichenet . rézzondo mít adamantînero uuássun. Mít íro hérten grífele scréib si zóuuerlichíu carmina . ál sólchiu cholchi ϼobent . tîe in scithia sízzent*[646]. Hier wird von einer aus *Kolchis* stammenden Zauberformel berichtet, die auch der Medea bekannt war und von ihr mit einem stählernen Griffel

---

[641] Heliand, V. 4973-4975.

[642] E. H. Sehrt, Vollständiges Wörterbuch zum Heliand, S. 161; F. Holthausen, Altsächsisches Wörterbuch, S. 24.

[643] Dazu auch T. S. 613, Z. 15 und Z. 23: an vergleichbarer Stelle steht *galileus*.

[644] GH. I, Sp. 1256.

[645] Der kleine Pauly, III, Sp. 270f.

[646] N. IV, 100, 8-10.

aufgezeichnet wurde. Ahd. *cholchisg* 'kolchisch'[647] bezeichnet die Herkunft der Zauberformel.

e. *crētēnsisc*

Das althochdeutsche Adjektiv *crētēnsisc* ist mit dem Suffix *-isc* unmittelbar von einem lateinischen Adjektiv *Cretensis* 'kretisch'[648] abgeleitet. Grundlage der lateinischen Bildung ist der Name der Insel Kreta, lat. *Creta*[649], die im Altertum durch ihre Gesetzgebung und Kultur sowie durch die Fruchtbarkeit des Bodens berühmt war.

Das Adjektiv ist nur einmal in den Glossen zu Prudentius bezeugt. Die Handschrift St. Gallen, StiftsB. 134[650] mit Glossen zu Prudentius aus dem zehnten Jahrhundert[651] überliefert zu dem lateinischen Lemma *Gnosiis* das althochdeutsche Interpretament *cretensiscvn*[652]. Dazu gehört der folgende Textzusammenhang: *Sumunt arma uiri seque minacibus / accingunt gladiis, triste canit tuba; / hic fidit iaculis, ille uolantia / praefigit calamis spicula Gnosiis*[653]. Der Erzähler berichtet vom Beginn eines Kampfes und den Vorbereitungen der Krieger, die zum Teil Wurfspieße bereithalten und zu einem anderen Teil scharfe Spitzen auf kretischen Schäften befestigen. Das lateinische Lemma *Gnosiis* von lat. *Gnosius* 'kretisch'[654] dient der näheren Bezeichnung der Waffen. Als aktuelle Bedeutung für *crētēnsisc* ist 'kretisch' anzugeben. Bezeichnet wird hier die Herkunft.

---

[647] SchW. S. 183.

[648] GH. I, Sp. 1758.

[649] Ebenda.

[650] BV. Nr. 186.

[651] G. Scherrer, Verzeichniss der Handschriften der Stiftsbibliothek von St. Gallen, S. 49-51, 108; B. Meineke, Liber Glossarum und Summarium Heinrici, S. 38.

[652] StSG. II, 486, 44.

[653] Prudentius, Cathemerinon, V, Z. 49-52.

[654] GH. I, Sp. 2950.

f. *grētigisc*

Das Adjektiv *grētigisc* ist unmittelbar mit dem Suffix *-isc* von einem lateinischen Adjektiv *Creticus* 'kretisch'[655] abgeleitet, das zu lat. *Creta* steht. Die Graphie ‹g› für /k/ ist vor den Konsonanten /l/, /r/, /m/ und /n/ häufig bezeugt[656]. Die gleichfalls auf den Namen der Insel zurückzuführenden Bildungen *crēttisc* beziehungsweise *crētēnsisc* zeigen ein anlautendes /k/ und stehen damit näher als *grētigisc* zur Basis *Creta*[657].

Das Adjektiv ist nur im Wortschatz der althochdeutschen Glossen überliefert, und zwar einmal zu den Georgica des Vergil und ein weiteres Mal zu Prudentius.

Die Vergilhandschrift München, BSB. Clm 18059[658] aus dem zweiten Viertel des elften Jahrhunderts[659] überliefert zum lateinischen Lemma *Gnosia* (in der Vergiledition *Cnosia*) das althochdeutsche Interpretament *gretigisco*[660] zu dem folgenden Satz der Georgica: *at si triticeam in messem robustaque farra / exercebis humum solisque instabis aristis, / ante tibi Eoae Atlantides abscondantur / Cnosiaque ardentis decedat stella Coronae, / debita quam sulcis committas semina quamque / inuitae properes anni spem credere terrae*[661]. Der Erzähler berichtet von den Bedingungen, die vor der Aussaat des Weizensamens zu beachten sind. Dazu gehört, daß die Krone der Ariadne (ein Sternbild) zunächst sinken soll. *Gnosia* steht hier für die Kreterin Ariadne[662], so daß das althochdeutsche Interpretament substantivisch aufzufassen und als Wortform des Nominativ Plural

---

[655] GH. I, Sp. 1758.
[656] BEG. § 143, A. 4, S. 132.
[657] Dazu die Kapitel IV.B.e und IV.B.g dieser Arbeit.
[658] BV. Nr. 634.
[659] Ch. E. Eder, StMOSB. 83 (1972) S. 89.
[660] StSG. II, 628, 13 u. A. 3.
[661] Vergil, Georgicon, I, Z. 219-224.
[662] GH. I, Sp. 2950, mit Stellenangabe zu Vergil.

Femininum zu bestimmen ist. Bezeichnet wird die Mehrzahl der Sterne im Sternbild als 'die Kretischen'[663].

Die Prudentiushandschriften Paris, BN. Nouv. acquis. lat. 241[664] und München, BSB. Clm 14395[665] des elften Jahrhunderts[666] überliefern zu einem lateinischen Lemma *Gnosiam* mit übergeschriebenem *Greciam* das althochdeutsche Interpretament *gretigisca*[667] mit der Randglosse *Egidam geizivel (-uel)*[668]. Dazu gehört die folgende Textstelle aus der Passio Romani Martyris des Prudentius: *Sescenta possum regna pridem condita / proferre toto in orbe, si sit otium, / multo ante clara, quam capellam Gnosiam / suxisse fertur Iuppiter, Martis pater*[669]. Der Erzähler berichtet an dieser Stelle, daß Jupiter vor langer Zeit von einer kretischen Ziege gesäugt wurde. Das lateinische Lemma *Gnosias* von lat. *Gnosus*[670], der Bezeichnung für eine der ältesten Städte Kretas, ist zunächst mit 'gnosisch' zu übersetzen, kann in poetisch übertragenem Sinne jedoch auch mit 'kretisch'[671] übertragen werden. Für das althochdeutsche Interpretament ist daher die aktuelle Bedeutung 'kretisch' im Sinne einer Zugehörigkeit anzusetzen.

---

[663] So auch M. Luukkainen, Untersuchungen zur morphematischen Transferenz, S. 219.

[664] BV. Nr. 771.

[665] BV. Nr. 579.

[666] B. Kölling, Kiel UB. Cod. MS. K. B. 145, S. 57, 64; Th. Frings - G. Müller, Erbe der Vergangenheit, S. 109.

[667] StSG. II, 452, 29.

[668] StSG. II, 452, 29f.

[669] Prudentius, Peristefanon, X, Z. 616-619.

[670] GH. I, Sp. 2949.

[671] Ebenda.

g. crēttisc

Auch dieser Bildung mit dem Suffix -isc liegt die Bezeichnung der Insel Kreta, lat. *Creta*[672], zugrunde, zu der im Lateinischen verschiedene Adjektive bezeugt sind. Unmittelbare Vorlage könnte zum Beispiel lat. *Cretis* 'kretisch'[673] oder auch der Name der Insel selbst gewesen sein.

Das Adjektiv ist im althochdeutschen Wortschatz nur einmal in den Glossen zu Prudentius bezeugt. Die Handschrift München, BSB. Clm 14395[674] aus dem elften Jahrhundert[675] überliefert zu lat. *Gnosiis*[676] das althochdeutsche Interpretament *crettiscan*[677] zu derselben Textstelle bei Prudentius, zu der auch die althochdeutsche Glosse *crētēnsisc*[678] bezeugt ist. Ahd. *crēttisc* erhält ebenso wie *crētēnsisc* die aktuelle Bedeutung 'kretisch' und bezeichnet die Herkunft.

h. latīnisc

Das Adjektiv *latīnisc* steht mittelbar zum Namen der Landschaft *Latium* in Italien, die zwischen dem Tiber und Kampanien liegt. Lat. *Latium*[679] steht auch metonymisch für die Latiner und das lateinische Recht. Davon abgeleitet wird im Lateinischen das Adjektiv *Latinus* 'zu Latium gehörig, latinisch, lateinisch'[680], das hier als unmittelbare Basis für die Bildung des althochdeutschen Wortes mit dem Suffix -isc anzunehmen ist.

---

[672] GH. I, Sp. 1758.

[673] Ebenda.

[674] BV. Nr. 579.

[675] B. Kölling, Kiel UB. Cod. MS. K. B. 145, S. 64.

[676] Prudentius, Cathemerinon, V, Z. 52.

[677] StSG. II, 417, 28 u. A. 20.

[678] Kapitel IV.B.e dieser Arbeit.

[679] GH. II, Sp. 578.

[680] Ebenda.

Ahd. *latīnisc* ist nur einmal im althochdeutschen Tatian bezeugt. Es steht dort in dem Syntagma *in latinisgon*[681] neben den Syntagmen *in ebraisgon*[682] und *in criehisgon*[683] und ist mit 'auf lateinisch'[684] zu übersetzen. Ebenso wie die Adjektive *hebræisc* und *chriehhisg* dient *latīnisc* in diesem Zusammenhang der Kennzeichnung der Sprache.

i. *licēisk*

Grundlage der Bildung mit dem Suffix *-isc* ist der Name eines hohen Gebirges in Arkadien, lat. *Lycaeus*[685], von dem im Lateinischen ein Adjektiv *Lycaeus* 'lycäisch'[686] abgeleitet wird. Das Gebirge gilt als Heimatort des Pan und ist weiterhin als Kultstätte Arkadiens bekannt[687]. Sowohl das lateinische Adjektiv als auch der Name des Gebirges selbst können als unmittelbare Basen gedient haben.

Ahd. *licēisk* ist nur einmal in den Glossen zur Aeneis des Vergil bezeugt. Die Vergilhandschrift München, BSB. Clm 18059[688] aus dem zweiten Viertel des elften Jahrhunderts[689] überliefert zu den lateinischen Lemmata *Panos* und *lycei* am Blattrand das Syntagma *desliceiskinpanos*[690]. Dazu gehört der folgende Zusammenhang: *hinc lucum ingentem, quem Romulus acer asylum / rettulit, et gelida monstrat sub rupe Lupercal / Parrhasio dictum Panos de more Lycaei*[691]. In einem Gespräch zeigt der Fürst Euander dem Aeneas

---

[681] T. S. 641, Z. 4.
[682] Kapitel IV.A.b.6 dieser Arbeit.
[683] Kapitel IV.A.b.13 dieser Arbeit.
[684] SchW. S. 191.
[685] GH. II, Sp. 738.
[686] Ebenda.
[687] Der Kleine Pauly, III, Sp. 804f.
[688] BV. Nr. 634.
[689] Ch. E. Eder, StMOSB. 83 (1972) S. 89.
[690] StSG. II, 662, 68.
[691] Vergil, Aeneis, VIII, Z. 342-344.

einen gewaltigen Hain, an dessen Fuß eine große Höhle liegt, die nach dem Pan des Lycaeus benannt und ihm geweiht wurde. Das althochdeutsche Adjektiv *licēisc* ist mit 'lycäisch' zu übertragen und bezeichnet die Abstammung des Gottes Pan[692].

k. *pontisc*

Das Adjektiv *pontisc*, ae. *pontisc*[693] ist mit dem Suffix *-isc* unmittelbar von dem geographischen Namen *Pontus*[694] abgeleitet, der eine Landschaft am Schwarzen Meer bezeichnet.

Ahd. *pontisc* ist nur im Wortschatz der literarischen Denkmäler des Althochdeutschen bezeugt und dient ausschließlich zur Bezeichnung der Herkunft von Pontius Pilatus, dem römischen Statthalter in Judäa[695], dessen Name in biblischen Zusammenhängen überliefert ist[696]. Das Adjektiv *pontisc* ist in den Monseer Fragmenten, im althochdeutschen Tatian und im Weißenburger Katechismus tradiert und mit 'pontisch, zu Pontus gehörig'[697] zu übersetzen. Die Übersetzungen ins Althochdeutsche haben den Geschlechternamen *Pontius*[698] der lateinischen Vorlage als Beinamen aufgefaßt, der die Herkunft des Pilatus aus *Pontus* bezeichne. Schon Notker hat jedoch erkannt, daß es sich bei *Pontius* um einen römischen Familiennamen handelt: *Passus sub pontio pilato. Ke-nôthaftot uuard pî pontio pilato . Ziu chit iz pontio unde pilato? ane daz er zeuuêne námen habeta nâh rômiskemo síte. alde iz ist nomen patrię . daz er fone ponto hêizet*

---

[692] Dazu auch M. Luukkainen, Untersuchungen zur morphematischen Transferenz, S. 221.

[693] BTD. Supplement, S. 680.

[694] GH. II, Sp. 1778.

[695] Der Kleine Pauly, IV, Sp. 1049.

[696] Zum Beispiel Biblia sacra, II, Lc. 3, 1.

[697] SchW. S. 232; die Auffassung, daß *Pontius* eine Herkunftsbezeichnung sei, ist auch in Wolframs von Eschenbach Parzival, 219, 24, bezeugt: *Pilâtus von Poncîâ*.

[698] GH. II, Sp. 1777.

*pontius*⁶⁹⁹. Eventuell handelt es sich bei dem von *Pontus* abgeleiteten Adjektiv um einen Übersetzungsfehler⁷⁰⁰.

In den Monseer Fragmenten wird von *demo pontischin · herizohin · pilate*⁷⁰¹ 'dem pontischen Statthalter Pilatus' berichtet, wozu im lateinischen Text das lateinische Syntagma *pontio pilato praesidi* bezeugt ist. Im althochdeutschen Tatian wird der Name im lateinischen Text ebenfalls mit Hilfe des Adjektivs *pontisc* übersetzt⁷⁰². In der althochdeutschen Fassung des Vaterunser im Weißenburger Katechismus schließlich ist ein weiterer Beleg tradiert: *giuuizzinot bi pontisgen Pilate*⁷⁰³ 'gepeinigt von dem pontischen Pilatus'. Gekennzeichnet wird in allen Fällen die (vermeintliche) Herkunft des Pilatus aus Pontus.

l. *pulleohti*

Das Adjektiv gehört zu den wenigen adjektivischen Deonomastika, die nicht mit dem Suffix *-isc* abgeleitet sind. Nach J. Schatz⁷⁰⁴ gehört ahd. *pulleohti* als Ableitung auf *-ohti* zu lat. *Apulia*⁷⁰⁵, der Bezeichnung für eine Landschaft in Unteritalien, die nach Varro⁷⁰⁶ vom Volksnamen *Apŭli* abgeleitet ist.

---

⁶⁹⁹ N. X, 565, 8-11.

⁷⁰⁰ K. Matzel, Untersuchungen zur Verfasserschaft, Sprache und Herkunft der althochdeutschen Übersetzungen der Isidor-Sippe, S. 374f., A. 927.

⁷⁰¹ MF. S. 35, 26.

⁷⁰² T. S. 101, Z. 18f.: *themo pontisken / pilato*; T. S. 619, Z. 8: *themo pontisgen grauen pilate*.

⁷⁰³ StSpD. S. 30, Z. 50.

⁷⁰⁴ Althochdeutsche Grammatik, § 297, S. 197; dazu auch BEG. § 251, S. 221.

⁷⁰⁵ GH. I, Sp. 523.

⁷⁰⁶ Der kleine Pauly, I, Sp. 473.

Die Abroganshandschriften St. Gallen, StiftsB. 911[707] vom Ende des achten Jahrhunderts[708] und Karlsruhe, BLB. Aug. CXI[709] aus dem frühen neunten Jahrhundert[710] überliefern zu den lateinischen Lemmata *Malum punie (-cum), mala granata* das althochdeutsche Interpretament *upil pulleohti*[711]. Die lateinischen Bezeichnungen sind alte Namen für den Granatapfel[712], der im Althochdeutschen weiterhin mit *ephili puniske*[713] und *effiliu punikiske*[714] glossiert wird. Zu vermuten ist, daß der Glossator das lateinische Lemma falsch verstanden hat, weil ihm die alte Bezeichnung für den Granatapfel nicht bekannt war. Als aktuelle Bedeutung für ahd. *pulleohti* könnte 'punisch' im Sinne einer Herkunftsbezeichnung angesetzt werden. Da der Glossator jedoch bereits lat. *mālum* 'Apfel' mit *upil* 'übel' zu lat. *malum* übersetzt[715], kann bei *pulleohti* ebenfalls von einem fehlerhaften Verständnis ausgegangen werden, so daß die aktuelle Bedeutung 'punisch' zumindest fraglich ist.

m. *cilicaisc*

Ahd. *cilicaisc* als Ableitung mit dem Suffix *-isc* steht zu lat. *Cilicia*[716], der Bezeichnung einer Küstenlandschaft im südlichen Klein-

---

[707] BV. Nr. 253.

[708] B. Bischoff, FMSt. 5 (1971) S. 119; R. Bergmann, Die althochdeutsche Glossenüberlieferung des 8. Jahrhunderts, S. 15.

[709] BV. Nr. 298.

[710] B. Bischoff, FMSt. 5 (1971) S. 119f.; E. Meineke, Bernstein im Althochdeutschen, S. 74.

[711] B. Bischoff - J. Duft - St. Sonderegger, Das älteste deutsche Buch, Faksimile, S. 188, Z. 10; dazu ebenda der Kommentar, S. 249; StSG. I, 206, 29.

[712] H. Marzell, Wörterbuch der deutschen Pflanzennamen, III, Sp. 1192f.

[713] Dazu Kapitel IV.A.b.20 dieser Arbeit.

[714] Dazu Kapitel IV.A.b.19 dieser Arbeit.

[715] GSp. III, Sp. 333; K. Albers, Der lateinische Wortschatz des Abrogans, Kommentar zu StSG. I, 206, 29; J. Splett, Abrogans-Studien, S. 292.

[716] GH. I, Sp. 1130; LThK. VI, Sp. 144-146.

asien zwischen Pamphylien und Syrien, deren Bewohner lat. *Cilices*[717] genannt werden. Sowohl der Landschaftsname als auch der Bewohnername können als unmittelbare Basen gedient haben.

Ahd. *cilicaisc* ist im althochdeutschen Wortschatz nur ein einziges Mal belegt, und zwar in den Glossen der Handschrift München, BSB. Clm 18059[718] aus dem zweiten Viertel des elften Jahrhunderts[719], in der Vergils Aeneis und Georgica überliefert sind. Die Glosse steht in dem folgenden Textzusammenhang: *namque sub Oebaliae memini me turribus arcis, / qua niger umectat flauentia culta Galaesus, / Corycium uidisse senem, cui pauca relicti / iugera ruris erant*[720]. Der Erzähler berichtet, daß er in der Nähe von Tarent auf einen Greis aus Corycus in Kilikien (*Corycius senex*) traf, der dort ein Stück Land besaß. Zum dem lateinischen Lemma *Corycium* (in der Handschrift *Coricium*) steht die althochdeutsche Interlinearglosse *cilica iscen*[721]. *Corycos*[722] ist der Name einer Hafenstadt in Kilikien, die zwischen den Mündungen des Lamus und des Kalykadnus anzusiedeln ist. Davon abgeleitet ist ein lateinisches Adjektiv *Corycius* 'koryzisch', das bei Vergil in Verbindung mit *senex* mit 'kilikisch'[723] zu übertragen ist. Dem Glossator könnte der Zusammenhang bekannt gewesen sein, da Servius[724] in seinem Kommentar zu Vergil eine geographische Bestimmung vornimmt[725]. Ahd. *cilicaisc* ist daher mit 'kilikisch' zu übersetzen und bezeichnet die Herkunft beziehungsweise die Abstammung von Kilikien.

---

[717] GH. I, Sp. 1130.

[718] BV. Nr. 634.

[719] Ch. E. Eder, StMOSB. 83 (1972) S. 89.

[720] Vergil, Georgicon, IV, Z. 125-128.

[721] StSG. II, 643, 16.

[722] GH. I, Sp. 1723.

[723] Ebenda, mit Stellennachweis zu Vergil.

[724] StSG. II, 643, 16, A. 6: *a Cilicia*.

[725] So auch M. Luukkainen, Untersuchungen zur morphematischen Transferenz, S. 222f.

C. Derivate von Siedlungsnamen und Flurnamen

a. *achadēmisg*

Ahd. *achadēmisg*[726] ist mit dem Suffix *-isc* unmittelbar von dem lateinischen Flurnamen *Academia*[727] abgeleitet, der einen Hain in der Nähe von Athen bezeichnet. Die Flur wurde von Platon als Ort für seine Philosophenschule gewählt[728]. Der Flurname galt daraufhin ebenfalls zur Bezeichnung der dort vertretenen Lehre und Philosophie. Bereits im Mittellateinischen steht *academia* allgemein für 'Schule, Lehre'[729]. Im Lateinischen wird dazu ein Adjektiv *Academicus* 'zur Akademie bei Athen gehörig, akademisch'[730] gebildet, das im Mittellateinischen auch in der Bedeutung 'akademisch, platonisch'[731] auftritt.

Ahd. *achadēmisg* ist nur einmal im Wortschatz der literarischen Denkmäler überliefert, und zwar in Notkers Übersetzung der Consolatio des Boethius: *Áber dísen chrîechiskero méisterskéfte . únde achademiskero dúrh-lêrten.*[732] Ahd. *achadēmisg* übersetzt das lateinische Adjektiv *Academicus*[733], das die Motivation zur Bildung des althochdeutschen Adjektivs geliefert haben kann. Ahd. *achadēmisg* ist hier mit 'akademisch'[734] zu übersetzen und bezeichnet die akademische Schule des Platon beziehungsweise die von ihm vertretene

---

[726] KFW. I, Sp. 90; A. L. Lloyd - O. Springer, Etymologisches Wörterbuch des Althochdeutschen, I, Sp. 128.

[727] GH. I, Sp. 47.

[728] Der kleine Pauly, I, Sp. 211-213; O. Urbach, Muttersprache 53 (1938) Sp. 251.

[729] Mittellateinisches Wörterbuch, I, Sp. 72.

[730] GH. I, Sp. 47.

[731] Mittellateinisches Wörterbuch, I, Sp. 72.

[732] N. I, 10, 16f.; dazu auch Kapitel IV.A.b.13 dieser Arbeit (*chriehhisg*); B. Meineke, Althochdeutsche -scaf(t)-Bildungen, S. 60.

[733] N. I, 10, 15.

[734] SchW. S. 83; KFW. I, Sp. 90; dazu auch A. L. Lloyd - O. Springer, Etymologisches Wörterbuch des Althochdeutschen, I, Sp. 128; N. Lindahl, Vollständiges Glossar zur Notkers Boethius De Consolatione Philosophiae, S. 2.

Lehre und Philosophie. Das Adjektiv kann in diesem Textzusammenhang die Zugehörigkeit zur Schule und Lehre Platons bezeichnen, meint aber insbesondere inhaltlich die Wissenschaft, die von Platon betrieben wurde. In diesem Falle wird also nicht nur eine Relation zu einem Gebiet, hier zu einer Flur oder einer nach dieser benannten Schule hergestellt. Vielmehr wird auch eine qualitative Komponente zum Ausdruck gebracht.

b. *mantinisc*

Die Basis für die Ableitung *mantinisc* mit dem Suffix *-isc* läßt sich nicht eindeutig bestimmen. Möglich wäre die Bildung auf der Basis von lat. *Mantinea*[735], dem Namen einer Stadt in Arkadien, die durch eine Schlacht berühmt wurde, in der die Thebaner Sparta und Athen besiegten. Dazu sind im Lateinischen die Bildungen *Mantinia*[736] und *Mantinienses*[737] bezeugt.

E. Steinmeyer und E. Sievers[738] vermuten jedoch als Basis den Namen der Stadt Mantua, lat. *Mantua*[739], der eine Stadt in Oberitalien benennt, die an dem Fluß Mincius lag und als Geburtsort des Dichters Vergil bekannt ist. Zur Ermittlung der aktuellen Bedeutung muß unbedingt der Überlieferungszusammenhang herangezogen werden, der die Interpretation des Glossators aufzeigen kann.

Die Handschrift London, BMMss. Add. 19723[740] des zehnten Jahrhunderts[741] überliefert zu den Libri Evangeliorum des Juvencus die althochdeutsche Randglosse *mantinisc̊en*[742] zu dem lateinischen Lemma *Minciadae* zu lat. *Minciades* 'aus der Nähe des Mincio gebür-

---

[735] GH. II, Sp. 803; Lexicon totius Latinitatis, VI, S. 196f.
[736] Lexicon totius Latinitatis, VI, S. 196f.
[737] Ebenda.
[738] StSG. IV, 336, 4, A. 1.
[739] GH. Sp. II, 803; Lexicon totius Latinitatis, VI, S. 197.
[740] BV. Nr. 393.
[741] R. Priebsch, Deutsche Handschriften in England, II, S. 182, Nr. 215.
[742] StSG. IV, 336, 4 u. A. 1.

tig, der Minciade'[743]. Das lateinische Lemma steht zu lat. *Mincius*[744], dem Namen eines Flusses bei Mantua. Dazu gehört die folgende Textstelle: *Hos celsi cantus, Smyrnae de fonte fluentes, / Illos Minciadae celebrat dulcedo Maronis*[745]. *Minciadae Maronis* bezeichnet den Dichter Vergil mit dem Familiennamen Maro als 'den aus der Nähe des Mincius gebürtigen Dichter'[746].

Für ahd. *mantinisc* kann in diesem Zusammenhang dennoch nicht ohne weiteres die aktuelle Bedeutung 'minciadisch' angesetzt werden. Es darf zumindest nicht außer acht gelassen werden, daß dem Glossator die Stadt Mantua als Geburtsort des Vergil bekannt war. Ein Adjektiv auf der Basis von *Mantua* mit einer aktuellen Bedeutung 'aus Mantua stammend'[747] bezeichnet die Herkunft Vergils in jedem Falle genauer. Hier liefert zwar der lateinische Zusammenhang eine aktuelle Bedeutung 'minciadisch'. Aufgrund der Bildungsweise des Wortes und unter Berücksichtigung des außersprachlichen Kontextes ist die aktuelle Redebedeutung 'aus Mantua stammend' anzusetzen[748].

Bei der Bildung des althochdeutschen Adjektivs *mantinisc* hat der Glossator nun entweder die Namen *Mantua* und *Mantinea* verwechselt und daher eine Ableitung *mantinisc* von *Mantinea* gebildet, oder aber er hat den fremden Namen für seine Ableitung dergestalt verändert, daß er eine Angleichung von ‹ua› zu ‹i› vornahm, wie es der üblichen Gewohnheit oder dem Gebrauch entsprochen haben könnte. Unmittelbare Vorlage für die Bildung *mantinisc* wäre dann das Adjektiv lat. *Mantuanus*[749].

---

[743] GH. II, Sp. 926, mit Stellennachweis zu Juvencus; Lexicon totius Latinitatis, VI, S. 274, mit Stellennachweis zu Juvencus.

[744] GH. II, Sp. 926; Lexicon totius Latinitatis, VI, S. 274.

[745] Gai Vetti Aquilini Iuuenci evangeliorum libri quattuor, Evangeliorum Libri III, Praefatio, S. 1, Z. 9f.

[746] So auch D. Ertmer, Studien zur althochdeutschen und altsächsischen Juvencusglossierung, S. 77.

[747] So auch ebenda.

[748] Dazu auch ebenda, S. 78.

[749] GH. II, Sp. 803.

c. *melibēisk*

Die Ableitung mit dem Suffix *-isc* steht zu lat. *Meliboea*[750], der Bezeichnung für eine Stadt in Thessalien am Berg Offa, die als Geburtsort des Philoktetes bekannt ist. Im Lateinischen wird dazu ein Adjektiv *Meliboeus* 'meliböisch'[751] gebildet. Sowohl der Name der Stadt als auch das dazu gebildete lateinische Adjektiv können als unmittelbare Basen für die volkssprachige Bildung gedient haben.

Ahd. *melibēisk* ist nur einmal in den Glossen zur Aeneis des Vergil bezeugt: *hic et Narycii posuerunt moenia Locri, / et Sallentinos obsedit milite campos / Lyctius Idomeneus; hic illa ducis Meliboei / parua Philoctetae subnixa Petelia muro*[752]. Ein Priester beschreibt hier dem Aeneas seinen Weg durch Griechenland, der unter anderem durch das Sallentiner Gebiet führen wird. In diesem Gebiet liegt auch die Stadt Petilia, die der meliböische Fürst Philoktet mit Mauern umbauen ließ. Die Handschrift München, BSB. Clm 18059[753] aus dem zweiten Viertel des elften Jahrhunderts[754] überliefert zu dem lateinischen Lemma *Meliboei* die althochdeutsche Glosse *melibeiskin*[755]. Ahd. *melibēisk* ist mit 'meliböisch, aus Meliboea stammend' zu übersetzen und bezeichnet die Herkunft beziehungsweise die Abstammung des Fürsten[756].

---

[750] GH. II, Sp. 858.
[751] Ebenda.
[752] Vergil, Aeneis, III, Z. 399-402.
[753] BV. Nr. 634.
[754] Ch. E. Eder, StMOSB. 83 (1972) S. 89.
[755] StSG. II, 651, 63 u. A. 21 (als Korrektur von zweiter Hand *-skin*).
[756] Dazu auch M. Luukkainen, Untersuchungen zur morphematischen Transferenz, S. 222.

d. *nazarēnisc*

Das Adjektiv *nazarēnisc*, ae. *nazarenisc*[757] ist unmittelbar mit dem Suffix *-isc* von lat. *Nazarenus* 'nazarenisch, von Nazareth; christlich'[758] abgeleitet. Das lateinische Adjektiv steht zum biblischen Namen[759] der Stadt Nazareth in Palästina, lat. *Nazara* und *Nazareth*[760]. Der Name der Stadt ist in den literarischen Denkmälern des Althochdeutschen mehrfach bezeugt, so zum Beispiel im althochdeutschen Tatian[761] und bei Otfrid[762].

Ahd. *nazarēnisc* ist nur im Wortschatz der literarischen Denkmäler überliefert, und zwar in sechs Textstellen im althochdeutschen Tatian und einmal in den Monseer Fragmenten. In allen Fällen ist *nazarēnisc* mit 'nazarenisch'[763] zu übertragen.

Im althochdeutschen Tatian und in den Monseer Fragmenten steht der volkssprachige Text zu Matthäus 26, Vers 71: *et hic erat cum Iesu Nazareno*[764]. Hier wird von Petrus behauptet, daß er zu Jesus, dem Nazarener gehöre, was dieser jedoch leugnet. In den Monseer Fragmenten lautet die Übersetzung: *Enti dese uuas mit ihūse demo nazarenischin*[765], während im althochdeutschen Tatian die folgende Übertragung tradiert ist: *Inti these uuas mit themo heilante / themo nazarenisgen*[766]. Das Adjektiv ist in beiden Textzusammenhängen substantivisch mit 'der Nazarener' zu übersetzen und bezeichnet die Herkunft beziehungsweise die Abstammung Jesu. Dazu stellt sich auch der folgende Beleg im althochdeutschen Tatian: *gihórtun / thaz*

---

[757] BTD. S. 710; Supplement, S. 647.

[758] GH. II, Sp. 1113; zum Beispiel Biblia sacra, II, Mc. 10, 47.

[759] Zum Beispiel Biblia sacra, II, Mt. 2, 23.

[760] GH. II, Sp. 1112.

[761] T. S. 71, Z. 5 (*nazar&h*).

[762] O. IV, 4, 64; O. IV, 27, 25.

[763] SchW. S. 220.

[764] Biblia sacra, II, Mt. 26, 71.

[765] MF. S. 35, Z. 11; zur Wortform BEG. § 146 u. A. 2, S. 136f.: ‹sch› für ‹sk› vor *e, i*.

[766] T. S. 613, Z. 8f.

*thaz heilant thér nazarenisgo / thar furifuori*⁷⁶⁷. An vier weiteren Textstellen⁷⁶⁸ steht *nazarēnisc* jeweils attributiv zu *heilant* 'Heiland, Erlöser'⁷⁶⁹ und übersetzt lat. *Nazarenus*. Bezeichnet wird auch dort die Herkunft des Erlösers.

e. *nazarisch*

Ahd. *nazarisch*, ae. *nazaresc*⁷⁷⁰, gehört ebenso wie *nazarēnisc* zu dem biblischen Namen *Nazareth*. Unmittelbare Basis für die Ableitung auf *-isc* war wohl in diesem Falle das lateinische Adjektiv *Nazarus* 'nazarisch, zu Nazareth'⁷⁷¹ beziehungsweise *Nazareus* 'aus Nazareth'⁷⁷².

Das Adjektiv *nazarisch* ist nur einmal im Wortschatz der Glossen bezeugt. Die Abroganshandschrift Karlsruhe, BLB. Aug. CXI⁷⁷³ aus dem frühen neunten Jahrhundert⁷⁷⁴ überliefert zu dem lateinischen Lemma *Nazareus* das althochdeutsche Interpretament *nazarischo*⁷⁷⁵ 'aus Nazareth'. Bezeichnet wird die Herkunft beziehungsweise die Abstammung.

---

[767] T. S. 389, Z. 3-5.

[768] T. S. 603, Z. 31; T. S. 605, Z. 10: *then heilant nazarenisgon*; T. S. 639, Z. 27: *ther heilant nazarenisgo*; T. S. 671, Z. 21: *fon themo heilante nazarenisgen*.

[769] SchW. S. 162.

[770] BTD. S. 710.

[771] GH. II, Sp. 1113.

[772] Ebenda.

[773] BV. Nr. 298.

[774] B. Bischoff, FMSt. 5 (1971) S. 119f.; E. Meineke, Bernstein im Althochdeutschen, S. 74.

[775] StSG. I, 212, 35; ‹sch› für ‹sc› erscheint frühzeitig in vielen älteren Quellen, so zum Beispiel in den Abroganshandschriften (BEG. § 146 u. A. 2, S. 136f.).

f. *ninevisc*

Die Bildung mit dem Suffix *-isc* steht zum biblischen Namen der Stadt Ninive, lat. *Ninive*[776], der Hauptstadt von Assyrien. Als unmittelbare Basis ist der Name der Stadt selbst anzunehmen, während sich die Bildung *ninewētisc*[777] durch eine Erweiterung auszeichnet, die auf eine andere lateinische Basis zurückzuführen ist.

Das Adjektiv *ninevisc* ist im Wortschatz des Althochdeutschen nur ein einziges Mal bezeugt, und zwar im althochdeutschen Tatian. Das Adjektiv steht hier in der Wortform des Nominativ Plural Maskulinum der schwachen Flexion attributiv zu *man*: *thie nineuiscon mán arstantent / In tuome mit thesemo cunne*[778] 'Die aus Ninive stammenden Männer erheben sich im Gericht mit diesem Geschlecht ...'. Der lateinische Text aus Matthäus 12, Vers 41 tradiert an der betreffenden Stelle ein lateinisches Lemma *nineuitæ*[779], das die Einwohner von Ninive beziehungsweise die Niniveten bezeichnet. Ahd. *ninevisc* ist mit 'aus Ninive stammend'[780] zu übersetzen und kennzeichnet die Abstammung.

g. *ninewētisc*

Die Bildung *ninewetisc* mit dem Suffix *-isc* steht ebenso wie *ninevisc* zum Namen der Stadt Ninive. Zu lat. *Ninive*[781] sind im Lateinischen die Einwohnerbezeichnung *Ninivitae*[782] und ein Adjektiv *Niniviticus* 'ninivetisch'[783] bezeugt, die beide als unmittelbare Basis für *ninewētisc* gedient haben können.

---

[776] GH. II, Sp. 1163; zum Beispiel Biblia sacra, I, Gn. 10, 11.
[777] Dazu das folgende Kapitel.
[778] T. S. 201, Z. 2f.
[779] T. S. 201, Z. 2; GH. II, Sp. 1163f.
[780] SchW. S. 223.
[781] GH. II, Sp. 1163.
[782] GH. II, Sp. 1163f.
[783] GH. II, Sp. 1164.

Ahd. *ninewētisc* ist nur in den Monseer Fragmenten überliefert. Der althochdeutsche Text übersetzt ebenso wie der im vorangehenden Kapitel vorgestellte Textzusammenhang aus dem althochdeutschen Tatian Vers 41 des Matthäusevangeliums, in dem als lateinisches Lemma die Wortform *nineuitae*[784] auftritt. Der althochdeutsche Text lautet: *Dea nine uue tis cun · man · arrisant in tom tage · mit desemo · chunne*[785]. Das Adjektiv *ninewētisc* in der Wortform des Nominativ Plural Maskulinum der schwachen Flexion ist mit 'aus Ninive stammend'[786] zu übersetzen und bezeichnet ebenso wie *ninevisc* die Abstammung der Menschen.

h. *rōmisc - rūmisc*

Die Bildung ahd. *rōmisc* ist unmittelbar mit dem Suffix *-isc* von lat. *Roma*[787] abgeleitet. Neben *rōmisc* ist auch die Variante *rūmisc* bezeugt, die als Ableitung zu ahd., as. *Rūma*[788] gestellt werden kann. Daß der Name der Stadt Rom in den germanischen Sprachen schon früh gebraucht wurde, bezeugen got. *Rūma*[789] sowie ein Insassenname *Rūmōneis*[790]. Roman. /ō/ ist im Althochdeutschen als /ū/ und /ō/ vertreten[791], was sich auf die frühe Übernahme des Namens durch eventuell keltische Vermittlung zurückführen läßt[792]. Vermutlich ist auch hier zwischen einer Schreibvariante einerseits (*rō-*

---

[784] MF. S. 8, Z. 3.

[785] MF. S. 9, Z. 3.

[786] SchW. S. 223.

[787] GH. II, Sp. 2406.

[788] GSp. II, Sp. 507, StWG. S. 491; Heliand, V. 3809; dazu auch as. *Rûmuburg*: Heliand, V. 57; F. Holthausen, Altsächsisches Wörterbuch, S. 61.

[789] Die gotische Bibel, An Timotheus II, 1, 17, S. 433; S. Feist, Vergleichendes Wörterbuch der gotischen Sprache, S. 400f.

[790] Die gotische Bibel, An die Römer XVI, Unterschrift, S. 249; S. Feist, Vergleichendes Wörterbuch der gotischen Sprache, S. 401.

[791] BEG. § 41, S. 41; J. Schatz, Althochdeutsche Grammatik, § 19, S. 21.

[792] BN. II.2, § 717, S. 519; dazu auch W. Betz, Deutsch und Lateinisch, S. 187.

misc) und einer in der gesprochenen Sprache gebrauchten Variante andererseits (*rūmisc*) zu unterscheiden[793]. Das Althochdeutsche bezeugt daher neben der Bildung *rūmisc* auch die Variante *rōmisc*, die sich zum Mittelhochdeutschen hin durchsetzt[794].

Die Adjektivbildungen *rōmisc* und *rūmisc* sind im Wortschatz des Althochdeutschen sowohl in den literarischen Denkmälern als auch im Wortschatz der althochdeutschen Glossen häufig belegt.

Ahd. *rūmisc* und *rōmisc* sind in den literarischen Denkmälern in der althochdeutschen Benediktinerregel und bei Notker tradiert und dort mit 'römisch'[795] zu übersetzen.

In der Benediktinerregel übersetzt *samanunga rumiskiu*[796] 'die römische Kirche' das lateinische Syntagma *ecclesia Romana*[797]. Das attributiv verwendete Adjektiv stellt einen Bezug zur römischen Kirche als Institution her, deren Oberhaupt seinen Sitz in Rom hat. Bezeichnet wird hier einerseits eine lokale Relation im Sinne von 'Kirche, die zu Rom gehört'[798]. Darüber hinaus wird aber bereits auf die römische Glaubensgemeinschaft verwiesen, die auch unabhängig von einer geographischen Zugehörigkeit zu Rom bestehen kann. Hier zeigen sich Ansätze einer qualitativen Verwendung, die in mittelhochdeutscher Zeit offensichtlich wird[799].

Bei Notker ist das Adjektiv mit ‹*ū*› als Wurzelvokal an sieben verschiedenen Textstellen seiner Übersetzung der Consolatio des Boethius in attributiver Stellung tradiert. In einigen Fällen überliefert der

---

[793] Dazu auch Kapitel IV.A.b.13 dieser Arbeit (*chriehhisg* und *grēcisc*); O. Behaghel, Die deutsche Sprache, S. 52.

[794] Dazu Kapitel V.B dieser Arbeit (*rœmisch*); BEG. § 41, S. 41; man vergleiche auch ahd. *romāre* 'Römer', *rōmcheiser* 'der römische Kaiser', *rōmchuning* 'der römische König' und *rōmliute* 'die Römer' (SchW. S. 240).

[795] SchW. S. 241; dazu auch N. Lindahl, Vollständiges Glossar zur Notkers Boethius De Consolatione Philosophiae, S. 69.

[796] StSpD. S. 224b, Z. 1; U. Wessing, Interpretatio Keronis in Regulam Sancti Benedicti, S. 309; Die althochdeutsche Benediktinerregel. Herausgegeben von U. Daab, S. 40.

[797] Benedicti Regula. Editio altera Emendata. Recensuit R. Hanslik, 13, 10.

[798] H. Lauffer, Sprachliche Interferenz, S. 443.

[799] Dazu Kapitel V.B dieser Arbeit.

lateinische Text das Lemma *Romanus*[800]. An einer Stelle heißt es zum Beispiel: *Sól dára chómen dehéines rûmiskes mánnes keuuáht*[801] 'Soll von daher irgendeines römischen Menschen Ehre kommen?' Ahd. *rūmisc* steht weiterhin attributiv zu *geuuált*[802], *hêrtûom*[803] und *hêrote*[804] und bezeichnet hier die römische Herrschaft. In attributiver Stellung ist das Adjektiv weiterhin noch zu *selbwaltīgi*[805] 'Freiheit, Willensfreiheit'[806] und zu *ēwa*[807] 'Recht, Gesetz, Regel, Gebot'[808] tradiert.

Einmal ist das Adjektiv mit ‹ō› als Wurzelvokal in Notkers Psalter bezeugt. Dort wird von Pontius Pilatus berichtet, daß dieser nach römischem Gebrauch zwei Namen habe[809]. Ahd. *rōmisc* drückt bei Notker in allen Fällen eine lokale Beziehung aus[810].

Der Wortschatz der althochdeutschen Glossen überliefert das Adjektiv in attributiver Stellung in verschiedenen Glossaren, und zwar im Summarium Heinrici[811], in den Glossae Salomonis[812] und weite-

---

[800] N. I, 98, 27: *romani*; 98, 18: *romanę*; 25, 10: *romanam*.

[801] N. I, 98, 28f.

[802] N. I, 98, 19f.: *rûmisko geuuált*.

[803] N. I, 24, 4: *rûmiska hêrtûom*.

[804] N. I, 24, 9f.: *rûmiska hêrote*.

[805] N. I, 25, 12: *rûmiskûn sélb-uuáltigi*; N. I, 25, 13: *rûmiska sélbuualtigi*.

[806] SchW. S. 248.

[807] N. II, 127, 13f.: *rûmiskûn êo*.

[808] SchW. S. 126.

[809] N. X, 565, 10: *nâh rômiskemo síte*; dazu auch *pontisc* (Kapitel IV.B.k dieser Arbeit).

[810] Dazu auch H. Lauffer, Sprachliche Interferenz, S. 451.

[811] StSG. III, 146, 52: *romisshuhe* (Wien, ÖNB. Cod. 2400); dazu die Varianten in anderen Handschriften: *romscŏhā, rōshuha, rûm scoha, romeschvha* (StSG. III, 146, 50f.).

[812] StSG. IV, 94, 47-49: *romiske scuoha* (Zwettl, StiftsB. 1); *rumiske scuha* (München, BSB. Clm 22201); *rumisca scuha* (München, BSB. Clm 17152); *rumischᵉûhe* (Inkunabel der Salomonischen Glossen).

ren, sachlich geordneten Glossaren[813]. Ahd. *rōmisc* beziehungsweise *rūmisc* stehen hier ausschließlich in Verbindung mit ahd. *scuoha*, der Wortform des Nominativ Plural Maskulinum für *scuoh* 'Schuh'[814] zum lateinischen Lemma *sandalia*[815] von *sandalium* 'die Sandale'[816]. Die Adjektive dienen der Kennzeichnung der Schuhbekleidung, wie sie insbesondere die Römer trugen. Hergestellt wird also auch hier ein Raumbezug, also die Bezeichnung der Herkunft der Schuhe.

Ahd. *rōmisc* ist ein weiteres Mal in einer Pflanzenbezeichnung *romesseminza*[817] bezeugt, die in den Handschriften Berlin, StBPK. Ms. lat. 4° 674[818] und Wiesbaden, Hessische LB. 2[819] aus dem dreizehnten Jahrhundert[820] zu lat. *Gluziaz* steht. Die volkssprachige Bezeichnung *Römisch Minz* beziehungsweise *romische myntza* ist sowohl zu *Tanacetum balsamita L.* (Frauenblatt)[821] als auch für *Mentha gentilis L.* (Edelminze)[822] überliefert. R. v. Fischer-Ben-

---

[813] StSG. III, 654, 14f.: *rumiscascuha* (Wien, ÖNB. Cod. 1234); *riumiscan scuoha* (Wien, ÖNB. Cod. 1761) mit Umlaut; StSG. III, 654, 39 u. A. 12: *rumiscaschuoha* (Rom, BV. Reg. lat. 1701); StSG. III, 655, 24: *rumiscaschua* (München, BSB. Clm 14689); dazu vergleiche man auch StSG. III, 655, 39; 654, 25f.; weitere Handschriften zeigen nur noch vereinfachte Formen, so zum Beispiel die Handschrift Karlsruhe, BLB. Fragment Aug. 147; StWG. S. 491.

[814] SchW. S. 260.

[815] StSG. III, 146, 51f. (als Variante *scandalia*); III, 654, 14.39; 655, 24; IV, 94, 47.

[816] GH. II, Sp. 2479.

[817] StSG. III, 403, 8; weitere Pflanzenbezeichnungen aus jüngerer Überlieferung, in denen ‹s› für ‹sk› steht (O. Gröger, Die althochdeutsche und altsächsische Kompositionsfuge, § 127, S. 198): *romesgras* (StSG. III, 524, 31); *romeskel* (StSG. III, 528, 24; dazu auch StSG. III, 537, 36; 544, 41; 551, 4); *Rômschekóle* (StSG. III, 50, 42; dazu auch StSG. III, 551, 5); *romescle* (StSG. III, 530, 43); *romessame* (StSG. III, 525, 1).

[818] BV. Nr. 51.

[819] BV. Nr. 958.

[820] R. Priebsch, Deutsche Handschriften in England, Nr. 104, S. 101; B. Meineke, CHIND und BARN, S. 77; H. Reutercrona, Svarabhakti, S. 21.

[821] H. Marzell, Wörterbuch der deutschen Pflanzennamen, IV, Sp. 579.

[822] Ebenda, III, Sp. 154.

zon[823] stellt die Pflanzenbezeichnung zu *Mentha longifolia Huds.*, für die weiterhin der Name *rossemyntza*[824], nhd. *Roßminze*, mit einem Bestimmungswort ahd. *(h)ros* 'Roß, Pferd, Reittier'[825] bezeugt ist. Ein Zusammenhang besteht hier wohl nicht, da nicht einsichtig ist, warum eine einheimische Pflanze als *römisch* bezeichnet wird[826].

i. samaritānisc

Das Adjektiv ahd. *samaritānisc*, ae. *samaritanisc*[827], kann als unmittelbare Ableitung mit dem Suffix *-isc* zu einem lateinischen Adjektiv *Samaritanus* 'samaritanisch', Pl. 'die Samaritaner'[828], gebildet sein. Das lateinische Adjektiv steht zum biblischen Namen der Stadt Samaria, lat. *Samaria*[829], der Hauptstadt einer gleichnamigen Landschaft in Palästina. Der althochdeutsche Tatian überliefert dazu auch die Bezeichnung ahd. *samaritāni* 'Samariter'[830], die gleichfalls als unmittelbare Basis gedient haben könnte.

Das Adjektiv *samaritānisc* ist nur im althochdeutschen Tatian bezeugt und in allen Zusammenhängen mit 'aus Samaria stammend'[831] zu übertragen. In der Erzählung von der barmherzigen Samariterin heißt es zum Beispiel: *tho quad imo uuib / thaz samaritanisga / uueo thu mitthiu iudeisg bist / trinkan fon mir bitis / mitthiu bin uuib samaritanisg*[832] 'Da sagte ihm die Frau, die aus Samaria stammte: Wieso erbittest du, wenn du Jude bist, von mir zu trinken,

---

[823] Altdeutsche Gartenflora, S. 210.
[824] H. Marzell, Wörterbuch der deutschen Pflanzennamen, III, Sp. 143, 156.
[825] SchW. S. 240.
[826] H. Marzell, Wörterbuch der deutschen Pflanzennamen, IV, Sp. 579.
[827] BTD. S. 813.
[828] GH. II, Sp. 2473; zum Beispiel Biblia sacra, II, Lc. 10, 33.
[829] GH. II, Sp. 2473; zum Beispiel Biblia sacra, II, Is. 7, 9.
[830] SchW. S. 245.
[831] Ebenda.
[832] T. S. 277, Z. 3-7; dazu auch Kapitel IV.A.b.12 dieser Arbeit (*judeisc*).

obwohl ich eine Frau aus Samaria bin?' Ahd. *samaritānisc* steht zu lat. *Samaritanus*[833] und bezeichnet hier ebenso wie auch in einem weiteren Textzusammenhang im althochdeutschen Tatian[834] die Abstammung von Samaria.

k. *sodomitīg

Ahd. *sodomitīg ist nur als Adverb *sodomitīco* überliefert. Bei *sodomitīco* könnte es sich formal um ein Adjektivadverb handeln, das mit dem Suffix *-o*[835] gebildet ist.

Das Adjektiv *sodomitīg wäre dann auf der Basis von lat. *Sodomita* 'sodomitisch, die Einwohner von Sodom, Sodomitaner'[836] gebildet worden. Das lateinische Adjektiv steht zum biblischen Namen der Stadt Sodom, lat. *Sodoma*[837], der Bezeichnung einer Stadt in Palästina, die aufgrund des sündigen Verhaltens ihrer Einwohner von Gott vernichtet wurde[838]. Der lateinische Name ist bereits früh in die germanischen Sprachen übernommen worden und im Gotischen als *Saudauma* (dazu ein Insassenname *Saudaumeis*)[839] bezeugt. Das Adjektiv *sodomitīg könnte mit dem Suffix *-īg* gebildet sein[840] und gehört dann zu den wenigen adjektivischen Ableitungen von Eigennamen[841], die nicht mit dem Suffix *-isc* gebildet sind.

Möglich wäre auch, daß der Adverbbildung das lateinische Adjektiv *Sodomiticus* 'sodomitisch'[842] zugrundeliegt. Es würde sich dann um

---

[833] T. S. 277, Z. 4.
[834] T. S. 449, Z. 6f.: *eno Ia queden uuir uuola uuanta / samaritanisc bistu In diuual habes.*
[835] BEG. § 267, S. 228.
[836] GH. II, Sp. 2705.
[837] Ebenda; zum Beispiel Biblia sacra, I, Gn. 10, 19.
[838] Biblia sacra, I, Gn. 19, 1; LThK. IX, Sp. 845f.
[839] Die gotische Bibel, An die Römer IX, 29, S. 233; BN. II.1, § 212, S. 185.
[840] Dazu RMWA. S. 309, 570 (*sodomit-îg* nur in: *-o* Adv.); SchW. S. 263.
[841] Dazu Kapitel IV.B.1 (*pulleohti*) sowie Kapitel IV.D.d dieser Arbeit.
[842] GH. II, Sp. 2705.

eine lateinische Basis *sodomitīc-* in Verbindung mit dem volkssprachigen Adverbsuffix *-o* handeln. Falls das Wort *sodomitico* als volkssprachiger Beleg gewertet wird, scheint die letztgenannte Deutung die wahrscheinlichere zu sein.

Das Wort *sodomitīco* ist im Wortschatz des Althochdeutschen nur einmal bezeugt, und zwar in der Würzburger Beichte in dem folgenden Textzusammenhang: *ih gifrumita uncusg imo site sodomitico*[843]. In dem Verzeichnis der Sünden beichtet der Gläubige, daß er sich auf sodomitische Weise unkeusch verhalten habe. *sodomītico* ist hier mit 'sodomitisch'[844] zu übersetzen und kennzeichnet eine tadelnswerte Verhaltensweise, die in einen Bezug zur Stadt Sodom und zum Verhalten ihrer Einwohner gesetzt werden konnte, wobei aber nicht immer an den Namen der Stadt gedacht worden sein wird[845]. Das volkssprachige Adverb *sodomītico* (auf *-īg-o*) bezeichnet hier einen Vergleich.

1. *tīrisg*

Die Bildung mit dem Suffix *-isc* steht zum Namen der Stadt lat. *Tyros, Tyrus*[846], einer Seestadt und Handelsstadt in Phönizien, die wegen ihres Purpurs besonders berühmt war. Im Lateinischen ist ein Adjektiv *Tyrius*[847] 'in, aus Tyrus, tyrisch' und metonymisch 'purpurn, purpurfarben' bezeugt. Sowohl der Name der Stadt als auch das dazu gebildete lateinische Adjektiv können als unmittelbare Basen gedient haben. Im Gotischen ist die Bezeichnung *Tyreis* für die Einwohner von Tyrus überliefert, wobei sich hier zeigt, daß die gotische Übersetzung[848] anstelle der Siedlungsnamen, die im griechischen Text auftreten, einen Stammesnamen beziehungsweise einen Insassen-

---

[843] StSpD. S. 316, Z. 19f.
[844] SchW. S. 263.
[845] Dazu vergleiche man A. Goetze, PBB. 24 (1899) S. 479.
[846] GH. II, Sp. 3278.
[847] Ebenda.
[848] Die gotische Bibel, Markus VII, 24, S. 189: *in markos Twre jah Seidone.*

namen überliefert⁸⁴⁹. Im althochdeutschen Tatian ist der Ortsname *Tyrus* ebenfalls mehrere Male⁸⁵⁰ anzutreffen.

Das Adjektiv *tīrisg*, ae. *tīrisc*⁸⁵¹, ist nur in Notkers Übersetzung der Consolatio des Boethius bezeugt und dort mit 'tyrisch'⁸⁵² zu übersetzen. Dazu gehört der folgende Zusammenhang: *Nóh tîe scônen sîdâ dero serum fáreuuen mít tîriskemo sóuue*⁸⁵³. Notker erläutert hier die Gewinnung von Purpur und berichtet von dem Färben der Seide mit einem tyrischen Saft. Im lateinischen Text steht dazu das lateinische Syntagma *tirio ueneno*⁸⁵⁴. Bezeichnet wird hier die Herkunft des Purpurs aus Tyrus.

m. *trojānisg*

Die Bildung auf *-isc* steht mittelbar zum Namen der Stadt Troja, lat. *Troia*⁸⁵⁵, die nach dem Sohn des Erichthonius, lat. *Tros, Trois*⁸⁵⁶, benannt wurde. Im Lateinischen ist dazu ein Adjektiv *Troianus* 'zu Troja gehörig, trojanisch'⁸⁵⁷ bezeugt, das als unmittelbare Basis für die Bildung *trojanisg*, ae. *tróiánisc, troíesc,*

---

⁸⁴⁹ BN. II.2, § 462, 1, S. 103; II.1; § 212, S. 185.

⁸⁵⁰ T. S. 219, Z. 12.18: *tyro*; T. S. 273, Z. 7; T. S. 275, Z. 1: *tyri*.

⁸⁵¹ BTD. Revised and enlarged Addenda, S. 59; in der Handschrift Copenhagen MS. Gl. kgl. samling 2034 zu lat. *Tyrio [in ostro]* steht ae. *on tyriscū* (H. D. Meritt, Old English Glosses, S. 18, Z. 40; E. Steinmeyer, PBB. 30 [1905] S. 10, Z. 17).

⁸⁵² SchW. S. 282.

⁸⁵³ N. I, 84, 2f.

⁸⁵⁴ N. I, 84, 2; lat. *venenum* bezeichnet zunächst jeden durchdringenden Saft und hier das Färben mit phönizischem Purpur (J. Gruber, Kommentar zu Boethius, S. 203f.).

⁸⁵⁵ GH. II, Sp. 3239.

⁸⁵⁶ Ebenda.

⁸⁵⁷ Ebenda.

tróisc[858], anzunehmen ist. Der Name der Stadt ist bei Notker[859] bezeugt.

Das Adjektiv *trojānisc* ist im Althochdeutschen nur bei Notker überliefert und an den betreffenden Textstellen mit 'trojanisch'[860] zu übertragen. In seiner Übersetzung des Martianus Capella heißt es: *sámo-so dáz pílde getân uuás tero troiâniscun tóugeni*[861]. Und wenig später: *Dés kelîhnisse trûogen dîe troiânisken chúninga . an íro coronis in iaspide gemma*[862]. Ahd. *trojanisg* steht attributiv zu ahd. *tougení* 'Verborgenheit; Geheimnis, Mysterium; Dunkelheit; Heimlichkeit'[863] und zu ahd. *kuning* 'König'[864]. Gekennzeichnet wird hier jeweils ein lokaler Bezug zu Troja im Sinne einer Herkunft.

D. Derivate von Personennamen

a. *magdalēnisc*

Das Adjektiv *magdalēnisc*, ae. *magdalenisc*[865], steht als Bildung auf *-isc* zu dem Namen *Magdalena*, lat. auch *Magdalene*[866], der in den Evangelien[867] als Beiname zu Maria bezeugt ist[868]. *Magdalena* ist mit einem lateinischen *-inus*-Suffix[869] von *Magdala* abge-

---

[858] BTD. S. 1015.
[859] N. III, 199, 14; 227, 28; 228, 10; IV, 141, 3.
[860] SchW. S. 286.
[861] N. IV, 103, 17f.
[862] N. IV, 104, 1f.
[863] SchW. S. 283.
[864] SchW. S. 186.
[865] BTD. Revised and enlarged Addenda, S. 46.
[866] Lexicon totius Latinitatis, VI, S. 178.
[867] Zum Beispiel Biblia sacra, II, Mt. 27, 56.
[868] M. Gottschald - R. Schützeichel, Deutsche Namenkunde, S. 337; dazu auch BN. I.2, § 306, S. 36; Lexicon totius Latinitatis, VI, S. 178; O. Behaghel, Deutsche Syntax, I, § 91, S. 142.
[869] BN. I.1, § 111, S. 128f.

leitet, dem Namen der Stadt am See Genezareth, der in der Bibel den Heimatort der Maria Magdalena bezeichnet[870].

Das Adjektiv *magdalēnisc* ist nur im Wortschatz der literarischen Denkmäler an vier Textstellen im althochdeutschen Tatian überliefert. In allen Fällen steht es in Verbindung mit dem Namen *Maria* und ist mit 'aus Magdala stammend'[871] zu übersetzen. An einer Stelle wird zum Beispiel davon berichtet, daß Maria aus Magdala zusammen mit Maria und Salome zum Grab Jesu kommt. Bei sich tragen sie eine Kräutersalbe, die sie zuvor zubereitet hatten: *quam maria magdalenisga / inti ander maria / Insi salomæ zi themo grabe / truogun thíu sio gigarauuitun / thia biminzsalbun*[872]. Das Adjektiv tritt in jedem Falle attributiv zum Namen *Maria* auf und wird entsprechend dem syntaktischen Zusammenhang flektiert. Ahd. *magdalēnisc* kennzeichnet die Herkunft beziehungsweise die Abstammung.

b. *nazanzēnisc*

Das Adjektiv ist mittelbar mit dem Suffix *-isc* vom Namen der Stadt *Nazianz*, lat. *Nazianzus*[873], abgeleitet, einer ab dem dritten Jahrhundert nach Christus nachweisbaren Stadt in Kappadokien, die als Bischofssitz durch die Bischöfe Gregor den Älteren und Gregor den Jüngeren von Nazianz (Vater und Sohn)[874] besonders berühmt war. Dazu wird im Lateinischen ein Adjektiv *Nazianzenus* 'aus Nazianz stammend'[875] gebildet, das im vorliegenden Zusammenhang als Beiname zu Gregor von Nazianz aufzufassen ist und die unmittelbare Basis für ahd. *nazanzēnisc* geliefert hat.

---

[870] LThK. VI, Sp. 1269.

[871] SchW. S. 205.

[872] T. S. 657, Z. 18-22; dazu auch T. S. 643, Z. 19 und T. S. 649, Z. 22: *maria magdalenisgu*; T. S. 663, Z. 26: *maria magdalenisgíu*.

[873] Lexicon totius Latinitatis, VI, S. 317.

[874] LThK. VII, Sp. 854; Der Kleine Pauly, IV, Sp. 27.

[875] Lexicon totius Latinitatis, VI, S. 317.

Ahd. *nazanzēnisc* ist im Wortschatz des Althochdeutschen nur ein einziges Mal in den Glossen zu Gregors Cura Pastoralis bezeugt. Die Handschrift München, BSB. Clm 18550a[876] mit Glossen von einer Hand des ausgehenden achten Jahrhunderts[877] überliefert zu dem lateinischen Lemma *Gregorius Nazianzenus* (in der Handschrift *nazanzenus*) das althochdeutsche Syntagma *denazanzęniscogregorius*[878], in dem *de* als Variante zu ahd. *t(h)er*[879] aufgefaßt werden kann. Das lateinische Lemma gehört zu dem folgenden Textzusammenhang: *Ut enim longe ante nos reverendæ memoriæ Gregorius Nazianzenus edocuit, non una eademque cunctis exhortatio congruit, quia nec cunctos par morum qualitas astringit*[880]. Gregor beschreibt in diesem Kapitel, wie ein Seelsorger seine Untergebenen lehren und ermahnen soll. In der Einleitung weist er darauf hin, daß schon Gregor von Nazianz gelehrt habe, daß sich eine Ermahnung nicht für alle eigne, da jeder einen anderen Charakter mit anderen Schwächen besitze. Für *nazanzēnisc* ist hier die aktuelle Bedeutung 'aus Nazianz stammend' im Sinne der Bezeichnung der Herkunft oder Abstammung anzugeben.

Möglicherweise handelt es sich bei *nazanzęnisco* auch um ein latinisiertes volkssprachiges Adjektiv. Die Wortform *nazanzęnisco* wäre dann in Verbindung mit der lateinischen Präposition *de* als lateinischer Ablativ zu bestimmen. Dagegen spricht jedoch, daß der Name lat. *Gregorius* keine Wortform des Ablativs zeigt.

---

[876] BV. Nr. 652.

[877] R. Bergmann, Die althochdeutsche Glossenüberlieferung des 8. Jahrhunderts, S. 24; B. Bischoff, Die südostdeutschen Schreibschulen, I, S. 158f.; E. Meineke, Bernstein im Althochdeutschen, S. 217f.; C. Wesle, Die althochdeutschen Glossen des Schlettstadter Codex, S. 56f.

[878] StSG. II, 223, 14f.

[879] SchW. S. 109f.

[880] Sancti Gregorii Papæ, Opera Omnia, MPL. 77, Pars tertia, Prologus, p. 33.

c. *zisēisch*

Das Adjektiv *ziseisch* steht als Ableitung mit dem Suffix *-isc* zu dem Namen eines Königs von Thrazien, lat. *Cisseus*[881], der nach einem späteren Mythos Vater der Hekuba war[882]. Dazu wird im Lateinischen der Name *Cisseis* 'die Cisseïde = Hekuba'[883] für die Tochter des Cisseus gebildet, der ebenso wie der Name des Königs selbst als unmittelbare Basis für das Adjektiv gedient haben kann.

Ahd. *ziseisch*[884] ist nur einmal in den Glossen zu Vergil überliefert und steht zu der folgenden Textstelle der Aeneis: *nec face tantum / Cisseis praegnas ignis enixa iugalis; / quin idem Veneri partus suus et Paris alter, / funestaeque iterum recidiua in Pergama taedae*[885]. Beim Rückzug der Trojaner kehrt Iuno, die Gattin Jupiters, zurück und hält eine aufgebrachte Rede. Sie prophezeit der Tochter des Latinus, daß sie in der Verbindung mit Aeneas, ähnlich wie die Tochter des Cisseus, deren Kind Unglück brachte, ein Kind gebären wird, das den Trojanern das Verderben bringen wird. In der Handschrift München, BSB. Clm 18059[886] aus dem zweiten Viertel des elften Jahrhunderts[887] steht *Ziseischa*[888] als Randglosse zu dem lateinischen Lemma *Cisseis* und ist substantivisch mit 'die Cisseische' zu übersetzen. Das Adjektiv bezeichnet die Abstammung von einer Person.

---

[881] GH. I, Sp. 1178.
[882] H. Merguet, Lexikon zu Vergilius, S. 121.
[883] GH. I, Sp. 1178.
[884] Mit regelmäßiger Entwicklung von ‹sk› zu ‹sch› (MG. § 155, S. 164f.).
[885] Vergil, Aeneis, VII, 319-322.
[886] BV. Nr. 634.
[887] Ch. E. Eder, StMOSB. 83 (1972) S. 89.
[888] StSG. II, 659, 54.

d. Derivate von *Krist* und *Christus*

Der im Althochdeutschen und Altsächsischen bezeugte Rufname *Krist* ist entlehnt aus lat. *Christus* 'der Gesalbte, Christus'[889], das seinerseits von griech. χριστός stammt. Die zugrundeliegende appellativische Bedeutung 'der Gesalbte' steht zu griech. χρίειν 'salben, bestreichen' und ist als Lehnbildung zu hebräisch *māšīᵃh* 'Messias' aufzufassen[890]. Der ursprüngliche Beiname für Jesus ist im Althochdeutschen[891] und Altsächsischen[892] als Eigenname überliefert, darüber hinaus aber auch in appellativischer Verwendung bezeugt[893]. Sowohl der Eigenname als auch das Appellativ können als Basen gedient haben. Daher mußten die Ableitungen auf der Basis von *Krist* und *Christus* hier berücksichtigt werden. Im Althochdeutschen und Altsächsischen fällt die lateinische Endung fort (*Krist*). Erst im fünfzehnten Jahrhundert setzt sich erneut die *Christus* durch[894].

Für die althochdeutsche Bildung *kristīn*, ae. *cristen*[895], könnten die Basen *Krist* beziehungsweise *Christus* direkt vorgelegen haben. Das im Althochdeutschen bezeugten Wort *c(h)ristāni* (dazu auch die Weiterbildungen *ebinchristane*, *christānīg* und *unchristane*) geht dagegen auf das lat. Adjektiv *Christianus*[896] zurück, das mit einem lateinischen Suffix *-ianus* zu lat. *Christus* gebildet ist. Dieses Suffix muß als 'abgeleitetes Suffix'[897] verstanden werden, das durch eine falsche Hinüberziehung des Stammauslautes entstanden ist. Neben Ableitungen auf *-ianus* stehen Bildungen mit *-anus* wie zum Beispiel

---

[889] GH. I, Sp. 1121; H. Kolb, Sprachwissenschaft 11 (1986) S. 1-12.

[890] F. Kluge - E. Seebold, Etymologisches Wörterbuch, S. 121f.; F. Kluge - W. Mitzka, Etymologisches Wörterbuch, S. 117f.

[891] So zum Beispiel: I. 28, 8.

[892] So zum Beispiel: Heliand, V. 399.

[893] T. S. 519, Z. 5; dazu auch Kapitel III.E dieser Arbeit.

[894] BN. I.1, § 117, S. 132f.

[895] BTD. S. 171; Supplement, S. 134.

[896] GH. I, Sp. 1120; W. Wilmanns, Deutsche Grammatik, II, § 325, S. 436.

[897] Nach der Terminologie von H. Rubenbauer - J. B. Hofmann, Lateinische Grammatik, § 17, S. 18f.

Romanus. Vermutlich existierte neben lat. *Christianus* auch **Christanus*, das jedoch nicht belegt ist. Bei *c(h)ristāni* handelt es sich um eine Ableitung mit einem Suffix, das im Althochdeutschen nicht produktiv war. Das Adjektiv ist vielmehr als ein Lehnwort aus dem Lateinischen aufzufassen, das im volkssprachigen Gebrauch nach den *-ja-, -jo*-Stämmen flektiert[898]. Eine synchrone Darstellung des althochdeutschen Wortschatzes in einem Rückläufigen Morphologischen Wörterbuch (RMWA.) muß daher eine Basis *c(h)ristān-* ansetzen, während die diachron oder genetisch verfahrende Darstellungsweise von einer Basis *c(h)rist-* und einem Suffix *-ān-i* ausgeht. Hier wird ein genereller Unterschied zu den bislang vorgestellten Ableitungen deutlich, die mit dem im Althochdeutschen produktiven Suffix *-isc* gebildet sind.

1. *kristīn*

Ahd. *kristīn* kann als unmittelbare Ableitung mit dem im Althochdeutschen produktiven *-īn*-Suffix von ahd., as. *Krist* aufgefaßt werden. Möglich wäre aber weiterhin, daß hier eine Derivation mit einem lateinischen *-inus*-Suffix vorliegt[899]. Da jedoch das althochdeutsche Suffix mit dem lateinischen korrespondiert, ist nicht zu entscheiden, ob eine althochdeutsche Bildung oder ein Lehnwort aus dem Lateinischen vorliegt.

Das volkssprachige Adjektiv *kristīn* ist sowohl im Althochdeutschen bei Otfrid als auch im Altsächsischen im Heliand und in einer Psalmpredigt bezeugt. Ein weiterer Beleg ist im althochdeutschen Glossenwortschatz überliefert.

Bei Otfrid steht es in dem folgenden Textzusammenhang: *Bíscof, ther sih uuáchorôt ubar krístinaz thiot, / ther ist ouh uuirdig scônes éngilo gisíunes*[900] 'Der Priester, der über das christliche Volk

---

[898] BEG. § 250, S. 220f.

[899] R. Bergmann, Deutsche Sprachgeschichte, S. 88; zum lateinischen *-inus*-Suffix P. Ehrat, Das Suffix *-inus* bei nichtlateinischen Personennamen, S. 18f.; L. Weisgerber, Rhenania Germano-Celtica, S. 394f.

[900] O. I. 12, 31f.

wacht, ist ebenfalls würdig, das schöne Antlitz der Engel anzuschauen'. Das attributiv gebrauchte Adjektiv ist mit 'christlich'[901] zu übersetzen und dient der Kennzeichnung der christlichen Gemeinde.

Der altsächsische Heliand überliefert *kristīn* zu folgender Textstelle: *ik fargibu thi himilrîceas slutilas, that thu môst aftar mi allun giuualdan kristinum folke*[902] 'Ich gebe dir die Schlüssel des Himmelreiches, damit du nach mir Macht haben sollst über das ganze christliche Volk'. Das attributiv gebrauchte Adjektiv ist mit 'christlich' zu übersetzen.

As. *cristen* mit Abschwächung des Endsilbenvokals steht weiterhin in einer altsächsischen Psalmauslegung, und zwar in prädikativer Verwendung: *that is cristen. vuan sia ne hebbed iro herten*[903]. Das Adjektiv wird in qualitativer Verwendung eingesetzt, denn es ist davon die Rede, daß es 'christlich' sei, wenn die Gläubigen ihre Gemüter nicht erheben.

Ein letzter Textbeleg ist in der Handschrift Pommersfelden, Graf von Schönbornsche Schloßbibliothek 12 (2671)[904] aus dem zwölften Jahrhundert[905] überliefert. Im Carmen Paschale des Sedulius steht das althochdeutsche Interpretament *cristinero*[906] zu lat. *Ecclesiastici: scripturas autem ecclesiastici dogmatis ita sitiens epotauit, ut nisi sexus licentia defuisset posset et docere*[907] 'So sehr dürstend nach der kirchlichen Lehre trank sie die Schriften, daß sie, wenn nicht die Erlaubnis für das Geschlecht gefehlt hätte, auch hätte lehren können'[908]. Das althochdeutsche Interpretament *cristinero* bezeichnet hier die kirchliche Lehre.

---

[901] SchW. S. 185.

[902] Heliand, V. 3074.

[903] E. Wadstein, Kleinere altsächsische sprachdenkmäler, S. 11, Z. 19; S. 15, Z. 19; dazu auch Altsächsische Sprachdenkmäler, Faksimile, Z. 19.

[904] BV. Nr. 781.

[905] P. Pauly, Die althochdeutschen Glossen der Handschriften Pommersfelden 2671 und Antwerpen 17.4, S. 36.

[906] StSG. II, 615, 3.

[907] Sedulii opera omnia, S. 9, Z. 10f.

[908] P. Pauly, Die althochdeutschen Glossen der Handschriften Pommersfelden 2671 und Antwerpen 17.4, S. 63f.

2. c(h)ristāni

Das mit einem lateinischen *-ianus*-Suffix[909] gebildete Adjektiv *c(h)ristāni* ist im Althochdeutschen an 53 Textstellen bezeugt, davon 41 Belege in den literarischen Denkmälern und zwölf weitere in den althochdeutschen Glossen. Das Adjektiv wird sowohl attributiv als auch prädikativ gebraucht und ist weiterhin in substantivischer Verwendung überliefert.

In den literarischen Denkmälern ist ahd. *c(h)ristāni* 'christlich, gläubig'[910] in attributiver Verwendung zum Beispiel in der althochdeutschen Benediktinerregel[911] bezeugt und steht zu ahd. *gibūr*[912] 'Mitbürger, Nachbar; Bauer'. Weiterhin ist *c(h)ristāni* attributiv zu ahd. *namo*[913] 'Name'[914] und zu ahd. *man*[915] 'Mensch'[916] sowie zu ahd. *liut*[917] 'Volk, Leute, Menschen, Menge'[918], zu ahd. *thiot*[919] 'Volk, Menschen'[920], zu ahd. *folk*[921] 'Volk, Volksmenge, Schar'[922] und als Glosse zu lateinisch *Christianus*[923] belegt, das im Text in attributiver Stellung gebraucht wird.

---

[909] W. Wilmanns, Deutsche Grammatik, II, § 325, S. 436; dazu sieh weiter oben.

[910] SchW. S. 185.

[911] StSpD. S. 275b, Z. 6; dazu H. Lauffer, Sprachliche Interferenz, S. 442.

[912] SchW. S. 104; dazu Ulf Wessing, Interpretatio Keronis in Regulam Sancti Benedicti, S. 630.

[913] StSpD. S. 49b, Z. 4; dazu auch StSpD. S. 49a, Z. 4; N. IX, 332, 11.

[914] SchW. S. 220.

[915] StSpD. S. 50a, Z. 20; S. 50b, Z. 20.

[916] SchW. S. 206.

[917] MF. S. 63, 14f.; N. VIII, 56, 3; IX, 206, 20; 207, 20; 218, 1; X, 377, 5.

[918] SchW. S. 200.

[919] O. 12, 31 (in der Freisinger Otfridhandschrift; die anderen Handschriften überliefern *krístinaz*, das zu *kristīn* zu stellen ist).

[920] SchW. S. 112.

[921] StSpD. S. 82, Z. 18.

[922] SchW. S. 137.

[923] N. IX, 189, 4.

In substantivischer Verwendung ist ahd. *c(h)ristāni* in der althochdeutschen Benediktinerregel[924], in Goldasts Editio Princeps der lateinisch-althochdeutschen Benediktinerregel[925] und in Willirams Paraphrase des Hohenliedes[926] bezeugt und mit 'Christ, der Gläubige'[927] zu übersetzen. Für die Verwendung als Substantiv sind viele weitere Belege in den literarischen Denkmäler anzutreffen[928]. Die substantivische und adjektivische Verwendung von ahd. *c(h)ristāni* ist bereits im Althochdeutschen etwa in gleicher Verteilung bezeugt. Ähnliches zeigt auch der Befund aus mittelhochdeutscher Zeit[929].

In prädikativer Verwendung ist das Adjektiv in den literarischen Denkmälern gleichfalls gut belegt, so in der Exhortatio ad plebem christianam[930], bei Notker[931] und in den Monseer Fragmenten[932].

Die aktuellen Bedeutungen 'christlich, gläubig; Christ, der Gläubige'[933] bezeugen zum einen den Ausdruck der Zugehörigkeit zum christlichen Glauben oder zur christlichen Gemeinde und weiterhin die qualitative Verwendung des Adjektivs: 'jemand, der ein Christ ist', und zwar mit den zugehörigen Attributen.

In den Glossen ist ahd. *c(h)ristāni* ausschließlich in attributiver Verwendung beziehungsweise als Interpretament in Glossaren, bei denen der Textzusammenhang fehlt, überliefert. In Verbindung mit dem althochdeutschen Substantiv *man* ist *c(h)ristāni* in den Handschriften

---

[924] StSpD. S. 245, Z. 17.

[925] U. Wessing, Interpretatio Keronis in Regulam Sancti Benedicti, S. 237; dort ist die Angabe 'Adj. *christani*' zu 'Adj. *christiani*' zu korrigieren.

[926] The "Expositio in Cantica Canticorum" of Williram of Ebersberg, 11 G 4, 3.

[927] SchW. S. 185; U. Wessing, Interpretatio Keronis in Regulam Sancti Benedicti, S. 237.

[928] StSpD. S. 49a, Z. 15f.; S. 49b, Z. 15f.; MF. S. 45, Z. 6; S. 47, Z. 24; N. VIII, 73, 5; 76, 26; 93, 3; 112, 20; N. IX, 205, 2; 225, 17; 300, 17; 341, 12; 350, 12; N. X, 385, 1.9.

[929] Dazu Kapitel V.D dieser Arbeit.

[930] StSpD. S. 50a, Z. 26; S. 50b, Z. 26; S. 50a, Z. 42; S. 50b, Z. 42.

[931] N. IX, 236, 6; 300, 6.

[932] MF. S. 63, Z. 18.

[933] SchW. S. 185.

München, BSB. Clm 19440⁹³⁴, Wien, ÖNB. 2723⁹³⁵, Wien, ÖNB. 2732⁹³⁶ und München, BSB. Clm 18140⁹³⁷ zu folgendem Textzusammenhang aus der Apostelgeschichte bezeugt: ... *et docuerunt turbam multam / ita ut cognominarentur primum Antiochiae discipuli Christiani* ...⁹³⁸. An dieser Textstelle ist davon die Rede, daß die Jünger Christi in Antiocha zum ersten Male Christen genannt wurden. Ahd. *christana man*⁹³⁹ steht als Syntagma zu *discipuli Christiani* und ist mit 'christliche Menschen, Christen' zu übersetzen.

Die Handschrift München, BSB. Clm 19440⁹⁴⁰ überliefert einen weiteren Beleg für das Adjektiv, und zwar in den Glossen zum sogenannten 'Liber comitis'⁹⁴¹ des Smaragd von St. Mihiel. Zum lateinischen Lemma *Ęcclesiasticis* zu *ecclesiasticus* 'kirchlich'⁹⁴² sind die althochdeutschen Glossen *christanen ł clericis*⁹⁴³ bezeugt, die in Anlehnung an das lateinische Lemma mit 'kirchlich' zu übersetzen sind. Die dazugehörige Textstelle in der Praefatio des Liber comitis ließ sich nicht ermitteln, weil es sich um ein Glossar handelt. Das lateinische Lemma bezieht sich offensichtlich auf eine Handschrift, die uns nicht überliefert ist.

Zwei weitere Belege zum Adjektiv *c(h)ristāni* stammen ebenfalls aus Glossaren. Das Summarium Heinrici überliefert in der Handschrift St. Blasien, StiftsB. verschollen⁹⁴⁴ das stark flektierte Adjektiv *kriste-*

---

⁹³⁴ BV. Nr. 665: *christanaman*.

⁹³⁵ BV. Nr. 949: *Christianaman*.

⁹³⁶ BV. Nr. 950: *christana man*.

⁹³⁷ BV. Nr. 637: *Christm̃an* (na).

⁹³⁸ Biblia sacra, II, Act. 11, 26.

⁹³⁹ StSG. I, 745, 46-48.

⁹⁴⁰ BV. Nr. 665.

⁹⁴¹ Dazu F. Rädle, Studien zu Smaragd von Saint-Mihiel, S. 113-143, besonders S. 113-115; F. Brunhölzl, Geschichte der lateinischen Literatur des Mittelalters, I, S. 446f.

⁹⁴² GH. I, Sp. 2329.

⁹⁴³ StSG. I, 803, 1.

⁹⁴⁴ BV. Nr. 68.

ner[945] zu lat. *Christianus*. In der Abroganshandschrift Karlsruhe, BLB. Aug. CXI[946] steht zu lat. *hypocrita* 'übtr. der Heuchler'[947] das althochdeutsche Syntagma *zuila dunni cristani*[948]. Möglicherweise handelt es sich hierbei um ein substantiviertes Adjektiv *dunnicristani* 'Kleingläubiger, Zweifler'[949] mit dem Grundwort *cristani* und einem Bestimmungswort *dunni* 'dünn'[950]. Mit Blick auf die Parallelüberlieferung ist *zuila* zu *zui[ua]la[ri]* zu konjizieren[951].

Zu einem lateinischen Lemma *pestis* 'Seuche, ansteckende Krankheit; Verderben, Untergang'[952] überliefern die althochdeutschen Glossen in fünf verschiedenen Handschriften ein althochdeutsches Syntagma, das in allen Fällen eine substantivische Bildung *c(h)ristānī*[953] zur Basis *c(h)ristān-* bezeugt. Das Wort ist zu den Adjektivabstrakta auf *-ī* zu stellen[954]. Dazu gehört der folgende Textzusammenhang aus den Canones: *quatenus, gratia Domini omnium nostrum Christi operante, ab oribus Christi omnem pestem quidem mendacii submoveret, germinibus autem veritatis pingues efficeret*[955]. Hier wird von der göttlichen Gnade gesagt, daß sie vom Antlitz Christi jedes Verderben und jede Unwahrheit fernhalten kann. Zum Lemma *pestem* überliefert die Handschrift München, BSB. Clm 19440[956] in den Canonesglossen, die um das Jahr 1000 entstanden

---

[945] StSG. III, 180, 53.

[946] BV. Nr. 298.

[947] GH. I, Sp. 3105.

[948] StSG. I, 169, 33.

[949] J. Splett, Abrogans-Studien, S. 245; dazu auch O. Gröger, Die althochdeutsche und altsächsische Kompositionsfuge, § 72, S. 117f.

[950] SchW. S. 116.

[951] G. Baesecke, Der deutsche Abrogans, S. 60; J. Splett, Abrogans-Studien, S. 245.

[952] GH. II, Sp. 1668f.

[953] StSG. II, 101, 48.50.51; 115, 4; IV, 323, 36.

[954] W. Wilmanns, Deutsche Grammatik, II, § 200, S. 254f.

[955] J. D. Mansi, Sacrorum Conciliorum nova, VII, Sp. 727, Z. 10-13.

[956] BV. Nr. 665.

sind[957], den erklärenden Zusatz *suht. divinzechinit ungaloupa. ł andervpilincristani*[958]. Diesen Zusatz tradieren auch die Handschriften München, BSB. Clm 14747[959] aus dem dritten oder letzten Viertel des neunten Jahrhunderts[960], München BSB. Clm 19417[961] aus dem ersten Drittel des neunten Jahrhunderts[962], München, BSB. Clm 18140[963] aus dem dritten Viertel des elften Jahrhunderts[964] und Salzburg, Salzburger Museum Carolino Augusteum Hs. 2163 (früher Unsigniert)[965] aus dem ersten Viertel des neunten Jahrhunderts[966]. Ahd. *c(h)ristānī* ist in diesem Glossengefüge als Wortform des Dativ Singular Femininum zu bestimmen, so daß das Syntagma mit 'oder (auch) ein anderes Übel in der Christenheit' zu übersetzen wäre. Da es sich in allen vier Fällen um Glossare handelt, kann nicht weiter verfolgt werden, wie eine solche Verwendungsweise zustande gekommen ist. Einen weiteren Beleg für die Verwendung des Substantivs *c(h)ristānī* in der Wortform des Dativ Singular Femininum bezeugen die Griffelglossen der Handschrift Salzburg, Bibliothek der Erzabtei St. Peter a VII 2[967] aus der ersten Hälfte

---

[957] Ch. E. Eder, StMOSB. 83 (1972) S. 141; W. Schulte, Die althochdeutsche Glossierung der Dialoge Gregors des Großen, S. 745f.

[958] StSG. II, 101, 47f. u. A. 10.

[959] BV. Nr. 611: *suht. diu inzéchinit ungaloupa. iauh andar upil. incristani* (StSG. II, 101, 48-50).

[960] B. Bischoff, Die südostdeutschen Schreibschulen, II, S. 245; B. Meineke, CHIND und BARN, S. 56.

[961] BV. Nr. 663: *suht; thiu inzehnit ungalaupa iaander upil inchristani* (StSG. II, 101, 50f.).

[962] E. Meineke, Bernstein im Althochdeutschen, S. 92f.

[963] BV. Nr. 637: *suht. diu inzechinit ungaloupa. ł ander upilincristani* (StSG. II, 115, 3f.).

[964] Ch. E. Eder, StMOSB. 83 (1972) S. 113; W. Schulte, Die althochdeutsche Glossierung der Dialoge Gregors des Großen, S. 512.

[965] BV. Nr. 838: *suht. thiuinzehnit ungalaupa ia andarupil inchristani* (StSG. IV, 323, 35f.).

[966] K. Forstner, Die karolingischen Handschriften und Fragmente, S. 28-30.

[967] BV. Nr. 839.

des neunten Jahrhunderts[968]. Ahd. *c(h)ristāni*[969] ist hier ebenfalls als substantivisches Adjektivabstraktum aufzufassen und mit 'Christsein'[970] zu übersetzen.

Ahd. *c(h)ristāni* gehört mit 53 Belegen in den volkssprachigen Texten aus althochdeutscher Zeit zu den meistüberlieferten Derivaten auf der Grundlage von Eigennamen und ist darüber hinaus bereits in althochdeutscher Zeit in Wortbildungsprozesse eingegangen. Das Althochdeutsche überliefert ein Kompositum *ebinchristane*, eine Suffixableitung *christānīg* und eine Präfixbildung *unchristane*. Die Wörter sind nicht mehr als aktuelle Bildungen auf der Grundlage von dem Eigennamen *Krist* aufzufassen. Es handelt sich um Weiterbildungen mit dem bereits lexikalisierten Adjektiv *c(h)ristāni*.

Das Grundwort des Kompositums *ebinchristane* 'ebenfalls christlich'[971] ist als Entlehnung zu lat. *Christianus* 'christlich', subst. 'die Christen'[972] zu verstehen[973]. Das Bestimmungswort des Kompositums *ebin-* steht zu ahd. *eban, ebin, eben* 'gleich, gerecht, gerade, rechtschaffen'[974]. Bei ahd. *ebinchristane* handelt es sich wohl um eine sekundäre Bildung zu ahd. *c(h)ristāni*, das in althochdeutscher Zeit sehr viel früher belegt ist[975]. Ahd. *ebinchristane* ist im althochdeutschen Wortschatz einmal bezeugt, und zwar in den Glossen zu Notkers Psalter. Zum lateinischen Syntagma *ad amorem proximi* steht das althochdeutsche Glossengefüge *ze mannis ébinchrístanin minno* 'zur Liebe des ebenfalls christlichen Menschen'[976].

---

[968] H. Mayer, Die althochdeutschen Griffelglossen der Handschrift Salzburg St. Peter a VII 2, S. 31.

[969] Ebenda, S. 38.

[970] Ebenda.

[971] SchW. S. 118.

[972] GH. I, Sp. 1120.

[973] W. Wilmanns, Deutsche Grammatik, II, § 325, S. 436; dazu sieh weiter oben.

[974] SchW. S. 118.

[975] Dazu Kapitel IV.F.a dieser Arbeit.

[976] N. VIII, 100, 5.

Das mit dem Suffix -*īg* abgeleitete Adjektiv *christānīg* ist gleichfalls nur mit einem Beleg im althochdeutschen Physiologus[977] bezeugt. Es steht attributiv zu ahd. *man* in dem folgenden Textzusammenhang: *Also duo dú, christanig man: so dir bedvnkelet uuerde din gésûne*[978]. Das Syntagma *christanīg man* ist mit 'Christ'[979] zu übersetzen und kennzeichnet die Zugehörigkeit zur christlichen Religion.

Die Präfixbildung *unchristane* ist im althochdeutschen Wortschatz ebenfalls nur einmal überliefert[980], und zwar in den Glossen zur lateinischen Passio Simonis et Judae[981], die durch den Epilog dem Apostelschüler Abdias zugeschrieben wird[982]: *... quod ingredientes cœperunt clamare dæmonis per erguminos*[983]. Zu dem lateinischen Lemma *per erguminos* zu *energumenos* 'der vom Teufel Besessene'[984] überliefert die Handschrift München, BSB. Clm 14747[985] aus dem dritten oder letzten Viertel des neunten Jahrhunderts[986] die althochdeutschen Glossen *thruhuuinnante unchristane*[987]. In der lateinischen Apokryphe wird davon berichtet, daß die zwei Apostel Simon und Judas nach Suanir kommen und dort dazu gezwungen werden sollen, heidnischen Göttern in einem Sonnentempel zu opfern. Als die Apostel den Tempel betreten, stoßen dort wohnende Dämonen, die vom Teufel besessen sind, ein Geschrei aus[988]. Das alt-

---

[977] Dazu R. Schützeichel, Studia Linguistica et Philologica, S. 153-163.

[978] StSpD. S. 132, Z. 141.

[979] SchW. S. 185.

[980] Dazu stellt sich ahd. *unchristāno* sw. M. 'Ungläubiger' (SchW. S. 299).

[981] Clavis Apocryphorum Novi Testamenti, Nr. 284.

[982] LThK. I, 3. A., Sp. 18.

[983] Passio Sanctorum Simonis et Iudae Apostolorum, in: B. Mombritius, Sanctuarium seu Vitae Sanctorum, II, S. 539.

[984] GH. I, 2419.

[985] BV. Nr. 611.

[986] B. Bischoff, Die südostdeutschen Schreibschulen, II, S. 245; B. Meineke, CHIND und BARN, S. 56.

[987] StSG. II, 764, 35f. u. A. 14.

[988] Zur Passio Simonis et Judae R. A. Lipsius, Die apokryphen Apostelgeschichten und Apostellegenden, II, S. 164-175.

hochdeutsche Syntagma ist mit 'durch unchristliche Raserei' zu übersetzen.

E. Zusammensetzungen

a. *chriehporan*

Das adjektivische Kompositum *chriehporan* besteht aus dem Grundwort *boran*, das als Partizip Perfekt zu ahd. *beran* 'tragen; gebären, zeugen, hervorbringen, entgegenbringen, erweisen'[989] zu stellen ist, und aus dem Bestimmungswort *chrieh-* zu ahd. *kriah, kriah(h)i* 'Griechen'[990].

Die Zusammensetzung ist im Wortschatz des Althochdeutschen nur einmal in den Glossen zur Aeneis des Vergil belegt. Die althochdeutsche Glosse *chriehporano*[991] steht in der Handschrift München, BSB. Clm 18059[992] aus dem zweiten Viertel des elften Jahrhunderts[993] zu lat. *Graiugenum* zu *Graiugena* 'ein Grieche von Geburt'[994] in dem folgenden Textzusammenhang: *Haud mora, continuo perfectis ordine uotis / cornua uelatarum obuertimus antemnarum, / Graiugenumque domos suspectaque linquimus arua*[995]. An dieser Textstelle wird davon berichtet, daß, sobald alle Gelübde erfüllt sind, der Rückweg angetreten werden kann und die verdächtigen Häuser der Griechen verlassen werden können. Das lateinische Substantiv *Graiugena* ist aus lat. *Graius* 'griechisch'[996] und lat. *ge-*

---

[989] SchW. S. 94.

[990] SchW. S. 184; StWG. S. 347; dazu auch *chriehhisg, criohburtīg* (Kapitel IV.A.b.13 und IV.E.b dieser Arbeit).

[991] StSG. II, 652, 33.

[992] BV. Nr. 634.

[993] Ch. E. Eder, StMOSB. 83 (1972) S. 89.

[994] GH. I, Sp. 2958.

[995] Vergil, Aeneis, III, V. 548-550.

[996] GH. I, Sp. 2958.

nere zu *gignere* 'zeugen, erzeugen, gebären, hervorbringen'[997] gebildet. Das substantivisch gebrauchte Wort ist dem Lateinischen nachempfunden und mit 'griechisch von Geburt' zu übersetzen. Bezeichnet wird die Herkunft beziehungsweise die Abstammung. Ahd. *chriehporano* als Wortform des Genitiv Plural der *a*-Stämme der Substantive könnte einen Hinweis darauf geben, daß hier kein Adjektiv vorliegt, sondern vielmehr ein Substantiv anzusetzen ist. Dagegen spricht, daß das Althochdeutsche weitere Komposita mit *-boran* überliefert[998], die adjektivisch gebraucht werden.

b. *criohburtīg*

In Verbindung mit ahd. *krieh-* überliefert der Wortschatz der althochdeutschen Glossen eine weitere adjektivische Zusammensetzung, deren Grundwort *burtīg* 'gebürtig'[999] als Lexem im Wortschatz der literarischen Denkmäler belegt ist.

Ahd. *criohburtīg* ist nur einmal in der Handschrift Wien, ÖNB. Cod. 223[1000] aus dem elften Jahrhundert[1001] bezeugt. Die Handschrift überliefert auf fol. 43ʳ einige gesammelte Glossen (Adespota)[1002], darunter das althochdeutsche Interpretament *criohburtiger*[1003] zu dem lateinischen Lemma *Graiugena*[1004]. Das stark flektierte Adjektiv in der Wortform des Nominativ Singular Maskulinum ist in Anlehnung an das lateinische Lemma mit 'griechisch von Geburt' zu übersetzen und kennzeichnet die Herkunft.

---

[997] GH. I, Sp. 2934.
[998] Dazu die Kapitel IV.F.c.3 und IV.F.d.3 dieser Arbeit.
[999] SchW. S. 105.
[1000] BV. Nr. 898.
[1001] H. Menhardt, Verzeichnis der altdeutschen literarischen Handschriften, S. 37; K. Siewert, Die althochdeutsche Horazglossierung, S. 381.
[1002] StSG. IV, 631, 8-12.
[1003] StSG. IV, 242, 1.
[1004] Dazu das vorhergehende Kapitel dieser Arbeit.

F. Auswertung

a. Verbreitung in Quellentexten und ihrer handschriftlichen Überlieferung

Für die Verbreitung der verschiedenen Adjektive (beziehungsweise Adverbien) in Quellentexten und ihrer handschriftlichen Überlieferung ist als wesentliches Merkmal der Überlieferung zu beachten, daß der überlieferte Bestand überhaupt eher zufällig vorliegt und daß daher die Zahl der überlieferten Belege für jedes Wort mit dieser Einschränkung gewertet werden muß. Dennoch lassen sich aufgrund von Berechnungen der Frequenz und bei der Betrachtung der Quellen, in denen die überlieferten Bildungen auftreten, bestimmte Tendenzen erkennen, wenn auch die getroffenen Aussagen nur Annäherungen an das 'Gesamt' der im Althochdeutschen bestehenden Möglichkeiten sein können[1005].

In der Untersuchung wurden 58 verschiedene Bildungen volkssprachiger Adjektive auf der Basis von Eigennamen ermittelt, zu denen sich die nur als Adverbien bezeugten Bildungen *sirisco* und *sodomitīco* sowie zwei adjektivische Zusammensetzungen stellen. Zu ahd. *chriehhisg* und ahd. *rūmisc* sind zudem die schriftsprachlichen Varianten *grēcisc* und *rōmisc* bezeugt. Eine auffällige sprachgeographische Verteilung kann, soweit es der Überlieferungsbefund zuläßt, dabei nicht beobachtet werden[1006]. Wertet man jedes einzelne Vorkommen einer Bildung in den literarischen Denkmälern und für die Glossen jedes Vorkommen einer Glosse in einer Handschrift als einen Beleg, so sind für 62 verschiedene Adjektive (einschließlich der Adjektivadverbien) insgesamt 305 Belege zu verzeichnen, wovon 130 Bezeugungen in den literarischen Denkmälern nachgewiesen werden können[1007] und 175 Belege in den Glossenhandschriften überliefert sind. Ausgenommen sind bei dieser Berechnung die Vorkommen in

---

[1005] U. Möllmann, Die althochdeutschen Adjektive auf *-sam*, S. 38.

[1006] Zur sprachgeographischen Verteilung der Ableitungen von appellativischen Basen Th. Klein, Studien zum Altgermanischen, S. 390.

[1007] Die Glossen zu Notkers Psalter wurden zu den literarischen Denkmälern gerechnet.

den Leges, Konzilien, Formularen, Kapitularien und Diplomen, da hier bereits im Althochdeutschen bezeugte Wörter latinisiert auftreten.

Die verschiedenen im Wortschatz der Glossen überlieferten Bildungen sind in 78 Handschriften tradiert[1008]. Über die von E. Steinmeyer und E. Sievers gesammelten Handschriften hinaus wurden fünf weitere Überlieferungsträger berücksichtigt, die zum Teil erst in neuerer Zeit entdeckt worden sind: die Handschrift Admont, StiftsB. 718[1009], deren Glossen von Hans Naumann[1010] ediert wurden; die Handschrift Erlangen, UB. Erlangen-Nürnberg Ms. 396, die die Bücher I bis XI des Summarium Heinrici (XI in der Kurzfassung) überliefert und von R. Hildebrandt[1011] in die Edition des Summarium Heinrici aufgenommen wurde (mit Korrekturen und Nachträgen von St. Stricker[1012]); die Handschrift Innsbruck, UB. Handschrift-Fragmente 89 und 90[1013], zu der Karl Strecker[1014] in seiner Waltharius-Edition althochdeutsche Glossen mitgeteilt hat; die Handschrift München, BSB. Clm 4542[1015], deren Glossen von H. Mayer[1016] ediert wurden; die Handschrift Salzburg, Bibliothek der Erzabtei St. Peter a VII 2[1017] mit althochdeutschen Griffelglossen, die ebenfalls in einer Edition von H. Mayer[1018] vorliegen.

Hinsichtlich der Frequenz in bezug auf die einzelnen Bildungen läßt sich feststellen, daß die Adjektive *c(h)ristāni* (53 Belege, zusätzlich

---

[1008] Dazu das Handschriftenverzeichnis der Glossenbelege Kapitel VII.A.b dieser Arbeit.

[1009] BV. Nr. 7.

[1010] ZDA. 64 (1927) S. 77-79.

[1011] Summarium Heinrici, I; R. Hildebrandt, ZDA. 101 (1972) S. 289-303.

[1012] In: R. Schützeichel, Addenda und Corrigenda (III), S. 352-364.

[1013] BV. Nr. 288.

[1014] Waltharius, Die lateinischen Dichter des deutschen Mittelalters. Sechster Band.

[1015] BV. Nr. 477.

[1016] Althochdeutsche Glossen: Nachträge, S. 50-68.

[1017] BV. Nr. 839.

[1018] Die althochdeutschen Griffelglossen der Handschrift Salzburg St. Peter a VII 2.

die Weiterbildungen *ebinchristane*, *christānīg* und *unchristane* mit je einem Beleg), *rōmisc/rūmisc* (36 Belege) und *chriehhisg/grēcisc* (33 Belege) die meisten Bezeugungen bieten. Für *hūnisc*, *lanc(h)partisc* und *serzisc* wurden je 13 Belege ermittelt. Ahd. *frenkisc* ist mit zehn Belegen vertreten. Die Adjektive *egypzisg* und *judeisc* sind mit acht Bezeugungen überliefert. Je drei bis sieben Belege sind für die deonymischen Derivate *hebrœisc, indigisc, indisg, grētigisc, kristīn, magdalēnisc, nazarēnisc, numediisc, pontisc, samaritānisc, spānisc, walasg* bezeugt, also für zwölf Adjektive. Zehn verschiedene Ableitungen sind durch zwei Belege vertreten (*alpisc, perezintisc, māzianisc, māzianitisc, partisc, pulleohti, pūnisk, tracisg, trojānisg, tuscānisch*). Dreißig Bildungen sind im Wortschatz des Althochdeutschen und Altsächsischen nur ein einziges Mal bezeugt (*achadēmisg, affricānisg, arabisg, dorisg, ĕpīretisc, galilēisk, israhēlisc, israhelitesg, cholchisg, crētēnsisc, crēttisc, chriehporan, criohburtīg, latīnisc, licēisk, macediisc, mantinisc, melibēisk, nazanzēnisc, nazarisch, ninevisc, ninewētisc, pūnikisk, rōmānisc, *sirisc, *sodomitīg, tīrisg, vngrisch, cilicaisc, zisēisch*). Bei diesen Angaben ist zu beachten, daß gerade im Bereich der Glossen Handschriftenabhängigkeiten vorliegen, wenn zum Beispiel zwei oder mehr Handschriften auf die gleiche Vorlage zurückgehen und der volkssprachige Bestand dadurch mehrfach tradiert wird, oder zwei oder mehr Handschriften untereinander Abhängigkeiten zeigen. Beispielhaft genannt sei hier das Verhältnis der Prudentiushandschriften München, BSB. Clm 14395 und Paris, BN. Nouv. acquis. lat. 241, deren Vorkommen in bezug auf Adjektive auf der Basis von Eigennamen fast identisch ist[1019].

Die Analyse der Frequenz zeigt, daß 40 Bildungen nur einmal oder zweimal belegt sind, wobei die zweifache Bezeugung auch auf Handschriftenabhängigkeiten zurückzuführen ist. Aufgrund dieser Überlieferungslage läßt sich vermuten, daß es sich bei den von Eigennamen abgeleiteten Adjektiven häufig um Gelegenheitsbildungen handelt, die je nach Gebrauch und Notwendigkeit im Schulbetrieb entstehen und dann auch wieder vollständig untergehen können, was die

---

[1019] Dazu das Handschriftenverzeichnis der Glossenbelege Kapitel VII.A.b dieser Arbeit.

Vorkommen überlieferter Ableitungen im Mittelhochdeutschen zeigen[1020]. Dafür spricht auch das Nebeneinander von verschiedenen Bildungen zur Bezeichnung des gleichen Sachverhalts[1021].

Bei einigen der mehrfach bezeugten Adjektive läßt sich nachweisen, daß sich ihr Gebrauch bis zum Neuhochdeutschen fortsetzt (zum Beispiel bei *judeisc*[1022]) oder daß eine Verwendung in bereits im Althochdeutschen idiomatisierten Pflanzenbezeichnungen vorliegt (zum Beispiel bei *hūnisc* und *rōmisc/rūmisc*).

Von den ermittelten 62 Bildungen sind 34 (einschließlich des Adverbs *sirisco*) nur in den Glossen überliefert: *affricānisg, alpisc, perezintisc, ĕpīretisc, hunisc, indigisc, crētēnsisc, grētigisc, crēttisc, chriehporan, criohburtīg, lanc(h)partisc, licēisk, macediisc, mantinisc, māzianisc, māzianitisc, melibēisk, nazanzēnisc, nazarisch, numediisc, partisc, pulleohti, pūnikisk, pūnisk, rōmānisc, serzisc, *sirisc, spānisc, tuscānisch, vngrisch, windisc, cilicaisc, zisēisch*. Dazu stellt sich zusätzlich die Variante *grēcisc* zu *chriehhisg*. Die Vielzahl der deonymischen Derivate auf *-isc* im Bereich der volkssprachigen Glossen zeigt die Bedeutung der Glossenüberlieferung als Quelle volkssprachigen Materials überhaupt[1023]. Für die hier behandelten Adjektive auf der Grundlage von Eigennamen deutet dieser Befund ebenfalls darauf hin, daß es sich vielfach um Ad-hoc-Bildungen handelt, die im klösterlichen Schulbetrieb gerade in Abhängigkeit von lateinischen Vorlagen entstanden sind.

Achtzehn verschiedene Wörter (darunter das Adverb *sodomitīco*) sind nur im Wortschatz der literarischen Denkmäler tradiert: *achadēmisg, arabisg, dorisg, galilēisk, hebræisc, israhēlisc, israhelitesg, cholchisg, latīnisc, magdalēnisc, nazarēnisc, ninevisc, ninewētisc, pontisc, samaritānisc, *sodomitīg, tīrisg, trojānisg*.

Nur zehn der bezeugten Bildungen sind sowohl in der einen als auch in der anderen Überlieferungsart bezeugt: *egypzisg, frenkisc, indisg,*

[1020] Dazu Kapitel V.B; so auch Th. Klein, Studien zum Altgermanischen, S. 389; A. Decke, Synchrone und diachrone Aspekte, S. 109.

[1021] Dazu Kapitel IV.F.c.1 dieser Arbeit.

[1022] DWB. X, Sp. 2359; dazu auch Kapitel V.B dieser Arbeit.

[1023] H. Götz, Sprachwissenschaft 19 (1994) S. 123-164.

judeisc, chriehhisg, c(h)ristāni, kristīn, rōmisc/rūmisc, tracisg, walasg.

Dieser Befund spiegelt die Verteilung aller bezeugten Adjektive auf *-isc* (also auch der Ableitungen von nicht-proprialen Basen) auf die verschiedenen Überlieferungsformen wider[1024].

Die volkssprachigen Adjektive *frenkisc, chriehhisg, lanc(h)partisc* und *walasg* sind in den Rechtstexten auch latinisiert bezeugt.

Der Befund in den Quellen und ihrer handschriftlichen Überlieferung zeigt, daß Adjektive von fremden Namen meist mit dem Suffix *-isc* abgeleitet werden: Allein 56 deonymische Derivate sind dieser Klasse zuzuordnen[1025]. Es treten insbesondere dort in großer Zahl Bildungen dieser Art auf, wo der lateinische Ausgangstext, zu dem die volkssprachigen Adjektive überliefert sind, besonders viele fremde Namen enthält.

Die volkssprachige Glossierung ist zu vielen Werken klassisch-römischer Autoren anzutreffen, darunter insbesondere zu den Werken des Vergil. In zahlreichen Handschriften sind insgesamt rund sechstausendfünfhundert althochdeutsche Glossen bezeugt[1026]. Dazu stellt sich der Befund, daß zu Vergil insgesamt zwölf verschiedene adjektivische Ableitungen von fremden Namen zu finden sind[1027]. Die Vergilhandschrift Clm 18059 überliefert allein elf verschiedene Bildungen zu zwölf Textstellen. Hinzu kommt eine weitere Ableitung, die zu zwei weiteren Textzusammenhängen in der Aeneis und den Georgica in den Handschriften Berlin, StBPK. Ms. lat. 4° 215 und Paris, BN. lat. 9344 überliefert ist[1028].

Neben den Glossierungen zu den Werken klassisch-römischer Autoren sind zahlreiche althochdeutsche Glossen zu Werken der spätanti-

---

[1024] A. Decke, Synchrone und diachrone Aspekte, S. 105.

[1025] Dazu Kapitel IV.F.c dieser Arbeit.

[1026] R. Schützeichel, Kontinuität und Transformation der Antike im Mittelalter, S. 274; R. Schützeichel, Addenda und Corrigenda (III), S. 119.

[1027] Dazu das Quellenverzeichnis Kapitel VII.A.c. dieser Arbeit.

[1028] Dazu das Handschriftenverzeichnis der Glossenbelege Kapitel VII.A.b dieser Arbeit.

ken christlichen Dichtung tradiert[1029], die eine Vielzahl fremder, insbesondere biblischer Namen enthalten. Dazu gehören die volkssprachigen Glossen zu Werken des Prudentius, in denen ein großer Teil der deonymischen -isc-Ableitungen anzutreffen ist[1030]. Die Prudentiushandschriften München, BSB. Clm 14395 und Paris, BN. Nouv. aquis. lat. 241 überliefern zusammen allein acht verschiedene Bildungen zu elf Textstellen[1031].

Einen beachtlichen Teil des althochdeutschen Textkorpus bilden die Übersetzungen von spätlateinischen Texten, die durch Notker III. von St. Gallen geschaffen wurden[1032]. In seiner Übersetzung der Consolatio des Boethius und des Martianus Capella sowie der Psalmen sind 14 verschiedene althochdeutsche Adjektive auf der Basis von Eigennamen anzutreffen[1033].

Die religiöse Literatur in althochdeutscher Zeit orientierte sich in erster Linie an der Bibel. Zu biblischen Zusammenhängen sind daher Übersetzungen ins Althochdeutsche und eigenständige Bibeldichtungen entstanden. In der althochdeutschen Übersetzung des Diatessarons des Syrers Tatian sind neun verschiedene Bildungen anzutreffen, die als Ableitungen zu fremden, und zwar biblischen Namen zu bestimmen sind[1034]. Zudem ist das altsächsische Adjektiv *galilēisk* im Heliand bezeugt.

Dazu stellt sich unmittelbar der Befund, daß in den Glossenhandschriften zu den einzelnen biblischen Büchern, so zum Beispiel im Clm 14689 und im Clm 18140, eine große Anzahl Bildungen über-

---

[1029] R. Schützeichel, Transformation und Kontinuität der Antike im Mittelalter, S. 276; R. Schützeichel, Addenda und Corrigenda (III), S. 123-125.

[1030] Dazu das Quellenverzeichnis Kapitel VII.A.c dieser Arbeit.

[1031] Dazu das Handschriftenverzeichnis der Glossenbelege Kapitel VII.A.b dieser Arbeit.

[1032] R. Schützeichel, Transformation und Kontinuität der Antike im Mittelalter, S. 277.

[1033] Dazu das Quellenverzeichnis Kapitel VII.A.c dieser Arbeit.

[1034] Ebenda.

liefert ist, die auf der Grundlage fremder, zum Teil biblischer Namen entstanden sind[1035].

In den Leges, Konzilien, Kapitularien, Formularen und Diplomen aus althochdeutscher Zeit[1036] sind keine neuen Bildungen ermittelt worden. Dort sind latinisierte volkssprachige Adjektive zu den im althochdeutschen Wortschatz auftretenden Wörtern bezeugt. Dieses Ergebnis erscheint unmittelbar einleuchtend, da es sich bei den Bildungen *frankiscus* und *langubardiscus* um Wörter handelt, die zur Bezeichnung von germanischen Bevölkerungsgruppen dienten, für die im Mittellateinischen zunächst keine entsprechenden Wörter vorhanden waren[1037]. Syntaktisch integriert treten sie im fortlaufenden lateinischen Text mit lateinischen Endungen auf.

Die folgende Tabelle verzeichnet jeweils das erste Auftreten eines Wortes in der althochdeutschen und altsächsischen Überlieferung. Die Datierung erfolgt nach der zeitlichen Einordnung der Denkmäler und Glossenhandschriften in der jeweils maßgeblichen Literatur. Die Kennzeichnungen in der Tabelle verweisen je nach Position auf den Anfang, auf die Mitte oder auf das Ende eines Jahrhunderts. Dabei ist zu beachten, daß der Zeitpunkt der Entstehung einer Glossenhandschrift nicht mit dem Zeitpunkt des Glosseneintrags übereinstimmen muß. Der Eintrag der Glossen kann vielmehr später erfolgt sein. Wenn die Glossierung ebenfalls aus einer Vorlage abgeschrieben wurde, kann der Zeitpunkt des ersten Auftretens einer Bildung auch vor der Datierung des ersten überlieferten Belegs liegen[1038]. Da zudem auch nicht unbedingt der Zeitpunkt der Textentstehung beziehungsweise der Zeitpunkt der Übersetzung widergespiegelt wird, kann

---

[1035] Dazu das Handschriftenverzeichnis der Glossenbelege und das Quellenverzeichnis Kapitel VII.A.b und c dieser Arbeit.

[1036] R. Schützeichel, Sprache und Recht, II, S. 831-845; R. Schützeichel, Addenda und Corrigenda (III), S. 138-146.

[1037] R. Schützeichel, Kontinuität und Transformation der Antike im Mittelalter, S. 281.

[1038] Dazu systematisch zusammenfassend R. Bergmann, Deutsche Literatur und Sprache von 1050-1200, S. 19-25, hier besonders S. 21f.; weiterhin R. Bergmann, Wort und Begriff "Bauer", S. 120; U. Möllmann, Die althochdeutschen Adjektive auf *-sam*, S. 271.

die folgende Tabelle nur Anhaltspunkte für die zeitliche Verteilung liefern. Im folgenden mit aufgeführt sind die Weiterbildungen zu ahd. *c(h)ristāni* (*ebinchristane*, *christānīg* und *unchristane*), die bei der Berechnung nicht berücksichtigt werden, sowie die Varianten zu *chriehhisg* und *rōmisc*.

	8.	9.	10.	11.	12.	13.	14.
achadēmisg				x			
affricānisg					x		
alpisc				x			
arabisg				x			
perecintisc				x			
dorisg				x			
ebinchristane				x			
egypzisg		x					
ĕpīretisc				x			
frenkisc		x					
galilēisc		x					
grēcisc	x						
hebræisc		x					
hūnisc				x			
indigisc			x				
indisg			x				
israhēlisc		x					
israhelitesg				x			
judeisc		x					
cholchisg				x			
crētēnsisc			x				

	8.	9.	10.	11.	12.	13.	14.
grētigisc				x			
crēttisc				x			
chriehporan				x			
criohburtīg				x			
chriehhisg		x					
c(h)ristāni		x					
christānīg					x		
kristīn			x				
lanc(h)partisc				x			
latīnisc		x					
licēisk				x			
magdalēnisc		x					
macediisc				x			
mantinisc			x				
māzianisc			x				
māzianitisc				x			
melibēisk				x			
nazanzēnisc	x						
nazarēnisc		x					
nazarisch		x					
ninevisc		x					
ninewētisc		x					
numediisc					x		
partisc					x		
pontisc		x					

	8.	9.	10.	11.	12.	13.	14.
pulleohti	x						
pūnikisk	x						
pūnisk	x						
rōmānisc			x				
rōmisc				x			
rūmisc		x					
samaritānisc		x					
serzisc			x				
*sirisc						x	
*sodomitīg		x					
spānisc			x				
tīrisg				x			
tracisg				x			
trojānisg				x			
tuscānisch				x			
vngrisch							x
unchristane		x					
walasg				x			
windisc				x			
cilicaisc				x			
zisēisch				x			

Aus der Übersicht geht hervor, daß eine Vielzahl der Bildungen mit Beginn der althochdeutschen Überlieferung bezeugt ist. Mit dem Ende des achten Jahrhunderts beziehungsweise um a. 800 sind sechs Ableitungen erstmalig überliefert (*grēcisc, c(h)ristāni, nazanzēnisc, pulleohti, pūnikisk, pūnisk*). Dabei ist auffällig, daß bereits in dieser Zeit das Nebeneinander verschiedener Ableitungen nachgewiesen werden kann, die jeweils einen gleichen Sachverhalt bezeichnen (*pūnikisk - pūnisk*)[1039]. Das frühe Nebeneinander dieser Wörter mag ein Hinweis darauf sein, daß viele der Adjektive auf *-isc* als Gelegenheitsbildungen aufzufassen sind.

Kurz nach a. 800 beziehungsweise im neunten Jahrhundert sind 18 verschiedene Adjektive erstmals bezeugt (*egypzisg, frenkisc, galilēisc, hebrǣisc, israhēlisc, judeisc, chriehhisg, kristīn, latīnisc, magdalēnisc, nazarēnisc, nazarisch, ninevisc, ninewētisc, pontisc, rūmisc, samaritānisc, *sodomitīg*), wobei hier ebenfalls in zwei Fällen (*nazarēnisc - nazarisch, ninevisc - ninewētisc*) jeweils zwei miteinander konkurrierende Bildungen nachzuweisen sind.

Das zehnte und elfte Jahrhundert schließlich überliefern erstmalig 36 verschiedene Vorkommen volkssprachiger Adjektive auf der Grundlage von Eigennamen, darunter wiederum einige Fälle, in denen verschiedene Wörter zum Ausdruck des gleichen Sachverhalts belegt sind: *achadēmisg, alpisc, arabisg, perecintisc, dorisg, ēpīretisc, hūnisc, indigisc/indisg, israhelitesg, cholchisg, crētēnsisc/ grētigisc/crēttisc, chriehporan, criohburtīg, lanc(h)partisc, liceisc, macediisc, mantinisc, māzianisc/māzianitisc, melibēisk, numediisc, partisc, rōmānisc, rōmisc, serzisc, spānisc, tīrisg, tracisg, trojānisg, tuscānisch, walasg, windisch, cilicaisc, zisēisch*.

Drei weitere Ableitungen sind erstmalig in der jüngsten Überlieferung im zwölften bis zum vierzehnten Jahrhunderts belegt (*affricānisg, *sirisc, vngrisch*).

b. Flexion

Die überwiegende Anzahl der adjektivischen Derivate auf der Grundlage von Eigennamen tritt in den vorliegenden Textzusammenhängen attributiv zu einem Substantiv auf. Für das Vorkommen in den Glossen gilt, daß in der Regel attributiv gebrauchte lateinische Adjektive des lateinischen Textes entsprechend dem syntaktischen Zusammenhang mit der jeweiligen flektierten Wortform glossiert werden. Dabei

---

[1039] Dazu Kapitel IV.F.c.1 dieser Arbeit.

zeigt die volkssprachige Glosse in der Regel Kasus, Genus und Numerus des lateinischen Wortes. Ausnahmen bilden zum Beispiel *gretigisco*[1040] und *spanisce*[1041].

Adjektive auf der Basis von Eigennamen sind weiterhin in substantivischer Verwendung bezeugt, so zum Beispiel häufig in Verbindung mit der Präposition *in*[1042]. Ahd. *judeisc* ist darüber hinaus im althochdeutschen Tatian[1043] einmal in prädikativem Gebrauch anzutreffen.

Adjektive auf *-isc* flektieren im Althochdeutschen nach den Adjektiven der *a-ō*-Stämme[1044]. Dazu stellen sich auch die adjektivischen Deonomastika auf *-īn* und *-īg* sowie die Zusammensetzungen[1045]. Ahd. *pulleohti* und ahd. *c(h)ristāni* hingegen flektieren nach den Adjektiven der *ja-jō*-Stämme[1046]. In einem Flexionsparadigma, das die in der Überlieferung bezeugten Wortformen berücksichtigt, sind nicht alle Positionen besetzt. Im folgenden werden jeweils Beispiele gegeben[1047].

a-ō-**Stämme**. – Im Maskulinum sind die stark flektierten Singularformen des Nominativ (*perecintiscer*[1048], *criohburtiger*[1049], *samaritanisc*[1050], *christānīg*[1051]), Genitiv (*arábiskes*)[1052] und Dativ (*affricanisgemo*[1053]) bezeugt sowie die Formen im Nominativ (*frénkis-*

[1040] Kapitel IV.B.f dieser Arbeit.

[1041] Kapitel IV.A.b.24 dieser Arbeit.

[1042] J. Grimm, Deutsche Grammatik, III, S. 152f.; IV, S. 1057f.

[1043] T. S. 277, Z. 5.

[1044] BEG. § 249, S. 220.

[1045] BEG. § 249, S. 219f.; § 258, S. 224.

[1046] BEG. § 251, S. 221.

[1047] Zur Deklination der Adjektive im Althochdeutschen BEG. §§ 244-256, S. 215-223.

[1048] StSG. II, 472, 59f.

[1049] StSG. IV, 242, 1.

[1050] T. S. 449, Z. 7.

[1051] StSpD. S. 132, Z. 141.

[1052] N. IV, 168, 10.

[1053] H. Naumann, ZDA. 64 (1927) S. 78, Z. 11f.

ge[1054]) und Dativ Plural (*indisken*[1055]). Im Dativ Plural Maskulinum (*crettiscan*[1056]) ist darüber hinaus die für die Prudentiusglossen der Prager und Münchener Handschriften typische Endung *-an* für pronominal flektierte Formen anzutreffen[1057]. Eine flexivische Besonderheit bietet die Zusammensetzung *chriehporano*[1058], die in Anlehnung an die substantivische lateinische Form (*a*-Stamm) die Wortform des Genitiv Plural Maskulinum auf *-o* zeigt. Zu erwarten wäre hier ein stark flektiertes Adjektiv[1059].

Im Genus Neutrum der starken Flexion sind neben den Formen des Dativ (*tîriskemo*[1060]) und Akkusativ Singular (*kristínaz*[1061]) die Formen des Genitiv (*frénkisgêro*[1062]) und Dativ Plural (*frénkisgên*[1063]) bezeugt. Im Dativ Singular Neutrum ist zudem die altsächsische Form *kristinum*[1064] überliefert[1065].

Für das Genus Femininum sind alle pronominalen Formen des Singular im regelmäßigen Flexionsparadigma belegt. Neben der regelmäßigen Endung *-iu* (*indiskiu*[1066]) im Nominativ überliefert der althochdeutsche Tatian die für das Fränkische typische Endung *-u* (*magdalenisgu*[1067]). Die Handschrift Berlin, StBPK. Ms. lat. 4°

[1054] O. V. 8, 8.
[1055] N. IV, 87, 7.
[1056] StSG. II, 417, 28.
[1057] BEG. § 58, A. 3, S. 60; § 248, A. 11, S. 219.
[1058] StSG. II, 652, 33.
[1059] Dazu Kapitel IV.E.a dieser Arbeit.
[1060] N. I, 84, 2f.
[1061] O. I, 12, 31.
[1062] O. V, 14, 3.
[1063] O. I. 3, 46.
[1064] Heliand, V. 3074.
[1065] J. H. Gallée, Altsächsische Grammatik, § 344, S. 221.
[1066] StSG. II, 768, 58.
[1067] T. S. 643, Z. 19; daneben auch *magdalenisgíu* (T. S. 663, Z. 26); dazu BEG. § 248, A. 6, S. 218; J. Franck - R. Schützeichel, Altfränkische Grammatik, § 159, S. 208.

215 mit Glossen alemannischer Mundart[1068] tradiert eine Form *thuschanisgu*[1069] für den Nominativ Singular, die im Oberdeutschen sonst nur vereinzelt auftritt[1070]. Im Genitiv Singular ist die für Notker typische Form *chrîechiskero*[1071] anzutreffen, während der Dativ (*serziscero*[1072]) und Akkusativ (*frénkisga*[1073]) regelmäßige Endungen zeigen. Im Plural des femininen Genus ist lediglich die Form des Dativs (*egipzisken*[1074]) belegt.

Für das Genus Maskulinum sind alle schwach flektierten Formen des Singular bezeugt: *egypzisco*[1075] (Nominativ), *liceiskin*[1076] (Genitiv), *nazarenisgen*[1077], *pontischin*[1078] (Dativ) und *nazarenisgon*[1079] (Akkusativ), sowie der Nominativ (*troiânisken*[1080]), Genitiv (*iudêiscon*[1081]) und Akkusativ im Plural. Die Form des Akkusativs *lanchpartiscin*[1082] zeigt die Endung *-in*, die in späteren, besonders in bairischen Quellen im Akkusativ Plural auftritt.

Zum Genus Neutrum sind alle schwach flektierten Formen des Singular belegt: *rûmiska*[1083] (Nominativ), *israhelischin*[1084] (Ge-

---

[1068] H. Reutercrona, Svarabhakti, S. 11.

[1069] StSG. II, 721, 33.

[1070] BEG. § 248, A. 6, S. 218; J. Schatz, Altbairische Grammatik, § 119a, S. 132.

[1071] N. I, 10, 16; dazu BEG. § 248, A. 7, S. 218.

[1072] StSG. I, 656, 10.

[1073] O. I. 1, 114.

[1074] N. IV, 90, 15.

[1075] N. IV, 149, 8.

[1076] StSG. II, 662, 68.

[1077] T. S. 613, Z. 9.

[1078] MF. S. 35, Z. 26.

[1079] T. S. 605, Z. 10.

[1080] N. IV, 104, 1.

[1081] N. IX, 318, 2.

[1082] StSG. II, 439, 3; bairisch-alemannische Mundart (BV. Nr. 771); dazu BEG. § 221, A. 3, S. 205; J. Schatz, Altbairische Grammatik, § 105c, S. 116.

[1083] N. I, 24, 4.

[1084] I. 31, 8.

nitiv), *hebræischin*[1085] (Dativ), *rûmiska*[1086] (Akkusativ) sowie die Form *alpisca* im Akkusativ Plural mit der Endung *-a* statt regelmäßigem *-un*[1087].

Die femininen Formen der schwachen Flexion sind nur in den Formen des Nominativ (*magdalenisga*[1088]), Genitiv (*troiâniscun*[1089]) und Dativ Singular (*serziskin*[1090], *rûmiskûn*[1091]) und im Genitiv Plural (*egýpziscon*[1092]) vertreten.

ja-jō-Stämme. - Im Singular der starken Flexion sind die Formen des Nominativ Maskulinum (*kristener*[1093]), des Genitiv Maskulinum[1094] (*christanes*[1095]) und Femininum (*christanro*[1096]) sowie des Dativ Maskulinum[1097] (*christanemv*[1098]) und des Akkusativ Maskulinum (*christanan*[1099]) und Neutrum (*kristaniz*[1100]) überliefert.

[1085] I. 32, 20.

[1086] N. I, 24, 4.

[1087] BEG. § 224, A. 1, S. 207.

[1088] T. S. 657, Z. 18.

[1089] N. IV, 103, 17f.

[1090] StSG. I, 498, 55.

[1091] N. I, 25, 12.

[1092] N. IV, 125, 14.

[1093] StSG. III, 180, 53.

[1094] Oder Neutrum.

[1095] StSpD. S. 82, Z. 18.

[1096] N. IX, 205, 2.

[1097] Oder Neutrum.

[1098] StSpD. S. 245, Z. 17.

[1099] StSpD. S. 50a, Z. 20.

[1100] O. I, 12, 31 (Freisinger Handschrift).

Im Plural der starken Flexion sind die Formen des Nominativ Maskulinum (*christana*[1101]), des Genitiv (*cristanero*[1102]) und Dativ (*christanen*[1103]) bezeugt.

Für die schwache Flexion der *ja-jō*-Stämme finden sich im Singular die Formen des Nominativ Maskulinum (*christano*[1104]), des Genitiv (*ébinchrístanin*[1105]), Dativ (*chrístanin*[1106]) und Akkusativ (*christanun*[1107]).

Im Plural der schwachen Flexion sind die Formen des Nominativ Maskulinum (*chrístanin*[1108]) und des Genitiv (*christanon*[1109]) bezeugt.

In prädikativer Verwendung ist nur ahd. *c(h)ristāni* anzutreffen[1110]. Die volkssprachigen Adjektive *c(h)ristāni*[1111] und *pulleohti*[1112] sind zudem in unflektierter Verwendung bezeugt.

c. Formale Aspekte deonymischer Adjektive

Anhand der Überlieferung wird deutlich, daß Adjektive auf der Grundlage von Eigennamen im Althochdeutschen und Altsächsischen in der Regel auf dem Wege der Ableitung mit dem Suffix *-isc* gewonnen werden. Unter Beachtung der Erkenntnis, daß ein über die Überlieferung hinausgehender synchronischer Zusammenhang des Althoch-

---

[1101] StSG. I, 745, 46-48.
[1102] MF. S. 45, Z. 6.
[1103] StSG. I, 803, 1.
[1104] N. X, 377, 5.
[1105] N. VIII, 100, 5.
[1106] N. VIII, 76, 26.
[1107] StSpD. S. 49b, Z. 4.
[1108] N. VIII, 112, 20.
[1109] N. VIII, 93, 3.
[1110] StSpD. S. 50a, Z. 42.
[1111] N. IX, 207, 20.
[1112] StSG. I, 206, 29.

deutschen nicht mehr überblickt werden kann[1113], bilden -*isc*-Ableitungen eine Klasse, deren 'Programm in nichts oder in kaum mehr besteht'[1114], als darin, einen Inhalt (nomen proprium) in eine bereitstehende andere Wortart (Adjektiv) zu transponieren und somit die syntaktischen Einsatzmöglichkeiten zu erweitern[1115]. Adjektive auf -*isc* sind daher bis auf wenige Ausnahmen attributiv verwendet und bezeichnen eine Relation[1116].

Für das Althochdeutsche kann eine Konkurrenz mit anderen Suffixen für die Bildung von adjektivischen Deonomastika nur in fünf Fällen gesichert nachgewiesen werden[1117]. Zum Beispiel lassen sowohl Adjektive auf -*sam*[1118] als auch Derivate auf -*voll*[1119] Eigennamen als Basen nicht zu.

Sechsundfünfzig verschiedene Adjektive werden mit dem Suffix -*isc* abgeleitet (einschließlich des Adverbs *sirisco*). In einem Fall wird ein Suffix -*īn* vermutet, und zwar bei ahd., as. *kristīn*. Die althochdeutsche Glosse *serzin* könnte als -*īn*-Ableitung begriffen oder auch als Kontraktion aus *serziscin* aufgefaßt werden. Wahrscheinlicher ist jedoch, daß es sich um die Wortform des Dativ Plural zu einem Volksnamen *Serzi* handelt[1120]. Das althochdeutsche Adjektiv *pulleohti* ist mit dem Suffix -*ohti* abgeleitet. Ausnahmen bilden ebenfalls die adjektivische Ableitung *c(h)ristāni* in Anlehnung an eine lateinische Bildung *christianus* sowie die adjektivischen Komposita *chriehporan* und *criohburtīg*, die hier gesondert zu behandeln sind. Bei *sodomitico* handelt es sich vielleicht um ein Adjektivadverb *sodo*-

---

[1113] B. Meineke, in: R. Schützeichel, Addenda und Corrigenda (III), S. 196f.

[1114] E. Meineke, Abstraktbildungen im Althochdeutschen, S. 463.

[1115] H.-M. Gauger, Durchsichtige Wörter, S. 70-74, 90-100, hier besonders S. 74.

[1116] Dazu die Kapitel II sowie IV.F.d.1 dieser Arbeit.

[1117] Dazu weiter unten; zur Konkurrenz der Wortbildungsmittel in bezug auf die Ableitung von Adjektiven auf der Basis von Eigennamen im Mittelhochdeutschen Kapitel V dieser Arbeit.

[1118] U. Möllmann, Die althochdeutschen Adjektive auf -*sam*, S. 278-282.

[1119] G. Urbaniak, Adjektive auf -*voll*, S. 124f.

[1120] Dazu Kapitel IV.A.b.22 dieser Arbeit.

mitīco auf der Grundlage eines sonst nicht bezeugten Adjektivs **sodomitīg* (mit einem Suffix *-īg*)[1121].

1. Basen

Im darstellenden Materialteil wurden die bezeugten Wörter nach sachlichen Gesichtspunkten, und zwar nach den der Ableitung zugrundeliegenden Basen geordnet[1122].

Bei 43 Bildungen auf *-isc* sowie den Adjektiven *kristīn* und *pulleohti* kann ein Eigenname unmittelbar[1123] als Basis gedient haben. Die der Derivation zugrundeliegende Basis kann bereits im volkssprachigen Wortschatz belegt sein. Dazu gehört zum Beispiel ahd. *serzisc*[1124], das von einem schon im Althochdeutschen bezeugten Volksnamen *Sarzi, Serzi* 'Sarazenen'[1125] abgeleitet ist. Viele Basen können jedoch im volkssprachigen Wortschatz zunächst nicht nachgewiesen werden. Es handelt sich um fremde Namen[1126], die erst auf dem Wege der Ableitung mit einem volkssprachigen Suffix Bestandteil des althochdeutschen und altsächsischen Wortschatzes geworden sind. In manchen Fällen liefert dabei ein lateinisches Adjektiv die Motivation zur Bildung des volkssprachigen Derivates, wenn das lateinische Wort als adjektivisches Attribut im übersetzten beziehungsweise glossierten Text auftritt.

Für insgesamt 13 verschiedene volkssprachige Derivate auf *-isc* sowie die Bildung ahd. *christāni* dient ein lateinisches Adjektiv als unmittelbare Basis, das zudem die Motivation zur Bildung eines Adjektivs im Althochdeutschen oder Altsächsischen liefert. In diese Gruppe wäre auch *sodomitīco* einzuordnen, wenn ein lateinisches

---

[1121] Dazu Kapitel IV.C.k dieser Arbeit.

[1122] Zu den adjektivischen Zusammensetzungen mit einem Eigennamen als Erstglied Kapitel IV.F.c.3 dieser Arbeit.

[1123] Zum folgenden siehe Kapitel IV (Vorbemerkung) dieser Arbeit.

[1124] Kapitel IV.A.b.22 dieser Arbeit.

[1125] Dazu vergleiche man GSp. VI, Sp. 281; StWG. S. 518.

[1126] So zum Beispiel *Africa* (BN. II.2, § 497, S. 199f.).

Adjektiv *Sodomiticus* der Adverbbildung zugrundeliegt. In diesen Fällen kann der Eigenname als mittelbare Basis bezeichnet werden, so zum Beispiel der Name der Insel Kreta, lat. *Creta*[1127] bei der Bildung *crētēnsisc*[1128], die unmittelbar von einem lateinischen Adjektiv *Cretensis* 'kretisch'[1129] abgeleitet sein kann. Gleiches kann auch für das Adjektiv *c(h)ristāni* gelten, dem ein lateinisches Adjektiv *Christianus* zugrunde liegt.

Es wurden verschiedene Bildungen zur Bezeichnung des gleichen Sachverhaltes ermittelt, die in zeitlich vergleichbarer Überlieferung nachgewiesen werden können[1130], so zum Beispiel das Nebeneinander der Adjektive *pūnisk - pūnikisk*, für die übereinstimmend eine aktuelle Bedeutung 'punisch' ermittelt wurde. Diese Feststellung gilt ebenso für die Ableitungen *indigisc - indisg, israhelisc - israhelitesg, grētigisc - crēttisc - crētēnsisc, māzianisc - māzianitisc, nazarenisc - nazarisch, ninevisc - ninewētisc*. Das Nebeneinander dieser Bildungen zur Bezeichnung eines ähnlichen Sachverhalts ist darauf zurückzuführen, daß der Eigenname in einem Falle unmittelbar als Basis gedient hat (ahd. *ninevisc*[1131] zu *Ninive*) und andererseits mittelbar über ein lateinisches deonymisches Derivat vermittelt wird (ahd. *ninewētisc*[1132] zu lat. *Niniviticus*). Die jeweils kürzeren Derivate können entstanden sein, weil ein althochdeutscher Glossator oder Übersetzer den lateinischen Wortbildungsprozeß nachvollzogen hat (lat. *Pun-icus*) und ihn mit volkssprachigen Mitteln nachbildet (ahd. *pūn-isk*). In den längeren Bildungen bleibt ein morphologischer Hinweis auf das lateinische Adjektivsuffix erhalten (ahd. *pūn-ik-isk* zu lat. *Pun-ic-us*)[1133]. Daß jeweils unmittelbar dasjenige als Basis gedient hat, das gerade bekannt war, wird insbesondere an den Bildungen *grētigisc - crēttisc - crētēnsisc* deutlich, die auf unterschiedliche

---

[1127] GH. I, Sp. 1758.

[1128] Kapitel IV.B.e dieser Arbeit.

[1129] GH. I, Sp. 1758.

[1130] Dazu auch Kapitel IV.F.a dieser Arbeit.

[1131] Kapitel IV.C.f dieser Arbeit.

[1132] Kapitel IV.C.g dieser Arbeit.

[1133] Dazu auch ähnlich A. Decke, Synchrone und diachrone Aspekte, S. 110.

unmittelbare Basen zurückgehen, zu denen aber eine übereinstimmende aktuelle Bedeutung angegeben werden kann. Diese Adjektive stehen als Glossen zum gleichen lateinischen Lemma (*Gnosius* beziehungsweise *Gnosia*), das sich bei ahd. *crētēnsisc* und ahd. *crēttisc* zudem auf den gleichen lateinischen Satz[1134] bezieht. Diese Beispiele zeigen, daß viele der Bildungen offenbar nicht fest im Sprachgebrauch etabliert waren, sondern je nach Gebrauch und nach Gelegenheit gebildet wurden[1135].

Der Blick ins Inhaltsverzeichnis dieser Arbeit zeigt, daß allein 31 adjektivische Derivate von Eigennamen den Volksnamen und Ländernamen zuzuordnen sind. Auffällig ist, daß der Anteil fremder Namen vorlagenbedingt deutlich überwiegt[1136]. Nur zwei (*frenkisc, lanc(h)-partisc*) der 31 Bildungen sind als Ableitungen von heimischen Namen bestimmt worden, die auf ein germanisches Etymon zurückgehen. Ein auffällig hoher Anteil fremder Namen findet sich auch bei den Ableitungen von Landschaftsnamen und Flurnamen (13 verschiedene Adjektive) und bei Ableitungen von Siedlungsnamen, die mit elf verschiedenen Bildungen vertreten sind.

Insgesamt sind fünf adjektivische Ableitungen auf der Basis von Personennamen überliefert. Im Verhältnis zu den übrigen von proprialen Basen gewonnenen Adjektiven ist diese Anzahl gering, zudem sind nur drei der fünf Bildungen als Ableitungen auf *-isc* anzutreffen. Aus dem Überlieferungsbefund läßt sich daher schließen, daß das Suffix *-isc* in Verbindung mit Personennamen in althochdeutscher Zeit nicht in demselben Maße produktiv war, wie es für die übrigen Ableitungsbasen bezeugt ist. Dabei ist jedoch zu beachten, daß dieser Befund auch von den jeweiligen Vorlagen abhängig sein kann.

Zwei Adjektive sind von ahd. *Krist* beziehungsweise lat. *Christus* abgeleitet[1137], können also unmittelbare oder mittelbare Bildungen zum Rufnamen für Jesus sein. Die ermittelten Wörter unterscheiden

---

[1134] Prudentius, Cathemerinon, V, Z. 52; dazu die Kapitel IV.B.e und IV.B.g dieser Arbeit.

[1135] Dazu auch A. Decke, Synchrone und diachrone Aspekte, S. 109.

[1136] Dazu Kapitel IV.F.a dieser Arbeit.

[1137] Kapitel IV.D.d dieser Arbeit.

sich von den übrigen Ableitungen mit proprialen Basen sowohl in bezug auf den Bildungstyp als auch in semantischer Hinsicht[1138].

Drei weitere Bildungen sind als Ableitungen von Personennamen ermittelt worden. In allen Fällen liegen auch hier fremde Namen zugrunde. Das Adjektiv *magdalēnisc* ist als Ableitung vom Beinamen *Magdalena* für Maria bezeugt, der noch in biblischen Zusammenhängen die Herkunft Marias aus Magdala bezeichnet. Das Adjektiv *nazanzēnisc* ist als Ableitung zum Beinamen Gregors von Nazianz bezeugt. Im Fall *Ziseischa* ist eine Ableitung von einem Rufnamen anzutreffen, die schon durch die lateinische Vorlage begünstigt ist. Im Lateinischen wird bereits zum Namen des Königs *Cisseus* eine Bezeichnung *Cissēis* 'die Cisseïde' gebildet, die die Zugehörigkeit kennzeichnet.

Die letztgenannten Bildungen sind als Ausnahmen zu begreifen, die entweder auf die lateinische Vorlage zurückzuführen sind oder auf einem falschen Verständnis beruhen. Trotzdem zeigt sich auch hier deutlich, daß eine Übernahme aus dem Lateinischen nur deswegen möglich ist, weil diese Möglichkeit der Wortbildung bereits in der deutschen Sprache angelegt sind, so daß es also keineswegs angebracht ist, das 'Bezugsadjektiv' lediglich als 'Einfuhrware' zu bezeichnen[1139]. Die diachrone Betrachtung zeigt dann auch, daß im Mittelhochdeutschen (und verstärkt im Neuhochdeutschen) regelmäßig neue Adjektive auf der Basis von Rufnamen gebildet werden können, die häufig Gelegenheitsbildungen sind[1140]. Gleiches gilt auch für die Verwendung von Rufnamen als Appellative, die im Althochdeutschen nur in wenigen Fällen überliefert ist, dann aber im Neuhochdeutschen regelmäßig und geläufig wird[1141].

Die Namen, die als Basis zugrundeliegen, wurden lautlich offensichtlich gar nicht, also nur graphisch verändert[1142]. Bei ahd. *perecin-*

[1138] Dazu die Kapitel IV.F.c.2 und IV.F.d.2 dieser Arbeit.

[1139] So etwa F. Dornseiff, GRM. 9 (1921) S. 193-200; dazu H. Lauffer, Sprachliche Interferenz, S. 436-462, hier besonders S. 438f.

[1140] Dazu Kapitel V dieser Arbeit.

[1141] Dazu Kapitel III.E und III.G dieser Arbeit.

[1142] Dazu auch das volkssprachig-lateinische Register Kapitel VII.A.a dieser Arbeit.

tisc[1143] zum Beispiel wird der inlautende Vokal /i/ in der lateinischen Vorlage durch ⟨y⟩ repräsentiert. Bei den Veränderungen handelt es sich zumeist um Anpassungen an die jeweiligen Schreibgewohnheiten, die aber den unmittelbaren Bezug zur Basis nicht verdecken. Nur in wenigen Fällen bewirkt das Suffix *-isc* einen Umlaut, wie bei den Adjektiven *frenkisc, riumisc* (zu *rūmisc*), *serzisc* und *welehesc* (zu *walasg*), die nicht unmittelbar zu einem lateinischen Lemma stehen[1144]. In vielen anderen Fällen tritt der Umlaut nicht auf, obwohl er möglich gewesen wäre, so zum Beispiel bei einer Bildung wie *arabisg*. Eine Konstanz der Basis ist also auch hier festzustellen. Damit ist ein Hinweis darauf gegeben, daß es sich in der Regel um Schreibformen gehandelt haben wird und nicht um Wörter, die in der gesprochenen Sprache gebraucht wurden.

2. Suffixe

Bis auf wenige Ausnahmen werden Adjektive auf der Basis von Eigennamen im althochdeutschen und altsächsischen Wortschatz mit *-isc* abgeleitet. Gebildet wird also eine bestimmte Klasse innerhalb der Wortart Adjektiv, deren semantische Aspekte im folgenden Kapitel[1145] erläutert werden.

Das Suffix *-isc* war schon in althochdeutscher Zeit sehr produktiv und hat Bildungen hervorgebracht, die durch die jeweils vorliegende Textart bedingt sind[1146]. Auch im Neuhochdeutschen können fast von jedem Namen Bildungen auf *-isch* hervorgebracht werden, wie zum Beispiel *kölnisch* zu *Köln*, *sächsisch* zu *Sachsen*, *die Schumannsche Sinfonie* zu *Schumann* und so weiter[1147].

[1143] Kapitel IV.A.b.3 dieser Arbeit.

[1144] A. Decke, Synchrone und diachrone Aspekte, S. 110.

[1145] Kapitel IV.F.d dieser Arbeit.

[1146] Dazu Kapitel IV.F.a dieser Arbeit.

[1147] Dazu: Deutsche Wortbildung, III, S. 261; W. Henzen, Deutsche Wortbildung, § 132, S. 201; A. Goetze, PBB. 24 (1899) S. 471.

(1) -isc. - Das Suffix ahd. -isc[1148] geht auf ein germanisches Suffix *-iska-, idg. *-isko-, zurück, das nur in den westlichen indogermanischen Sprachen verbreitet ist[1149]. Ursprünglich dienten Ableitungen auf *-isko- im Indogermanischen dazu, die Art von etwas zu beschreiben. Im Germanischen, Baltischen und Slawischen werden mit diesem Suffix denominale Adjektive gebildet. Das Suffix ist verwandt mit griech. -ισκο, das im Griechischen maskuline und feminine Substantive bildet, und zwar Diminutiva. In der Funktion entspricht idg. *-isko- dem griech. -ικός und bildet Adjektive der Abstammung, Herkunft und Zugehörigkeit, und zwar speziell zu einer Personengruppe[1150].

Das Gotische als früheste bezeugte germanische Einzelsprache beweist, daß schon in dieser Zeit auch Ableitungen von Eigennamen möglich waren. Für got. *saurini-fwnikisks*[1151] zu *syrophœnix* ist keine althochdeutsche oder altsächsische Entsprechung bezeugt, während zu got. *judaiwisks*[1152] im Althochdeutschen und Altsächsischen eine vergleichbare Bildung *judeisc* auftritt, die dann bis zum Neuhochdeutschen lexikalisiert ist[1153]. In diesem einen Fall ist eine wortgeschichtliche Kontinuität nachweisbar, die vermuten läßt, daß es sich bei dieser Eigennamenableitung nicht um eine Gelegenheitsbildung handelt. Zudem überliefert das Gotische auch ein schwaches

---

[1148] Zum Suffix -isc H. Krahe - W. Meid, Germanische Sprachwissenschaft, III, § 148, S. 196f.; F. Kluge, Nominale Stammbildungslehre, §§ 210f., S. 104f.; W. Wilmanns, Deutsche Grammatik, II, §§ 355-359, S. 470-476; H. Paul, Deutsche Grammatik, V, § 67, S. 90-93; zur Geschichte der Adjektive auf -isch A. Goetze, PBB. 24 (1899) S. 464-522; zum Suffix -isch im Neuhochdeutschen: Deutsche Wortbildung, III, S. 28-36; J. Erben, Einführung in die deutsche Wortbildungslehre, S. 112-114; W. Fleischer - I. Barz, Wortbildung der deutschen Gegenwartssprache, S. 258-260; M. Schlaefer, Die Adjektive auf -isch in der deutschen Gegenwartssprache; L. M. Eichinger, Syntaktische Transposition und semantische Derivation.

[1149] H. Krahe - W. Meid, Germanische Sprachwissenschaft, III, § 148, S. 196.

[1150] Ebenda.

[1151] Die gotische Bibel, Markus VII, 26, S. 189.

[1152] Ebenda, An Titus I, 14, S. 447.

[1153] DWB. X, Sp. 2359.

Verb *iudaiwiskon*[1154] 'jüdisch leben'[1155] und ein Adverb got. *iudaiwisko*[1156] 'auf jüdische Weise'[1157], denen jeweils got. *judaiwisks* als Basis zugrunde liegt. Weil das Adjektiv bereits als Basis fungiert, handelt es sich wohl um ein hinreichend 'eingebürgertes' Wort in den germanischen Sprachen[1158]. Dafür spricht auch, daß das volkssprachige Adjektiv *judeisc* im Althochdeutschen und Altsächsischen zu den am häufigsten belegten Bildungen gehört[1159] und in qualitativer Verwendung auftritt[1160], was gerade erst durch den häufigen Gebrauch eines Wortes wahrscheinlich wird. Dennoch darf auch hier nicht übersehen werden, daß dieser Befund durch das übersetzte Textkorpus bedingt sein kann.

Die Produktivität des Suffixes in den germanischen Einzelsprachen ist durch vielfältige Ableitungsbeispiele im Gotischen und Altenglischen gesichert. Im Gotischen finden sich Bildungen auf der Grundlage von Appellativen, wie zum Beispiel *barnisks, mannisks, gudisks, funisks, haiþiwisks, þiudiskō*[1161]. Das Altenglische überliefert dann auch weitere, im Althochdeutschen und Altsächsischen nicht bezeugte deonymische Derivate (zum Beispiel ae. *mailrosisc* zu lat. *Mailrosus*[1162]) sowie Ableitungen von appellativischen Basen (ae. *cristallisc*[1163] zu *cristalla*[1164]).

Im Mittellateinischen sind Adjektive mit der Endung *-iscus* anzutreffen, wie zum Beispiel *franciscus* und *langubardiscus*. Hierbei handelt es sich um latinisierte volkssprachige Adjektive, also um entlehnte Wörter aus den germanischen Sprachen in das Lateinische.

[1154] Die gotische Bibel, An die Galater II, 14.
[1155] Ebenda, II, S. 70.
[1156] Ebenda.
[1157] Ebenda.
[1158] Dazu vergleiche man Th. Klein, Studien zum Altgermanischen, S. 386.
[1159] Kapitel IV.F.a dieser Arbeit.
[1160] Kapitel IV.F.d.1 dieser Arbeit.
[1161] H. Krahe - W. Meid, Germanische Sprachwissenschaft, III, § 148, S. 196.
[1162] H. D. Meritt, Old English Glosses, S. 18.
[1163] BTD. Supplement, S. 134.
[1164] BTD. S. 171.

(2) Andere Suffixe. - Im folgenden sollen in knappen Zügen die Herkunft und Verbreitung der wenigen übrigen adjektivischen Suffixe angedeutet werden, die in Verbindung mit Eigennamen bezeugt sind.

-ohti, -ahti[1165]. - Das Adjektiv *pulleohti* ist mit dem Suffix *-ohti, -ahti* abgeleitet. Das Suffix geht auf die Verbindung **-ahta-/*-uhta-/*-ihta-* im Germanischen zurück, das in allen germanischen Sprachen bezeugt ist[1166]. Es ist im Gotischen in der regelmäßigen Gestalt *-ah-s* bezeugt, wie in got. *stainahs*[1167]. Im Althochdeutschen tritt das Suffix als *-oht, -aht* auf, wie zum Beispiel bei *miseloht* 'aussätzig'[1168] und *hornaht* 'gehörnt'[1169]. Mit der Erweiterung durch ein *-ja-*Suffix sind dazu die Suffixe *-ohti* beziehungsweise *-ahti* bezeugt, so zum Beispiel bei *boumohti*[1170] zu ahd. *boum* 'Baum'[1171] und *steinahti* 'steinig'[1172].

-īn[1173]. - Das Suffix ahd. *-īn* ist in der volkssprachigen Bildung *kristīn* bezeugt und geht auf ein germanisches Suffix **-īna* zu idg. **-īno-, *-eino-* zurück, das primär zur Bildung von Adjektiven der Beschaffenheit, Art und Abstammung diente. Das Suffix germ. **-īna*

[1165] Zum Suffix *-ohti, -ahti* H. Krahe - W. Meid, Germanische Sprachwissenschaft, III, § 145, S. 193f.; F. Kluge, Nominale Stammbildungslehre, § 218, S. 107; W. Wilmanns, Deutsche Grammatik, II, § 353, S. 467-469; H. Paul, Deutsche Grammatik, V, § 69, S. 97f.; J. Schatz, Althochdeutsche Grammatik, § 17, S. 18f.; zum Suffix *-icht* im Mittelhochdeutschen und Neuhochdeutschen J. Haltenhoff, Zur Geschichte des nhd. Adjektivsuffixes *-icht* und seiner Verwandten.

[1166] H. Krahe - W. Meid, Germanische Sprachwissenschaft, III, § 145, S. 193.

[1167] Die gotische Bibel, Markus IV, 16, S. 177; S. Feist, Vergleichendes Wörterbuch der gotischen Sprache, S. 447; F. Holthausen, Gotisches etymologisches Wörterbuch, S. 97.

[1168] SchW. S. 214.

[1169] SchW. S. 170.

[1170] GSp. III, 123; StWG. S. 72.

[1171] SchW. S. 100.

[1172] SchW. S. 270.

[1173] Zum Suffix *-īn* H. Krahe - W. Meid, Germanische Sprachwissenschaft, III, § 95, S. 110-114; F. Kluge, Nominale Stammbildungslehre, §§ 198-201, S. 98-100; W. Wilmanns, Deutsche Grammatik, II, § 327, S. 437-439; H. Paul, Deutsche Grammatik, V, § 66, S. 88-90; zur Konkurrenz mit lat. *-inus* Kapitel IV.F.c.2 dieser Arbeit.

bildet aus Substantiven, die Substanzen benennen, Stoffadjektive und Adjektive ähnlicher Bedeutung[1174]. Im Gotischen sind Bildungen wie *silubreins*[1175] und *eisarneins*[1176] bezeugt.

-īg[1177]. - Das Suffix ahd. *-īg* ist in der Bildung *christānīg* bezeugt. Darüber hinaus könnte das Suffix auch in **sodomitīg* 'sodomitisch' vorliegen, falls es sich nicht um ein lateinisches Wort handelt[1178]. Das Suffix *-īg* beruht auf germ. *-īga-* zu idg. *-i-ko- beziehungsweise *-ī-ko-. Im Germanischen besteht ein Nebeneinander von germ. *-aga-/*-uga-/*-īga- (> ahd. *-īg, -ag*), deren Verwendung sich in vielen Fällen nach dem Stamm der Basis richtet: Zum *-a*-Stamm *stein* wird ein Adjektiv *steinac* gebildet, zu *maht* als *-ī*-Stamm gehört ein Adjektiv *mahtīg* und so weiter[1179]. Im Germanischen werden mit diesem Suffix adjektivische Ableitungen von Substantiven gebildet, die zumeist Abstrakta sind[1180], so zum Beispiel got. *mahteigs* 'mächtig'[1181] zu *mahts* 'Macht, Kraft'[1182]. Im Germa-

---

[1174] H. Krahe - W. Meid, Germanische Sprachwissenschaft, III, § 95, S. 110f.

[1175] Die gotische Bibel, An Timotheus II, II, 20, S. 437; S. Feist, Vergleichendes Wörterbuch der gotischen Sprache, S. 421; F. Holthausen, Gotisches etymologisches Wörterbuch, S. 88.

[1176] Die gotische Bibel, Markus V, 3f., S. 179; S. Feist, Vergleichendes Wörterbuch der gotischen Sprache, S. 131; F. Holthausen, Gotisches etymologisches Wörterbuch, S. 25.

[1177] Zum Suffix *-īg* H. Krahe - W. Meid, Germanische Sprachwissenschaft, III, § 144, S. 188-193; F. Kluge, Nominale Stammbildungslehre, §§ 202-207, S. 100-103; W. Wilmanns, Deutsche Grammatik, §§ 343-351, S. 454-466; H. Paul, Deutsche Grammatik, V, § 68, S. 93-97.

[1178] Dazu Kapitel IV.C.k dieser Arbeit.

[1179] H. Krahe - W. Meid, Germanische Sprachwissenschaft, III, §144b, S. 191-193; R. Bergmann, Prolegomena zu einem Rückläufigen Morphologischen Wörterbuch, S. 41.

[1180] H. Krahe - W. Meid, Germanische Sprachwissenschaft, III, § 144a, S. 189.

[1181] Die gotische Bibel, Lukas I, 49, S. 89; S. Feist, Vergleichendes Wörterbuch der gotischen Sprache, S. 340; F. Holthausen, Gotisches etymologisches Wörterbuch, S. 66.

[1182] Die gotische Bibel, Lukas X, 27, S. 137; S. Feist, Vergleichendes Wörterbuch der gotischen Sprache, S. 340; F. Holthausen, Gotisches etymologisches Wörterbuch, S. 66.

nischen bezeichnen Adjektive mit diesem Suffix ein Versehensein oder Behaftetsein[1183].

-ān-i. - Die Ableitung auf *-ān-i* ist bei dem Adjektiv ahd. *c(h)ristāni* bezeugt, dazu auch in der Zusammensetzung *ebinchristane* und in den Ableitungen *christānīg* und *unchristane*, die ahd. *c(h)ristāni* als aktuelles Derivat von einem Eigennamen voraussetzen. Bei *-ān-i* handelt es sich nicht um ein im Althochdeutschen produktives Suffix. Vielmehr liegt hier ein lateinisches *-anus*-Suffix vor, das aus *-ianus* entstanden ist[1184] und im jeweiligen volkssprachigen Textzusammenhang nach den *-ja-*, *-jo*-Stämmen flektiert. Es ist weiterhin in Substantiven wie *caplan*[1185] zu lat. *capellanus*[1186] als Bezeichnung für einen Geistlichen eines bestimmten Ranges[1187] belegt. Darüber hinaus ist das Adjektiv als Bestandteil weiterer Bildungen auch in den Wörtern *christānhēra*[1188], *c(h)ristānheit*[1189], *christanheite*[1190] und *unchristāno*[1191] bezeugt.

3. Zusammensetzungen

Das Althochdeutsche überliefert zwei Adjektive, die aus einem appellativischen Grundwort und einem Eigennamen als Erstglied zusammengesetzt sind. In bezug auf die Wortbildung müssen diese Bildungen von Ableitungen mit Suffixen unterschieden werden. Als zweiter Bestandteil der Komposition ist einmal das Partizip Perfekt *boran* zu

---

[1183] F. Kluge, Nominale Stammbildungslehre, § 207, S. 102f.

[1184] H. Rubenbauer - J. B. Hofmann, Lateinische Grammatik, § 17, S. 18f.; dazu auch Kapitel IV.D.d dieser Arbeit.

[1185] StSG. III, 379, 3.

[1186] Mittellateinisches Wörterbuch, II, 2. Lieferung, Sp. 205.

[1187] Ebenda.

[1188] StSG. II, 224, 28.

[1189] SchW. S. 185.

[1190] Ebenda.

[1191] SchW. S. 299.

ahd. *beran* in *chriehporan*[1192] bezeugt, das im Althochdeutschen auch in weiteren Fällen als Zweitbestandteil enthalten ist und reihenbildend in Adjektiven auftritt, so zum Beispiel in *einboran* 'einzig (geboren), eingeboren'[1193], *ēristboran* 'erstgeboren'[1194] oder *niuwiboran* 'neugeboren'[1195].

In der adjektivischen Zusammensetzung *criohburtīg*[1196] tritt als Zweitglied der Komposition das Adjektiv *burtīg* 'gebürtig'[1197] auf, das mit dem Suffix *-īg* gebildet ist und im althochdeutschen Wortschatz ebenfalls reihenbildend in weiteren Wörtern vorliegt, so zum Beispiel in *erdpurtīg* 'erdgeboren'[1198] oder *anaburtīg* 'angeboren'[1199].

Beide Zusammensetzungen sind Lehnbildungen zu einem lateinischen Substantiv *Graiugena* 'ein Grieche von Geburt'[1200], da die althochdeutschen Wörter den lateinischen nachempfunden sind. Ahd. *criohburtīg* mit einem Adjektiv als zweitem Bestandteil deutet zudem darauf hin, daß auch der Zweitbestandteil *-poran* in *chriehporan* adjektivisch aufgefaßt werden muß, so daß hier in Anlehnung an das lateinische Substantiv eine substantivische Verwendung des Adjektivs vorläge.

d. Semantische Aspekte deonymischer Adjektive

Deonomastika, die durch explizite Derivation entstanden sind, zeichnen sich durch einen lexikalischen Zugewinn aus. Die den deonymischen Adjektiven zugrundeliegenden Basen, also nomina propria,

---

[1192] Kapitel IV.E.a dieser Arbeit.
[1193] SchW. S. 121.
[1194] SchW. S. 126.
[1195] SchW. S. 224.
[1196] Kapitel IV.E.b dieser Arbeit.
[1197] SchW. S. 105.
[1198] SchW. S. 125.
[1199] A. Schlechter, Die althochdeutschen Aratorglossen, S. 290.
[1200] GH. I, Sp. 2958.

besitzen aber gerade keine lexikalische Bedeutung, wie sie Gattungsbezeichnungen eignet. Durch Ableitung verlieren Onyme ihren proprialen Status, den sie nur als Substantive haben können[1201]. Im folgenden sollen semantische Merkmale (die lexikalischen Zugewinne) der Adjektive auf der Grundlage von Eigennamen systematisiert werden, die nur am gesamten Wort im jeweiligen Überlieferungszusammenhang aufweisbar sind.

Deonymische Adjektive auf -isc dienen in althochdeutscher Zeit vorherrschend der syntaktischen Integration von Eigennamen, die durch Ableitung für die Wortart Adjektiv verfügbar gemacht werden[1202]. Da das morphologische Programm (fast) ausschließlich diese Aufgabe hat, führt eine Zusammenstellung der isolierten aktuellen Bedeutungen der deonymischen Derivate nicht zu befriedigenden Ergebnissen. Im folgenden daher muß die Bezeichnungsfunktion berücksichtigt werden, die ein adjektivisches Deonomastikon im Syntagma erfüllt[1203]. Weil Adjektive auf -isc (bis auf eine Ausnahme) attributiv gebraucht werden, muß insbesondere die Beziehung zum jeweiligen Substantiv untersucht werden, zu dem das Adjektiv attributiv steht. Daher kann nicht von der 'Bedeutung' eines Suffixes ausgegangen werden. Vielmehr handelt es sich immer um die Bezeichnungsfunktion, die ein adjektivisches Deonomastikon im syntaktischen Zusammenhang erfüllt.

Ein deonymisches Adjektiv kann je nach Überlieferungszusammenhang verschiedene semantische Aspekte zum Ausdruck bringen. Dabei kann zwischen relationalen und qualitativen Adjektiven unterschieden werden[1204]. Die Beobachtungen zu den Bedeutungstypen 'relational' und 'qualitativ' sind auf der Grundlage die aktuellen Redebedeu-

---

[1201] Dazu Kapitel II dieser Arbeit.

[1202] Dazu H.-M. Gauger, Durchsichtige Wörter, S. 74; W. Schweickard, «Deonomastik», S. 208; E. Meineke, Abstraktbildungen im Althochdeutschen, S. 463; Kapitel II und IV.F.c dieser Arbeit mit weiterer Literatur.

[1203] B. Meineke, in: R. Schützeichel, Addenda und Corrigenda (III), S. 194-253, hier besonders S. 201-203; dazu auch M. Schlaefer, Die Adjektive auf -isch in der deutschen Gegenwartssprache, S. 119.

[1204] Dazu auch Kapitel II dieser Arbeit.

tungen der Belege in ihrem jeweiligen Überlieferungszusammenhang[1205] gewonnen worden. Innerhalb der einzelnen Bedeutungstypen lassen sich verschiedene Gruppen bilden, die nach einem gemeinsamen inhaltlichen Zug zusammengestellt sind[1206]. Ein Adjektiv kann je nach Überlieferungszusammenhang in mehreren Bedeutungsgruppen auftreten. Für jede Gruppe werden in den folgenden Unterkapiteln jeweils einige Beispiele gegeben. Das letzte Unterkapitel beschreibt die semantischen Aspekte der zwei adjektivischen Zusammensetzungen mit einem Eigennamen als Erstglied.

1. Deonymische Adjektive auf -*isc*

Bei Ableitungen auf -*isc* im Althochdeutschen handelt es sich in der Regel um relationale Adjektive[1207], die attributiv zu einem Substantiv stehen. Weil als Basen hauptsächlich fremde Volksnamen, Ländernamen, Landschaftsnamen, Flurnamen und Siedlungsnamen auftreten, stellen deonymische Derivate im Überlieferungszusammenhang einen Bezug her, und zwar entweder zu einer Personengruppe (als 'Allheit'[1208]) oder zu einem Gebiet.

Für adjektivische Deonomastika in den Glossen gilt, daß sie häufig zu einem lateinischen Adjektiv bezeugt sind, das seinerseits attributiv zu einem Substantiv steht. Nur für die Ableitung *judeisc*[1209] wurde in einem Fall ein prädikativer Gebrauch festgestellt, der jedoch eine Ausnahme bildet. Daneben werden deonymische Derivate häufig substantivisch verwendet und können dann in einem Syntagma in Verbindung mit der Präposition *in* zur Kennzeichnung einer Sprache auftreten. In einigen Fällen kann ein qualitativer Gebrauch eines

---

[1205] Dazu B. Meineke, Althochdeutsche -scaf(t)-Bildungen, S. 117.

[1206] Ebenda; dazu vergleiche man auch E. Meineke, Abstraktbildungen im Althochdeutschen, S. 455.

[1207] Zur Unterscheidung von relational und qualitativ gebrauchten Adjektiven Kapitel II dieser Arbeit.

[1208] E. Coseriu, Reader zur Namenkunde, I, S. 231.

[1209] T. S. 277, Z. 5.

Adjektivs nachgewiesen werden, der über die bloße Bezeichnung einer Relation hinausgeht.

(1) Relationale Adjektive. - Relationale Adjektive auf *-isc* bezeichnen in althochdeutscher Zeit die Herkunft einer Sache oder einer Person, dienen der Bezeichnung der Abstammung oder Zugehörigkeit von Personen oder stellen einen Bezug zu einem Raum her.

Herkunft und Abstammung. - Die Mehrzahl der althochdeutschen Adjektive auf der Basis von Eigennamen bezeichnet in den vorliegenden Textzusammenhängen die Herkunft von Sachen beziehungsweise die Herkunft oder Abstammung von Personen oder Personengruppen im Sinne von 'jemand kommt aus', 'jemand stammt von', 'eine Sache kommt von'. Darunter fallen die Bildungen auf der Basis von Ländernamen und Volksnamen (*affricānisg, egypzisg, indigisc, indisg, israhēlisc, judeisc, chriehhisg, māzianisc, partisc, spānisc*), die Mehrzahl der Derivate von Landschaftsnamen (*alpisc, cholchisg, crētēnsisc, crēttisc, licēisk, cilicaisc*), weiterhin alle Ableitungen von Siedlungsnamen (*mantinisc, melibēisk, nazarēnisc, nazarisch, ninevisc, ninewētisc, pontisc, samaritānisc, tīrisg, trojānisg*) und die Bildungen auf der Basis von Personennamen *magdalēnisc, nazanzēnisc* und *zisēisch*.

Das althochdeutsche Syntagma *affricanisgemo zisale*[1210] 'dem aus Afrika stammenden Purpur' läßt sich mit 'Purpur, der aus Afrika kommt' umschreiben. Die althochdeutsche Glosse *vonna indigiscemo ephove*[1211] 'von indischem Elfenbein' kann mit 'Elfenbein, das aus Indien kommt' gefaßt werden. Unter Berücksichtigung der Annahme, daß ein Glossator mit der althochdeutschen Glosse *partiscemo*[1212] einen Bezug zu dem Volksstamm der Parther herstellen wollte, kann die Bildung ahd. *partisc* ebenfalls in diese Bedeutungsgruppe eingegliedert werden. Die althochdeutsche Glosse *alpîscun*[1213] zu lat. *Alpini [boreae]* bezeichnet die alpinischen Stürme: 'Stürme, die in

---

[1210] H. Naumann, ZDA. 64 (1927) S. 78, Z. 11f.
[1211] StSG. I, 647, 64f. u. A. 17.
[1212] StSG. II, 471, 56.
[1213] StSG. II, 654, 8.

den Alpen entstehen'. Die althochdeutsche Glosse *cilica iscen*[1214] zu lat. *Coricium [senem]* 'Greis aus Kilikien' bezeichnet den 'Greis, der aus Kilikien stammt'. Das Syntagma *demo pontischin herizohin pilate*[1215] ist paraphrasierbar mit 'Pilatus, der aus Pontus stammt'.

Deonymische Adjektive treten weiterhin in Pflanzenbezeichnungen auf, bei denen das Motiv der ersten Benennung häufig nicht mehr durchsichtig ist, da es sich bereits in althochdeutscher Zeit um idiomatisierte und feststehende Bezeichnungen handelt. In Pflanzenbenennungen sind Adjektive auf der Basis von fremden Ländernamen, Volksnamen, Landschaftsnamen und Siedlungsnamen bezogt. Ursprünglich bezeichneten wohl die in den Pflanzenbezeichnungen auftretenden Ableitungen von fremden Namen die Herkunft einer Pflanze aus einem bestimmten Land im Sinne von 'Pflanze, die aus ... kommt'.

Nach H. Marzell[1216] gehört die Pflanzenbezeichnung *windisca*[1217] beziehungsweise *Widisca*[1218] zu ahd. *windisc* und bezeichnet die 'Wendische Wurzel'. Die Pflanze wurde vielleicht erst durch die Nachbarn der Germanen, die Wenden, in den heimischen Kulturkreis eingebracht und erhielt eine Bezeichnung, die ihre Herkunft kennzeichnete oder den Wenden zugeordnet wurde, weil diese sie häufig benutzten. Neben *windisc* sind auch die Bildungen *hūnisc, chriehhisg, pūnikisk, pūnisk, rūmisc, vngrisch* und *walasg* in Pflanzenbezeichnungen bezeugt. Hier lassen sich ähnliche Verhältnisse vermuten.

Zugehörigkeit und lokaler Bezug. - In weiteren Syntagmen kennzeichnen Adjektive auf *-isc* in Verbindung mit Eigennamen die Zugehörigkeit von Personen im Sinne von 'jemand gehört zum Volk der ...'. Zu dieser Gruppe gehören Adjektive auf der Basis von Volksnamen, Ländernamen, Landschaftsnamen und Siedlungsnamen (*perecintisc, frenkisc, galilēisk, hebræisc, israhelitesg, judeisc, grētigisc,*

[1214] StSG. II, 643, 16.
[1215] MF. S. 35, Z. 26.
[1216] Wörterbuch der deutschen Pflanzennamen, IV, Sp. 1023.
[1217] StSG. III, 301, 45.
[1218] StSG. III, 579, 6.

lan(c)hpartisc, māzianisc, māzianitisc, tracisg, windisc). Die althochdeutsche Glosse *numediiscen*[1219] zu lat. *Numidam [Iugurtham]* bezeichnet den numidischen Iugurtha im Sinne von 'Iugurtha, der zum Volk der Numider gehört'. Eine Besonderheit bietet ahd. *grētigisc*[1220], das für die 'Kretischen', das heißt, für ein Sternbild steht. Das Sternbild steht in Zusammenhang mit Ariadne, der eine Zugehörigkeit zu Kreta, beziehungsweise zum Volk der Kreter zuzuschreiben ist.

In Syntagmen vom Typ *in frenkisgon* 'auf fränkisch'[1221] wird ein lokaler Bezug hergestellt[1222], und zwar im Sinne von 'Sprache, die von einem Volk gesprochen wird' oder 'Sprache, die in einem Land gesprochen wird'. Dieser Bedeutungsgruppe können die Ableitungen von Ländernamen und Volksnamen *frenkisc, hebræisc, chriehhisg, latīnisc* und *walasg* zugeordnet werden, die in einem Syntagma zusammen mit der Präposition *in* in substantivischer Verwendung auftreten.

In anderen Zusammenhängen wird ein lokaler Bezug im Sinne von 'etwas befindet sich in' hergestellt, so zum Beispiel bei *macediisca*[1223] zu lat. *Illiricos [sinus]* 'die illyrischen Buchten'. Hierher gehören auch die Ableitungen von Volksnamen, Ländernamen und Landschaftsnamen (*egypzisg, ēpīretisc, frenkisc, israhēlisc, chriehhisg, macediisc, serzisc, *sirisc, spānisc, tuscānisch*).

Urheber. – In einem Textzusammenhang steht eine *-isc*-Bildung zu einem Substantiv, das ein Produkt oder ein Erzeugnis bezeichnet, und weist dann bei personaler Interpretation der Basis auf einen 'Urheber oder Verursacher' im Sinne von 'etwas geht von jemandem aus' oder 'etwas wird von jemandem erzeugt'. Urheber beziehungsweise Verursacher des Produktes ist derjenige, der in der Basis benannt wird, die dem jeweiligen Adjektiv zugrunde liegt. Die althochdeutsche

---

[1219] StSG. II, 468, 34.

[1220] Kapitel IV.B.f dieser Arbeit.

[1221] SchW. S. 140.

[1222] M. Schlaefer, Die Adjektive auf *-isch* in der deutschen Gegenwartssprache, S. 114.

[1223] StSG. II, 403, 16.

Glosse *lanchpartiscun*[1224] steht zu lat. *Ausoniam [securem]*. Bezeichnet wird 'die römische Macht' im Sinne von 'Macht, die von den Römern ausgeht (die im Gebiet des ehemaligen Langobardenreiches siedeln)'.

(2) Qualitative Adjektive. - In einigen wenigen Fällen können im Syntagma Bedeutungsverhältnisse ermittelt werden, die über die bloße Herstellung einer Relation zwischen dem in der nominalen Basis Bezeichneten und dem bezeichneten Sachverhalt im attribuierten Substantiv hinausgehen. In allen Fällen bleibt die 'etymologische Motivierung'[1225] noch erkennbar. Das gesamte Syntagma bringt jedoch einen Vergleich zum Ausdruck oder wird in übertragener und mit pejorativen Merkmalen versehener Weise gebraucht. Die pejorative Komponente kann aber nicht dem Suffix -*isc* zugeschrieben werden[1226]. Sie folgt vielmehr aus dem Sachverhalt, der im Syntagma beschrieben wird[1227]. In keinem Fall wurde das für qualitative Adjektive kennzeichnende Phänomen der Steigerungsformen[1228] ermittelt, jedoch kann vermutet werden, daß in den folgenden Fällen zumindest die qualitative Verwendung angedeutet wird.

In drei Belegen dient das von einem Eigennamen abgeleitete Adjektiv dem Vergleich mit einem fremden Volk. Der Name, welcher der Ableitung zugrunde liegt, ist dabei der Vergleichsfaktor, mit dem das attribuierte Substantiv verglichen wird: 'etwas ist wie das in der Basis Genannte'.

Bei Notker[1229] bezeichnet das Syntagma *in chrîechiskûn gemántelôte*, daß jemand nach griechischer Art mit einem Mantel bekleidet ist. Das Syntagma *in traciscūn*[1230] 'auf thrakische Weise'[1231]

[1224] StSG. II, 468, 41 u. A. 13.

[1225] C.-P. Herbermann, ZVSpF. 95 (1981) S. 30.

[1226] So A. Goetze, PBB. 24 (1899) S. 466, 490-513.

[1227] Dazu auch H. Paul, Deutsche Grammatik, V, § 67, S. 91; M. Schlaefer, Die Adjektive auf -*isch* in der deutschen Gegenwartssprache, S. 132, 196f.; Th. Klein, Studien zum Altgermanischen, S. 394; Kapitel V.B dieser Arbeit.

[1228] W. Admoni, Der deutsche Sprachbau, S. 142.

[1229] N. IV, 167, 8f.; dazu auch N. I, 70, 5f.

[1230] N. IV, 109, 12.

kennzeichnet einen Gesang, und zwar im Sinne eines Vergleichs. As. *rōmānisc*[1232] bezeichnet die römische Bekleidung nach Art des Romulus (Quirinus). In allen Fällen wird eine bestimmte Eigenschaft oder eine bestimmte Art und Weise der Beschaffenheit vorausgesetzt, die dann einen Vergleich ermöglicht.

Das althochdeutsche Adjektiv *dorisg*[1233] dient der Kennzeichnung einer bestimmten Tongeschlechts, und zwar losgelöst von der noch erkennbaren Motivierung der Benennung nach dem Volksstamm der Dorer. Allerdings wird bereits das lateinische Adjektiv *Dorius*[1234] qualitativ verwendet, das die Vorlage für ahd. *dorisg* bildet. Der althochdeutsche Gebrauch folgt also hier dem lateinischen. In der Verbindung mit *meisterscaft* 'Wissenschaft, Gelehrsamkeit, Kunst'[1235] dient *chriehhisg*[1236] der Kennzeichnung der griechischen Gelehrsamkeit, die über die bloße Herstellung einer Relation hinaus inhaltlich etwas bezeichnet, das im Substantiv anklingt. Gleiches gilt für ahd. *achadēmisg*[1237], das die akademische Lehre und Philosophie Platons benennt.

Das althochdeutsche Syntagma *samanunga rumiskiu*[1238] bezeichnet in der Benediktinerregel nicht mehr nur die 'Kirche, die zu Rom gehört'. Bereits in althochdeutscher Zeit wird hier auch die römische Glaubensgemeinschaft gekennzeichnet, die nicht notwendig nur in Rom zu finden ist. Der Bezug zu Rom bleibt aber bestehen, weil das Oberhaupt der Kirche dort seinen Sitz hat[1239].

Eine besondere Bedeutungsgeschichte weist ahd., as. *judeisc* auf, und zwar in dem Sinne, daß hier für eine einzige Bildung eine wort-

---

[1231] SchW. S. 284.

[1232] StSG. II, 587, 54.

[1233] N. IV, 159, 2.

[1234] Dazu N. IVa, 235, 2-18.

[1235] SchW. S. 210; B. Meineke, Althochdeutsche -scaf(t)-Bildungen, S. 60.

[1236] N. I, 10, 16.

[1237] N. I, 10, 17.

[1238] StSpD. S. 224b, Z. 1.

[1239] Dazu auch Kapitel V.B dieser Arbeit (mhd. *rœmisch*).

geschichtliche Kontinuität[1240] nachgezeichnet werden kann. Das Adjektiv *judaiwisks* 'jüdisch' ist bereits im Gotischen belegt. In althochdeutscher und mittelhochdeutscher Zeit gehört ahd. *judeisc*, mhd. *jüdisch* zu den Adjektiven auf ahd. *-isc*, mhd. *-isch*, die am häufigsten bezeugt sind. Im Althochdeutschen findet sich *judeisc*[1241] in Verbindung mit *muot* 'Herz'[1242] und bezeichnet hier keine Relation. Es handelt sich vielmehr um einen Sachverhalt, der im Substantiv angelegt ist, also um eine bestimmte Art der religiösen Überzeugung. An einer weiteren Textstelle ist *judeisc*[1243] in prädikativer Verwendung mit einer pejorativen Bedeutungskomponente anzutreffen[1244]. Hier findet sich zudem der einzige überlieferte Beleg für den prädikativen Gebrauch eines volkssprachigen Adjektivs auf der Basis eines Eigennamens. Mit ähnlich pejorativer Bezeichnungsfunktion sind zwei altsächsische Glossenbelege[1245] zu *judeisc* belegt. Ausschlaggebend für die negative Bedeutungskomponente ist in allen Fällen eine religiös-theologische Motivation.

(3) Adjektive auf *-isc* von appellativischen Basen. - Ableitungen, die mit dem Suffix *-isc* von appellativischen Basen gewonnen sind, können in semantischer Hinsicht in vier Gruppen unterschieden werden, die nach einem gemeinsamen inhaltlichen Zug zusammengestellt sind[1246]. Aus der Vielzahl[1247] der Belege werden jeweils einige Beispiele gegeben.

[1240] Dazu auch Kapitel V.B dieser Arbeit.

[1241] I. 28, 7.

[1242] SchW. S. 216f.

[1243] T. S. 277, Z. 5; dazu Kapitel IV.A.b.12 dieser Arbeit.

[1244] Dazu A. Goetze, PBB. 24 (1899) S. 470.

[1245] StSG. IV, 291, 31.33-35.

[1246] Dazu vergleiche man M. Schlaefer, Die Adjektive auf *-isch* in der deutschen Gegenwartssprache, S. 120.

[1247] Dazu zum Beispiel RMWA. S. 335-337; Th. Klein, Studien zum Altgermanischen, S. 397-402.

In einer ersten Gruppe wird ein Raumbezug oder ein Zeitbezug hergestellt[1248]. Gekennzeichnet wird zum einen die Befindlichkeit eines Objekts in einem bestimmten Raum. Mit dieser Bezeichnungsfunktion ist zum Beispiel ahd. *heimisg* 'heimatlich'[1249] im Sinne von 'im Lande, innerhalb des eigenen Landes befindlich, stattfindend'[1250] bei Notker[1251] anzutreffen. Andererseits kann die Herkunft einer bestimmten Sache oder einer Person bezeichnet werden, wie zum Beispiel bei ahd. *endirsg* 'fremd (-sprachig)'[1252] im Sinne von 'von fremder Art, Herkunft, fremdländisch, -stämmig'[1253], so zum Beispiel in Notkers Übersetzung des Boethius[1254] oder bei ahd. *ferrisg* 'von außen geholt'[1255] im Sinne von '(von) fernher, weither stammend'[1256]. Gekennzeichnet werden kann ebenfalls eine Richtung, wie beispielsweise bei ahd. *sundronis[c]*[1257] oder *westinisk*[1258].

Ein anderes Bedeutungsverhältnis kennzeichnet innerhalb eines Syntagmas eine Ursache oder Bedingung einer Handlung oder eines Geschehnisses[1259], so zum Beispiel bei ahd. *pruttisg* 'schrecklich,

---

[1248] M. Schlaefer, Die Adjektive auf *-isch* in der deutschen Gegenwartssprache, S. 114f.

[1249] SchW. S. 162.

[1250] KFW. IV, 12. Lieferung, Sp. 850; H. Lauffer, Sprachliche Interferenz, S. 451.

[1251] N. II, 125, 27: *héimiska êra*.

[1252] SchW. S. 123.

[1253] KFW. III, Sp. 281f.

[1254] N. II, 125, 26: *énderske líute*.

[1255] SchW. S. 132.

[1256] KFW. III, Sp. 750; H. Lauffer, Sprachliche Interferenz, S. 451; zum Beispiel bei Notker: *fóne férriskên râtiscôn* (N. III, 250, 12).

[1257] StSG. II, 318, 55 (BV. Nr. 163).

[1258] StSG. II, 675, 26 (BV. Nr. 849).

[1259] M. Schaefer, Die Adjektive auf *-isch* in der deutschen Gegenwartssprache, S. 115-117.

Schrecken erregend'[1260] in einem weiteren Zusammenhang bei Notker[1261].

In einer dritten Bedeutungsgruppe kennzeichnet das Adjektiv im jeweiligen Zusammenhang eine Zugehörigkeit oder Entsprechung[1262]. Mit dieser Bezeichnungsfunktion ist ahd. *frōnisc* 'erhaben'[1263] im Sinne von 'zum Herrn gehörend'[1264] bei Otfrid[1265] bezeugt.

In einer letzten Gruppe dient das Adjektiv im Syntagma der Kennzeichnung einer Beschaffenheit oder eines Inhalts[1266], wie zum Beispiel in *gotauuebbisc* 'aus kostbarem (damastenen) Stoff bestehend'[1267]. Die Beschaffenheit kann auch auf dem Wege des Vergleichs zum Ausdruck kommen, wie zum Beispiel in ahd. *adamantisc* 'eisern, hart wie Stahl, aus Stahl gemacht'[1268].

Der Vergleich der Bedeutungsgruppen, in denen die auf appellativischen Basen beruhenden Adjektive anzutreffen sind, mit den semantischen Merkmalen der deonymischen Adjektive im Althochdeutschen und Altsächsischen zeigt, daß auch bei Ableitungen von Eigennamen auf *-isc* einzelne Beispiele für jede Gruppe nachgewiesen werden können. Ein deonymisches Adjektiv bezeichnet einen Urheber (*lan(c)hpartisc*), eine Beschaffenheit, eine Art und Weise oder einen Inhalt im qualitativen Sinne. Deonomastika auf ahd. *-isc* dienen

---

[1260] SchW. S. 104; KFW. I, Sp. 1475.

[1261] N. III, 186, 5: *die prúttisken uuáltesara*.

[1262] M. Schlaefer, Die Adjektive auf *-isch* in der deutschen Gegenwartssprache, S. 117f.

[1263] SchW. S. 141.

[1264] KFW. III, Sp. 1283.

[1265] O. III, 20, 22: *zi frōnisgên thingon*.

[1266] M. Schlaefer, Die Adjektive auf *-isch* in der deutschen Gegenwartssprache, S. 118f.

[1267] KFW. IV, 6. und 7. Lieferung, Sp. 364; StSG. I, 337, 4.

[1268] KFW. I, Sp. 30; StSG. I, 629, 63f. u. A. 14; dazu auch *adamantīn* (N. IV, 100, 9).

jedoch hauptsächlich im Syntagma der Herstellung einer Relation, entweder zu einem Gebiet oder zu einer Personengruppe[1269].

2. Deonymische Adjektive mit anderen Suffixen

-ohti, -ahti. - Das Syntagma *upil pulleohti*[1270] übersetzt die lateinische Pflanzenbezeichnung *malum punicum* 'Punischer Apfel'. Ähnlich wie bei den Bildungen *pūnikisk* und *pūnisk* kennzeichnet das Adjektiv *pulleohti* die Herkunft der Frucht, soweit eine solche Aussage bei einer Pflanzenbezeichnung möglich ist. Die Ableitung beruht jedoch auf einer anderen Basis (lat. *Apulia*), die allerdings mit den Puniern in Verbindung gebracht werden kann. Dennoch scheint es sich hier um eine Fehlübersetzung zu handeln, da der Schreiber des Glossars den alten Baumnamen nicht kannte und auch im weiteren Zusammenhang falsch übersetzte[1271].

Diese Vermutung wird gestützt durch den Überlieferungsbefund der volkssprachigen Adjektive auf *-ohti, -ahti*, da in keinem weiteren Fall ein Eigenname als Basis der Ableitung nachgewiesen werden konnte. Zudem weichen auch die Bezeichnungsfunktionen[1272] der Bildungen vom hier bezeugten Gebrauch ab, die mit *-ohti, -ahti* von appellativischen Basen gewonnen sind. Das Suffix *-ohti, -ahti* dient zwar in der Regel der denominalen Ableitung. Adjektive mit diesem Suffix kennzeichnen jedoch zum einen das 'Versehen sein mit etwas'[1273], wie zum Beispiel in *angoht* 'mit einem Stachel versehen, stechend'[1274]. Weiterhin kann die Übereinstimmung mit einer wesentlichen Eigenschaft zum Ausdruck gebracht werden, so zum Bei-

---

[1269] Dazu auch Kapitel V.B dieser Arbeit.

[1270] StSG. I, 206, 29.

[1271] Dazu Kapitel IV.B.1 dieser Arbeit.

[1272] Dazu auch W. Wilmanns, Deutsche Grammatik, II, § 353, S. 467-479; F. Kluge, Nominale Stammbildungslehre, § 218, S. 107; W. Henzen, Deutsche Wortbildung, § 131, S. 199f.; J. Haltenhoff, Zur Geschichte des nhd. Adjektivsuffixes -icht, S. 75-78.

[1273] W. Wilmanns, Deutsche Grammatik, II, § 353, S. 468.

[1274] KFW. I, Sp. 521f.; StSG. I, 634, 69.

spiel in *miseloht* 'aussätzig'[1275] oder *steinahti* 'steinig'[1276]. Der semantische Vergleich von ahd. *pulleohti* mit den weiteren überlieferten Ableitungen zeigt, daß eine Fehlübersetzung des Glossators aufgrund mangelnder Sachkenntnis wahrscheinlich ist.

-īn. – Die althochdeutsche Glosse *serzin*[1277] steht an einer Textstelle zu *Arabico [sermone]*. Daß hier kein Adjektiv auf *īn-* vorliegt, läßt sich (neben den bereits genannten Argumenten) auch aufgrund der Bezeichnungsfunktionen[1278] der Adjektive auf *-īn* vermuten, die von appellativischen Basen gewonnen werden. Adjektive mit dem Suffix *-īn* dienen in Verbindung mit Substantiven[1279] in der Regel dazu, eine Qualität zu bezeichnen, aus der ein Objekt besteht, so zum Beispiel bei ahd. *bluottīn* 'blutig'[1280] im Sinne von 'aus Blut bestehend'[1281] bei Notker[1282]. Weiterhin kann ein Adjektiv auf *-īn* eine Vergleichsgröße kennzeichnen, wie zum Beispiel in *adamantīn*[1283] 'stählern'[1284]. Zur letzten Gruppe gehört auch die volkssprachige Bildung *kristīn*[1285], die im Überlieferungszusammenhang die christliche Lehre im Sinne des Vergleichs oder einer Entsprechung bezeichnet. Zu beachten ist, daß das Suffix *-īn* auch auf ein lateinisches *-īnus*-Suffix[1286] zurückgehen kann, dessen Funktion morphologisch und semantisch eine problemlose Integration der

---

[1275] SchW. S. 214; N. IX, 262, 14: *unde si ûz kezógeniû míselohtiû uuas*.

[1276] SchW. S. 270; T. S. 231, Z. 3: *in steinahti lant*.

[1277] StSG. I, 498, 56; dazu Kapitel IV.A.b.22 dieser Arbeit.

[1278] Deutsche Wortbildung, III, S. 317; dazu auch Kapitel V.C dieser Arbeit.

[1279] R. Bergmann, Deutsche Sprachgeschichte, S. 88; man vergleiche R. Bergmann, Althochdeutsch. Syntax und Semantik, S. 41f.

[1280] SchW. S. 99.

[1281] KFW. I, Sp. 1241.

[1282] N. IX, 304, 5: *daz chit erdîne alde bluôttine*.

[1283] N. IV, 100, 9: *adamantînero uuássun*.

[1284] SchW. S. 82; dazu auch R. Bergmann, Deutsche Sprachgeschichte, S. 88.

[1285] Kapitel IV.D.d.1 dieser Arbeit.

[1286] R. Kühner - F. Holzweissig, Ausführliche Grammatik der lateinischen Sprache, I, S. 998.

entsprechenden Wörter in den germanischen Typ der -īn-Adjektive erlaubte[1287].

-īg. - Das Wort *sodomitico* bezeichnet in der althochdeutschen Würzburger Beichte[1288], daß sich jemand 'wie ein Sodomiter' verhalten habe. Gekennzeichnet wird ein Vergleich. Der Beleg *sodomitico* könnte als Adverb zu einem Adjektiv **sodomitīg* aufgefaßt werden. Auch appellativische Bildungen auf -īg können einen Vergleich[1289] bezeichnen, so zum Beispiel ahd. *seimīg* 'seimig'[1290], das als althochdeutsche Glosse zu lat. *nectareus* 'süß wie Nektar'[1291] steht. Daneben treten die mit -īg abgeleitete Adjektive auch zur Bezeichnung einer Gleichsetzung oder Entsprechung[1292] auf (*daz ist rehto paluuic dink*[1293] 'das ist ein wahrhaft schreckliches Urteil' im Sinne von 'das Urteil ist schrecklich'), kennzeichnen einen Ausgangsbereich[1294] (ahd. *eittrīg* 'eitrig'[1295] zu lat. *purulenta ... uulnera*[1296] im Sinne von 'die Wunde eitert') oder einen Zielbereich im Sinne eines Besitzes oder eines ornativen Merkmales[1297] (*demo bírigen óleboûme*[1298] im Sinne von 'Ölbaum, der reichlich Frucht trägt'). In keinem weiteren Falle aber ist ein Eigenname als Basis bezeugt.

-ān-i. - Im Althochdeutschen ist das Suffix -ān-i in dem Adjektiv *c(h)ristāni* (sowie in den Weiterbildungen *ebinchristane*, *christānīg* und *unchristane*) belegt. Im Lateinischen dient das zusammengesetzte

---

[1287] R. Bergmann, Deutsche Sprachgeschichte, S. 88.

[1288] StSpD. S. 316, Z. 19f.

[1289] Deutsche Wortbildung, III, S. 330f.

[1290] B. Kölling, Kiel UB. Cod. MS. K. B. 145, S. 71f.

[1291] GH. II, Sp. 1126.

[1292] Deutsche Wortbildung, III, S. 321f., 346.

[1293] StSpD. S. 67, Z. 26.

[1294] Deutsche Wortbildung, III, S. 268f.

[1295] B. Kölling, Kiel UB. Cod. MS. K. B. 145, S. 107f.

[1296] Ebenda; GH. II, Sp. 2094.

[1297] Deutsche Wortbildung, III, S. 295; man vergleiche auch F. Kluge, Nominale Stammbildungslehre, § 207, S. 102f.

[1298] N. IX, 182, 1f.

Suffix insbesondere der Ableitung von Eigennamen. Die Wortbildungsprodukte kennzeichnen in der Regel die Zugehörigkeit[1299]. Ebenso werden die mit diesem Suffix bezeugten Adjektive in althochdeutschen Textzusammenhängen gebraucht, wobei über die Herstellung einer bloßen Relation hinaus auch qualitative Merkmale nachweisbar sind, so zum Beispiel bei der Verwendung von *ebinchristane*[1300], das auch einen inhaltlichen Bezug zum christlichen Glauben herstellt.

3. Zusammensetzungen

In zwei Fällen wurden adjektivische Zusammensetzungen ermittelt, die jeweils zur Bezeichnung der Herkunft dienen. Für die mittelhochdeutsche Zeit konnten keine Zusammensetzungen mit Eigennamen nachgewiesen werden, während dann im Neuhochdeutschen vereinzelte Beispiele zu finden sind[1301].

Ahd. *chriehporan*[1302] kennzeichnet die Herkunft beziehungsweise die Abstammung, und zwar bereits lexikalisch mit dem Zweitbestandteil *boran* als Partizip Perfekt zu ahd. *beran*. Die Kennzeichnung der Abstammung mit einem adjektivischen Kompositum wird bei ahd. *criohburtīg* 'griechisch von Geburt'[1303] noch deutlicher, weil der Zweitbestandteil *-burtīg* zu ahd. *burtīg* 'gebürtig'[1304] als selbständiges Lexem bereits die Abstammung beziehungsweise die Herkunft bezeichnet.

Wie bei den Komposita mit ahd. *kriah-*, *kriah(h)i-* im Erstglied sind zu den übrigen Zusammensetzungen lateinische Vorlagen nachweis-

---

[1299] R. Kühner - F. Holzweissig, Ausführliche Grammatik der lateinischen Sprache, I, S. 998.
[1300] N. VIII, 100, 5.
[1301] Belege bei H.-J. Kann, Muttersprache 83 (1973) S. 146-150.
[1302] StSG. II, 652, 33.
[1303] StSG. IV, 242, 1.
[1304] SchW. S. 105.

bar, wie zum Beispiel *primogenitus* zu *ēristboran*[1305] und lat. *terrigenus* zu *erdpurtīg*[1306]. Die althochdeutschen Wörter konnten den lateinischen nachgebildet und semantisch angeglichen werden, weil die Möglichkeit dazu bereits im Althochdeutschen angelegt ist.

[1305] L. Voetz, Die St. Pauler Lukasglossen, S. 203.
[1306] SchW. S. 125.

V. Deonymische Adjektive in mittelhochdeutscher Zeit

Die Darstellung der morphologischen Formen und semantischen Leistungen deonymischer Derivate in mittelhochdeutscher Zeit zielt insbesondere auf den Vergleich zu den im Althochdeutschen und Altsächsischen beschriebenen Möglichkeiten und Tendenzen. Dabei kann für das Mittelhochdeutsche nicht, wie im Althochdeutschen vorgeführt, ausführlich jede einzelne Bildung besprochen werden. Einerseits kann aufgrund der unzureichenden lexikographischen Hilfsmittel ohnehin nicht vollständig auf das tatsächliche mittelhochdeutsche Textkorpus zugegriffen werden. Andererseits ist es auch um die Editionen der mittelhochdeutschen und mittelniederdeutschen Quellen in vielen Fällen schlecht bestellt, da oftmals kritische Ausgaben fehlen beziehungsweise diese, falls vorhanden, mit mancherlei Mängeln und Fehlern behaftet sind. Zudem ist die Quellenmenge im Vergleich zum Althochdeutschen um ein Vielfaches größer und umfangreicher. Aus der Einsicht, daß die Menge der Belege nicht einfach die Menge der sprachlichen Möglichkeiten vervielfältigt, folgt, daß es nicht darauf ankommen kann, das gesamte aufgefundene Material ausführlich auszubreiten. Vielmehr sollen Gemeinsamkeiten und Unterschiede im Vergleich zum Althochdeutschen dargestellt werden. Dabei kann aufgrund des gesichteten Materialkorpus, das über dreitausend Belege erfaßt, zumindest annäherungsweise darauf geschlossen werden, in welchen Formen und mit welchen semantischen Leistungen deonomastische Adjektive im Mittelhochdeutschen auftreten. Zur Überprüfung und zum Nachweis der Quellenbelege ist im Register dieser Arbeit sowohl eine alphabetische Liste aller aufgefundenen Bildungen als auch ein Verzeichnis der berücksichtigten Quellen mit den in ihnen auftretenden Wörtern angefügt[1].

Die Untersuchung deonymischer Adjektive aus mittelhochdeutscher Zeit erfolgt nach den folgenden Gesichtspunkten. Im Anschluß an

---

[1] Dazu die Register Kapitel VII.B dieser Arbeit.

einen Überblick über den Gesamtbefund werden insbesondere Veränderungen und Gemeinsamkeiten zum Althochdeutschen und Altsächsischen aufgezeigt und an Beispielen vorgeführt. Dazu ist einerseits von Interesse, welche älteren Vorkommen im Mittelhochdeutschen und Mittelniederdeutschen ihre Fortsetzung gefunden haben. Auf diese Weise kann eine wortgeschichtliche Kontinuität festgestellt werden. Dabei ergibt sich, daß ahd., as. *-isc*, mhd., mnd. *-(i)sch*, das beherrschende Suffix für deonomastische Adjektive bleibt. In diesem Zusammenhang ist dann andererseits zu berücksichtigen, welche neuen, zuvor nicht bezeugten volkssprachigen Wörter mit dem Suffix *-isch* als Ableitungen von Eigennamen auftreten.

Darüber hinaus sind insbesondere neu auftretende Suffixe zur Ableitung von Eigennamen von Interesse, die auf veränderte sprachliche Möglichkeiten hinweisen. Im Vergleich zur althochdeutschen Sprachstufe ist insbesondere die Herkunft beziehungsweise Entstehung der neuen Suffixe in Verbindung mit Onymen aufschlußreich sowie eventuell auftretende, von den Adjektiven auf *-isch* abweichende semantische Merkmale.

Analog zum Verfahren der Ansatzbildung althochdeutscher und altsächsischer Wörter[2] wird auch in diesem Kapitel durchgängig jeweils eine graphische Variante eines volkssprachigen Adjektivs verwandt, die aus einer der maßgeblichen Editionen gewonnen wurde, und zwar auch dann, wenn im Einzelfall graphische und lautliche Varianten eines Wortes in anderen Überlieferungen vorliegen. Da das Untersuchungsinteresse primär auf morphologische und semantische Gesichtspunkte gerichtet ist, dient dieses Verfahren der Ansatzbildung der praktischen Übersichtlichkeit, erleichtert die Orientierung innerhalb der Untersuchung und zeigt wortgeschichtliche Kontinuitäten im Vergleich zu den älteren Sprachstufen deutlicher auf.

---

[2] Dazu Kapitel IV (Vorbemerkung) dieser Arbeit; W. Relleke, Ein Instrument spielen, S. 39f.

A. Überlieferungsbefund

Die Untersuchung beruht auf der Prüfung von über dreitausend Belegstellen in 184 Quellentexten verschiedener Textarten aus mittelhochdeutscher Zeit[3]. Berücksichtigt werden darüber hinaus mittelniederdeutsche Quellen, die das Bild ergänzen. Dabei zeigt sich, wie nicht anders erwartet, daß das Suffix *-isch* auch in mittelhochdeutscher Zeit das dominierende Ableitungsmittel für Derivationen von Eigennamen bleibt[4]. An zwei Drittel aller berücksichtigten Textstellen sind volkssprachige Adjektive mit dem Suffix *-isch* überliefert, die sich den bereits in althochdeutscher Zeit bezeugten Bedeutungsgruppen zuordnen lassen. Außer der Kennzeichnung der Herkunft von Sachen und Personen sowie der Abstammung und Zugehörigkeit bezeichnen *-isch*-Adjektive einen lokalen Bezug, eine Sprache oder den Urheber einer Handlung oder Tätigkeit. In einigen Fällen sind darüber hinaus qualitative Verwendungen von *-isch*-Ableitungen auf der Basis von Eigennamen bezeugt.

Es treten jedoch auch andere morphologische Möglichkeiten auf, die Herkunft von Sachen und Personen mit adjektivischen Deonomastika zu kennzeichnen[5]. Wie schon im Althochdeutschen dient in einigen wenigen Fällen das Suffix *-în* der Ableitung von Adjektiven aus Eigennamen. Bei drei weiteren Belegen ist zumindest zu vermuten, daß das Suffix *-îg* als Ableitungsmittel fungiert. Zusätzlich bezeugen die höfischen Epen einige aus dem Altfranzösischen entlehnte Wörter mit dem altfranzösischen Suffix *-ois*. Die Übernahme dieser Bildungen zeugt von der Berührung der Autoren in mittelhochdeutscher Zeit mit der französischen Kultur und Literatur[6].

---

[3] Dazu das Quellenverzeichnis Kapitel VII.B.b dieser Arbeit.

[4] Dazu das alphabetische Register Kapitel VII.B.a.1 dieser Arbeit.

[5] Dazu das alphabetische Register Kapitel VII.B.a.2,3,4 dieser Arbeit.

[6] Dazu zusammenfassend E. Öhmann, Deutsche Wortgeschichte, I, S. 323-396; E. Öhmann, Die mittelhochdeutsche Lehnprägung nach altfranzösischem Vorbild; über den italienischen Einfluß vergleiche man E. Öhmann, Über den italienischen Einfluß auf die deutsche Sprache bis zum Ausgang des Mittelalters, I, II; zu weiterer Literatur Kapitel V.C dieser Arbeit.

Zusätzlich kann die Herkunft einer Sache oder einer Person mit nominalen Eigennamenableitungen auf -er bezeichnet werden, die einem attribuierten Substantiv im Genitiv Plural vorangestellt sind[7]. Basen sind dabei ausschließlich geographische Namen. Aufgrund ihrer syntaktischen Position vor dem Nukleus erlauben derartige Wortformen seit mittelhochdeutscher Zeit die Interpretation als Adjektiv und konkurrieren zu Ableitungen von Ortsnamen mit dem Suffix -isch.

Von diesen Bildungen zu unterscheiden sind die auf der Basis von krist- gebildeten Adjektive[8]. Wie bereits für das Althochdeutsche und Altsächsische gezeigt, werden sie in qualitativer Verwendung eingesetzt, wovon auch die Vielzahl neuer Wortbildungen zeugt. Zusätzlich treten diese Adjektive seit mittelhochdeutscher Zeit auch als Superlative auf. Das ist ein deutlicher Hinweis darauf, daß Ableitungen auf der Basis von krist- in mittelhochdeutscher Zeit bereits lexikalisiert sind und außerdem nicht mehr als aktuelle Derivate vom Beinamen *Christus* empfunden werden. Gezeigt werden kann auch, daß die noch im Althochdeutschen und Altsächsischen adjektivisch verwandten Wörter *c(h)ristāni* und *kristīn* im Mittelhochdeutschen (mhd. *kristen*) parallel substantivisch gebraucht werden und dann zum Neuhochdeutschen hin ausschließlich als Substantive fungieren. Als neue Bildung auf der Basis von krist- übernimmt dann schon seit mittelhochdeutscher Zeit *kristenlîh* diejenigen adjektivischen Funktionen, in denen zunächst auch noch mhd. *kristen* bezeugt ist[9].

Aus diesem Überblick geht hervor, daß die mittelhochdeutsche Sprachstufe neben den alten Ableitungsmustern neue Möglichkeiten bietet, die Herkunft mit deonymischen Derivaten zu bezeichnen. Wenn auch keine Vollständigkeit angestrebt ist, so können aus der Anzahl der geprüften Belege dennoch Aussagen über das Verhältnis dieser Möglichkeiten zueinander sowie über ihre Verteilung gefolgert werden. In mittelhochdeutscher Zeit sind damit Möglichkeiten geschaffen, die noch im Neuhochdeutschen hoch produktiv sind. In der deutschen Gegenwartssprache sind zudem die Fremdsuffixe -esk, -oid,

---

[7] Dazu das alphabetische Register Kapitel VII.B.a.4 dieser Arbeit.

[8] Dazu das alphabetische Register Kapitel VII.B.a.3 dieser Arbeit.

[9] Dazu weiter unten Kapitel V.D dieser Arbeit.

-ös zur deonymischen Derivation sowie vereinzelte Verbindungen von Eigennamen mit -haft und -artig bezeugt, die als 'okkasionell' eingestuft werden können. Mit Blick auf die -isch-Ableitungen und -er-Ableitungen sind diese Suffixe jedoch nicht im gleichen Maße produktiv[10].

B. Deonymische Adjektive auf -isch

Für die mittelhochdeutsche Zeit bleibt das Suffix -isch das bevorzugte Ableitungsmittel für adjektivische Derivationen von Eigennamen, und zwar in allen Sprachräumen des Deutschen, vom niederdeutschen Gebiet bis in den oberdeutschen Sprachraum[11]. An 2068 Textstellen (zwei Drittel der Vorkommen insgesamt) sind 243 verschiedene Bildungen auf -isch bezeugt, zusätzlich elf Adverbien, die auf parallel überlieferte -isch-Adjektive zurückgehen. Eigennamenableitungen auf -isch sind in allen Textarten tradiert, also sowohl in literarischen Texten (Epik, religiöse Dichtung, Lyrik und so weiter) als auch in Rechtstexten (Urkunden und Stadtrechte) und in Quellen zum Handel und zur Wirtschaft. In bezug auf die Anzahl der Bildungen auf -isch läßt sich feststellen, daß diese häufiger in Sachtexten bezeugt sind[12]. Die qualitative beziehungsweise übertragene Verwendung der Adjektive ist auf die literarischen Quellen beschränkt, während es in der Fachprosa in erhöhtem Maße darauf ankommt, Relationen darzustellen. Festgewordene Wendungen hingegen sind wiederum in allen Textarten bezeugt.

Der Gesamtbefund der Vorkommen aus mittelhochdeutscher Zeit bestätigt den bereits für das Althochdeutsche und Altsächsische darge-

---

[10] Dazu vergleiche man W. Fleischer, Reader zur Namenkunde, I, 255-258; W. Fleischer - I. Barz, Wortbildung der deutschen Gegenwartssprache, S. 238-240 sowie die Literatur in Kapitel I, A. 6 und 7 dieser Arbeit.

[11] Dazu ebenso für Adjektive auf mhd. -isch von appellativischen Basen Th. Klein, Studien zum Altgermanischen, S. 392.

[12] Dazu Kapitel V.E sowie das Verzeichnis volkssprachiger Quellen Kapitel VII.B.b dieser Arbeit; man vergleiche auch Th. Klein, Studien zum Altgermanischen, S. 393.

legten Befund, daß Adjektive auf *-isch* in der Regel als Ad-hoc-Bildungen bezeichnet werden können. Allein 94 adjektivische Deonomastika sind in den Textquellen nur einmal belegt, 75 verschiedene Adjektive sind zweimal bis fünfmal bezeugt. Zu den am häufigsten belegten Wörtern hingegen gehören *rœmisch* (über 200 Belege), *wälhisch* (126 Belege), *rînisch* (121 Belege), *englisch* (86 Belege) und *ungerisch* (85 Belege) sowie *kriechisch* (71 Belege), *behêmisch* (52 Belege), *windisch* (52 Belege), *(h)êbrêisch* (50 Belege), *jüdisch* (47 Belege), *israhêlisch* (47 Belege) und *kölsch* (40 Belege). Der Blick auf das Neuhochdeutsche zeigt dann, daß diese Derivate als Lexeme angesehen werden können, die auch in der deutschen Gegenwartssprache noch häufig im Gebrauch sind. Hingegen ist bei dem größten Teil der in mittelhochdeutscher Zeit belegten deonymischen Adjektive davon auszugehen, daß es sich um Neubildungen nach dem altbekannten Muster handelt, die je nach Gebrauch und Notwendigkeit entstanden sind.

Mit Blick auf den althochdeutschen Wortbestand ergibt sich, daß einige der Wörter in mittelhochdeutscher Zeit unverändert gebraucht werden. Von 62 im Althochdeutschen und Altsächsischen bezeugten Adjektiven finden sich 25 Adjektive im Mittelhochdeutschen und Mittelniederdeutschen wieder, die auch in ihrer Bezeichnungsfunktion den älteren Bildungen vergleichbar sind. Davon sind 23 Adjektive mit dem Suffix *-isch* bezeugt sowie das Adjektiv *kristen* zu ahd. *c(h)ristāni* und ahd., as. *kristīn*[13]. Beispiele für den kontinuierlichen Gebrauch sind[14]: *arâbisch* 'arabisch'[15], *affricânisch* 'afrikanisch'[16], *êgiptisch* 'egyptisch'[17], mnd. *galilêgisch* 'galiläisch'[18], *(h)êbrêisch*

---

[13] Dazu Kapitel V.D dieser Arbeit.

[14] Im folgenden werden jeweils nur einige Beispiele für ein Wort aufgeführt; für alle weiteren Belege sieh das alphabetische Verzeichnis Kapitel VII.B.a.1 dieser Arbeit.

[15] Die Gedichte des Michel Beheim, III/1, Nr. 436, V. 60; LH. I, Sp. 88; FMW. S. 20.

[16] Kaiserchronik, V. 1679.

[17] Genesis und Exodus, S. 100, Z. 9; LH. I, Sp. 513.

[18] MHWB. II, 6. Lieferung, Sp. 6 (ohne Quellennachweis).

'hebräisch'[19], *hiunisch* 'hunnisch, ungarisch'[20], *indîâsch* 'indisch'[21], *israhêlisch* 'israelisch'[22], *jüdisch* 'jüdisch'[23], dazu auch die Wortvariante *judenisch* 'jüdisch'[24], *kriechisch* 'griechisch'[25], *lampartisch* 'lombardisch, italienisch'[26], dazu die Wortvariante *lombardisch* 'lombardisch, italienisch'[27], *latînisch* 'lateinisch'[28], *madianisch* 'madianisch'[29], *punikisch* 'punisch'[30], *rœmisch* 'römisch'[31], *samaritânisch* 'samaritanisch'[32], *spânisch* 'spanisch'[33], dazu die Wortvarianten *ispânisch* 'spanisch'[34] und *spanjôlisch* 'spa-

---

[19] Das Alsfelder Passionsspiel, V. 3812; Jansen Enikels Werke. Weltchronik, V. 3565; LH. I, Sp. 506, 1200; FMW. S. 77, 161.

[20] Dietrichs Flucht, V. 8269; LH. I, Sp. 1309f.; LH. III, Nachträge, Sp. 243; FMW. S. 174; JW. S. 368.

[21] Wolfram von Eschenbach, Willehalm, 94, 12; LH. I, Sp. 1430; FMW. S. 185.

[22] Rudolf von Ems, Barlaam und Josaphat, V. 2177; LH. I, Sp. 1460; FMW. S. 190; JW. S. 396.

[23] Die Apokalypse Heinrichs von Hesler, V. 11835; LH. I, Sp. 1486; FMW. S. 193.

[24] Die Chroniken deutscher Städte, VIII, S. 363, Z. 25 (Chronik des Jacob Twinger von Königshofen 1400 [1415], Straßburg); LH. I, Sp. 1485.

[25] Das Anno-Lied, XIV, Z. 3; W. Jesse, Quellenbuch zur Münz- und Geldgeschichte, S. 120, 256, a. 1464 (mnd.); LH. I, Sp. 1729; FMW. S. 208; JW. S. 429; MHWB. II, 20. Lieferung, Sp. 667.

[26] Moriz von Craûn, V. 738; LH. I, Sp. 1817; LH. III, Nachträge, Sp. 290; FMW. S. 216; JW. S. 442.

[27] Die Chroniken deutscher Städte, I, S. 78, Z. 28 (Ulman Stromer's 'Büchel von meim geflechet und von abentewr' 1349 bis 1407, Nürnberg); LH. I, Sp. 1817.

[28] Rudolfs von Ems Weltchronik, V. 20078; LH. I, Sp. 1840; FMW. S. 218.

[29] Rudolfs von Ems Weltchronik, V. 18534.

[30] Wenzelsbibel, Ex. 28, 34 (zitiert nach JW. S. 566).

[31] Ottokars Österreichische Reimchronik, V. 27; Chronik des Franciscaner Lesemeisters Detmar, I, S. 5 (mnd.); LH. II, Sp. 484f.; FMW. S. 289.

[32] Des Matthias von Beheim Evangelienbuch, Johannes IIII, 9, S. 187; FMW. S. 295.

[33] Quellen zur Geschichte des Kölner Handels, II, S. 842, 1582 (a. 1500).

[34] Mai und Beaflor, Sp. 109, Z. 27; LH. I, Sp. 1460.

nisch'[35], *syrisch* 'syrisch, arabisch'[36] (im Althochdeutschen nur als Adverb belegt), *troiânisch* 'trojanisch'[37], dazu die Wortvariante *trôisch* 'trojanisch'[38], *ungerisch* 'ungarisch'[39], *frenkisch* 'fränkisch'[40], *wälhisch* 'italienisch, romanisch, französisch'[41], *windisch* 'windisch, wendisch, slavisch'[42]. Für diese Bildungen ist jedoch nicht ganz auszuschließen, daß sie ad hoc nach dem altbekannten Muster in mittelhochdeutscher Zeit neu gebildet worden sein können und nicht bereits als Lexeme tradiert wurden.

Im Mittelhochdeutschen sind insbesondere diejenigen Derivate vielfach bezeugt, die schon im Althochdeutschen relativ häufig belegt sind. Dazu gehört zum Beispiel mhd. *hêbrêisch*, mhd. *kriechisch*, mhd. *rœmisch*, mhd. *wälhisch* und mhd. *windisch*. Vor allem die mittelhochdeutsche und mittelniederdeutsche religiöse Literatur tradiert einige deonymische Derivate, die thematisch durch den biblischen Gegenstand motiviert sind und bereits im Althochdeutschen und Altsächsischen in dieser Textart angetroffen werden können. Dazu gehören zum Beispiel die Adjektive mhd. *jüdisch* und *israhêlisch*. Einige der häufig bezeugten Bildungen sind im Mittelhochdeutschen in Wortbildungsprozesse eingegangen und dienen der Bildung von

---

[35] Nürnberger Polizeiordnungen, S. 137; LH. II, 1068; A. Rosenqvist (Der französische Einfluß auf die mittelhochdeutsche Sprache in der ersten Hälfte des XIV. Jahrhunderts, S. 223) weist eine weitere Wortvariante *spengesch* 'spanisch' im Parzifal von Claus Wisse und Philipp Colin nach, die jedoch trotz einer Gesamtdurchsicht des Werkes nicht aufgefunden werden konnte.

[36] Hugo von Trimberg, Der Renner, III, V. 22284.

[37] Das Anno-Lied, VI, Z. 1; LH. II, Sp. 1523.

[38] Henric van Veldeken, Eneide, I, V. 4992; LH. II, Sp. 1523.

[39] Die pehemische Cronica dewcz, S. 279, Nr. 57; LH. II, Sp. 1861; FMW. S. 382; JW. S. 384.

[40] Biterolf und Dietleib, V. 3121; W. Jesse, Quellenbuch zur Münz- und Geldgeschichte, S. 188, 317, a. 1489 (mnd.); LH. III, Sp. 502.

[41] Ulrich von Zatzikhoven, Lanzelet, V. 7180; LH. III, Sp. 652; LH. III, Nachträge, Sp. 400; FMW. S. 453; JW. S. 917.

[42] Ulrich von Etzenbach, Wilhelm von Wenden, V. 3004; Die Chronik des Franciscaner Lesemeisters Detmar, I, S. 4 (mnd.); LH. III, Sp. 901f.; LH. III, Nachträge, Sp. 403; FMW. S. 471; JW. S. 959; SLWB. V, S. 669; LBH. S. 572.

Adverbien (*hêbrêischen*[43], *kriechischen*[44] und so weiter), Substantiven (*jüdischait*[45]) und Verben (*judscheiten*[46]). Mhd. *jüdisch* nimmt dabei wegen seiner häufigen Bezeugung (47 Belege) und wegen des Anteils an neuen Wortbildungen eine hervorragende Stellung ein, worauf bereits der althochdeutsche Befund hinweist[47]. Von der fortgeschrittenen Lexikalisierung des Derivates zeugt dann auch die Bildung eines neuen Adjektivs *jüdeschlich*[48] 'jüdisch'[49] im Silvester Konrads von Würzburg. Für die Adjektive ist anzunehmen, daß sie bereits als Lexeme tradiert wurden und daher vielfältiger eingesetzt werden konnten. Der Blick in das Neuhochdeutsche bestätigt diese Vermutung, weil die kontinuierlich gebrauchten Bildungen, die häufig bezeugt sind, in der deutschen Gegenwartssprache ebenfalls lexikalisiert sind[50].

Neben den wenigen, vermutlich bereits als Lexeme tradierten Bildungen weisen das Mittelhochdeutsche und das Mittelniederdeutsche eine Vielzahl von deonymischen Derivaten auf, die als Ad-hoc-Bildungen bezeichnet werden können. Auffällig ist zum Beispiel, daß zu einigen bereits in althochdeutscher Zeit bezeugten Adjektiven Wortvarianten überliefert sind, so zum Beispiel *judenisch* zu *jüdisch*, *ispanisch*, *spanjôlisch* zu *spânisch* und *trôisch* zu *troiânisch*, die dann aber jeweils keine unterschiedlichen Bezeichnungsfunktionen erfüllen[51]. So wechseln die Adjektive *jüdisch* und *judenisch* in ein und

---

[43] Konrad von Megenberg, Das Buch der Natur, S. 15, Z. 8.

[44] Konrad von Megenberg, Die deutsche Sphaera, S. 61, Z. 21.

[45] Konrad von Megenberg, Das Buch der Natur, S. 469, Z. 7; S. 494, Z. 17f.; weitere Belege: Konrad von Helmsdorf, Der Spiegel, V. 2384, 2862; Der Saelden Hort, V. 1996, 3224, 3240, 5536; Der sogenannte St. Georgener Prediger, S. 86, Z. 28.

[46] Die Gedichte des Michel Beheim, II, Nr. 234, V. 102.

[47] Dazu auch Kapitel IV.F.c.2 dieser Arbeit; A. Goetze, PBB. 24 (1899) S. 520.

[48] Konrad von Würzburg, Die Legenden, I, S. 137, V. 4543.

[49] LH. I, Sp. 1486; dazu auch JW. S. 399.

[50] Dazu zum Beispiel: Duden. Das große Wörterbuch der deutschen Sprache in acht Bänden, III, S. 1394, 1500; IV, S. 1743, 1764; VI, S. 2804; VIII, S. 3889.

[51] Dazu vergleiche man auch den Befund im Althochdeutschen (Kapitel IV.F.c.1 dieser Arbeit).

derselben Quelle zur Bezeichnung jüdischer Gelehrter[52], ohne daß aber eine differierende semantische Leistung festzustellen wäre. Ähnliche Beispiele lassen sich für die Wortvarianten zu *spânisch* und *trôisch* anführen. Auch der im Vergleich zur althochdeutschen Zeit neue mittelhochdeutsche und mittelniederdeutsche Wortbestand zeigt weitere Wortvarianten mit vergleichbarer Bezeichnungsfunktion, so zum Beispiel *kölnisch* und *kölsch*, *lubesch* und *lubekesch* und so weiter[53].

Zu fremden Volksnamen sind in mittelhochdeutscher Zeit ebenfalls neue Ableitungen gebildet worden, obwohl das Althochdeutsche bereits eine Bildung zu diesen Namen zeigt, so zum Beispiel mhd. *sarrazînesch*[54], dem im Vergleich zu ahd. *serzisc*[55] eine andere Basis zugrundeliegt. Auch hieraus ist zu schließen, daß deonymische Adjektive auf -*isch* je nach Gebrauch nach dem altbekannten Ableitungsmuster wieder neu entstehen konnten.

Alle weiteren im Althochdeutschen und Altsächsischen bezeugten Adjektive auf der Basis von Eigennamen sind in mittelhochdeutscher Zeit nicht belegt. Stattdessen sind 218 neue Ableitungen auf -*isch* anzutreffen. Ein größerer Teil dieser Bildungen ist bisher von den lexikographischen Hilfsmitteln nicht erfaßt[56], was aber aufgrund ihrer semantischen Durchsichtigkeit in der Lexikographie auch nicht angestrebt zu werden braucht. Das volkssprachige Textkorpus überliefert nun auch Ableitungen von Rufnamen, beispielsweise mhd. *ismahêlisch* 'von Ismahel abstammend'[57] oder mhd. *ottisch* in *Herzogisch Ottisch new funferlein*[58] und *wilhelmisch* in *Herzog Wilhel-*

---

[52] Die Chroniken deutscher Städte, VIII, S. 363, Z. 20; S. 364, Z. 29 (Chronik des Jacob Twinger von Königshofen 1400 [1415]), Straßburg).

[53] Dazu das alphabetische Verzeichnis Kapitel VII.B.a.1 dieser Arbeit.

[54] Der mitteldeutsche Marco Polo, S. 54, Z. 27; LH. II, Sp. 609; FMW. S. 297.

[55] Dazu Kapitel IV.A.b.22 dieser Arbeit.

[56] Dazu die mit * gekennzeichneten Bildungen auf -*isch* im alphabetischen Verzeichnis Kapitel VII.B.a.1 dieser Arbeit.

[57] Otte, Eraclius, V. 5525; LH. I, Sp. 1459.

[58] W. Jesse, Quellenbuch zur Münz- und Geldgeschichte, S. 247, 369, a. 1496.

misch groschen[59] zur Kennzeichnung von Münzen. Daneben sind jetzt ebenfalls Ableitungen von Flußnamen (mhd. *rînisch* 'rheinisch'[60], mhd. *eufrateisch* 'eufrateisch'[61]) und weiterhin von Städtenamen (mhd., mnd. *kölnisch* 'kölnisch'[62]) bezeugt.

Die für die mittelhochdeutsche Zeit bezeugten semantischen Merkmale der deonymischen Adjektive auf -*isch* entsprechen den Möglichkeiten im Althochdeutschen und Altsächsischen. Der überwiegende Teil dieser Wörter tritt in den syntaktischen Zusammenhängen in relationaler Verwendung auf und bezeichnet die Herkunft von Sachen, so zum Beispiel von Stoffen[63] (*in almariske sid^{e}n*[64]) oder von Metallen (*von spânischem messe*[65]), weiterhin die Herkunft oder Abstammung von Personen (*Daz her von Hiunisch lande*[66]) und die Zugehörigkeit (*ein kúnic bactrianschen diet*[67]). Relationale Adjektive auf -*isch* sind daher in der Regel auf den attributiven Gebrauch beschränkt[68] und stehen in den jeweiligen Syntagmen zu Substantiven wie *rîch* (*von britânischen rîchen*[69]), *lant* (*von danayschen lant*[70]), *volk* (*dis volk ebraisches*[71]) und so weiter sowie zu anderen Perso-

---

[59] Ebenda, S. 245, 369, a. 1496.

[60] Die Gedichte Heinrichs des Teichners, Nr. 717, 19; LH. II, Sp. 450; FMW. S. 287.

[61] Lamprechts Alexander, Straßburg, V. 1686.

[62] CAO. III, 2070, S. 290, Z. 39; W. Jesse, Quellenbuch zur Münz- und Geldgeschichte, S. 108, 246, a. 1436 (mnd.); LH. I, Sp. 1666; MHWB. II, 17. Lieferung, Sp. 616.

[63] Dazu vergleiche man L. C. Eisenbart, Kleiderordnungen der deutschen Städte, S. 131.

[64] Das Rolandslied, V. 7604.

[65] Kudrun, 1109, 3; dazu G. Eis, Studia Neophilologica 3 (1958) S. 28f.

[66] Dietrichs Flucht, V. 8269.

[67] Rudolfs von Ems Weltchronik, V. 3534.

[68] Dazu auch F. Fischer, Der Formenbestand des Adjektivs in der mittelhochdeutschen Lyrik der Blütezeit, S. 101; Kapitel IV.F.d.1 dieser Arbeit.

[69] Ulrich von Zatzikhoven, Lanzelet, V. 691.

[70] Rudolfs von Ems Weltchronik, V. 33409.

[71] Die Gedichte des Michel Beheim, I, Nr. 108, V. 496.

nenbezeichnungen (*ich bin ein samaritânisch wîp*[72]). Es erübrigt sich daher die Darstellung im einzelnen. Beispielhaft genannt seien hier aber die vielfältigen Münzbezeichnungen, die je nach Prägeort und Herkunft ihre jeweilige Bezeichnung erhalten[73]. Dazu gehören dann Bildungen wie *bambergisch*[74], *brunswikesch*[75], *dorptmundesch*[76], *egrisch*[77], *gottingsch*[78], *munstersch*[79], *stralesundesch*[80], *westfelsch*[81] und viele andere mehr, bei denen die zugrundeliegende Basis deutlich erkennbar bleibt. Bei den vielfältigen *-isch*-Ableitungen von Eigennamen zur Kennzeichnung der Herkunft der Münzen handelt es sich insbesondere um Derivate, die im zwölften und dreizehnten Jahrhundert mit der Einführung vieler unterschiedlicher territorialer Münzfüße notwendig wurden, weil die Münzen im Wert wesentlich voneinander abwichen[82].

Ebenso wie in althochdeutscher Zeit bringen auch die mittelhochdeutschen und mittelniederdeutschen *-isch*-Bildungen einen lokalen Bezug zum Ausdruck, indem sie die im jeweiligen Land gesprochene

---

[72] Des Matthias von Beheim Evangelienbuch, Johannes IIII, 9, S. 187; dazu vergleiche man die entsprechende Textstelle im althochdeutschen Tatian: T. S. 277, Z. 3-7 (Kapitel IV.C.i dieser Arbeit).

[73] Beispiele unter anderem bei W. Jesse, Quellenbuch zur Münz- und Geldgeschichte (Jes.); dazu das Quellenverzeichnis dieser Arbeit Kapitel VII.B.b sowie Kapitel V.E (zur Konkurrenz von *-isch* und *-er*).

[74] W. Jesse, Quellenbuch zur Münz- und Geldgeschichte, S. 249, 369, a. 1496.

[75] Ebenda, S. 35, 98, a. 1412 (mnd.).

[76] Ebenda, S. 188, 317, a. 1489 (mnd.); MHWB. I, Sp. 457.

[77] K. Siegl, Die Egerer Zunftordnungen, S. 72, 16, a. 1460.

[78] W. Jesse, Quellenbuch zur Münz- und Geldgeschichte, S. 190, 318, a. 1490 (mnd.).

[79] Ebenda, S. 188, 317, a. 1489 (mnd.); MHWB. II, 23. Lieferung, Sp. 1035.

[80] W. Jesse, Quellenbuch zur Münz- und Geldgeschichte, S. 190, 318, a. 1490 (mnd.).

[81] Quellen zur Geschichte des Kölner Handels, IV, S. 89, a. 1444.

[82] Lexikon des Mittelalters, VI, Sp. 925, 936; A. Haverkamp, Aufbruch und Gestaltung, S. 269f.; W. Hävernick, Der Kölner Pfennig, S. 13f.; G. Probszt, Österreichische Münz- und Geldgeschichte, S. 61f.; zur Konkurrenz von *-isch* und *-er* bei Münzbezeichnungen Kapitel V.E dieser Arbeit.

Sprache oder beispielsweise einen Buchstaben einer bestimmten Sprache kennzeichnen (substantiviert in Verbindung mit der Präposition *in*: *A bezeichent in ebreschen alma*[83]) beziehungsweise die Befindlichkeit einer Sache oder Person angeben. Mit dieser Bedeutungsnuance treten die bezeugten *-isch*-Ableitungen dann auch häufig in Prologen oder Epilogen der mittelhochdeutschen Epiker auf, wenn die jeweilige Quelle genannt wird: *von manheit und von minnen / het er getihtet in welsch [= wälhisch] so wol, / daz man in iemer loben sol*[84]. Ebenso sind häufig weitere substantivierte Adjektive zur Bezeichnung der Sprache anzutreffen, so bei Jansen Enikel (*ir sprâch was ebraisch genant*[85]) und im Renner des Hugo von Trimberg (*Kriechisch, jüdisch und heidenisch, / Syrisch, windisch, kaldêisch: / Swer daz mischet in tiutsch getihte, / Diu meisterschaft ist gar ze nihte*[86]).

Auch Urheber von Handlungen werden in einigen Fällen weiterhin mit attributiv verwendeten *-isch*-Bildungen bezeichnet, so in Verbindung mit *rœmisch* bei Freidank (*Rœmesch sent und sîn gebot / deist pfaffen unde leien spot*[87]) und in der Kaiserchronik (*Elliu Rômiskiu craft*[88]).

Bei allen semantischen Aspekten bleibt die Relation bestimmend, die zwischen dem in der Basis bezeichneten Sachverhalt und dem Substantiv, das durch das Adjektiv näher bezeichnet wird, besteht[89]. Damit einher geht, daß diese Bildungen attributiv zu einem Substantiv stehen und in der Regel nicht prädikativ verwendet werden können[90].

---

[83] Brun von Schonebeck, V. 4560.

[84] Parzifal von Claus Wisse und Philipp Colin, Sp. 846, Z. 14-16; weitere Beispiele: Konrad Fleck, Flore und Blanscheflur, V. 143; Herborts von Fritslâr liet von Troye, V. 51; Lamprechts Alexander (Straßburg und Vorau), V. 15.

[85] Jansen Enikels Werke. Weltchronik, V. 27385.

[86] Hugo von Trimberg, Der Renner, III, V. 22283-22286.

[87] Fridankes Bescheidenheit, 148, 14f.

[88] Kaiserchronik, V. 14228.

[89] Dazu die Kapitel II und IV.F.d dieser Arbeit.

[90] Zu Ausnahmen sieh weiter unten.

Im folgenden sollen nun einige Belege hervorgehoben werden, in denen ein mit -*isch* abgeleitetes Adjektiv feste Verbindungen eingegangen ist und damit auch qualitativ verwendet wird. Im Vergleich zu der Anzahl der Belege, die den relationalen Gebrauch von -*isch*-Bildungen bezeugen, ist der Anteil gering. Es handelt sich zumeist um Wörter, die in einer langen Überlieferungstradition stehen und auch noch im Neuhochdeutschen häufig und in übertragener Verwendung bekannt sind.

Deutlich erkennbar sind festgewordene Wendungen in Verbindung mit mhd., mnd. *rœmisch*, in denen nicht mehr die Herkunft beziehungsweise Zugehörigkeit zu Rom gekennzeichnet wird. Das volkssprachige Adjektiv dient vielmehr zur Bezeichnung der Kirche, des Papsttums oder des Kaisertums als etablierte Institutionen beziehungsweise zur Bezeichnung der kaiserlichen Herrschaft und ihrer Ausdehnung. Anfänge zu dieser Entwicklung zeigt bereits das Althochdeutsche[91]. Im Mittelhochdeutschen sind Bezeichnungen in den folgenden Syntagmen bereits fest geworden und können als formelhaft bezeichnet werden: *das Romsch rych*[92], *dez heiligen Rômischen reichs fürsten*[93], *der romisch kaiser*[94], *rômischer kunig*[95], *der romschen kirchen*[96], *rœmesch bâbest*[97].

In Verbindung mit *kriechisch* bezeichnet *fiur* in mittelhochdeutscher Zeit ein Kampfmittel, das seit der Zeit der Kreuzzüge unter diesem Namen auch im deutschen Sprachgebiet bekannt wurde und als Wunderwaffe galt, da es sich bei der Berührung mit Wasser selbst entzündete oder bereits brennend bei Seeschlachten verwandt werden konn-

---

[91] Kapitel IV.C.h dieser Arbeit (ahd. *rōmisc - rūmisc*).

[92] U. Zimmer, Studien zu 'Alpharts Tod', S. 132, 64, 4.

[93] W. Jesse, Quellenbuch zur Münz- und Geldgeschichte, S. 100, 234, a. 1385.

[94] Die Gedichte des Michel Beheim, I, Nr. 111, V. 124.

[95] Biterolf und Dietleib, V. 2824.

[96] Die Gedichte des Michel Beheim, I, Nr. 109, V. 86.

[97] Die Ueberreste altdeutscher Dichtungen von Tyrol und Friedebrant, S. 14, II[a], 73.

te[98]. E. Öhmann[99] vermutet, daß mhd. *kriechisch fiur* formell eine Lehnwendung zu afrz. *feu gregeois* ist. Diese Vermutung könnte zutreffen, weil der früheste Beleg zur Bezeichnung des 'Griechischen Feuers' in der Summarium-Heinrici-Handschrift Köln, Historisches Archiv W* 91[100] aus dem zwölften bis dreizehnten Jahrhundert[101] überliefert ist, die die Glosse *creicfur*[102] zu lat. *sulfur* 'Schwefel'[103] bezeugt. Die Florentiner Handschrift[104] des Summarium Heinrici vom Anfang des dreizehnten Jahrhunderts[105] tradiert zum gleichen lateinischen Lemma hingegen das Glossengefüge *suebil. ł erdfiur*[106]. Da andere Überlieferungen mit Glossen zur Bibel, die auf einen althochdeutschen Sprachstand weisen, zu lat. *sulfur* ebenfalls die Glosse *erdfiur*[107] bezeugen, liegt die Schlußfolgerung nahe, daß die Bezeichnung *creicfur* oder *kriechisch fiur* erst durch die Berührung mit der französischen Kultur und Literatur im zwölften oder dreizehnten Jahrhundert im deutschsprachigen Gebiet bekannt wurde[108].

Die chemische Zusammensetzung von *kriechisch fiur* beschreibt Godefrit Hagen in seiner Reimchronik der Stadt Cöln: *So doit myr wynnen myt der vart / eyne michel wynschalde, / eynen berchvrede stel men dryn balde /* **pech, wint vur, swegel ind bachen,** */ creisch*

---

[98] Lexikon des Mittelalters, IV, Sp. 1711f.; DWB. IX. Sp. 259f.; E. Öhmann, Die mittelhochdeutsche Lehnprägung nach altfranzösischem Vorbild, S. 58f.

[99] Die mittelhochdeutsche Lehnprägung nach altfranzösischem Vorbild, S. 58f.

[100] BV. Nr. 345a.

[101] Zur Datierung U. Thies, Graphematisch-phonematische Untersuchungen der Glossen einer Kölner Summarium-Heinrici-Handschrift, S. 29.

[102] Ebenda, S. 183, f. 30ʳb, Z. 26; dazu ebenda, S. 149-154.

[103] GH. II, Sp. 2917.

[104] BV. Nr. 151.

[105] Zur Datierung St. Stricker, in: R. Schützeichel, Addenda und Corrigenda (III), S. 307.

[106] StSG. III, 308, 50 u. A. 4.

[107] StSG. I, 299, 37f.; 300, 60 - 301, 1; 302, 32; 653, 1f.; IV, 282, 18; 685, 36.

[108] Dazu auch Kapitel V.C dieser Arbeit.

vuyr sal ich in dat schijff maichen, / ich sal uch here in kurter stunt / die schiff gebrant hain in (den grunt)[109].

Über die Wirkung und die Bekämpfung des Griechischen Feuers und seine allegorische Auslegung berichtet Hugo von Trimberg im Renner: *Uns schrîbent die meister, daz ein brunne / Sî in dem lande, dâ diu sunne / Ûf gêt, an dem got hât besunder / Ouch erzeiget michel wunder, / Daz sîn wazzer wirt ze fiure / Gebrant mit anderre dinge stiure: / Diz fiur ist kriechisch fiur genant / Und wirt gefüert in manic lant; / Ez brinnet in wazzer, in milch, in wîn, / Swer ez leschen wil, der gieze ezzich drîn: / Diz fiur bediutet unreine sünde / Wider der natûr, der ich niht künde: / Swer die ze rehte leschen sol, / Der bedarf eines sûren ezziches wol: / Bîhte und buoze, riuwe und klage, / Die wîle er lebt, von tage ze tage*[110].

Das Syntagma *kriechisch fiur* steht bei Hugo von Trimberg als Allegorie für die Homosexualität (*Wider der natûr*), die es mit *Bîhte und buoze, riuwe und klage* zu bekämpfen gilt.

Die Bezeichnung für das Griechische Feuer ist ein gutes Beispiel dafür, daß Syntagmen fest und als solche bekannt, dann tradiert und weitergegeben wurden, schließlich sogar als Allegorie verwendet werden konnten. Mhd. *kriechisch* bezeichnete in dem Syntagma *kriechisch fiur* wohl zunächst die Herkunft der Wunderwaffe, die zuerst von einem griechischen Baumeister hergestellt worden sein soll[111].

Insbesondere *wälhisch* ist in einigen festen Verbindungen bezeugt, die als Syntagmen tradiert und gebraucht werden. Dazu paßt, daß mhd. *wälhisch* mit 126 Belegen zu den meistbezeugten deonymischen Adjektiven in mittelhochdeutscher Zeit gehört und zudem auch zur

---

[109] Des Meisters Godefrit Hagen, der Zeit Stadtschreibers, Reimchronik der Stadt Cöln, V. 771-778 (Hervorhebung der Verfasserin); dazu auch E. Neuß, RhVB. 33 (1969) S 297-329.

[110] Hugo von Trimberg, Der Renner, III, V. 20173-20188; weitere Belege zu *kriechisch fiur*: Die Gedichte des Michel Beheim, III/1, Nr. 453, V. 1153; Die Kreuzfahrt des Landgrafen Ludwigs des Frommen, V. 2961.

[111] Lexikon des Mittelalters, IV, Sp. 1711; DWB. IX. Sp. 259.

Bildung neuer Wörter beiträgt, wie zum Beispiel bei *rotwalsch*[112] für die betrügerische Rede[113] und *kurwelsch*[114] zur Bezeichnung der rätoromanischen Sprache Graubündens.

Als formelhaft gebrauchte feste syntaktische Verbindung mit *wälhisch* ist insbesondere die Bezeichnung *welsche mîle* überliefert, die als Maß für längere Strecken gebraucht wird[115]. Die *rast* als Bezeichnung der antiken Stadie bildet für Konrad von Megenberg den Bezugspunkt seiner Berechnungen zur 'welschen Meile', die aus acht Stadien besteht, während die deutsche Meile 16 Stadien enthält: *Wild aber / du wizzen, waz ain rast sei, so wizze, daz fünf füzze / ainen schrit machen, und hundert und funf und zwainzig / schrit machent ain raste. Und aht reste machent ain welhisch / meil ze reht in Frankreich, aber sehzehen rest machent ze reht ain deutsch meil*[116]. Die *welsche mîle* für die französische Meile als feste Maßbezeichnung ist sowohl bei Henric van Veldeken[117], bei Heinrich von Freiberg[118], in der Crone des Heinrich von dem Türlin[119], in den Predigten Hermanns von Fritslar[120], bei Ulrich von Zatzikhoven[121] und bei Gottfried von Straßburg[122] tradiert.

Im Neuhochdeutschen bereits vom Syntagma zum Kompositum geworden ist die Bezeichnung *Walnuß*, die schon im Mittelhochdeut-

---

[112] Das alte Passional, S. 221, V. 22; Hans Vintler, Die Pluemen der Tugent, V. 9086.

[113] Dazu weiter unten.

[114] Codex Diplomaticus. Sammlung der Urkunden zur Geschichte Cur-Rätiens und der Republik Graubünden, II, S. 239, 160, a. 1316.

[115] Lexikon des Mittelalters, VI, Sp. 471; dazu auch DWB. XII, Sp. 1907; L. Weisgerber, RhVB. 13 (1948) S. 116f. u. A. 111.

[116] Konrad von Megenberg, Die deutsche Sphaera, S. 18, Z. 27 - S. 19, Z. 2; dazu ebenda das Wortverzeichnis, S. 130.

[117] Eneide, I, V. 12377.

[118] Tristan, V. 2100, 3414.

[119] Diu Crône, V. 11465.

[120] Deutsche Mystiker, I. Hermann von Fritslar, S. 216, Z. 8.

[121] Lanzelet, V. 4662.

[122] Gottfried von Straßburg, Tristan und Isold, V. 2758.

schen als *welischē nûsz*[123] bezeugt ist. Die Walnuß war neben der Haselnuß die gebräuchlichste Nuß im Mittelalter und erhielt ihre Bezeichnung 'welsche Nuß', weil sie insbesondere in Gallien kultiviert wurde[124].

Verschiedene fest gewordene Syntagmen mit deonymischen Derivaten auf *-isch* finden sich im Mittelhochdeutschen auch bei der Benennung von Weinsorten, wobei wohl zunächst die Bezeichnung ihrer Herkunft das Benennungsmotiv gab.

Bei der Unterscheidung verschiedener Weine dient *welsch* der Bezeichnung von Südtiroler Weinen oder Südweinen allgemein[125] und ist in dieser Verwendung mehrfach in den mittelhochdeutschen Quellen bezeugt[126]. Daneben trägt der Südwein oder Südtiroler Wein auch die Bezeichnung *Walhe*[127].

Zur Unterscheidung der Qualität von Weinsorten dienen ferner die Adjektive *frenkisch* und *hiunisch*, die häufig gemeinsam in den Quellen auftreten[128]. Im Unterschied zum *gûten frankischen wein*[129] steht *hiunisch* stets für eine weniger gute Weinsorte. Für den *saurn heunischen wein*[130] sind bereits im Althochdeutschen Belege zu finden (*hūnisc drūbo*[131]), während für Weine von einem *wînstoc vrenkischer art*[132] erst aus mittelhochdeutscher Zeit Belege überliefert

---

[123] Des Matthias von Beheim Evangelienbuch, Brief von Lenulus, Bl. 1, S. XV; ein weiterer Beleg bei F. Bastian, Das Runtingerbuch, II, S. 23, a. 1392.

[124] Lexikon des Mittelalters, VI, Sp. 1323f.

[125] E. Alanne, Die deutsche Weinbauterminologie in althochdeutscher und mittelhochdeutscher Zeit, S. 165; F. Bastian, Das Runtingerbuch, III, S. 301; M. Wis, Neuphilologische Mitteilungen 59 (1958) S. 105.

[126] So zum Beispiel in Heinrich's von Freiberg Tristan, V. 3363; H. Hoffmann (Hrsg.), Würzburger Polizeisätze, Nr. 14, a. 1341-1342.

[127] F. Bastian, Das Runtingerbuch, II, S. 273, a. 1392; MRZ. S. 353.

[128] So zum Beispiel: Weisthümer. Gesammelt von J. Grimm, I, S. 527.

[129] Biterolf und Dietleib, V. 3121.

[130] H. Rosenplüt, Der Markgrafenkrieg, Die historischen Volkslieder der Deutschen, I, S. 429, Nr. 93, V. 47.

[131] Dazu Kapitel IV.A.b.7 dieser Arbeit.

[132] Albrecht von Halberstadt, S. 283, 34, V. 84.

sind[133]. Auf bereits qualitative Verwendung des mittelhochdeutschen Adjektivs *frenkisch* deutet insbesondere der zuletzt gebrachte Beleg, in dem die 'Art und Weise' im Sinne einer Beschaffenheit bezeichnet wird.

Neben dem welschen, fränkischen und heunschen Wein spielt noch eine weitere Weinsorte im Mittelalter eine besondere Rolle, die bereits in althochdeutscher Zeit in den Glossen zum Hohenlied als *drubo cipres*[134] bezeugt ist. In verschiedenen Quellen wird vom *edelen kîprischen wîn*[135] berichtet. Dazu überliefert das Mittelhochdeutsche auch das Syntagma *kipper win*[136]. Die besonders edle Weinsorte kam von Zypern im Jahre 1288 zunächst nach Basel[137] und verbreitete sich dann im deutschen Sprachraum. Daß der *kipersch win*[138] als besonders wertvoll erachtet wurde, bezeugt auch die Bezeichnung *kipersche druue*[139] für die Jungfrau Maria im 'Rheinischen Marienlob': *Hilp mir dat ich ire so muze gedenken. / dat du mir diner mirren so willes schenken. / dat mir pine si alle dine pine. / dat ich kume zu deme wine. / den du druue uan kiperen schenkent. / du di bedruuede herce uerdrenkent*[140].

Eine syntaktische Verbindung, die in ganz andere Zusammenhänge gehört, ist die Bezeichnung 'französische Krankheit' für die Syphilis. In einem Protokollbuch aus Würzburg über den Ausbruch der Syphi-

---

[133] E. Alanne, Die deutsche Weinbauterminologie in althochdeutscher und mittelhochdeutscher Zeit, S. 25.

[134] StSG. I, 552, 12; E. Alanne, Die deutsche Weinbauterminologie in althochdeutscher und mittelhochdeutscher Zeit, S. 79.

[135] Heinrich's von Freiberg Tristan, V. 909; ein weiterer Beleg bei Th. Cramer, Lohengrin, V. 637.

[136] Der sogenannte St. Georgener Prediger, S. 310, Z. 15, passim.

[137] W. Wackernagel, Kleinere Schriften, I, S. 94; dazu auch E. Alanne, Die deutsche Weinbauterminologie in althochdeutscher und mittelhochdeutscher Zeit, S. 157.

[138] W. Grimm, ZDA. 10 (1856) S. 73, V. 30; Das Rheinische Marienlob, S. 84, V. 2788.

[139] W. Grimm, ZDA. 10 (1856) S. 44, V. 38; S. 45, V. 36; Das Rheinische Marienlob, S. 52, V. 1673; S. 53, V. 1711.

[140] W. Grimm, ZDA. 10 (1856) S. 45, V. 11-16; Das Rheinische Marienlob, S. 52, V. 1686-1691.

lis wird a. 1497 von der *frantzosischenn Kranckhait*[141] berichtet, die daran Erkrankten werden als *die frantzosischen lewtt*[142] bezeichnet. Die Krankheit bekam vermutlich diesen volkssprachigen Namen, weil Frankreich als 'Mutterland' der Syphilis galt, von wo aus sie sich dann in Europa verbreitete[143]. Die 'französischen Leute' sind dann Menschen, die an der Syphilis erkrankt sind[144].

Schließlich können Eigennamenableitungen auch wieder zur Bildung von Ortsnamen verwandt werden und dienen dann als Zusätze, die bereits etablierte gleichlautende Siedlungsnamen voneinander unterscheiden[145], so zum Beispiel *windisch* in *Windischgretze*[146] (Name der Stadt und der Burg eines in der Steiermark ansässigen Adelsgeschlechts) und *Windische Mark*[147] (Landschaft im ehemaligen Herzogtum Krain, südlich der Save bis zur unteren Gurk, heute Unterkrain[148]) und *kriechisch* in dem deutschen Namen *Kriechisch Weissenparg*[149] für *Belgrad*, ung. *Veiwar*[150].

Im folgenden sollen nun noch einige Belege hervorgehoben werden, bei denen sich eine qualitative Verwendung der Adjektive auf -*isch* unabhängig von einem Gebrauch in festen syntaktischen Verbindungen andeutet. Dabei bestätigt sich nicht, daß Eigennamenableitungen

---

[141] F. Reuss, Anzeiger für Kunde der deutschen Vorzeit. N.F. 4 (1857) Sp. 81.

[142] Ebenda (a. 1496, a. 1497).

[143] M. Höfler, Deutsches Krankheitsnamenbuch, S. 166.

[144] Ebenda, S. 367.

[145] H. Kaufmann, Westdeutsche Ortsnamen mit unterscheidenden Zusätzen, S. 1f.; zu adjektivischen Ableitungen von Eigennamen in Verbindung mit Ortsnamen vergleiche man H. Kaufmann, Bildungsweise und Betonung der deutschen Ortsnamen, S. 22f.

[146] Ottokars Österreichische Reimchronik, V. 10646; dazu auch W. Wilmanns, Deutsche Grammatik, II, § 388, 2, S. 514.

[147] Die Gedichte des Michel Beheim, III/1, Nr. 453, Z. 2; Seifried Helbling, VIII, V. 1190; Monumenta Wittelsbacensia, II, S. 527, Nr. 365, a. 1381; Sebastian Brants Narrenschiff, 99, 49; Ottokars Österreichische Reimchronik, V. 8793; Rudolfs von Ems Weltchronik, V. 2533.

[148] Die Gedichte des Michel Beheim, III/2, Glossar, S. 737.

[149] Ebenda, I, Nr. 104, V. 155; II, Nr. 328, Titel und öfter; II, Nr. 329, V. 98.

[150] Dazu auch ebenda, III/2, Glossar, S. 727.

auf -*isch* in übertragener Verwendung 'durchweg' eine 'Entwicklung zum Bösen' nehmen, da das Suffix -*isch* bereits negative Bedeutung in sich trage[151]. A. Goetze schreibt hier dem Suffix zu, was aus dem Gebrauch der gesamten Bildung im syntaktischen Zusammenhang folgt[152].

In volkssprachigen Texten aus mittelhochdeutscher Zeit können -*isch*-Ableitungen von Eigennamen ganz allgemein in den Bezeichnungsfunktionen 'unverständlich, seltsam, verkehrt, fremd'[153] verwendet werden, wenn ein Nichtverstehen zum Ausdruck gebracht werden soll. In diesem Gebrauch ist mhd. *sarrazînesch* bei Gottfried von Straßburg bezeugt: *sprachens alle 'waz ist daz? / wir vernæmen sarrazenesch baz! / was ist curie, lieber man?*[154] Tristan erklärt den Jägern in Cornwall, wie man in seinem Land einen Hirsch auf höfische Art und Weise zerlegt und benutzt das dort übliche Vokabular. Die Jäger verstehen seine Worte nicht und benutzen mhd. *sarrazînesch* in der Bezeichnungsfunktion 'so fremd als irgend möglich'. In ähnlicher Verwendung können auch die verschiedenen Eigennamenableitungen auf -*isch* in der Gedichtsammlung 'Seifried Helbling' beschrieben werden. Hier ist oftmals von Sitten und Gewohnheiten des Alltags die Rede, wobei die Nachahmung fremder Gebräuche häufig verspottet wird[155]. Damit ist bereits in mittelhochdeutscher Zeit der Weg geebnet, der im Neuhochdeutschen zu Redewendungen wie *das sind für mich böhmische Dörfer* oder *etwas kommt mir spanisch vor* führen kann[156].

---

[151] So A. Goetze, PBB. 24 (1899) S. 466, 490-513.

[152] Dazu auch H. Paul, Deutsche Grammatik, V, § 67, S. 91; M. Schlaefer, Die Adjektive auf -*isch* in der deutschen Gegenwartssprache, S. 132, 196f.; Th. Klein, Studien zum Altgermanischen, S. 394.

[153] Dazu A. Goetze, PBB. 24 (1899) S. 474.

[154] Gottfried von Straßburg, Tristan und Isold, V. 2963-2965.

[155] Seifried Helbling, Einleitung, S. XVI; dazu das Quellenverzeichnis Kapitel VII.B.b (HELBL.) dieser Arbeit.

[156] Dazu G. Siebenmann, Sprache und Mensch in der Romania, S. 152-167, hier besonders S. 166.

Im 'Passional' bezeichnet *rotwalsch*[157] die betrügerische Rede[158]: *di iungere giengē do hin bi / ir herze waz gar ane valsch / der kuningennē rot walsch / waz in verborgen unde ir sin*[159]. Ähnlich zu interpretieren ist auch der folgende Beleg aus Hans Vintlers Pluemen der Tugent: *so haben etleich chnaben funden / ain newe sprach pei disen stunden, / und haist mans die rotwalsch. / da treibt man ietz mit manigen valsch, / der sich nicht wol verlunzen kan*[160]. Erst in der Chronik Friedrichs I. des Matthias von Kemnat[161] und in Sebastian Brants Narrenschiff erscheint *rotwelsch* (mit Sekundärumlaut) dann zur Bezeichnung der Sprache der Gauner und Bettler, zu der Sebastian Brant einige Beispiele aus dem Rotwelschen nennt: *Ir rottwelsch sie jm terich hand / Ir gfüge narung durch die land / Jeder Stabyl ein hörnlüten hatt / Die voppen, ferben, ditzent, gat ...*[162].

Wie bereits im Althochdeutschen und Altsächsischen bezeugt[163] kann auch im Mittelhochdeutschen und Mittelniederdeutschen mit einer -*isch*-Ableitung ein Vergleich zum Ausdruck gebracht werden, der dann allgemein die 'Art und Weise' einer Handlung oder die Beschaffenheit einer Sache bezeichnet. Die überlieferten Verwendungen zeigen dabei deutlich, daß nicht ohne weiteres eine negative Wertung mit einer -*isch*-Ableitung zum Ausdruck gebracht wird, die dem Suffix zugeschrieben werden könnte. Die abwertende Konnotation wird vielmehr im gesamten syntaktischen Zusammenhang deutlich und folgt aus dem bezeichneten Sachverhalt.

So heißt es beispielsweise bei Seifried Helbling: *herr, sô wil ich iu verjehen, / daz ich einen hân gesehen, / der treit ungerischez hâr, /*

---

[157] Dazu vergleiche man F. Kluge, Rotwelsch, I, S. 1-29 (Zusammenstellung von volkssprachigen Bezeugungen zu *rotwalsch* und *rotwelsch*); DWB. XIV, Sp. 1324f.

[158] S. A. Wolf, Wörterbuch des Rotwelschen, S. 270; F. Kluge, Rotwelsch, I, S. 1; F. Kluge - E. Seebold, Etymologisches Wörterbuch, S. 606.

[159] Das alte Passional, S. 221, Z. 20-23.

[160] Hans Vintler, Die Pluemen der Tugent, V. 9084-9088.

[161] Matthias von Kemnat, Chronik Friedrichs I., S. 101, 104.

[162] Sebastian Brants Narrenschiff, 63, 39-42.

[163] Dazu Kapitel IV.F.d.1 dieser Arbeit.

beierisch ist sîn gebâr[164]. Bezeichnet wird ein Verhalten nach Art und Weise der Baiern, und zwar mit negativ wertender Konnotation. In ähnlicher Weise wird auch bei den folgenden Beispielen die Ablehnung, die gegen ein bestimmtes Volk oder eine Mentalität besteht, mit einer *-isch*-Ableitung ausgedrückt. Heinrich der Teichner polemisiert zum Beispiel gegen die 'rheinische Mode', die sich seit a. 1350 in deutschen Landen auszubreiten beginnt[165]: *so kumpt ye das volkch gedraft / das da reinisch ist genant / in dem lasterleichen gewant*[166]. Der abwertende Gebrauch von *reinisch* ist noch an anderen Belegstellen seiner Gedichte anzutreffen[167]. Heinrich spielt mit dem gleichlautenden mhd. *reinisch* 'brünstig; froh, stolzgemut'[168] zu mhd. *reine* 'Hengst'[169], das bereits im Althochdeutschen bezeugt ist[170]. So beschrieben kann dann das Adjektiv auch prädikativ gebraucht werden (*dw welt dw ist an allen orten / reinisch waren und unstaet / und lebt doch in ungeraet*[171]) und wird zur Bildung eines (autorspezifischen) Abstraktums benutzt (*reynischait*[172]).

Während für *reinisch* in dieser Verwendung jedoch keine Lexikalisierung nachzuweisen ist[173], ist mhd. *jüdisch* in einer Anzahl von Quellen mit negativer Konnotation anzutreffen, die auf einen etablierten Gebrauch des Lexems deutet[174]. Neben der bloßen Kennzeichnung der Zugehörigkeit, Herkunft und Abstammung[175], die für et-

---

[164] Seifried Helbling, I, V. 226.

[165] I. Glier, VL. III, Sp. 885.

[166] Die Gedichte Heinrichs des Teichners, III, Nr. 635, V. 8-10.

[167] Ebenda, III, Nr. 635, V. 99; Nr. 697, V. 41; Nr. 717, 19; dazu ebenda auch das Wörterverzeichnis, S. 387.

[168] LH. II, Sp. 392.

[169] LH. II, Sp. 389.

[170] StWG. S. 479: ahd. *reinisc* zu *reino*.

[171] Die Gedichte Heinrichs des Teichners, I, Nr. 191, V. 71.

[172] Ebenda, III, Nr. 669, V. 25; Nr. 717, V. 65.70, passim.

[173] Dazu vergleiche man DWB. XIV, Sp. 858.

[174] Dazu vergleiche man DWB. X, Sp. 2359.

[175] So zum Beispiel: Die Gedichte des Michel Beheim, I, Nr. 124b, V. 51, 75, 476; Pilatus, Deutsche Gedichte des 12. Jahrhunderts, V. 112.

wa zwei Drittel aller Belegstellen bezeugt ist, wird mhd., mnd. *jüdisch* häufig mit negativer Konnotation gebraucht, wenn aus einer religiös-theologischer Motivation heraus ein Vergleich der jüdischen Religion mit dem Christentum gezogen wird. Die Anfänge dieser Bedeutungsübertragung haben sich schon im Althochdeutschen und Altsächsischen gezeigt[176]. Mhd. *jüdisch* steht attributiv zu einem Substantiv in Verbindung mit negativ bewertenden weiteren Attributen (*du boße Juddische diet*[177], *Die blinde judesche diet*[178]) oder wird in der negativen Konnotation in Verbindung mit dem attribuierten Substantiv erkennbar (*hor du judischer checzer*[179], *ir judschen diebe*[180]). Für sich alleinstehend ist mhd., mnd. *jüdisch* nicht ohne weiteres negativ konnotiert. Erst der Überlieferungszusammenhang macht diese Interpretation möglich. Neben *kriechisch* und *rœmisch* gehört *jüdisch* jedenfalls zu den lexikalisierten Bildungen, die das Stadium der Ad-hoc-Bildung überwunden haben und im Lexikon der deutschen Sprache ihren festen Platz haben.

Für *reinisch* und *jüdisch* ist in einigen Textzusammenhängen der Gebrauch mit negativem Nebensinn aufgezeigt worden. Zunächst noch nicht mit negativen Konnotationen verbunden ist *altfrenkisch*[181]: *dem selben wirt man nimmer holt / und ist nu altfränkisch genant*[182]. Hugo von Trimberg beschreibt das Wesen der *alt frenkischen liute*[183] genauer: *Die wâren einveltic, getriuwe, gewêre: / Wölte got daz ich alsam wêre!*[184] Mhd. *altfrenkisch* ist hier im Sin-

---

[176] Dazu die Kapitel IV.A.b.12 und IV.F.d.1 dieser Arbeit.

[177] Das Alsfelder Passionsspiel, V. 6132; mit negativer Konnation weiterhin ebenda, V. 2357, 4394, 5224, 6824.

[178] Die Apokalypse Heinrichs von Hesler, V. 11835.

[179] Die Gedichte des Michel Beheim, II, Nr. 226, V. 99.

[180] Ebenda, II, Nr. 223, V. 69; vergleichbar auch ebenda, II, Nr. 232, V. 41.

[181] A. Goetze, PBB. 24 (1899) S. 478; dazu vergleiche man auch R. Hofmann, ZDW. 13 (1911/1912) S. 40; A. Gombert, ZDW. 8 (1906/1907) S. 123; G. Lüdtke - A. Goetze, ZDW. 7 (1905/1906) S. 15-27.

[182] Hans Vintler, Die Pluemen der Tugent, V. 3391f.

[183] Hugo von Trimberg, Der Renner, III, V. 22314.

[184] Ebenda, V. 22315f.

ne von 'nach Art und Weise der Vorfahren' mit positiver Wertung gebraucht[185], während in einem weiteren Textzusammenhang bereits die negative konnotierte Bezeichnungsfunktion 'veraltet, altmodisch' anklingt: *Sy sprach daz ist alt frensch worden / Wiltu in minen orden / Da lern du knappen triegen / Und hofenlichen liegen / Uinem soltu verheizzen / Den andern soltu raizen*[186].

In ähnlicher, bereits negativ besetzter Verwendung ist auch mhd. *althiunisch* 'altfränkisch'[187] bei Seifried Helbling bezeugt, das aber wohl nicht, wie A. Goetze[188] vermutet, von einem als Scheltname gebrauchten Personennamen *Althun*[189] abgeleitet ist. Es handelt sich vielmehr eher um eine Verbindung von *hiunisch* mit *alt-* in Anlehnung an *altfrenkisch*, wovon auch die vergleichbare Bezeichnungsfunktion zeugt: *Lieber kneht, anders niht, / ân daz ein tôrheit im geschiht. / der mit dem huote sînen kopf / als einen althiunischen knopf / ûf einem swerte stellet, / der hât sich gesellet / mit den tôren allermeist*[190].

Daß *-isch*-Ableitungen nicht bevorzugt abwertend gebraucht werden, zeigen die folgenden Textbeispiele, in denen besondere Fähigkeiten zum Ausdruck gebracht werden. Mhd. *vlæmisch* 'flämisch'[191] zu *Vlæminc* 'Flamländer, mann von feiner bildung'[192] beispielsweise kann bei Neidhart auch 'fein gebildet'[193] bedeuten: *Seht an Engelwânen, / wie hôhe èr sîn hóubet tréit! / swanne er mit gespannem swerte bî dem tanze gât / sô ist er niht âne / der vlæmìschen höve-*

---

[185] G. Lüdtke - A. Götze, ZDW. 7 (1905/06) S. 18.
[186] Lieder-Saal, III, CLXXXII, V. 226-231; dazu auch DWB. I, Sp. 271.
[187] LH. I, Sp. 419.
[188] PBB. 24 (1899) S. 472.
[189] FöN. Sp. 930.
[190] Seifried Helbling, I, V. 261-267.
[191] LH. III, Sp. 386.
[192] Ebenda; Vollständiges Wörterbuch zu Neidharts Liedern, S. 315; dazu vergleiche man auch Neidharts Lieder. Herausgegeben von M. Haupt. 2. A. neu bearbeitet von E. Wießner, 34, S. 321, A. 102.
[193] A. Goetze, PBB. 24 (1899) S. 471f.; BN. I.1, § 273b, S. 330.

schéit[194]. Ebenso wie *reinisch* in den Gedichten Heinrichs des Teichners kann zu *vlæmisch* dann auch eine Abstraktbildung *flantschait*[195] 'flämisches Wesen'[196] gebildet werden. Schließlich ist bei Neidhart auch eine Verbbildung *vlæmen*[197] 'flämeln'[198] im Sinne von 'feingebildet unter Einstreuung flämischer Einsprengsel sprechen'[199] bezeugt. Ähnlich wie auch bei Heinrich dem Teichner handelt es sich hier um eine autorspezifische Verwendung[200].

Die folgenden Belege zu Ableitungen auf *-isch* bezeugen weiterhin jeweils die positive Wertung einer Handlung, Sache und so weiter. In Ottokars Österreichischer Reimchronik wird die Art und Weise beschrieben, *swæbischen*[201] zu kämpfen. Tristan kann *britunsch singen*[202] und *dœnen / und harpfen so ze prise / in britunischer wise, / daz maneger da stuont unde saz, / der sin selbes namen vergaz: / da begunden herze und oren / tumben unde toren / und uz ir rehte wanken; / da wurden gedanken / in maneger wise vür braht*[203]. Bezeichnet wird hier die bestimmte Art und Weise, in der in Britannien die Harfe gespielt wird und deren Kunst Tristan beherrscht. Ebenso beherrscht Isolde die Fähigkeit, *in welhischer wise*[204] auf der *fidel* zu spielen[205]. Wie auch für das Althochdeutsche bezeugt[206], kann *kriechisch* der Kennzeichnung der griechischen Gelehrsamkeit

---

[194] Die Lieder Neidharts, S. 90, Winterlied 13, V, 5.
[195] Ebenda, S. 157, Winterlied 30, Xb, 3c.
[196] Vollständiges Wörterbuch zu Neidharts Liedern, S. 315.
[197] Die Lieder Neidharts, S. 143, Winterlied 37, VII, 12.
[198] Vollständiges Wörterbuch zu Neidharts Liedern, S. 314.
[199] Dazu O. Höfler, PBB. 52 (1928) S. 52f.
[200] Dazu das alphabetische Verzeichnis Kapitel VII.B.a.1 dieser Arbeit; zu weiteren Bedeutungsentwicklungen im Frühneuhochdeutschen und Neuhochdeutschen DWB. III, Sp. 1711.
[201] Ottokars Österreichische Reimchronik, V. 16271.
[202] Gottfried von Straßburg, Tristan und Isold, V. 3691.
[203] Ebenda, V. 3588-3597.
[204] Ebenda, V. 7988.
[205] Zur Bezeichnung *welsche fidel* W. Relleke, Ein Instrument spielen, S. 78.
[206] Dazu die Kapitel IV.A.b.13 und IV.F.d.1 dieser Arbeit.

und Wissenschaft dienen, und zwar über die Herstellung der bloßen Relation hinaus mit positiver Konnotation: *und wan si undir en inzwei tragen, sô wil ich bewîsen welch di scrifte sint di mit der krîgeschen wârheit ubir ein tragen*[207].

Wenn ein Syntagma mit einer *-isch*-Ableitung von einem Eigennamen die 'Art und Weise' im Sinne einer Beschaffenheit kennzeichnet, steht als attribuiertes Substantiv häufig mhd. *site*, das schon an sich die 'art und weise, wie man lebt u. handelt, volksart, -brauch, gewohnheit, beschaffenheit allgem.'[208] bezeichnet. Durch eine deonymisches Derivat wird dieses Verhalten beziehungsweise der Brauch dann näher bestimmt und einem Volk zugeschrieben, so zum Beispiel die Beschneidung *nâch ebreiskem site*[209] oder die Haartracht *nach windischen sitten*[210], bei der das Haar *Ob den oren abgeschnitten*[211] getragen wird.

Adjektive auf *-isch* dienen im Mittelhochdeutschen ebenso wie auch im Althochdeutschen[212] der Bezeichnung der Beschaffenheit von Kleidungsstücken, so zum Beispiel *englisch* (*des hemedes naete mit golde vol / wâren nach engelischem site*[213]) und *franzisch* (*mit rîchin rockin wol gesnitin, / nâch den franzischin sitin*[214]). In Verbindung mit *site* sind ebenfalls die Adjektive *pôlânisch*[215], *rœmisch*[216], *tartarisch*[217] und *wälhisch*[218] bezeugt. Hierher ge-

---

[207] Des Matthias von Beheim Evangelienbuch, 1. Vorrede, Bl. 2, S. 1; ebenso Bl. 2b, S. 1.

[208] LH. II, Sp. 941f.

[209] Kaiserchronik, V. 9351, 9385; dazu auch: Die altdeutsche Genesis, V. 1736f.: *der site ist hiute / under iudiskem liute*.

[210] Das Große Neidhartspiel, Neidhartspiele, S. 70, V. 1673; Das Neithartspil, Fastnachtspiele aus dem fünfzehnten Jahrhundert, I, S. 440, Z. 17.

[211] Das Große Neidhartspiel, Neidhartspiele, S. 70, V. 1674; Das Neithartspil, Fastnachtspiele aus dem fünfzehnten Jahrhundert, I, S. 440, Z. 18.

[212] Dazu Kapitel IV.F.d.1 dieser Arbeit.

[213] Ulrich von dem Türlin, Willehalm, CCLXXIX, V. 10f.

[214] Athis und Prophilias, in: W. Grimm, Kleinere Schriften, III, C*, Z. 62; ebenso ebenda, D, Z. 160.

[215] Die Lieder Oswalds von Wolkenstein, Nr. 84, III, V. 8.

[216] Deutsche Mystiker, I. Hermann von Fritslar, S. 24, V. 13.

stellt werden kann auch die Verwendung von *rœmisch* in Ottes Eraclius, wo *romish glas*[219] für 'falsche Steine'[220] im Vergleich zu den *manich edel stein*[221] wie *Topazye und sardine*[222] steht.

Im Vergleich zu den übrigen Adjektiven auf *-isch* ist die Anzahl der qualitativ gebrauchten Wörter gering[223]. Sie erklärt sich zumeist durch Übertragung bestimmter Eigenschaften eines Volkes, dessen Name als Basis fungiert, und kann dann in bestimmten Textzusammenhängen der Kennzeichnung einer positiv oder negativ konnotierten Qualität dient. Dabei gilt für die mittelhochdeutsche Zeit ebenso wie für das Neuhochdeutsche, daß Adjektive auf *-isch* selten lexikalisiert sind[224]. Sie haben vielmehr die Aufgabe, Eigennamen in syntaktischer Hinsicht für die attributive Stellung verfügbar zu machen[225]. Daher konkurrieren auch häufig andere Möglichkeiten der attributiven Verwendung, so zum Beispiel präpositionale Satzglieder oder auch die Bildung von Komposita, die dann ebenso wie *-isch*-Adjektive zur Kennzeichnung der Herkunft dienen[226]. In mittelhochdeutscher Zeit werden diese Möglichkeiten besonders bei der Bezeichnung von Münzen deutlich. Neben Syntagmen wie *eyne Brunswigksche*

---

[217] Ottokars Österreichische Reimchronik, V. 7987.

[218] Wolfdietrich A, III, 75, 2.

[219] Otte, Eraclius, V. 1022.

[220] Zur Übersetzung: Der Eraclius des Otte. Übersetzt, mit Einführung, Erläuterungen und Anmerkungen versehen von W. Frey, S. 60.

[221] Otte, Eraclius, V. 1023.

[222] Ebenda, V. 1026.

[223] Dazu auch A. Goetze, PBB. 24 (1899) S. 471.

[224] Zu Ausnahmen sieh weiter oben.

[225] W. Fleischer - I. Barz, Wortbildung der deutschen Gegenwartssprache, S. 238; man vergleiche auch E. Meineke, Abstraktbildungen im Althochdeutschen, S. 463; J. Erben, Einführung in die deutsche Wortbildungslehre, S. 21.

[226] W. Fleischer - I. Barz, Wortbildung der deutschen Gegenwartssprache, S. 238; dazu auch T. Sugarewa, PBB. 94 (Halle 1974) S. 237-242; P. Schäublin, Probleme des adnominalen Attributs in der deutschen Sprache der Gegenwart, S. 88; Kapitel II dieser Arbeit.

mark[227] oder *Kôlnischer phenninge*[228] stehen dann auch syntaktische Verbindungen mit Präpositionen: *de muntze to Brunswigk*[229] oder *vnser mŭnzin ce kolne*[230]. Alternativ zur Kennzeichnung der Herkunft, Zugehörigkeit oder Abstammung mit einer *-isch*-Ableitung werden auch Komposita gebildet. Neben *der pehemisch konigh*[231] steht *Bêheimkunic*[232].

C. Deonymische Adjektive mit anderen Suffixen

Neben den vielfältigen adjektivischen Eigennamenableitungen auf *-isch* sind aus mittelhochdeutscher Zeit auch einige Bildungen bezeugt, die mit anderen Suffixen gebildet sind. Neben dem bereits in althochdeutscher Zeit nachgewiesenen Suffix *-īn* zur Ableitung von Eigennamen tritt in mittelhochdeutscher Zeit das altfranzösische Suffix *-ois* auf, das insbesondere in Texten mit altfranzösischer Vorlage (höfische Epen) bezeugt ist. Im Vergleich zu den *-isch*-Bildungen sind die Beleganzahl sowie die Anzahl der neuen Wörter gering: Aus mittelhochdeutscher Zeit sind sechs verschiedene Wörter mit dem Suffix *-īn* an zweiundzwanzig Belegstellen bezeugt, weiterhin an achtundvierzig Textstellen drei verschiedene Wörter mit dem Suffix *-ois*.

Für das Mittelhochdeutsche und Mittelniederdeutsche nicht nachweisbar sind Bildungen auf *-oht(i), -aht(i)*[233], für die bereits im

---

[227] W. Jesse, Quellenbuch zur Münz- und Geldgeschichte, S. 35, 98, a. 1412 (mnd.).

[228] CAO. III, S. 290, 2070, Z. 39.

[229] W. Jesse, Quellenbuch zur Münz- und Geldgeschichte, S. 35, 98, a. 1412 (mnd.).

[230] CAO. I, S. 121, 79, Z. 45.

[231] Die pehemische Cronica dewz, Vorrede, S. 277, Nr. 51.

[232] Ottokars Österreichische Reimchronik, V. 6705.

[233] Dazu auch die Monographie von J. Haltenhoff, Zur Geschichte des nhd. Adjektivsuffixes *-icht*, in der ebenfalls keine Eigennamen als Ableitungsbasen nachgewiesen werden.

Althochdeutschen singulär *pulleohti*[234] bezeugt ist. Die mittelhochdeutsche Zeit überliefert zum Namen *Apulien* an vier Belegstellen das Adjektiv *püllisch*[235], jedoch in anderen sachlichen Zusammenhängen, so daß die Vermutung der fehlerhaften Glossierung durch den althochdeutschen Schreiber gestützt wird. Das Suffix *-oht(i), -aht(i)* konnte nur noch im Mittelniederländischen in Verbindung mit dem Namen *Brussel* nachgewiesen werden, und zwar in zwei Urkunden (aus den Jahren 1277 und 1299), in denen die Wörter *brus(e)laht*[236] beziehungsweise *brueslacht*[237] mit der aktuellen Bedeutung 'Brusselsch (= aus Brüssel)'[238] bezeugt sind. Alternativ steht dazu mnl. *bruselsch* mit der gleichen Bezeichnungsfunktion in eben dieser Urkunde[239]. Das Suffix ist vermutlich im Mittelniederländischen nicht produktiv geworden[240], so daß es sich nach dem derzeitigen Forschungsstand auch für das Mittelniederländische um eine Ausnahmeerscheinung handelt.

In drei Quellen sind deonymische Derivate bezeugt, die als Bildungen auf *-îg*[241] gelten könnten. Diese Derivate sind ebenso wie *-în*-Ableitungen vereinzelt und im Neuhochdeutschen zur Ableitung von Eigennamen nicht nachweisbar[242]. Das Adjektiv *erforthig* ist einmal in einer Urkunde des Erzbischofs von Mainz aus dem Jahre 1354

---

[234] Kapitel IV.B.1 dieser Arbeit.

[235] So zum Beispiel: Die Chroniken deutscher Städte, VIII, S. 37, Z. 1 (Fritsche Closener's Chronik 1362, Straßburg).

[236] Corpus van Middelnederlandse Teksten, I-1, S. 338, 194, Z. 17, a. 1277; S. 340, 195A, Z. 20.27.39, a. 1277; S. 341, 195A, Z. 4, a. 1277; S. 342, 195AA, Z. 23.30.41, a. 1277; S. 343, 195AA, Z. 9, a. 1277; die gleichen Urkunden in: CAO. I, S. 307, 321, Z. 27; S. 309, 322A, Z. 28.39, 322B, Z. 27.38.39; S. 310, 322A, Z. 12.30, 322B, Z. 12.30.

[237] Corpus van Middelnederlandse Teksten, I-4, S. 2639, 1775, Z. 42, a. 1299.

[238] E. Verwijs - J. Verdam, Middelnederlandsch Woordenboek, I, Sp. 1466.

[239] Corpus van Middelnederlandse Teksten, I-1, S. 342, 195AA, Z. 13, a. 1277.

[240] A. van Loey, Schönfelds Historische Grammatica van het Nederlands, §§ 163-194, S. 197-242.

[241] Dazu auch die Kapitel IV.F.c.2 und IV.F.d.2 dieser Arbeit.

[242] Dazu W. Fleischer, Reader zur Namenkunde, I, S. 255-257; W. Fleischer - I. Barz, Wortbildung der deutschen Gegenwartssprache, 238-240.

bezeugt (*um drutusend mark lotiges silbers Erforthiges gewichtes*[243]) und steht in Konkurrenz zu *erfurtisch*, das an drei weiteren Textstellen in den Quellen zur Münzgeschichte und Geldgeschichte belegt ist[244]. Eine abweichende Bezeichnungsfunktion ist nicht zu beobachten, denn ebenso wie *erforthig* steht auch *erfurtisch* zu mhd. *gewicht*[245] und kennzeichnet das Erfurter Münzgewicht. Hier ist zu vermuten, daß die Graphie ‹g› für die Frikativa /ch/ verwendet wurde, oder daß eine Schreibung ‹g› für /ch/ vorliegt, die in den rheinischen Mundarten auch für /sch/ stehen kann.

Mhd. *ruzzic* wird von M. Lexer zu *riuzesch* gestellt[246] und ist im Unterschied zu *riuzesch*, das in den mittelhochdeutschen Quellen achtmal bezeugt ist[247], nur mit einem Beleg vertreten: *gib im fûr oben vf vnd laz backen. / diz sint ruzzige kûchin*[248]. Der Textzusammenhang gibt Anlaß zu der Vermutung, daß das Adjektiv nicht zu *riuzesch* gehört. Gemeint ist wohl eher *ruozig* 'rußig'[249] zu *ruoz* 'Ruß'[250].

Schließlich ist einmal das Adjektiv mhd. *judic* im Alsfelder Passionsspiel bezeugt: *o du snode Judige schar*[251]. Die abweichende Bildung *judic* zu der häufig überlieferten Ableitung *jüdisch* kann hier als Verschreibung gewertet werden, da *jüdisch* auch für das Alsfelder Passional in vergleichbarer Verwendung mehrfach bezeugt ist[252]. Bei allen Beispielen handelt es sich um sonst nicht weiter belegte Bildungen, deren Verwendung singulär ist und zu denen jeweils alternative Adjektive auf *-isch* zur gleichen Basis überliefert sind.

---

[243] W. Jesse, Quellenbuch zur Münz- und Geldgeschichte, S. 32, 94, a. 1354.
[244] Ebenda, S. 94, 224, a. 1341; S. 118, 253, a. 1448; S. 206, 335, a. 1329.
[245] Ebenda, S. 118, 253, a. 1448.
[246] LH. II, Sp. 562.
[247] Dazu das alphabetische Verzeichnis Kapitel VII.B.a.1 dieser Arbeit.
[248] Daz bûch von gûter spise, S. 31, 52.
[249] LH. II, Sp. 554.
[250] LH. II, Sp. 553f.
[251] Das Alsfelder Passionsspiel, V. 6348.
[252] Ebenda, V. 2357, 4394, 6132, 6824.

a. -în. - Das Suffix -în[253] ist in Verbindung mit Eigennamen aus mittelhochdeutscher Zeit bezeugt, wenn die Beschaffenheit einer Sache zum Ausdruck gebracht wird[254]. Dabei ist es in der Regel so, daß bereits die Basis zum Appellativ geworden ist und als solche schon einen Stoff (Tuch) oder ähnliches bezeichnet. Mhd. *arlassen* 'aus Arlas gemacht'[255] steht zu mhd. *arlaz* 'ein zu Arles in Burgund gewebtes Zeug'[256] und kennzeichnet die Beschaffenheit eines Meßgewandes (*ein rote stol von einem roten arlassen meßgewant*[257]) oder eines Mantels (*Item 1 schwartzer arlasser mantl*[258]). Dabei erklärt sich mhd. *arlasser* als Verkürzung aus **arlazîner*[259]. Semantisch ebenso zu beschreiben ist auch die Ableitung *arrasein* 'aus Arras, einem leichten Wollgewebe, das in Arras hergestellt wurde'[260] zu *Arras*[261] in dem Syntagma *Ain arresseiner rock*[262], die gleichfalls in verschiedenen Belegen verkürzt (*arrasser, arresser*[263]) bezeugt ist. Zu den Wörtern *parîsîn* 'aus Paris, nach Pariser Art'[264] und *wâlschein* 'welsch, aus einem romanisch sprechenden Land'[265] läßt sich eine ähnliche Erklärung fin-

---

[253] Zur Etymologie Kapitel IV.F.c.2 dieser Arbeit.

[254] Dazu auch Kapitel IV.F.d.2 dieser Arbeit.

[255] MRZ. S. 12; dazu auch WBÖ. I, S. 331.

[256] LH. I, Sp. 92; dazu auch WBÖ. I, S. 331; W. v. Wartburg, Französisches Etymologisches Wörterbuch, I, S. 140.

[257] Landshuter Schatzverzeichnis, S. 309, 48 (zitiert nach MRZ. S. 12).

[258] W. Volkert, Das Regensburger Judenregister, 68, 38 (zitiert nach MRZ. S. 12).

[259] MRZ. S. 12.

[260] MRZ. S. 14; dazu auch WBÖ. I, S. 351; H. Fischer - W. Pfleiderer, Schwäbisches Wörterbuch, I, Sp. 326; JW. S. 351; Siebenbürgisch-Sächsisches Wörterbuch, I, S. 72; Vorarlbergisches Wörterbuch, I, Sp. 132.

[261] Dazu auch G. Jaritz, Die Reiner Rechnungsbücher, S. 224; J. A. Schmeller, Bayerisches Wörterbuch, I, Sp. 121; Schweizerisches Idiotikon, I, Sp. 386.

[262] Mittelalterliche Inventare aus Tirol und Vorarlberg, LXXII, 12.

[263] Dazu MRZ. S. 14 (mit Belegen).

[264] H. Suolahti, Der französische Einfluß auf die deutsche Sprache im dreizehnten Jahrhundert, I, S. 175f.

[265] MRZ. S. 354.

den, auch wenn der als Basis fungierende Eigenname nicht bereits als Appellativ bezeugt ist. Mhd. *wâlschein* bezeichnet ein *lewlachen* 'Leichentuch', das aus einem welschen Tuch gemacht ist[266]. Mhd. *parîsîn*[267] steht zu mhd. *twehel* 'Tuch'[268]. Mhd. *arâbîn*[269] 'arabisch'[270] bezeichnet den Wert eines über den Panzer gezogenen Oberkleides. Die beiden letztgenannten Adjektive gehören zu altfranzösischen Wörtern wie *arabi* und *parisi*[271] und lauten im Anschluß an volkssprachige Adjektive auf *-în* quasi unorganisch auf ‹n› aus[272].

Im Vergleich zu den *-în*-Ableitungen, die nicht primär zu Eigennamen gebildet sind, deren Basis jedoch bereits als Appellativ fungiert, sind Ableitungen auf *-isch*, die ebenfalls Stoffe oder Tücher bezeichnen, direkt zu Eigennamen gebildet und kennzeichnen die Herkunft. Dazu gehört zum Beispiel das Adjektiv *londisch*, auch in den Varianten *lindisch*[273] und *lundisch*[274] zu *London*, das dann auch für die Herkunft verschiedener englischer Stoffe benutzt wurde[275]: *umb uberlengte etlicher londischer duecher*[276]. Daran läßt sich erkennen, daß das Suffix *-în* zur Ableitung verwendet werden kann, wenn bereits die Basis ein Appellativ ist und den Stoff als solchen bezeich-

---

[266] Inventar des Ritters von Schambach, S. 200, 9 (zitiert nach MRZ. S. 354).

[267] Ulrich von dem Türlin, Willehalm, 169, 17.

[268] LH. II, Sp. 1596.

[269] Virginal, 34, 3.

[270] LH. III, Nachträge, Sp. 31; FMW. S. 20; H. Suolahti, Der französische Einfluß auf die deutsche Sprache im dreizehnten Jahrhundert, I, S. 53.

[271] Dazu H. Suolahti, Der französische Einfluß auf die deutsche Sprache im dreizehnten Jahrhundert, I, S. 33, 53, 175f.

[272] Ebenda, S. 33.

[273] MRZ. S. 196f.

[274] Nürnberger Polizeiordnungen, S. 133.

[275] MRZ. S. 196.

[276] Quellen zur Geschichte des Kölner Handels, II, S. 498, 975, a. 1485; weitere Adjektive zur Bezeichnung von Stoffen: mnd. *amsterdamsch*, mnd. *lirsch* und so weiter; dazu das alphabetische Verzeichnis Kapitel VII.B.a.1 dieser Arbeit.

net. Im anderen Fall wird zur Kennzeichnung der Herkunft des Stoffes eine -*isch*-Ableitung benutzt.

Die wenigen überlieferten Adjektive auf der Basis von Eigennamen mit dem Suffix -*în* stehen entweder zu bereits zu Appellativen gewordenen Eigennamen, die schon einen Stoff bezeichnen oder sind (bis auf *wâlschein*) auf altfranzösische Wörter zurückzuführen. Dazu paßt, daß auch im Neuhochdeutschen deonymische Derivate mit -*en* vereinzelt und ungewöhnlich[277] sind.

b. -*ois*. - Die Berührung mit der französischen Kultur und Literatur[278] und damit verbunden das Interesse für die ritterliche Epik bringt im zwölften Jahrhundert eine Vielzahl französischer Lehnwörter in den mittelhochdeutschen und mittelniederdeutschen Sprachschatz. Hierbei handelt es sich in der Regel um Ausdrücke des höfischen Lebens, die aufgrund der allgemeinen Kenntnis von altfranzösischer Literatur und Sprache bekannt waren. Dieser Einfluß ist zunächst seit dem zwölften Jahrhundert in den Rheinlanden nachweisbar[279], weil vielseitige Beziehungen in den Gebieten zwischen Köln und Paris infolge ihrer politischen Verbundenheit in Gang kamen[280]. Dieser Einfluß weitet sich dann im dreizehnten Jahrhundert im deutschen Sprachgebiet aus[281], und noch im vierzehnten Jahrhundert ist eine Vielzahl altfranzösischer Wörter in den Quellen des Mittelhochdeutschen und Mittelniederdeutschen nachweisbar[282].

---

[277] W. Fleischer - I. Barz, Wortbildung der deutschen Gegenwartssprache, S. 240.

[278] Zum folgenden E. Öhmann, Die mittelhochdeutsche Lehnprägung nach altfranzösischem Vorbild, S. 4-18.

[279] Dazu im Überblick H. Palander, Der französische Einfluß auf die deutsche Sprache im zwölften Jahrhundert.

[280] E. Öhmann, Deutsche Wortgeschichte, I, S. 325.

[281] Dazu im Überblick H. Suolahti, Der französische Einfluß auf die deutsche Sprache im dreizehnten Jahrhundert, I, II; P. Katara, Das französische Lehngut in den mittelniederdeutschen Denkmälern des 13. Jahrhunderts.

[282] Dazu im Überblick A. Rosenqvist, Der französische Einfluß auf die mittelhochdeutsche Sprache in der ersten Hälfte des XIV. Jahrhunderts; A. Rosenqvist, Der französische Einfluß auf die mittelhochdeutsche Sprache in der 2. Hälfte des XIV. Jahrhunderts; P. Katara, Das französische Lehngut in mittelniederdeutschen Denkmälern von 1300 bis 1600.

Erst im fünfzehnten Jahrhundert sind rückläufige Tendenzen festzustellen[283].

Die altfranzösischen Wörter, zu denen auch deonymische Derivate auf -*ois* zählen, werden entweder unverändert (sowohl graphisch und lautlich als auch semantisch[284]) in den volkssprachigen Texten gebraucht (*franzois*) oder aber mit heimischen Relationsmorphemen syntaktisch integriert (*in engeloyser wise*) beziehungsweise gehen mit heimischen Suffixen versehen in den deutschen Wortschatz ein (*franzoisch, französisch*[285]). Das altfranzösische Wortmaterial (darunter auch deonymische Ableitungen) tritt in der Regel in Dichtungen auf, die auf altfranzösischer Tradition fußen, oder wird von Dichtern benutzt, bei denen man Kenntnisse von der französischen Kultur und Sprache vermutet. Die germanische Heldensage hingegen bezeugt wenig fremdes Wortmaterial, darunter keine Wörter altfranzösischen Ursprungs, so zum Beispiel das Nibelungenlied, das lediglich zwei -*isch*-Ableitungen überliefert[286].

Die in mittelhochdeutscher Zeit belegten altfranzösischen Wörter erscheinen in den Quellen mit dem Suffix -*ois* (lat. -*ense*), das im Altfranzösischen das eigentliche Suffix der Ethnika ist und sowohl Substantive als auch Adjektive bildet[287]. In Verbindung mit heimischen Basen ist das Suffix nach dem Überlieferungsbefund nicht produktiv geworden. Es tritt nur in altfranzösischen Wörtern in mittelhochdeutscher Zeit auf, die wortweise in das Mittelhochdeutsche und Mittelniederdeutsche entlehnt worden sind.

Der mittelhochdeutsche und mittelniederdeutsche Wortschatz bezeugt drei verschiedene Wörter mit dem Suffix -*ois*, die unverändert vom Altfranzösischen ins Deutsche übernommen werden. Das altfranzösische Adjektiv *franzois* 'französisch'[288] gehört zu den am häufigsten

---

[283] E. Öhmann, Deutsche Wortgeschichte, I, S. 333.
[284] Ebenda, I, S. 350.
[285] Dazu sieh weiter unten.
[286] Dazu das Quellenverzeichnis Kapitel VII.B.b (NIB.) dieser Arbeit.
[287] W. Meyer-Lübke, Historische Grammatik der französischen Sprache, II, § 42, S. 31; § 139, S. 101f.: dazu vergleiche man (auch für das Neufranzösische) W. Schweickard, «Deonomastik», S. 72-75, 216.
[288] LH. III, Sp. 491; FMW. S. 442.

bezeugten deonymischen Adjektiven in mittelhochdeutscher Zeit und dient in den volkssprachigen Texten unflektiert der Kennzeichnung der französischen Sprache[289]: *dô zu redene he began / franzois, des kunde he ein teil*[290]. In der Regel wird *franzois* substantivisch gebraucht und erscheint dann auch in Verbindung mit der Präposition *in: von Dürngen lantgrâf Herman / in franzois geschriben vant / daz er in tiutsche tet bekant / von Wilhalm von Naribôn*[291]. In dieser Verwendung dient *franzois* zum Beispiel in Prologen der Kennzeichnung der altfranzösischen Quelle, daneben aber auch in anderen Textzusammenhängen syntaktisch integriert (in attributiver Stellung) der Kennzeichnung der Abstammung oder Herkunft, und zwar in Verbindung mit der französischen höfischen Kultur: *ir roc was gezieret, / wol gefischieret / rîterlîche an ir lîp, / alse Franzoise wîp / pflegent, die wol geschaffen sint*[292]. Neben *franzois* sind auch die altfranzösischen Adjektive *gâlois*[293] 'walisisch'[294] und *engeloys*[295] 'englisch'[296] bezeugt. Weil die altfranzösischen Derivate sowohl als Substantive als auch als Adjektive zu verwenden sind, kann in einigen Textzusammenhängen der Gebrauch des Adjektivs (mit starker Flexion in den syntaktischen Zusammenhang integriert) ebenso wie auch der Gebrauch des Substantivs (in der Wortform des Genitiv Plural auf *-er*) möglich sein: *und geworht ze vremedem prise*

---

[289] Dazu auch H. Suolahti, Der französische Einfluß auf die deutsche Sprache im dreizehnten Jahrhundert, I, S. 298; II, S. 475; A. Rosenqvist, Der französische Einfluß auf die deutsche Sprache in der ersten Hälfte des XIV. Jahrhunderts, I, S. 267; P. Katara, Das französische Lehngut in den mittelniederdeutschen Denkmälern von 1300 bis 1600, S. 492.

[290] Berthold von Holle, Demantin, V. 10276f.

[291] Der heilige Georg Reinbots von Durne, S. 2, V. 34-37.

[292] Ulrich von Zatzikhoven, Lanzelet, V. 5801-5805.

[293] Gottfried von Straßburg, Tristan und Isold, V. 3691 (Adverb).

[294] LH. I, Sp. 730; FMW. S. 106; H. Suolahti, Der französische Einfluß auf die deutsche Sprache im dreizehnten Jahrhundert, I, S. 302.

[295] Gottfried von Straßburg, Tristan und Isold, V. 8760.

[296] FMW. S. 85; H. Suolahti, Der französische Einfluß auf die deutsche Sprache im dreizehnten Jahrhundert, I, S. 84.

/ *in engeloyser wise*[297]. Mit dem schwindenden Interesse an der höfischen Dichtung und Kultur sind dann auch diese Wörter nicht mehr anzutreffen. Bis zum Neuhochdeutschen hat sich lediglich das Adjektiv *französisch* durchgesetzt, daß bereits in mittelhochdeutscher Zeit von afrz. *franzois* mit dem Suffix *-isch-* abgeleitet wird (*franzôsisch*[298], kontrahiert *franzoisch*[299]), wobei nicht erkennbar ist, ob das Substantiv oder das Adjektiv als Grundlage gedient hat.

D. Derivate von *krist-*

Das Mittelhochdeutsche und Mittelniederdeutsche überliefern mehrere Wörter auf der Basis von *krist-*, von denen einige in althochdeutscher Zeit nicht nachgewiesen werden konnten. Mhd. *kristen* in adjektivischer Verwendung ist in vielen Quellen aus mittelhochdeutscher Zeit[300] mit über einhundert Belegen bezeugt und kann sowohl mit abgeschwächter Endsilbe als Fortsetzung von ahd., as. *kristīn* gedeutet als auch auf *c(h)ristāni* zurückgeführt werden, wenn eine Akzentverschiebung vorausgegangen ist, die dann die Abschwächung der Endsilbe möglich macht. Bereits im Althochdeutschen wird *c(h)ristāni* auch substantivisch gebraucht[301], so daß sich schon in dieser Zeit ein Wortartenwechsel ankündigt, der sich in mittelhochdeutscher und

---

[297] Gottfried von Straßburg, Tristan und Isold, V. 8759f.; dazu auch Kapitel V.E dieser Arbeit.

[298] So zum Beispiel F. Reuss, Anzeiger für die Kunde der deutschen Vorzeit. NF. 4 (1857) Sp. 81; man vergleiche P. Katara, Das französische Lehngut in den mittelniederdeutschen Denkmälern von 1300 bis 1600, S. 492f.

[299] So zum Beispiel Athis und Prophilias, in: W. Grimm, Kleinere Schriften, III, D, Z. 160; weitere Beispiele in der alphabetischen Liste Kapitel VII.B.a.1 dieser Arbeit; dazu H. Suolahti, Der französische Einfluß auf die deutsche Sprache im dreizehnten Jahrhundert, I, S. 299; A. Rosenqvist, Der französische Einfluß auf die deutsche Sprache in der ersten Hälfte des XIV. Jahrhunderts, S. 268.

[300] Dazu das alphabetische Verzeichnis Kapitel VII.B.a.3 dieser Arbeit.

[301] Dazu Kapitel IV.D.d.2 dieser Arbeit dieser Arbeit.

frühneuhochdeutscher Zeit fortsetzt[302]. Die adjektivische Funktion wird (zunächst noch parallel zum Adjektiv *kristen*) von einer neuen Bildung *kristenlîh* 'christlich'[303] übernommen, die mit 41 Belegen in den Quellen aus mittelhochdeutscher Zeit auftritt und sowohl vom Substantiv *kristen* 'Christ' als auch vom Adjektiv *kristen* 'christlich' gewonnen worden sein kann[304]. Bei allen Bildungen handelt es sich daher nicht mehr um primäre Eigennamenableitungen zum Rufnamen *Christus* für Jesus, doch soll ihre Verwendung in mittelhochdeutscher Zeit hier noch angedeutet werden.

Mhd. *kristen* mit der Bezeichnungsfunktion 'christlich' tritt in mittelhochdeutscher Zeit qualitativ gebraucht in Verbindung mit Substantiven wie *gloube* (*was dann auf cristen glauben trift*[305]) und *êwe* (*seht wie man kristen ê begêt / ze Rome*[306]) auf, und zwar in den meisten Fällen unflektiert[307]. Daneben ist *kristen* in mittelhochdeutscher Zeit auch als Superlativ bezeugt: *wan künig Ludewig von Ungern was der cristenste fromeste fürste in der cristenheit*[308]. Hier kann dann zur Verstärkung des Superlativs *aller-* hinzutreten, das aus

---

[302] Dazu V. M. Pavlov, Zur Ausbildung der Norm in der deutschen Literatursprache im Bereich der Wortbildung (1470-1730), S. 62-64.

[303] LH. I, Sp. 1738; FMW. S. 209; JW. S. 432.

[304] W. Wilmanns, Deutsche Grammatik, II, § 363, 3, S. 481.

[305] Die Gedichte des Michel Beheim, II, Nr. 234, V. 83; weitere Beispiele: H. Gallmann, Das Stifterbuch des Klosters Allerheiligen zu Schaffhausen, S. 104*, Z. 15f.; Konrad von Helmsdorf, Der Spiegel, V. 744.

[306] Wolfram von Eschenbach, Parzival, 13, 26f.; ebenso ebenda 108, 21.

[307] Ausnahmen: Wernher von Elmendorf, S. 2, V. 40; H. Gallmann, Das Stifterbuch des Klosters Allerheiligen zu Schaffhausen, S. 7*, Z. 14; S. 60*, Z. 14; S. 102*, Z. 11; S. 104*, Z. 15; Karl der Große von dem Stricker, V. 6854; Karl meinet, f. 71b, V. 60; Das alte Passional, S. 323, Z. 92; Der mitteldeutsche Marco Polo, S. 43, Z. 22; man vergleiche V. M. Pavlov, Zur Ausbildung der Norm in der deutschen Literatursprache im Bereich der Wortbildung (1470-1730), S. 64.

[308] Die Chroniken deutscher Städte, IX, S. 913, Z. 26 (Chronik des Jacob Twinger von Königshofen 1400 [1415], Straßburg).

einem partitiven Genitiv entstanden ist[309]: *Theodosius richset mit Valentiniano 11 jor. der waz der allercristenste keiser*[310].

Die fehlende Flexion bei attributiver Verwendung führt zu einer ambivalenten Deutung der Wortform[311], weil diese einerseits ein attributiv gebrauchtes Adjektiv sein oder aber andererseits auch als Genitiv des Substantivs oder als kompositionelles Attribut[312] interpretiert werden kann. Die Zuordnung zur Wortart Substantiv oder Adjektiv bleibt doppeldeutig und ist in der Regel nicht zu entscheiden. Zusätzlich tritt mhd. *kristen* sowohl in attributiver Stellung als auch prädikativ auf. Die syntaktische Position als Prädikatsnomen erlaubt dann sowohl die Interpretation als Adjektiv als auch als Substantiv: *und daz ich kristen wart*[313], *Jovianus richset 7 monot. der waz kristen*[314]. In mittelhochdeutscher Zeit und auch noch im Frühneuhochdeutschen[315] ist nach dem Befund in den Textquellen das Verhältnis von adjektivischem und substantivischem Gebrauch ausgeglichen, da beide Verwendungen in den Quellen etwa gleich häufig bezeugt sind, während im Neuhochdeutschen nur noch das Substantiv *Christen*, dazu *Christ* als Form des Singular, anzutreffen ist.

Daß auch *kristenlîh* in qualitativer Verwendung bezeugt ist, wird zum einen durch das adjektivbildende Kompositionssuffix *-lîh* angedeutet, das auf ein zweites Kompositionsglied germ. **lîka-* 'körper,

---

[309] W. Wilmanns, Deutsche Grammatik, II, § 400, 2, S. 538; O. Behaghel, Deutsche Syntax, I, § 156, S. 255.

[310] Die Chroniken deutscher Städte VIII, S. 30, Z. 29 (Fritsche Closener's Chronik 1362, Straßburg); weitere Beispiele für Superlative mit *aller-* auch bei F. Fischer, Der Formenbestand des Adjektivs in der mittelhochdeutschen Lyrik der Blütezeit, S. 33f.

[311] Dazu vergleiche man auch Kapitel V.E dieser Arbeit.

[312] V. M. Pavlov, Zur Ausbildung der Norm der deutschen Literatursprache im Bereich der Wortbildung (1470-1730), S. 63.

[313] Wolfram von Eschenbach, Willehalm, 102, 17.

[314] Die Chroniken deutscher Städte, VIII, S. 30, Z. 18 (a. 1362, Straßburg); ebenso auch: Der heilige Georg Reinbots von Durne, V. 331.

[315] V. M. Pavlov, Zur Ausbildung der Norm in der deutschen Literatursprache im Bereich der Wortbildung (1470-1730), S. 62.

leib'[316] zurückgeführt wird. Adjektive auf *-lîh* bezeichnen in allgemeiner Weise die materielle Beschaffenheit und qualitative Art[317]. Ebenso wie *kristen* steht mhd. *kristenlîh* attributiv zu *gloube*[318] und *êwe*[319], kann als Superlativ gebraucht werden (*das sein die cristenlichsten kung auf erden*[320]) und tritt in prädikativer Verwendung auf (*Arnalt, Gylbert und Heymrich, / der ende daz was so kristenlich*[321]). Weiterhin ist auch das Adverb[322] *kristenlîche* (*man begund sîn kristenlîche pflegn*[323]) überliefert. Das Adjektiv *kristenlîh* ist vielfach in den volkssprachigen Quellen bezeugt, während sich die nur einmal belegte Bildung *kristenisch* 'christlich' als Ableitung auf *-isch* offensichtlich nicht durchsetzen konnte: *daz habent vil haidenischer maister und christenischer lêrer bewært*[324].

Ähnlich wie bei *kristen/kristenlîh* stellt sich auch das Verhältnis von *unkristen* und *unkristenlîh* dar. Mhd. *unkristen* 'nicht christlich, heidnisch, gottlos; ungetauft'[325] tritt in attributiver (*die unkristen lûte*[326]) und prädikativer (*Hei was lange unkristen*[327]) Verwendung auf und ist weiterhin bereits vielfach als Substantiv bezeugt (*sol

---

[316] F. Kluge, Nominale Stammbildungslehre, § 237, S. 114; zur Etymologie von *-lîh* zusammenfassend M. Schröder, PBB. 83 (Halle 1961) S. 153f.

[317] H. Krahe - W. Meid, Germanische Sprachwissenschaft, III, § 168, S. 226; W. Wilmanns, Deutsche Grammatik, II, § 361, 1, S. 477; F. Kluge, Nominale Stammbildungslehre, § 237, S. 114f.

[318] So zum Beispiel: Karl der Große von dem Stricker, V. 10659; Heinrichs "Litanei", Die religiösen Dichtungen des 11. und 12. Jahrhunderts, III, S. 244, V. 1421; StSpD. S. 135A, Z. 12f.

[319] Das Nibelungenlied, 1262, 1.

[320] Die Gedichte des Michel Beheim, I, Nr. 22, V. 20.

[321] Ulrich von Türheim, Rennewart, V. 25891f.

[322] Dazu B. Paraschkewoff, Deutsch als Fremdsprache 11 (1974) S. 289f.

[323] Wolfram von Eschenbach, Parzival, 818, 13.

[324] Konrad von Megenberg, Das Buch der Natur, S. 106, Z. 10.

[325] LH. III, Sp. 1903; FMW. S. 386; zur aktuellen Bedeutung 'ungetauft': Der rheinische Merlin, S. 39 (Übersetzung zu Z. 12); dazu auch Kapitel IV.D.d.2 dieser Arbeit.

[326] Deutsche Mystiker, I, S. 95, V. 21.

[327] Der rheinische Merlin, Z. 12.

man vncristen breysen³²⁸). Daneben steht mhd. *unkristenlich* mit der Bezeichnungsfunktion 'unchristlich'³²⁹: *unkristenlîcher dinge ist al diu kristenheit sô vol*³³⁰.

Ahd. *ebinchristane*³³¹ ist im Mittelhochdeutschen nur noch als Substantiv *ebenkristen, -krist* 'Mitchrist'³³² überliefert, während eine Bildung auf *-îg* für die mittelhochdeutsche Zeit nicht mehr nachweisbar ist³³³.

Eine Besonderheit ist das adjektivische Kompositum *cristenfar* 'kristenfarb: getauft'³³⁴, das die Kolmarer Liederhandschrift in folgendem Textzusammenhang tradiert: *Zum ersten zwen, ein Jude, dri der Cristen, / funf Juden mochten sich nit lenger fristen, / zwen gut, zwen arg und viere der getauften, / ein Jud, ein Cristen kamen dar, / dri ungetauft, ein cristenfar, / zwen uff, zwen ab und einer der verkauften*³³⁵. Das Meisterlied, dessen Verfasser unbekannt ist³³⁶, erzählt die Geschichte von einem Schiff mit 15 Juden und Christen, von denen die Hälfte ins Wasser geworfen werden soll. Durch eine List beim Abzählen wird erreicht, daß nur die Juden ertrinken. Die folgenden zwei Strophen enthalten eine allegorische Auslegung³³⁷. Mhd. *cristenfar* ist als Adjektivkompositum semantisch zu den Bahuvrîhi-Komposita zu stellen und mit anderen Bildun-

---

[328] Biterolf und Dietleib, V. 1672.

[329] LH. III, Sp. 1903; BMZ. I, S. 884ᵃ.

[330] Die Gedichte Walthers von der Vogelweide, 6, 30.

[331] Kapitel IV.D.d.2 dieser Arbeit.

[332] Karl der Große von dem Stricker, V. 2932; ebenso ebenda V. 3908; LH. I, Sp. 502; FMW. S. 77; WMU. S. 413; JW. S. 177.

[333] Dazu im Althochdeutschen *christānīg* (Kapitel IV.D.d.2 dieser Arbeit).

[334] LH. I, Sp. 1738.

[335] Die Gedichte Reinmars von Zweter, S. 556, 300, V. 7-12; Meisterlieder der Kolmarer Handschrift, CXXX, V. 7-12.

[336] Repertorium der Sangsprüche und Meisterlieder des 12. bis 18. Jahrhunderts, V, S. 286f.; Die Gedichte Reinmars von Zweter, S. 156f.

[337] Repertorium der Sangsprüche und Meisterlieder des 12. bis 18. Jahrhunderts, V, S. 286f.; dazu auch E. Müller-Ukena, VL. IV, Sp. 876f. ('Josephsspiel').

gen auf *-var* wie *missevar, bluotvar, rôsevar*[338] vergleichbar, für die im Neuhochdeutschen *-farben* oder *-farbig* eingetreten ist[339].

E. Deonymische Adjektive auf *-er*

Die neueren Grammatiken vermerken als Wortbildungsmittel zur adjektivischen Eigennamenableitung neben dem Suffix *-isch* ein weiteres adjektivisches Suffix *-er*. Die Entstehung des adjektivischen Suffixes *-er* wird in den einschlägigen Grammatiken und Hilfsmitteln[340] zwar erwähnt, jedoch steht die sprachhistorische Beschreibung der Genese des Suffixes *-er* in mittelhochdeutscher Zeit noch aus[341]. Im folgenden soll anhand der Quellen aus mittelhochdeutscher Zeit die Genese des Adjektivsuffixes *-er* erläutert und in systematischem Zusammenhang dargestellt werden, da es neben dem Suffix *-isch* in der deutschen Gegenwartssprache zur adjektivischen Eigennamenableitung außerordentlich produktiv ist[342].

Die in mittelhochdeutscher Zeit bezeugten *-er*-Ableitungen in adjektivischer Verwendung sind im Hinblick auf ihre semantischen Mög-

---

[338] Weitere Beispiele bei W. Bachhofer - W. v. Hahn - D. Möhn, Rückläufiges Wörterbuch der Mittelhochdeutschen Sprache, S. 431f.

[339] H. Paul, Deutsche Grammatik, V, § 25, S. 31.

[340] Dazu grundlegend H. Paul, Prinzipien der Sprachgeschichte, § 166, S. 240; weiterhin H. Paul, Deutsche Grammatik, III, § 227, S. 292; H. Paul - H. Stolte, Kurze deutsche Grammatik, § 152, S. 252, A. 8; O. Behaghel, Deutsche Syntax, I, § 3, S. 5; § 361, S. 483; F. Kluge, Abriß der deutschen Wortbildungslehre, § 56, S. 42; W. Wilmanns, Deutsche Grammatik, II, § 386, 2, S. 510f; BN. I.1, § 135, II, a, S. 156; man vergleiche auch C. F. Aichinger, Versuch einer teutschen Sprachlehre, S. 142.

[341] Dazu auch die Hinweise bei J. Erben, Deutsche Grammatik, S. 167, A. 686; V. M. Pavlov, Zur Ausbildung der Norm der deutschen Literatursprache im Bereich der Wortbildung (1470-1730), S. 143, A. 49.

[342] W. Fleischer, Reader zur Namenkunde, I, S. 255; W. Fleischer - I. Barz, Wortbildung der deutschen Gegenwartssprache, S. 239f.; man vergleiche F. Kammradt, Muttersprache 65 (1955) S. 270-273; O. Kronsteiner, Österreichische Namenforschung 8 (1980) S. 40-42; F. Slezak, Österreichische Namenforschung 14 (1986) S. 113-116.

lichkeiten den -*isch*-Ableitungen von Eigennamen in hohem Maße ähnlich. Sie dienen überwiegend der Kennzeichnung der Herkunft, Abstammung und Zugehörigkeit (*der Tâtrær kunic*[343], *Regenspurger pfenning*[344]), bezeichnen einen lokalen Bezug (*Die Alppen hoch jm Schwitzer landt*[345]) oder auch einen Urheber (*diu buoch von Rœmer tât*[346]). In einigen Fällen kann in einem Syntagma auch die 'Art und Weise' zum Ausdruck gebracht werden (*nâch der Franzoyser siten*[347]), wenn das attribuierte Substantiv lexikalisch die 'Art und Weise' bezeichnet. Ebenso wie für -*isch*-Ableitungen sind Adjektive auf -*er* in den wenigsten Fällen lexikalisiert, weil fast zu jedem Ortsnamen oder anderen topographischen Namen -*er*-Ableitungen gebildet werden können. Davon zeugt bereits der Befund in mittelhochdeutscher Zeit, da über die Hälfte aller in adjektivischer Funktion verwendeten Bewohnerbezeichnungen auf -*er* nur einmal in den Quellen bezeugt ist. Eine Produktivität in diesem Umfang ist (außer für das Suffix -*isch*) für kein weiteres Wortbildungsmittel zur Bildung von Adjektiven aus Eigennamen nachweisbar.

Von der Genese[348] her gesehen ist mhd., mnd. -*er* als substantivisches Suffix aufzufassen, das auf ein Suffix germ. *-*warja* 'bewohnend'[349], latinisiert -*varii*[350], zurückgeht, welches Bewohnerbezeichnungen zu Gewässernamen, Ortsnamen und anderen geographischen

---

[343] Ottokars Österreichische Reimchronik, V. 19340.

[344] F. Bastian, Das Runtingerbuch, III, S. 78, a. 1355.

[345] Sebastian Brants Narrenschiff, 66, 34.

[346] Hugo von Trimberg, Der Renner, III, V. 22793.

[347] Wolfram von Eschenbach, Parzival, 313, 8; vergleichbar auch Konrad von Fussesbrunnen, Kindheit Jesu, V. 2410.

[348] Zum folgenden H. Krahe - W. Meid, Germanische Sprachwissenschaft, III, § 85, S. 81-84, besonders S. 83; § 164, S. 223; F. Kluge, Nominale Stammbildungslehre, § 8, S. 6; § 33, S. 19; W. Wilmanns, Deutsche Grammatik, II, §§ 221-229, S. 283-296; H. Paul, Deutsche Grammatik, V, § 45, S. 57-63; W. Henzen, Deutsche Wortbildung, §§ 98-102, S. 158-164; J. Erben, Einführung in die deutsche Wortbildungslehre, S. 131-135; BN. I.1, § 137, S. 157.

[349] H. Krahe - W. Meid, Germanische Sprachwissenschaft, III, § 85, S. 83; § 164, S. 223.

[350] N. Wagner, BNF. NF. 28 (1993) S. 1-5, mit Hinweisen auf ältere Literatur.

Namen bildet, so zum Beispiel *Baijawarjōz*, *Ampsivarii* und *Chasuarii*[351]. Hieraus erklärt sich auch, daß sowohl in mittelhochdeutscher Zeit als auch in der deutschen Gegenwartssprache als direkte Basen ausschließlich Ortsnamen oder andere geographische Namen bezeugt sind[352], während das Suffix *-isch* auch mit Personennamen verbunden werden kann. Das latinisierte Suffix *-varii* ist bereits in althochdeutscher Zeit mit germ. *-ărja* (aus lat. *-ārio-* < *-ārius*) zusammengefallen, das im Lateinischen Ableitungen von Nomina bildet, die den Bereich der Tätigkeit bezeichnen. In dieser Verwendung wird es auch im Germanischen produktiv und dient zur Bildung von Berufsbezeichnungen und Täterbezeichnungen. Das aus dem Lateinischen stammende Suffix löst ein heimisches Bildungsmittel *-(e)o* ab[353], das noch im Althochdeutschen der Bildung von Täterbezeichnungen dient, so zum Beispiel ahd. *ēōno sprehho* 'Gesetzgeber'[354]. Nhd., mhd. *-er* tritt im Althochdeutschen als ahd. *-āri* und ahd. *-ari, -eri, -iri* mit Länge und Kürze des Vokals auf, woraus sich die Variationen mhd. *-ǣre* neben mhd. *-ere* erklären[355].

Adjektive auf *-ǣre*, *-ere*, apokopiert *-er*, dienen in Verbindung mit Ortsnamen und anderen geographischen Namen primär der Kennzeichnung der Herkunft von Personen oder Sache. Ausgeschlossen sind dabei Ableitungen, in denen der Ländername erst aus einem älteren Volksnamen gebildet ist (*Franke* > *Franken*)[356]. Auch in der deutschen Gegenwartssprache können dazu keine Adjektive auf *-er* gebildet werden. Die Herkunft einer Sache oder Person kann in mittelhochdeutscher Zeit generell mit einer substantivischen Bewohnerbezeichnung bezeichnet werden, die dann als attributiver Genitiv im Plural ebenso wie auch attributiv verwendete deonymische Adjektive auf *-isch* dem bezeichneten Substantiv vorangestellt wird. Der

---

[351] Beispiele ebenda, S. 1.

[352] Dazu das alphabetische Verzeichnis Kapitel VII.B.a.4 dieser Arbeit; W. Fleischer - I. Barz, Wortbildung der deutschen Gegenwartssprache, S. 239f.

[353] O. Weinrich, Die Suffixablösung bei den Nomina agentis, S. 13.

[354] SchW. S. 267.

[355] H. Krahe - W. Meid, Germanische Sprachwissenschaft, III, § 85, S. 83.

[356] H. Paul, Deutsche Grammatik, V, § 45, S. 59.

Genitiv erfüllt dabei als Kasus der Integration[357] die Funktion, zwei Nomina miteinander zu verbinden[358]. In den älteren Sprachstufen stehen Genitivattribute jeder Art vor dem Nukleus (*thero Beiaro riche*[359]) und sind in mittelhochdeutscher Zeit auch mit appellativischen Substantiven noch gängig und geläufig[360]. Die zunehmende Nachstellung der adnominalen Genitivattribute[361] beginnt allmählich mit der postnominalen Verwendung attributiv gebrauchter genitivischer Sachbezeichnungen und Abstraktbezeichnungen hinter dem regierenden Substantiv. Bereits bei Williram von Ebersberg sind mehr Genitivattribute dieser Art in Nachstellung als in Voranstellung zu verzeichnen[362]. Seit dem Beginn des achtzehnten Jahrhunderts treten dann auch Personenbezeichnungen, die bislang als pränominale Genitivattribute fungierten, zugunsten postnominaler Genitivattribute und präpositionaler Verbindungen zurück[363]. Ausgenommen von dieser Entwicklung zu einer heute sehr strikten Distribution von adjektivischen und nominalen Attributen sind dabei bis heute Eigennamen sowie Personenbezeichnungen, die als aktuelle Eigennamen aufgefaßt werden können (*Vaters Hut*)[364] und pränominal in der Form des Genitiv Singular verwendbar sind. Der zum regierenden Substantiv mögliche bestimmte oder unbestimmte Artikel ist dann in Verbindung mit einem vorangestellten Genitivattribut nicht verwendbar (*der Vaters Hut)[365].

---

[357] R. Schützeichel, Textgebundenheit, S. 137f.

[358] H. Paul, Prinzipien der Sprachgeschichte, § 104, S. 152f.

[359] StSpD. S. 110, Z. 4.

[360] MG. § 369, S. 346; V. Michels, Mittelhochdeutsche Grammatik, § 316, S. 266f.

[361] Zum folgenden grundlegend mit einer reichen Materialsammlung O. Behaghel, Deutsche Syntax, IV, §§ 1566-1568, S. 181-194.

[362] Ebenda, IV, § 1566, S. 185.

[363] Ebenda, IV, § 1566, S. 192; M.-E. Fritze, Zur Ausbildung der Norm der deutschen Literatursprache auf der syntaktischen Ebene (1470-1730), S. 473; dazu auch H. Paul, Prinzipien der Sprachgeschichte, § 203, S. 291.

[364] Dazu Kapitel II dieser Arbeit.

[365] H. Paul, Deutsche Grammatik, III, § 158, S. 178.

Der pränominale Gebrauch von Eigennamen im Genitiv Plural hat zum Neuhochdeutschen hin damit Veränderungen eingeleitet. Einerseits führt der Weg zur uneigentlichen Zusammensetzung, wenn Syntagmen wie *der Franken Land* zu einem Kompositum *Frankenland* werden konnten[366]. Verbindungen dieser Art deuten sich bereits in mittelhochdeutscher Zeit an. Andererseits führt die Voranstellung von abhängigen Genitivattributen im Plural auf *-er* bei Bewohnerbezeichnungen zur Uminterpretation[367] der Ableitungen auf *-er* als Adjektive, weil sie im Hinblick auf die syntaktische Stellung analog zu *-isch*-Bildungen adjektivisch interpretiert werden konnten und die nominalen Genitivattribute zunehmend auf die postnominale Position fixiert wurden.

Im syntaktischen Zusammenhang bleibt in mittelhochdeutscher Zeit die Interpretation als Substantiv oder als Adjektiv einerseits ambivalent dadurch, daß bei 66 Prozent aller Belege (an 376 verschiedenen Textstellen) ein möglicher definiter oder indefiniter Artikel in Kasus, Numerus und Genus sowohl auf das Substantiv im Nukleus als auch auf die attributive Herkunftsbezeichnung bezogen werden kann (*er was der Baier herzoge*[368], *der Beier herzog Otte*[369]) oder vollständig fehlt (*durch Bêheimær walt*[370]). Nur in 14 Prozent aller Fälle (83 Belege) wird ein eindeutiger Bezug des Artikels zum abhängigen Genitivattribut erkennbar, wie in dem Syntagma *In der Franzoiser her*[371]. Dabei ist auffällig, daß diese Belege ausschließlich aus Quellen stammen, deren Entstehung vor a. 1350 angenom-

---

[366] V. M. Pavlov, Die substantivische Zusammensetzung im Deutschen als syntaktisches Problem, S. 85; W. Wilmanns, Deutsche Grammatik, II, § 391, S. 521-524.

[367] H. Paul, Deutsche Grammatik, III, § 227, S. 292; H. Paul - H. Stolte, Kurze deutsche Grammatik, § 152, S. 252, A. 8; O. Behaghel, Deutsche Syntax, I, § 3, S. 5; § 361, S. 483; F. Kluge, Abriß der deutschen Wortbildungslehre, § 56, S. 42; W. Wilmanns, Deutsche Grammatik, II, § 386, 2, S. 510f; BN. I.1, § 135, II, a, S. 156.

[368] Kaiserchronik, V. 16146.

[369] Ottokars Österreichische Reimchronik, V. 83197.

[370] Ebenda, V. 67312.

[371] Rudolf von Ems, Willehalm von Orlens, V. 7773.

men wird[372]. Bei 20 Prozent aller Fälle (115 Belege), die bis auf wenige Ausnahmen aus dem letzten Drittel des vierzehnten Jahrhunderts oder aus späterer Zeit datieren, kennzeichnet der Artikel bereits das regierende Substantiv, so daß hier bereits die Funktionsveränderung eindeutig ist (so zum Beispiel oft in Münzbezeichnungen wie *die Gottinger groschlein*[373]).

Andererseits ist die Form des Genitiv Plural morphologisch nicht eigens gekennzeichnet und bleibt damit ebenfalls ambivalent. Im Syntagma *Erffurter wîngarte*[374] wird morphologisch nicht zum Ausdruck gebracht, daß mit *Erffurter* ein Substantiv im Genitiv Plural vorliegt. Ebenso ist die Interpretation als indeklinables Adjektiv möglich, das attributiv zu *wîngarte* steht. In manchen Fällen ist darüber hinaus auch nicht zu entscheiden, ob die Form eines stark flektierten Adjektivs auf -*er* vorliegt, da hier formale Identität zu den Bewohnerbezeichnungen auf -*er* besteht. Syntaktische Verbindungen wie *in franzoiser wise*[375] können daher sowohl als syntaktische Integration des altfranzösischen Adjektivs *franzois* gedeutet werden als auch als Ableitung auf -*er* von dem parallel existierenden Substantiv *franzois*, das dann als Bewohnerbezeichnung im Genitiv Plural vorangestellt wird[376].

Die Uminterpretation der Substantive auf -*er* zu Adjektiven zeigt, daß die Zugehörigkeit zur Wortart Substantiv oder Adjektiv hier nicht allein durch morphologische Kennzeichnungen gewährleistet wird. Sie ist vielmehr durch ihre syntaktische Funktion bestimmt. H. Paul[377] faßt dieses Phänomen unter das Prinzip 'Einfluß der Funktionsveränderung durch Analogiebildung'. Zwei Konstruktionsweisen decken

---

[372] Dazu das Quellenverzeichnis dieser Arbeit (Kapitel VII.B.b) unter ENIK., KCHR., OT., NIB., RENN., RWH., j. TIT. und so weiter.

[373] W. Jesse, Quellenbuch zur Münz- und Geldgeschichte, S. 246, 369, a. 1496.

[374] Wolfram von Eschenbach, Parzival, 379, 18.

[375] Gottfried von Straßburg, Tristan und Isold, V. 8061.

[376] W. Wilmanns, Deutsche Grammatik, § 225, S. 290f., A. 1; H. Suolahti, Der französische Einfluß auf die deutsche Sprache im dreizehnten Jahrhundert, I, S. 299; A. Rosenqvist, Der französische Einfluß auf die deutsche Sprache in der ersten Hälfte des XIV. Jahrhunderts, S. 267.

[377] Prinzipien der Sprachgeschichte, § 159, S. 233.

sich teilweise in ihrer Funktion[378], so daß bei der aktuellen Verwendung eine Unsicherheit darüber bestehen kann, welche der beiden Konstruktionsmöglichkeiten vorliegt. Auf diese Weise wird die weniger eindeutige syntaktische Verbindung der Genitivattribute auf *-er* mit dem regierenden Substantiv zu einer syntaktischen Verbindung von attributivem Adjektiv und Substantiv umgedeutet und damit dann auch der Weg für weitere Bildungen dieser Art geschaffen, die H. Paul[379] 'analoge Neuschöpfungen' nennt. Die Voraussetzung dafür ist, daß die freie Verteilung von Attributen vor oder nach dem Substantiv zugunsten einer strikten Distribution von adjektivischen Attributen vor dem Substantiv und von nominalen Attributen nach dem Substantiv fixiert ist[380].

Von den deonymischen Adjektiven auf *-isch* unterscheiden sich die mit dem Suffix *-er* gebildeten Adjektive dadurch, daß sie nicht prädikativ auftreten und ebenfalls nicht substantiviert zur Kennzeichnung einer Sprache dienen, was ebenso auch im Neuhochdeutschen nicht möglich ist[381]. Im Unterschied zu *-isch*-Derivaten sind deonymische Ableitungen auf *-er* in der Regel ebenfalls nicht flektierbar, was noch auf die Genese der Bildungen weist[382]. Diese Restriktionen deuten an, daß die vollständige Integration in das neuhochdeutsche Adjektivparadigma noch nicht vollzogen ist[383]. Hier zeigt sich ein kennzeichnendes Phänomen im Deutschen, daß bei Konversionen von einer Wortart zur anderen in der Regel die alte morphologische Ausstattung erhalten bleibt, so zum Beispiel bei Substantiven, die aus Partizipien gewonnen sind und noch die Pronominalflexion zeigen (*ein Angestellter, der Angestellte*)[384]. Daher hat J. Grimm[385] Ablei-

---

[378] Zum folgenden ebenda, § 166, S. 240.

[379] Ebenda, § 159, S. 233.

[380] Dazu O. Behaghel, Deutsche Syntax, IV, §§ 1566-1568, S. 181-194.

[381] Dazu auch W. Fleischer - I. Barz, Wortbildung der deutschen Gegenwartssprache, S. 239f.

[382] H. Paul, Deutsche Grammatik, III, § 227, S. 292.

[383] So auch J. E. Schmidt, Die deutsche Substantivgruppe und die Attribuierungskomplikation, S. 251f.

[384] O. Behaghel, Deutsche Syntax, I, § 135, S. 215f.

tungen auf *-er*, die aus Ortsnamen gebildet sind, weiterhin als Substantive betrachtet, und zwar auch dann, wenn sie in adjektivischer Verwendung vorliegen.

Bei der Sichtung des sprachlichen Materials aus mittelhochdeutscher Zeit ist versucht worden, die Genese der adjektivischen Verwendung von *-er*-Bildungen von Eigennamen zu verfolgen und ihre Konkurrenz mit deonymischen *-isch*-Derivaten zu beschreiben. In mittelhochdeutscher Zeit sind 106 verschiedene Einwohnerbezeichnungen auf *-er* bezeugt, die in 491 von insgesamt 573 Belegen in adjektivischer Verwendung auftreten (einschließlich der ambivalenten Fälle). Das Verhältnis der *-isch*-Ableitungen zu den *-er*-Ableitungen beträgt damit ungefähr sechs zu eins. Dabei ist der sprachgeographische Aspekt besonders hervorzuheben. Insgesamt sind 80 Prozent aller Ableitungen von Eigennamen mit dem Suffix *-er* in adjektivischer Verwendung in Quellen aus mittelhochdeutscher Zeit bezeugt, deren Entstehung im oberdeutschen Sprachgebiet gesichert ist oder mit guten Gründen vermutet wird. 13,5 Prozent aller Belege stammen aus mitteldeutschen Quellen, während nur 6,5 Prozent in Quellen aus dem niederdeutschen Sprachraum auftreten. Deonymische Derivate mit dem Suffix *-isch* sind zwar weiterhin im gesamten Sprachgebiet bezeugt, werden aber im oberdeutschen Sprachraum durch adjektivisch verwendete *-er*-Bildungen zurückgedrängt. Hier zeigt sich unmittelbar eine Übereinstimmung zur Bildung von Familiennamen aus Herkunftsbezeichnungen auf *-er*, die insbesondere im oberdeutschen Sprachraum häufig belegt[386] sind, während sich das Mitteldeutsche durch das Zurücktreten von *-er*-Bildungen aus Herkunftsbezeichnungen zugunsten anderer Bildungsmittel auszeichnet[387] und im nieder-

---

[385] Kleinere Schriften, VII, S. 100f.; J. Grimm, Deutsche Grammatik, II, § 608, S. 599; dazu mit ähnlicher Argumentation auch in jüngerer Zeit: Der Sprachdienst 24 (1980) S. 114.

[386] R. Schützeichel, in: M. Gottschald - R. Schützeichel, Deutsche Namenkunde, S. 49, 65; BN. I.2, § 395, 2, S. 141; dazu auch BN. I.1, § 135, II, S. 155; § 239b, S. 268.

[387] BN. I.2, § 398, S. 147; § 399, 2, S. 148.

deutschen Sprachgebiet kaum Familiennamen auf *-er* nachweisbar sind[388].

Zur Untersuchung der sprachgeographischen Verteilung von deonymischen Ableitungen bietet es sich im folgenden an, zunächst das Augenmerk auf Gebrauchstexte zu lenken. Während für literarische Denkmäler nicht in demselben Maße die Notwendigkeit der Verwendung von herkunftbezeichnenden Namenzusätzen besteht, zeichnet sich insbesondere die Sprache der Urkunden sowie anderer Gebrauchstexte wie der Quellen zum Handel und zur Wirtschaft durch eine vielfältige Verwendung von deonymischen Derivaten aus. Einerseits wurde über Zustände und Rechtsvorgänge geurkundet, bei denen die Herkunft der Personen sowohl für den Rechtsvorgang als auch für die Geltung der Urkunde von großer Wichtigkeit war (gilt sowohl für Aussteller, Hersteller als auch für betroffene Personen und Sachen). Andererseits verzeichnen Handelsbücher in Abrechnungen, Inventarlisten und anderen Wirtschaftsquellen vielfältige Vorgänge, die von der Beschaffung der Waren im Inland und Ausland bis zu ihrer Bezahlung reichen. Für die sprachwissenschaftliche Untersuchung ist bei dieser Vorgehensweise von Vorteil, daß Urkunden und Wirtschaftsquellen im Unterschied zu literarischen Denkmälern sowohl zeitlich besser bestimmbar sind als auch räumlich nach größeren Landschaften unterschieden werden können[389].

Nach Sichtung der Quellen erscheint es sinnvoll, zunächst die vielfältig auftretenden Münzbezeichnungen genauer zu betrachten. Seit dem zwölften und dreizehnten Jahrhundert war es notwendig geworden, die Herkunft der Münzen zu kennzeichnen, weil jedes Territorium seit dieser Zeit das Recht besaß, seine eigenen Münzen zu prägen, die sich durch ihre Prägung und ihr Gewicht deutlich im Wert unterschieden[390]. Das impliziert, daß in den Quellen dieser Zeit insbesondere in Verbindung mit Münzbezeichnungen viele okkasionell gebildete Herkunftsbezeichnungen zu finden sind, da nur so bei

---

[388] BN. I.2, § 404, 2, S. 154; § 407, 2, S. 157.

[389] Dazu vergleiche man R. Schützeichel, RhVB. 27 (1962) S. 73.

[390] Lexikon des Mittelalters, VI, Sp. 924-929 (zusammenfassend zu Münzen und zum Münzwesen im abendländischen Bereich); W. Hävernick, Der Kölner Pfennig, S. 13f.; A. Haverkamp, Aufbruch und Gestaltung, S. 269f.

Verträgen und in Urkunden rechtlich eindeutige Verhältnisse hergestellt werden konnten[391].

Um die Verteilung von appellativischen Namenzusätzen zum jeweils regierenden Substantiv zu betrachten, ist zunächst das Corpus altdeutscher Originalurkunden (CAO.) beispielhaft untersucht worden, das die frühesten deutschsprachigen Urkunden in einem Werk versammelt. Das Aufkommen der deutschen Sprache in den Urkunden seit der ersten Hälfte des dreizehnten Jahrhunderts markiert einen wichtigen Einschnitt für die Anfänge der spätmittelalterlichen Schreibsprachen, die sich in den verschiedenen Kanzleien entwickeln[392]. Bei der folgenden Betrachtung des Corpus altdeutscher Originalurkunden ist berücksichtigt worden, daß die Lokalisierung einer Urkunde nicht unbedingt vom Ausstellungsort abhängig gemacht werden kann und daß auch eine mögliche Differenz zwischen Aussteller und Hersteller einer Urkunde beachtet werden muß[393]. Für die Zusammenstellung der Urkunden bis zum Jahr 1300 stellt sich weiterhin das Problem, daß das Jahr 1300 einen relativ willkürlichen Einschnitt bedeutet und zudem das Material chronologisch, nicht nach Sprachlandschaften geordnet dargeboten wird und als Grundlage für die Untersuchung einzelner Sprachlandschaften nicht ausreicht[394], zumal die Urkundensprache sprachsoziologisch höher als die Mundarten einzustufen ist und nach überlandschaftlicher Geltung strebt[395]. Dennoch können anhand sprachlicher Merkmale grobe Unterteilungen getroffen werden, die für das Untersuchungsinteresse in bezug auf den landschaft-

---

[391] Dazu zum Beispiel das Münzgesetz Wenzels a. 1385 in W. Jesse, Quellen zur Münz- und Geldgeschichte, S. 99-101, 234; man vergleiche dazu auch das Quellenverzeichnis Kapitel VII.B.b (JES.) dieser Arbeit.

[392] R. Schützeichel, RhVB. 27 (1962) S. 73; zum Aufkommen der deutschen Sprache in den Urkunden R. Schützeichel, Mundart, Urkundensprache und Schriftsprache, S. 16-41, hier besonders S. 17.

[393] Zur Problematik der Lokalisierung von Urkunden R. Schützeichel, Mundart, Urkundensprache und Schriftsprache, S. 10-15, hier besonders S. 10.

[394] Zur Problematik des Corpus altdeutscher Originalurkunden zusammenfassend R. Schützeichel, RhVB. 27 (1962) S. 84f.; R. Schützeichel, Mundart, Urkundensprache und Schriftsprache, S. 33f.

[395] R. Schützeichel, Mundart, Urkundensprache und Schriftsprache, S. 323.

lich spezifischen Gebrauch von Wortbildungsmustern aufschlußreich sind[396].

Da Wörterbücher, die heutigen methodologischen Anforderungen und differenzierten Fragestellungen genügen, (zur Zeit) noch fehlen beziehungsweise noch nicht vollständig erschienen sind (WMU.), kann zur Auffindung von deonymischen Derivaten nur auf die anderweitig vorhandenen Hilfsmittel zurückgegriffen beziehungsweise das Corpus altdeutscher Originalurkunden selbst durchgesehen werden. Anhand des ersten Bandes altdeutscher Originalurkunden werden mit Hilfe des Indexes von U. Goebel[397] sowie über die bereits erschienenen Lieferungen des Wörterbuchs der Mittelhochdeutschen Urkundensprache (und zusätzlich nach kursorischer Durchsicht der Bände II bis V des Corpus altdeutscher Originalurkunden) diejenigen Münzbezeichnungen (*phenninc*, *münze*) berücksichtigt, die in den Urkunden mit attributiven Namenzusätzen auftreten. Auf die Eigennamen und die von ihnen gebildeten Ableitungen kann mit dem Index von U. Goebel nicht unmittelbar zurückgegriffen werden, da diese bei der Erfassung ausgespart worden sind.

Für *phenninc* und *münze* sind im ersten Band des Corpus altdeutscher Originalurkunden insgesamt 389 Belege bezeugt (einschließlich der Belege aus niederländischen Urkunden). An insgesamt 87 Belegstellen (23 Prozent) sind Namenzusätze zu verzeichnen. Davon sind an vierzig Belegstellen -*isch*-Ableitungen nachweisbar (46 Prozent): *echisch*[398], *vlæmisch*[399], *hollansch*[400], *colmesch*[401], *kölnisch*[402], *kölsch*[403], *ulmisch*[404]. An 32 weiteren Belegstellen (37 Prozent)

---

[396] Dazu ebenda, S. 18, 324.

[397] Wortindex zum 1. Band des Corpus altdeutscher Originalurkunden.

[398] CAO. I, S. 265, 255, Z. 28; S. 267, 255, Z. 29.

[399] CAO. I, S. 231, 227, Z. 33; S. 322, 342, Z. 34; S. 376, 417, Z. 29.45; S. 377, 417, Z. 16.19.

[400] CAO. I, S. 158, 115, Z. 15.22; S. 193, 168, Z. 24; S. 396, 455, Z. 1.

[401] CAO. I, S. 37, 22, Z. 1; S. 39, 22, Z. 15; S. 40, 22, Z. 3.10.

[402] CAO. I, S. 39, 22, Z. 14.

[403] CAO. I, S. 92, 59, Z. 22.33; S. 105, 69A, 69B, Z. 48; S. 108, 70, Z. 13; S. 109, 71, Z. 33; S. 112, 72A, 72B, Z. 3.44; S. 114, 74, Z. 17; S. 116, 76, Z. 26; S. 121, 79, Z. 28.39; S. 128, 85, Z. 17; S. 129, 86, Z. 31; S. 174, 137, Z. 5;

sind -*er*-Bildungen bezeugt, die den Münzbezeichnungen *phenninc* und *münze* vorangestellt sind: *eins phvndes auspurger phenninge*[405], *viunf pfunt pfenninge Basiler Mv̇nse*[406], *acht pfunt Costentzer pfening*[407], *aht phvnt Mv̇ncher phenninge*[408], *zweinzich schilling phenning pazzowær mv̇nze*[409], *dreizzich Regenspurger phenning*[410], *vierzik phunde phenninge sante Galler mvnze*[411], *ein phunt phenninge vilinger munze*[412], *einen wiennær pfennich*[413], *zvei phunt worm̄ phenninge*[414], *sechs pfunt pfenning zúricher múntze*[415]. Neun weitere Belege zeigen eine adjektivische Eigennamenableitung *bruselacht*[416] mit dem Suffix -*acht* (zehn Prozent), die dem Mittelniederländischen zuzuordnen ist[417]. An sieben Textstellen ist die Münzbezeichnung mit den Zusätzen *ze* (so zum Beispiel

---

S. 174, 138, Z. 18; S. 265, 255, Z. 23.25f.29f.; S. 267, 255, Z. 28.

[404] CAO. I, S. 459, 526, Z. 30.

[405] CAO. I, S. 491, 548A, Z. 17; weitere Belege: S. 388, 440, Z. 2; S. 456, 519, Z. 4.6f.; S. 491, 548B, Z. 17f.

[406] CAO. I, S. 374, 413, Z. 29; ein weiterer Beleg: S. 207, 194, Z. 30.

[407] CAO. I, S. 154, 108, Z. 6f.; weitere Belege: S. 206, 192, Z. 26; S. 295, 301, Z. 1f.; S. 457, 522, Z. 24; S. 460, 528, Z. 15f.18f.21.

[408] CAO. I, S. 473, 534, Z. 23.

[409] CAO. I, S. 398, 461, Z. 36.

[410] CAO. I, S. 294, 299, Z. 14; weitere Belege: S. 294, 299, Z. 16 (nachgestellt); S. 377, 418, Z. 33; S. 377, 418, Z. 47 - S. 378, 418, Z. 1; S. 406, 471, Z. 35 (abgekürzt).

[411] CAO. I, S. 196, 173, Z. 42.

[412] CAO. I, S. 443, 496, Z. 9.

[413] CAO. I, S. 103, 67, Z. 42; weitere Belege: S. 296, 304, Z. 25; S. 332, 356, Z. 32; S. 373, 409, Z. 13 (nachgestellt).

[414] CAO. I, S. 25, 13, Z. 6.

[415] CAO. I, S. 20, 5, Z. 5f.

[416] CAO. I, S. 307, 321, Z. 27; S. 309, 322A, Z. 28.39; S. 309, 322B, Z. 27.38f.; S. 310, 322A, 322B, Z. 12.30.

[417] Dazu Kapitel V.C dieser Arbeit; die Urkunden auch in: Corpus van Middelnederlandse Teksten, I-1, S. 338, 194, Z. 17, a. 1277; S. 340, 195A, Z. 20.27.39, a. 1277; S. 341, 195A, Z. 4, a. 1277; S. 342, 195AA, Z. 23.30.41, a. 1277; S. 343, 195AA, Z. 9, a. 1277.

ỽnser mủnzin ce kolne⁴¹⁸) oder *von* (*die Mủnze von Zủrich*⁴¹⁹) in Verbindung mit einem Eigennamen gekennzeichnet.

Auffällig und bezeichnend ist, daß alle Bildungen auf *-isch* in Urkunden bezeugt sind, die aus dem mitteldeutschen und niederdeutschen (beziehungsweise niederländischen) Sprachraum stammen, soweit es anhand der Ausstellungsorte und der sprachlichen Kriterien (mit den weiter oben genannten Einschränkungen) erkennbar wurde. Bewohnerbezeichnungen auf *-er*, die in entsprechender syntaktischer Stellung adjektivisch interpretiert werden können, sind hingegen ausschließlich in oberdeutschen Urkunden belegt. Dieses Ergebnis wird nicht dadurch beeinträchtigt, daß in oberdeutschen Quellen ebenfalls *-isch*-Ableitungen zu Eigennamen tradiert werden. Die Bezeichnung einer Währungseinheit bleibt fest, und zwar auch dann, wenn sie ihr eigentliches Geltungsareal verläßt und als Binnenentlehnung in anderen sprachgeographischen Räumen gebraucht wird. Auffällig ist auch hierbei, daß die den *-isch*-Derivaten zugrundeliegenden Ortsnamen bis auf eine Ausnahme (*ulmisch*) auf Orte bezogen sind, die nicht im oberdeutschen Sprachraum liegen. Zudem wird deutlich, daß das bereits in den älteren Sprachstufen in Verbindung mit Eigennamen sehr produktive Suffix *-isch* auch weiterhin benutzt und im oberdeutschen Sprachgebiet nicht vollständig verdrängt wird⁴²⁰.

Die Auswertung der Verteilung im ersten Band des Corpus altdeutscher Originalurkunden zeigt für die Zeit von der Mitte bis zum Ende des dreizehnten Jahrhunderts, daß tendenziell der Gebrauch von deonymischen Ableitungen mit dem Suffix *-er*, die in ihrer syntaktischen Stellung adjektivisch interpretiert werden können, auf den oberdeutschen Sprachraum begrenzt ist, während im übrigen Sprachgebiet *-isch*-Ableitungen von Eigennamen vorherrschen. Dabei sind in der Verwendung der Münzbezeichnungen in bezug auf die Namenzusätze keinerlei funktionale Unterschiede zu erkennen. Der Namenzu-

---

[418] CAO. I, S. 121, 79, Z. 45; weitere Belege: CAO. I, S. 92, 59, Z. 39; CAO. I, S. 265, 255, Z. 38; S. 267, 255, Z. 27-29; *ze frib ~ g*: CAO. I, S. 144, 94, Z. 13f.

[419] CAO. I, S. 204, 188, Z. 25f.

[420] Dazu auch die Kapitel V.A und V.B dieser Arbeit.

geort der jeweiligen Geldeinheit. Dieses Ergebnis wird auch durch die Auswertung der übrigen Belegstellen in den mittelhochdeutschen Quellen gestützt[421].

Daraus läßt sich vermuten, daß die spezifische Verwendungsweise der Bewohnerbezeichnungen auf -er ihren Ausgang in den bairischen und alemannischen Mundarten genommen hat und von dort aus im übrigen deutschen Sprachraum an Boden gewinnt. Ähnlich beschreibt A. Bach[422] auch die zunächst im Oberdeutschen gängige Bildung von Familiennamen aus Herkunftsbezeichnungen mit dem Suffix -er, die sich dann in 'Wellen' in das gesamte deutsche Sprachgebiet ausgebreitet habe.

Das Ergebnis der Untersuchung des Corpus altdeutscher Originalurkunden bestätigt sich auch nach Durchsicht der deutschsprachigen Quellen zur Münzgeschichte und Geldgeschichte des Mittelalters, die in einem bis heute wichtigen Quellenwerk versammelt sind[423].

Bei insgesamt 415 Belegen, in denen attributive Namenzusätze zu Münzbezeichnungen beziehungsweise zu ihrem Gewicht belegt sind, entfallen 287 Belege auf Adjektive, die mit -isch gebildet sind. Bezeugt sind insgesamt 75 verschiedene Wörter. Sechsundsechzig Prozent der Belegstellen stammen aus Quellen, die dem nichtoberdeutschen Raum zugeordnet werden können. Die in oberdeutschen Quellen bezeugten -isch-Ableitungen (34 Prozent der Belegstellen) können zu einem großen Teil als Binnenentlehnungen interpretiert werden, da Währungsbezeichnungen zur Kennzeichnung von Münzen insbesondere bei sehr gängigen und über das ursprüngliche Geltungsareal hinaus gebräuchlichen Münzen fest bleiben, so zum Beispiel bei *behêmisch*[424], *kölnisch*[425], *rînisch*[426] und *ungerisch*[427].

---

[421] Dazu weiter oben.

[422] BN. I.2, § 422, B.1.c, S. 177.

[423] W. Jesse, Quellenbuch zur Münz- und Geldgeschichte.

[424] Ebenda, 234, S. 100, a. 1385; zur Verbreitung der böhmischen Währung J. Pošvář, Die Währung in den Ländern der böhmischen Krone, hier besonders S. 69-71; T. Kroha, Lexikon der Numismatik, S. 34.

[425] W. Jesse, Quellenbuch zur Münz- und Geldgeschichte, 259, S. 122-124, a. 1499; dazu auch Lexikon des Mittelalters, V, Sp. 1269; W. Hävernick, Der Kölner Pfennig, passim.

Das Suffix *-er* ist an 127 Belegstellen mit insgesamt 62 verschiedenen Wörtern bezeugt. Siebzig Prozent der Belegstellen stammen aus Quellen, die dem oberdeutschen Sprachraum zugeordnet werden können sowie aus Quellen des östlichen Mitteldeutschen (neun Prozent der Belegstellen). In Quellen aus dem östlichen Mitteldeutschen treten *-er*-Ableitungen und Adjektive auf *-isch* in Verbindung mit Eigennamen ungefähr gleichberechtigt auf. Elf Prozent aller *-er*-Ableitungen sowie 14 Prozent der *-isch*-Ableitungen sind hier belegt. Für den mittelniederdeutschen Sprachraum fällt auf, daß seit dem Ende des fünfzehnten Jahrhunderts auch dort häufiger Ableitungen von Eigennamen auf *-er* belegt sind. Insgesamt entfallen mit 24 Belegen 19 Prozent der *-er*-Bildungen auf das Mittelniederdeutsche. Von diesen sind jedoch allein 18 Belege in einer Quelle von a. 1489 bezeugt[428]. Dieser Befund deutet darauf hin, daß das Wortbildungsmuster zwar bekannt, aber nicht gängig war, da das Mittelniederdeutsche insgesamt 151 adjektivische Deonomastika auf *-isch* aufweist (52 Prozent aller bezeugten Ableitungen). Dazu paßt, daß auch die mittelniederdeutschen Wörterbücher nur vereinzelt adjektivische *-er*-Ableitungen nachweisen[429], während *-isch*-Ableitungen vielfältig bezeugt sind.

In den jüngeren Quellen treten immer mehr *-er*-Ableitungen ohne die Bezeichnungen *münze* usw. auf, stehen also allein für die Währungseinheit[430]. Aus einer Herkunftsbezeichnung kann dann sogar

---

[426] W. Jesse, Quellenbuch zur Münz- und Geldgeschichte, 257, S. 121, a. 1473; zur Bedeutung des rheinischen Goldguldens: Lexikon des Mittelalters, V, Sp. 1790; M. van Rey, Einführung in die rheinische Münzgeschichte des Mittelalters, S. 167-169; Wörterbuch der Münzkunde, S. 229; T. Kroha, Lexikon der Numismatik, S. 187f.

[427] W. Jesse, Quellenbuch zur Münz- und Geldgeschichte, 234, S. 100, a. 1385; dazu insbesondere A. Pohl, Ungarische Goldgulden des Mittelalters (1325-1540), S. 7-15.

[428] W. Jesse, Quellenbuch zur Münz- und Geldgeschichte, S. 188f., 317, a. 1489.

[429] So zum Beispiel MHWB. II, 7. Lieferung, Sp. 209 (*hambörger*); MHWB. II, 15. Lieferung, Sp. 511 (*kamper*).

[430] Dazu auch F. Bastian, Das Runtingerbuch, III, S. 239, 262, passim; man vergleiche J. Grimm, Deutsche Grammatik, IV, § 261, S. 303.

rungseinheit[430]. Aus einer Herkunftsbezeichnung kann dann sogar eine appellativische Münzbezeichnung werden, bei der das Motiv der Erstbenennung, die die Herkunft der Münze kennzeichnete, völlig verdunkelt ist. Beispielsweise ist die Bezeichnung *Taler* darauf zurückzuführen, daß diese Münzsorte zuerst in *Joachimstal* geprägt wurde, der *Heller* oder *Haller* stammte zuerst aus *Schwäbisch Hall*[431]. Zudem treten entsprechend den vervielfältigten Möglichkeiten, Münzen zu prägen, immer mehr neue Münzbezeichnungen auf. Für die jüngere Zeit finden sich auch Personennamen als Münzbezeichnungen, die in der Regel mit dem Suffix *-isch* verbunden sind, wie zum Beispiel *ottisch*[432] und *wilhelmisch*[433]. Ausnahmen sind *Ludwickergroschen*[434] und *Petter-Pauler-groschen*[435], in denen ein Personenname mit dem Suffix *-er* abgeleitet wird.

Zusätzlich zu adjektivischen Attributen werden Münzbezeichnungen alternativ mit Präpositionalattributen versehen, in denen die Präpositionen *von* und *de (to)* mit Eigennamen verbunden werden (*der von Friburg phenninge*[436], *muncz zu Falkenberge*[437]). Schließlich können sie weiterhin durch unverändert vorangestellten Namen gekennzeichnet werden (*eynen guden Robertus gulden*[438]). Im Vergleich zu den Möglichkeiten der *-isch* und *-er* Ableitungen ist die Anzahl mit 30 Belegen relativ gering. Münzbezeichnungen mit Präpositionalattributen sind in allen Mundarten bezeugt, mit Ausnahme jedoch des Ribuarischen. Dort wird die Herkunft der Münzen ausnahmslos mit *-isch*-Ableitungen von Namen gekennzeichnet. Im Vergleich zur Bildung der Familiennamen zeigt sich hier eine weitere Parallele. Nach A.

---

[430] Dazu auch F. Bastian, Das Runtingerbuch, III, S. 239, 262, passim; man vergleiche J. Grimm, Deutsche Grammatik, IV, § 261, S. 303.

[431] Lexikon des Mittelalters, IV, Sp. 2122.

[432] W. Jesse, Quellenbuch zur Münz- und Geldgeschichte, S. 247, 369, a. 1496.

[433] Ebenda, S. 245, 369, a. 1496.

[434] Ebenda.

[435] Ebenda, S. 244, 369, a. 1496.

[436] Ebenda, S. 237, 360, a. 1399-1403.

[437] Ebenda, S. 92, 219, a. 1427.

[438] Ebenda, S. 168, 305, a. 1372.

Bach[439] kommen im engeren Raum um Köln bei Familiennamen aus Herkunftsbezeichnungen sowohl präpositionale Fügungen mit *van* als auch Ableitungen auf *-er* selten vor.

Ähnliche Ergebnisse zeigt auch der Vergleich von drei Quellenwerken zur Wirtschaft und zum Handel im Hinblick auf die in ihnen auftretenden Ableitungen von Eigennamen. Die zwei Handelsbücher sowie die Quellensammlung zum Kölner Handel und zur Wirtschaft sind hinsichtlich ihrer Datierung auf das vierzehnte und fünfzehnte Jahrhundert vergleichbar und überliefern vielfältige deonymische Derivate (in Verbindung mit Münzbezeichnungen, Tuchbezeichnungen sowie anderen Handelswaren). Für den oberdeutschen Sprachraum ist das 'Runtingerbuch'[440] berücksichtigt worden, das als aufschlußreichstes und inhaltsreichstes Kaufmannsbuch des deutschen Mittelalters gilt und in einer soliden Edition zur Verfügung steht[441]. Für den westmitteldeutschen Sprachraum kann auf eine Edition der Quellen zur Geschichte des Kölner Handels und Verkehrs von B. Kuske[442] zurückgegriffen werden, die den Kölner Wirtschaftsraum im Mittelalter sichtbar macht. Hierbei handelt es zwar nicht um ein Handelsbuch im strengen Sinne, weil die gesammelten Quellen nicht von der Hand eines einzigen Schreibers stammen. Dennoch ist die Kölner Quellensammlung in bezug auf ihren Wortschatz mit den Handelsbüchern vergleichbar und kann für eine grobe sprachgeographische Untersuchung herangezogen werden[443]. Mit dem Briefwechsel[444]

---

[439] BN. I.2, § 422, S. 175, Erläuterungen zu Karte 4.

[440] F. Bastian, Das Runtingerbuch 1383-1407 und verwandtes Material zum Regensburger-südostdeutschen Handel, I-III (einschließlich weiterer Quellen zur bayerisch-fränkischen Münzgeschichte); dazu vergleiche man das Quellenverzeichnis Kapitel VII.B.b (RB.) dieser Arbeit.

[441] G. Keil, VL. VIII, Sp. 392; man vergleiche auch die Untersuchung von W. Eikenberg, Das Handelshaus der Runtinger zu Regensburg, passim.

[442] Quellen zur Geschichte des Kölner Handels und Verkehrs im Mittelalter. Herausgegeben von Bruno Kuske, I-IV; dazu vergleiche man das Quellenverzeichnis Kapitel VII.B.b (QGK.) dieser Arbeit.

[443] Bei der folgenden Auszählung sind ausschließlich Quellen berücksichtigt worden, die gesichert aus dem Ribuarischen stammen.

und den Handelsbüchern[445] des Hildebrand Veckinghusen sind für den mittelniederdeutschen Sprachraum Quellen für die hansische Geschäftssprache überliefert, die insbesondere den Warenverkehr und Geldverkehr der Hanse im fünfzehnten Jahrhundert widerspiegeln[446]. Die solide edierten Werke haben den Vorzug, daß sie durch gut angelegte Register im Hinblick auf die in ihnen auftretenden deonymischen Derivate gut erschlossen werden können.

Der Vergleich der drei Quellenwerke zum Handel und zur Wirtschaft bestätigt das Ergebnis, das anhand des Corpus altdeutscher Originalurkunden und der Quellen zur Münzgeschichte und Geldgeschichte gewonnen wurde. Das Runtingerbuch überliefert insgesamt 101 verschiedene Belegstellen mit deonymischen Derivaten, von denen 41 auf -isch-Adjektive entfallen, während 60 Belegstellen -er-Ableitungen bezeugen. Deonymische Adjektive auf -er überwiegen bei Münzen, die im oberdeutschen Raum geprägt wurden und eine entsprechende Ableitung von einem oberdeutschen Ortsnamen erhalten, so zum Beispiel in den Syntagmen *Amberger dn.*[447], *Oetinger pfening*[448], *50 Regenspurger dn.*[449], *Wiener dn.*[450]. Die bezeugten -isch-Ableitungen sind im Runtingerbuch häufig zur Bezeichnung von Münzen benutzt worden, die als Binnenentlehnungen bezeichnet werden können, weil es sich um Münzen handelt, deren Geltungsareal überregional war (*behêmisch*[451], *rînisch*[452], *ungerisch*[453]). Zudem

---

[444] Hildebrand Veckinghusen. Briefwechsel eines deutschen Kaufmanns im 15. Jahrhundert. Herausgegeben und eingeleitet von W. Stieda; dazu vergleiche man das Quellenverzeichnis Kapitel VII.B.b (VECK. I) dieser Arbeit.

[445] M. P. Lesnikov, Die Handelsbücher des hansischen Kaufmanns Veckinchusen; dazu vergleiche man das Quellenverzeichnis Kapitel VII.B.b (VECK. II) dieser Arbeit.

[446] U. Bichel, Sprachgeschichte, 2.2, S. 1233f.

[447] F. Bastian, Das Runtingerbuch, II, S. 50, a. 1383.

[448] Ebenda, III, S. 94, a. 1391.

[449] Ebenda, II, S. 69, a. 1383.

[450] Ebenda, II, S. 73, a. 1384.

[451] Ebenda, II, S. 249, a. 1392.

[452] Ebenda, II, S. 71, a. 1383.

[453] Ebenda, II, S. 277, a. 1396.

zeigt sich daran, daß zur Ableitung von Eigennamen das Suffix *-isch* auch im oberdeutschen Sprachraum benutzt werden konnte.

Die Quellen aus dem Kölner Raum überliefern an insgesamt 81 Belegstellen 33 verschiedene Ableitungen von Eigennamen mit dem Suffix *-isch*, die sich auf 62 Belegstellen verteilen. Am häufigsten bezeugt ist das Adjektiv *kölsch*[454], daneben sind aber viele weitere okkasionell gebildete Ableitungen wie *arnsch*[455], *baessch*[456], *derpsch*[457], *eyersteedsch*[458] belegt. Elf verschiedene Ableitungen auf *-er* sind mit insgesamt 19 Belegen bezeugt, darunter die Syntagmen *16 Ausburger vardell wiryngen*[459], *am groessen Elsoesser foder*[460], *vur Ulmer werunge*[461]. Die in den kölnischen Quellen belegten Bildungen auf *-er* sind dabei zum Teil als Binnenentlehnungen zu beschreiben, während die übrigen *-er*-Ableitungen in jüngeren Quellenzeugnissen zu finden sind.

Der Briefwechsel und die Handelsbücher Veckinghusens überliefern insgesamt 605 Belegstellen mit deonymischen Derivaten, von denen 600 Belege auf 54 verschiedene Adjektive mit dem Suffix *-isch* entfallen, darunter viele okkasionelle Derivate wie *arnnemsch*[462], *dellermündesch*[463], *herentalsch*[464], *kortrykesch*[465] und so weiter[466]. Nur fünf

---

[454] So zum Beispiel: Quellen zur Geschichte des Kölner Handels, II, S. 139, 324, a. 1463; dazu vergleiche man auch B. Kuske, Köln, der Rhein und das Reich, S. 147-176 (mit Beispielen für Bezeichnungen kölnischer Waren, Maßstäbe und Geldeinheiten).

[455] Quellen zur Geschichte des Kölner Handels, III, S. 156, a. 1495.

[456] Ebenda, II, S. 842, 1582, a. 1500 u. A. 3.

[457] Ebenda, II, S. 551, 1084, a. 1488.

[458] Ebenda, II, S. 654, 1290, a. 1492; weitere Beispiele im Quellenverzeichnis Kapitel VII.B.b (QGK.) dieser Arbeit.

[459] Quellen zur Geschichte des Kölner Handels, III, S. 9, 1, a. 1438.

[460] Ebenda, II, S. 839, 1581, a. 1500.

[461] Ebenda, I, S. 349, 1000, a. 1442.

[462] Hildebrand Veckinghusen, Briefwechsel, S. 274, 249, a. 1420.

[463] Ebenda, S. 75, 60, a. 1411.

[464] Ebenda, S. 70, 57, a. 1411.

[465] Ebenda, S. 45, 34, a. 1410.

Belegstellen entfallen auf drei verschiedene Ableitungen von Eigennamen mit dem Suffix -er in den Syntagmen *1 Deventer gulden*[467], *na Franckvorder verunge*[468], *5 Hemborger tunnen engevers*[469].

Der Vergleich der drei Quellen zur Wirtschaft und zum Handel zeigt die sprachgeographische Verteilung der -*isch*-Ableitungen und -*er*-Ableitungen. Während im oberdeutschen Sprachraum adjektivische -*er*-Ableitungen überwiegen, sind im mitteldeutschen und niederdeutschen Sprachraum deutlich mehr -*isch*-Ableitungen zu verzeichnen. In bezug auf die Verteilung der -*isch*-/-*er*-Derivate nimmt das Mitteldeutsche in dieser Zeit eine Mittelstellung ein, während in der Zeit um a. 1300 auch hier keine -*er*-Ableitungen nachgewiesen werden konnten. Das schließt nicht aus, daß nicht auch das jeweils andere Wortbildungsmuster bekannt war und benutzt wurde, jedoch scheint der Gebrauch jeweils die eine oder die andere Bildungsweise zu bevorzugen. Hier bestätigt sich die Vermutung, daß die adjektivische Verwendung ursprünglich substantivischer -*er*-Derivate ihren Ausgang im oberdeutschen Raum genommen und sich dann in jüngerer Zeit auch im weiteren Sprachgebiet verbreitet hat. Zum Ausgang des fünfzehnten Jahrhunderts sind zum Beispiel zum Ortsnamen *Bamberg* sowohl die Bildungen *Bamberger*[470] als auch *bambergisch*[471] bezeugt.

Zusammenfassend läßt sich festhalten, daß -*isch*-Ableitungen und -*er*-Ableitungen von Eigennamen in mittelhochdeutscher Zeit in ähnlichen Verwendungen bezeugt sind und in der Regel der Bezeichnung der Herkunft, Abstammung und Zugehörigkeit dienen. Die deonymischen Ableitungen auf -*er* können im Unterschied zu -*isch*-Derivaten nicht prädikativ und nicht substantivisch zur Kennzeichnung von

---

[466] Weitere Beispiele im Quellenverzeichnis Kapitel VII.B.b (VECK. I, II) dieser Arbeit.
[467] Hildebrand Veckinghusen, Briefwechsel, S. 282, 257, a. 1420.
[468] Ebenda, S. 152, 129, a. 1416.
[469] Ebenda, S. 69, 56, a. 1411.
[470] W. Jesse, Quellenbuch zur Münz- und Geldgeschichte, S. 247, 369, a. 1496 (3 Belege).
[471] Ebenda, S. 249, 369, a. 1496 (1 Beleg).

Sprachen auftreten. Im oberdeutschen (und auch eingeschränkt im mitteldeutschen) Sprachgebiet sind Ableitungen von Eigennamen auf *-er* insgesamt häufiger bezeugt. Sie verdrängen bei der Kennzeichnung der Herkunft die *-isch*-Derivate. Auf dem Weg der analogen Neuschöpfung können dann von jedem topographischen Namen neue Ableitungen mit dem Suffix *-er* gebildet werden, die im Neuhochdeutschen im Vergleich zu den *-isch*-Derivaten gebräuchlicher sind[472].

---

[472] W. Fleischer - I. Barz, Wortbildung der deutschen Gegenwartssprache, S. 238-240.

VI. Zusammenfassung

In dieser Arbeit sind appellativische Wörter untersucht worden, die auf der Grundlage von Eigennamen entstanden sind. Zunächst mußte daher systematisch geklärt werden, welche morphologischen Möglichkeiten der Appellativierung von Eigennamen im Deutschen vorhanden sind und welche semantischen Leistungen diese Wortbildungsprodukte haben können. Um die Möglichkeiten zu erläutern, hat die Untersuchung ihren Ausgangspunkt im Althochdeutschen genommen. Es hat sich gezeigt, daß bereits hier die wichtigsten Strukturen angelegt sind. Das Primärinteresse galt deonymischen Derivaten. Adjektivische Deonomastika waren dann insbesondere im Hinblick auf die Genese der Suffixe zu betrachten, da gezeigt werden konnte, daß die im Neuhochdeutschen in Verbindung mit Eigennamen produktivsten Suffixe *-isch* und *-er* ihren Ausgang in althochdeutscher beziehungsweise in mittelhochdeutscher Zeit genommen haben.

In einigen theoretischen Vorbemerkungen waren zunächst die Grundlagen der Appellativierung von Eigennamen zu erläutern. Es besteht die Möglichkeit des Übertritts der Eigennamen zu den Appellativen und der Appellative zu den Eigennamen. Welche Verwendung im einzelnen vorliegt, kann nur im Rückgriff auf die Rede entschieden werden, da nur im Gebrauch deutlich wird, welcher der beiden Klassen ein Formativ angehört. Diese Feststellung gilt aber gerade auch für Eigennamen, weil sowohl Eigennamen als Appellative verwendet werden als auch Appellative in proprialem Gebrauch auftreten können. Es mußte daher zwischen usuellen und aktuellen Eigennamen unterschieden werden.

Als Grundlage der Appellativierung sind in dieser Untersuchung usuelle Eigennamen berücksichtigt worden, da nur vom usuellen Eigennamenlexikon aus über die jeweiligen Basen entschieden werden kann. Diese Feststellung ist insbesondere für die älteren Sprachstufen von Bedeutung, da der neuhochdeutsche Sprecher nicht auf das 'Gesamt' der in den frühen Sprachstufen der Einzelsprache Deutsch angelegten Möglichkeiten zurückgreifen kann. Neben der usuellen

Verwendung von Eigennamen, die in einem Eigennamenlexikon als Rekonstrukt der Rede versammelt sind, ist auch auf aktuelle Eigennamen hingewiesen worden, die aufgrund ihrer spezifischen Verwendung ebenso wie usuelle Eigennamen individualisierend benennen. Für die älteren Sprachstufen kann aber nicht entschieden werden, in welchen Wortbildungsprodukten aktuelle Eigennamen als Grundlage vorliegen.

In einem weiteren Schritt ist dann das Phänomen der Appellativierung am Beispiel der Substantive in althochdeutscher und mittelhochdeutscher Zeit dargestellt worden. An erster Stelle waren appellativische Personenbezeichnungen zu berücksichtigen, die mit Suffixen aus Namenzweitgliedern von Rufnamen gebildet werden. In der deutschen Sprache ist damit ein Wortbildungsmuster angelegt, das im Neuhochdeutschen noch produktiv ist, insofern insbesondere auch im Bereich der Umgangssprache häufig gebrauchte Rufnamen (*Fritz*, *Liese*) als Suffixe zur Bildung von pejorativ konnotierten Personenbezeichnungen eingesetzt werden (*Bummelfritze*, *Bummelliese*). Usuelle Eigennamen können weiterhin der Benennung von Pflanzen dienen, sind in Bezeichnungen der deutschen Wochentage eingegangen und in Bildungen mit Suffixen anzutreffen, die Abstrakta bilden. Insbesondere Volksnamen können appellativisch gebraucht werden und kennzeichnen dann die Herkunft, Abstammung und Zugehörigkeit. In Verbindung mit Bezeichnungen wie *thiod*, *folk* und *liudi* treten sie in Konkurrenz zu adjektivischen Bildungen auf *-isc* im Althochdeutschen.

Für die Untersuchung der morphologischen Formen und semantischen Leistungen deonymischer Adjektivderivate bietet das sprachliche Material in althochdeutscher Zeit gegenüber dem Mittelhochdeutschen die Möglichkeit, vollständig berücksichtigt werden zu können, weil das Quellenkorpus überschaubar und durch die lexikographischen Hilfsmittel hinreichend erschlossen ist.

Insgesamt sind an 305 verschiedenen Belegstellen des Althochdeutschen und Altsächsischen Adjektive auf der Grundlage von Eigennamen nachweisbar. Einhundertdreißig Bezeugungen entfallen auf die literarischen Denkmäler. Einhundertfünfundsiebzig verschiedene Belege sind in den Glossenhandschriften überliefert. Achtundfünfzig Ableitungen auf der Basis von Eigennamen wurden ermittelt. Hinzu treten zwei als Adjektivadverbien bezeugt Wörter. Im Hinblick auf

Wortbildung und Semantik davon zu unterscheiden sind zwei weitere Adjektive, die als Zusammensetzungen mit einem Volksnamen als Erstglied auftreten.

Bei 45 Ableitungen, darunter 43 Adjektive auf *-isc*, hat ein Eigenname unmittelbar als Basis gedient. Ein in der Vorlage bezeugtes lateinisches Adjektiv kann in diesem Fall die Motivation zur Bildung eines volkssprachigen Derivates geliefert haben. Bei 15 Adjektiven, von denen 13 Derivate mit *-isc* abgeleitet sind, liegt der Eigenname als mittelbare Basis zugrunde. Die unmittelbare morphologische Basis ist dann ein lateinisches Adjektiv, das sowohl den Eigennamen vermittelt als auch die Motivation zur Bildung einer volkssprachigen Ableitung gegeben haben kann.

Im Hinblick auf die Basen ist der hohe Anteil fremder Namen hervorzuheben, die nicht auf ein germanisches Etymon zurückgehen. Dabei überwiegen Volksnamen und Ländernamen sowie Landschaftsnamen und Städtenamen. Nur fünf verschiedene Bildungen sind auf der Basis von Personennamen entstanden.

Adjektive auf der Grundlage von Eigennamen werden in althochdeutscher Zeit mit dem Suffix *-isc* gebildet. Das morphologische 'Programm' hat dabei die Aufgabe, nomina propria für die Wortart Adjektiv verfügbar zu machen. Allein 56 verschiedene Adjektive (einschließlich des Adjektivadverbs *sirisco*) sind in althochdeutschen und altsächsischen Quellen bezeugt. Die Bildungen mit anderen Suffixen sind als Ausnahmen zu begreifen, weil in ihnen lateinische Grundlagen vermutet werden können oder aber auch Fehler in der Übersetzung vorliegen. Auch die Analyse der semantischen Aspekte adjektivischer Deonomastika bestätigte diese Einschätzung. Zwei adjektivische Zusammensetzungen mit einem Völkernamen als Erstglied stehen ebenso isoliert.

Von insgesamt 56 Adjektiven auf *-isc* sind 30 Bildungen in dieser frühen Sprachstufe nur mit einem Beleg vertreten, so daß sich bereits hier zeigt, daß Adjektive auf *-isc* als Gelegenheitsbildungen aufgefaßt werden können, die je nach Gebrauch im klösterlichen Schulbetrieb immer wieder neu gebildet werden konnten.

Diese Vermutung läßt sich auch anhand der semantischen Leistungen bestätigen, die die Adjektive auf *-isc* im Syntagma erfüllen. In der überwiegenden Anzahl der Fälle treten Adjektive auf *-isc* in relationaler Verwendung auf und dienen der Kennzeichnung der Herkunft, Abstammung und Zugehörigkeit, stellen einen Bezug zu einem Raum her oder bezeichnen den Urheber oder Verursacher einer Handlung. In diesem Sinne kann auch noch im Neuhochdeutschen zu jedem Namen eine -*isch*-Ableitung gebildet werden. Daneben sind nur für einige wenige Fälle qualitative Verwendungen nachgewiesen worden, die über die bloße Herstellung einer Relation hinaus einen Vergleich zum Ausdruck bringen können oder auch eine negative Qualität kennzeichnen, die einer religiös-theologischen Motivation entspringt. Die pejorative Bedeutungskomponente kann aber in keinem Falle dem Suffix -*isc* zugesprochen werden. Sie stammt vielmehr aus dem bezeichneten Sachverhalt.

Vom Althochdeutschen ausgehend zielte die Untersuchung des mittelhochdeutschen Textkorpus insbesondere auf einen Vergleich mit den für die frühere Sprachstufe beschriebenen Möglichkeiten und Tendenzen sowie auf das Auftreten neuer sprachlicher Möglichkeiten zur adjektivischen Ableitung von Eigennamen.

Auch in mittelhochdeutscher Zeit bleibt das Suffix -*isch* das vorherrschende Ableitungsmittel zur deonymischen Derivation. Insgesamt 243 Bildungen konnten mit diesem Suffix nachgewiesen werden, von denen der größte Teil als Gelegenheitsbildungen aufgefaßt werden kann. Diese Adjektive sind im Hinblick auf die für die althochdeutsche Zeit ermittelten semantischen Merkmale den althochdeutschen -*isc*-Bildungen in hohem Maße konstant, treten also zur Kennzeichnung der Zugehörigkeit, Abstammung und Herkunft auf, dienen der Bezeichnung eines lokalen Bezugs und können einen Urheber kennzeichnen.

Darüber hinaus sind aber auch einige feste syntaktische Verbindungen nachgewiesen worden, die auf eine Verwendung hindeuten, die über die relationale hinausgeht. In mittelhochdeutscher Zeit ist dabei insbesondere für diejenigen Bildungen auf -*isch* ein qualitativer Gebrauch bezeugt, die seit althochdeutscher Zeit kontinuierlich belegt sind. Der Blick auf das Neuhochdeutsche zeigt dann auch, daß gerade diese Adjektive bereits als Lexeme betrachtet werden können.

Die Adjektive auf der Basis von *krist*- in mittelhochdeutscher Zeit sind nicht mehr als aktuelle Derivate von Eigennamen aufzufassen. Das wird sowohl an ihrer morphologischen Ausprägung als auch an ihren inhaltlichen Leistungen deutlich. Sie ergaben aber eine interessante Parallele zu den nominalen Eigennamenableitungen auf -er, weil auch hier die syntaktische Uminterpretation zur Umdeutung der ursprünglichen Funktion geführt hat.

In einigen wenigen Belegen konnten für das Mittelhochdeutsche zwei weitere adjektivische Suffixe in Verbindung mit Eigennamen nachgewiesen werden. Das Suffix -în wird zur deonymischen Derivation verwendet, wenn die Basis Eigenname bereits als Stoffbezeichnung fungiert oder wenn die Beschaffenheit eines Stoffes bezeichnet werden soll. Das altfranzösische Suffix -ois ist häufig in Quellen aus mittelhochdeutscher Zeit bezeugt, die auf eine altfranzösische Vorlage zurückgehen beziehungsweise die von der Berührung mit der französischen Literatur und Kultur zeugen. Das altfranzösische Suffix wird im Deutschen aber nicht produktiv. Vielmehr handelt es sich um eine wortweise Entlehnung einiger gängiger Wörter des Altfranzösischen.

Von andersartiger Qualität ist die Verwendung nominaler Eigennamenableitungen auf -er zur Kennzeichnung der Herkunft, die einem attribuierten Substantiv vorangestellt werden. Hier deutet sich bereits in mittelhochdeutscher Zeit eine Umdeutung zu Adjektiven an, weil sie aufgrund ihrer syntaktischen Stellung analog zu den -isch-Adjektiven interpretiert werden konnten. Es konnte gezeigt werden, daß die Verwendung der nominalen Eigennamenableitungen auf -er in adjektivischer Verwendung sprachgeographisch ihren Ausgang im oberdeutschen Sprachgebiet genommen hat und dort in Konkurrenz zu den etablierten deonymischen -isch-Ableitungen getreten ist. Im späteren Mittelhochdeutschen ist die adjektivische Verwendung der -er-Ableitungen von Eigennamen dann auch verstärkt im übrigen Sprachgebiet bezeugt. Damit ist seit mittelhochdeutscher Zeit in der deutschen Sprache die Möglichkeit angelegt, adjektivische Deonomastika mit dem Suffix -er zu bilden, das in der deutschen Gegenwartssprache neben dem Suffix -isch zur Ableitung von Eigennamen am produktivsten ist.

VII. Register

A. Deonymische Adjektive in althochdeutscher Zeit

a. Volkssprachig-lateinisches Register

Das nachfolgende Register bietet alle volkssprachigen deonymischen Adjektive aus Kapitel IV und, wenn bezeugt, die zu ihnen überlieferten lateinischen Lemmata. Die dem lateinischen Lemma nachfolgenden Ziffern beziehungsweise Buchstaben bezeichnen die Unterkapitel in Kapitel IV. Falls es sich um Randglossen handelt, wird das lateinische Lemma in runde Klammern gesetzt. Aufgenommen wurden auch lateinische Lemmata, die nicht direkt zum volkssprachigen Interpretament gehören, aber dennoch zu dessen Verständnis beitragen. Die lateinischen Lemmata richten sich nach GH. und sind einheitlich groß geschrieben worden, wenn es sich um Ableitungen von Eigennamen oder die Eigennamen selbst handelt. Die Ansätze richten sich nach den jeweiligen Kapitelüberschriften im Text. Altsächsische Wörter sind durch nachgestelltes as. gekennzeichnet. Falls ein Wort sowohl im Altsächsischen als auch im Althochdeutschen belegt ist, wird as. in Klammern gesetzt. Die volkssprachigen Interpretamente und die zu ihnen stehenden lateinischen Lemmata sind nicht als Übersetzungsgleichungen zu verstehen.

achadēmisg - Academicus C.a
affricānisg - Puniceus A.b.1
alpisc - Alpinus B.a
arabisg - Arabicus A.b.2
perezintisc - Megalesius A.b.3
dorisg - Dorius A.b.4
ebinchristane - proximus D.d.2
egypzisg - Aegyptius, Memphiticus, Niliacus, Pelusiacus A.b.5
ĕpīretisc - Dodonaeus B.b
frenkisc - (Franci nebulones) A.a.1
galilēisk as. B.c
grēcisc s. *chriehhisg*
hebrœisc - Hebraeus A.b.6
hūnisc - balatine, bedullacia, hesbura, elleborum nigrum, astracium, euforbium A.b.7
indigisc - Indicus A.b.8
indisg - Indicus A.b.9
israhēlisc A.b.10
israhelitesg - Israelita A.b.11
judeisc (as.) - Iudaicus, prosilitum A.b.12
cholchisg - Colchicus B.d
crētēnsisc - Gnosius B.e
grētigisc - Gnosia, Gnosias B.f
crēttisc - Gnosius B.g
chriehporan - Graiugena E.a
criohburtīg - Graiugena E.b
chriehhisg, chrēchisg, grēcisc - Achaicus, Eleaticus, gramma, Graecus, colophonia, fenum Graecum A.b.13
c(h)ristāni - Christianus, ecclesiasticus, fidelis, hypocrita - D.d.2
christānīg D.d.2
kristīn (as.) - ecclesiasticus D.d.1
lanc(h)partisc - Ausonia, Ausonius,

Latius, Rutulus (gens Italiae) A.a.2
latīnisc - Latinus B.h
licēisk - Lycaeus B.i
magdalēnisc - Magdalena D.a
mantinisc - (Minciades) C.b
macediisc - (Illyricus) A.b.14
māzianisc - Madianitæ A.b.15
māzianitisc - Madianitæ A.b.16
melibēisk - Meliboeus C.c
nazanzēnisc - Nazianzenus D.b
nazarēnisc - Nazarenus C.d
nazarisch - Nazareus C.e
ninevisc - Ninivitae C.f
ninewētisc - Ninivitae C.g
numediisc - Numidus A.b.17
partisc - Parthus, parra A.b.18
pontisc - Pontius B.k
pulleohti - Punicus B.l
pūnikisk - Punicus A.b.19
pūnisk - Punicus A.b.20

rōmānisc as. - Quirinalis A.b.21
rōmisc, rūmisc - Romanus, sandalia C.h
samaritānisc - Samaritanus C.i
serzisc - Arabicus A.b.22
*sirisc - Arabicus A.b.23
*sodomitīg C.k
spānisc - Hiberus A.b.24
tīrisg - Tyrius C.l
tracisg - Threicius, Threissa A.b.25
trojānisg - Troianus C.m
tuscānisch - (Ausonius), Tyrrhenus A.b.26
vngrisch - aristologia longa A.b.27
unchristane - energumenos D.d.2
walasg - uulgariter, Latine, volemum pirum, balsamum A.b.28
windisc - gilisia, Slavicus A.b.29
cilicaisc - Corycius B.m
zisēisch - (Cisseis) D.c

b. Handschriftenverzeichnis der Glossenbelege

Das Register verzeichnet alle Überlieferungsträger althochdeutscher und altsächsischer Adjektive auf der Basis von Eigennamen im Wortschatz der Glossen. Die Ansätze richten sich nach den jeweiligen Überschriften in Kapitel IV. Altsächsische Wörter sind durch nachgestelltes as. gekennzeichnet.

Admont, StiftsB. 718 (um a.1150) *affricānisg*
BV. Nr. 7

Berlin, StBPK. Ms. lat. 4° 215 (1. Hälfte 11. Jhd.) *tuscānisch*
BV. Nr. 50

Berlin, StBPK. Ms. lat. 4° 674 (13. Jhd.) *rōmisc*
BV. Nr. 51

Bern, BB. Cod. 803 (Rolle der Grafen von Mülinen) (11./12. Jhd.) *walasg*
BV. Nr. 67 *windisc*

St. Blasien, StiftsB. verschollen (14. Jhd. ?)   *hūnisc*
BV. Nr. 68   *c(h)ristāni*

Brixen, Bibliothek des Priesterseminars D 19 (Nr. 86)   *hūnisc*
(Anfang 13. Jhd.) BV. Nr. 77

Darmstadt, Hessische Landes- und Hochschulbibliothek 6   *hūnisc*
(Ende 12. Jhd.) BV. Nr. 93

Düsseldorf, Heinrich-Heine-Institut F1 (10. Jhd.)   *rōmānisc* as.
BV. Nr. 105

Einsiedeln, StiftsB. cod. 171 (688) (12. Jhd.)   *hūnisc*
BV. Nr. 118   *rūmisc* ?

Erfurt, Wissenschaftliche Allgemeinbibliothek F 81   *hūnisc*
(Anfang 13. Jhd.) BV. Nr. 142

Erlangen, UB. Erlangen-Nürnberg Ms. 396 (a.1294)   *hūnisc*
BV. Nr. 145

Essen, Münsterschatz (10. Jhd.)   *judeisc* as.
BV. Nr. 149

Florenz, Bibliotheca Medicea Laurenziana Plut. 16.5   *windisc*
(Anfang 13. Jhd.) BV. Nr. 151

St. Florian, Bibliothek des Augustiner-Chorherrenstifts XI 54   *hūnisc*
(Anfang 15. Jhd.) BV. Nr. 153

Frankfurt am Main, Stadt- und UB. Fragm. lat. II 6   *rōmisc*
(im 19. Jahrhundert ausgelöst aus Ms. Barth. 29)
(14. Jhd.) BV. Nr. 160

St. Gallen, StiftsB. 134 (10. Jhd.)   *crētēnsisc*
BV. Nr. 186

St. Gallen, StiftsB. 184 (10./11. Jhd.)   *rūmisc* ?
BV. Nr. 198

St. Gallen, StiftsB. 911 (Ende 8. Jhd.)   *grēcisc*
BV. Nr. 253   *chriehhisg*
    pulleohti

Göttweig, StiftsB. 46/103 (früher E 5) (12. Jhd.) *indisg*
BV. Nr. 264 *serzisc*

Heiligenkreuz, StiftsB. 17 (12. Jhd.) *lanc(h)partisc*
BV. Nr. 278

Inkunabel der Salomonischen Glossen (a. 1473/1474) *lanc(h)partisc*
BV. Nr. 1023 *rūmisc*

Innsbruck, UB. 355 (14. Jhd.) *chriehhisg*
BV. Nr. 285 *rōmisc*

Innsbruck, UB. Handschrift-Fragmente 89 und 90 (Anfang 12. Jhd.) *frenkisc*
BV. Nr. 288

Karlsruhe, BLB. Aug. IC (Ende 8. Jhd.) *pūnikisk*
BV. Nr. 296 *pūnisk*

Karlsruhe, BLB. Aug. CXI (Anfang 9. Jhd.) *chriehhisg*
BV. Nr. 298 *c(h)ristāni*
  nazarisch
  pulleohti

Leipzig, UB. Rep. I. 53 (10. Jhd.) *indisg*
BV. Nr. 383

London, BMMss. Add. 18379 (13. Jhd.) *lanc(h)partisc*
BV. Nr. 391 *walasg*

London, BMMss. Add. 19723 (10. Jhd.) *mantinisc*
BV. Nr. 393

London, BMMss. Arund. 393 (9. Jhd.) *c(h)ristāni*
BV. Nr. 407

München, BSB. Clm 475 (11. Jhd.) *numediisc*
BV. Nr. 453

München, BSB. Clm 615 (14. Jhd.) *chriehhisg*
BV. Nr. 455 *rōmisc*

München, BSB. Clm 2612 (12. Jhd.) *hūnisc*
BV. Nr. 461 *rōmisc*

München, BSB. Clm 3215 (13./14. Jhd.) *windisc*
BV. Nr. 464

München, BSB. Clm 4542 (Anfang 9. Jhd.) *egypzisg*
BV. Nr. 477

München, BSB. Clm 4583 (12. Jhd.) *hūnisc*
BV. Nr. 483

München, BSB. Clm 4606 (12. Jhd.) *serzisc*
BV. Nr. 486

München, BSB. Clm 8104 (10. Jhd.) *judeisc*
BV. Nr. 547

München, BSB. Clm 9607 (14. Jhd.) *vngrisch*
BV. Nr. 551

München, BSB. Clm 13057 (14. Jhd.) *rōmisc*
BV. Nr. 559

München, BSB. Clm 14395 (11. Jhd.) *perezintisc*
BV. Nr. 579 *egypzisg*
  grētigisc
  crēttisc
  lanc(h)partisc
  numediisc
  partisc
  spānisc

München, BSB. Clm 14689 (12. Jhd.) *indisg*
BV. Nr. 604 *māzianisc*
  rūmisc
  serzisc
  *sirisc

München, BSB. Clm 14747 (2. Hälfte 9. Jhd.) *c(h)ristānī*
BV. Nr. 611 (Subst.)
  unchristane

München, BSB. Clm 15825 (11. Jhd.) *francisce*
BV. Nr. 619

München, BSB. Clm 17152 (12. Jhd.) BV. Nr. 626	*lanc(h)partisc* *rūmisc*
München, BSB. Clm 18059 (2. Viertel 11. Jhd.) BV. Nr. 634	*alpisc* *ĕpīretisc* *grēcisc* *grētigisc* *chriehporan* *licēisk* *melibēisk* *tracisg* *walasg* *cilicaisc* *zisēisch*
München, BSB. Clm 18140 (3. Viertel 11. Jhd.) BV. Nr. 637	*indigisc* *c(h)ristāni* (Subst.) *c(h)ristānī* *māzianitisc* *serzisc* *spānisc*
München, BSB. Clm 18550a (Ende 8. Jhd.) BV. Nr. 652	*nazanzēnisc*
München, BSB. Clm 19417 (1. Drittel 9. Jhd.) BV. Nr. 663	*c(h)ristānī*
München, BSB. Clm 19440 (10./11. Jhd.) BV. Nr. 665	*indigisc* *c(h)ristāni* *c(h)ristānī* (Subst.) *māzianitisc* *serzisc*
München, BSB. Clm 22201 (a.1165) BV. Nr. 681	*lanc(h)partisc* *rūmisc* *serzisc* *walasg*
München, BSB. Clm 22307 (10. Jhd.) BV. Nr. 685	*spānisc*

München, BSB. Clm 23796 (15. Jhd.)   *hūnisc*
BV. Nr. 691

München, BSB. Clm 27329 (14. Jhd.)   *rōmisc*
BV. Nr. 694

Paris, BN. lat. 7640 (Anfang 9. Jhd.)   *chriehhisg*
BV. Nr. 747

Paris, BN. lat. 9344 (11. Jhd.)   *tuscānisch*
BV. Nr. 752

Paris, BN. Nouv. acquis. lat. 241 (11. Jhd.)   *perezintisc*
BV. Nr. 771   *grētigisc*
    lanc(h)partisc
    numediisc
    partisc
    spānisc

Pommersfelden, Graf von Schönbornsche Schloßbibliothek 12   *kristīn*
(2671) (12. Jhd.) BV. Nr. 781

Prag, Universitní knihovna MS VIII H 4 (11. Jhd.)   *macediisc*
BV. Nr. 785

Prag, Universitní knihovna MS XXIII E 54 (früher Prag,   *hūnisc*
Fürstlich Lobkowitzsche Bibliothek 434) (Anfang 13. Jhd.)   *rōmisc* ?
BV. Nr. 786

Rom, BV. Pal. lat. 1259 (13. Jhd.)   *chriehhisg*
BV. Nr. 808

Rom, BV. Reg. lat. 1701 (11. Jhd.)   *rūmisc*
BV. Nr. 827   *windisc*

Salzburg, Salzburger Museum Carolino Augusteum Hs. 2163   *c(h)ristānī*
(früher Unsigniert) (1. Viertel 9. Jhd.) BV. Nr. 838   (Subst.)

Salzburg, Bibliothek der Erzabtei St. Peter a VII 2   *c(h)ristānī*
(1. Hälfte 9. Jhd.) BV. Nr. 839   (Subst.)

Trier, StadtB. 1124/2058 (früher 31) (13. Jhd.)   *hūnisc*
BV. Nr. 882   *rōmisc* ?

Wien, ÖNB. Cod. 10 (11. Jhd.)   *hūnisc*
BV. Nr. 887   *chriehhisg*

Wien, ÖNB. Cod. 162 (um a. 820 bis 830)   *chriehhisg*
BV. Nr. 895

Wien, ÖNB. Cod. 223 (11. Jhd.)   *criohburtīg*
BV. Nr. 898

Wien, ÖNB. Cod. 804 (12. Jhd.)   *windisc*
BV. Nr. 926

Wien, ÖNB. Cod. 1234 (2. Viertel 9. Jhd.)   *rūmisc*
BV. Nr. 935

Wien, ÖNB. Cod. 1761 (11. Jhd.)   *rūmisc*
BV. Nr. 941

Wien, ÖNB. Cod. 2400 (Anfang 13. Jhd.)   *hūnisc*
BV. Nr. 945   *rōmisc*

Wien, ÖNB. Cod. 2524 (letztes Viertel 13. Jhd.)   *chriehhisg*
BV. Nr. 947   *rōmisc*

Wien, ÖNB. Cod. 2723 (2. Hälfte 10. Jhd.)   *indisg*
BV. Nr. 949   *c(h)ristāni*
    mazianisc
    serzisc
    spānisc

Wien, ÖNB. Cod. 2732 (10. Jhd.)   *indigisc*
BV. Nr. 950   *c(h)ristāni*
    māzianisc
    serzisc
    spānisc

Wiesbaden, Hessische LB. 2 (13. Jhd.)   *rōmisc*
BV. Nr. 958

Zürich, ZB. Ms. C 58 (letztes Viertel 12. Jhd.)   *hūnisc*
BV. Nr. 1001

Zürich, ZB. Ms. Car. C 164 (10. Jhd.) *rōmisc*
BV. Nr. 1008

Zwettl, StiftsB. 1 (12. Jhd.) *lanc(h)partisc*
BV. Nr. 1020 *rūmisc*

c. Verzeichnis der Quellen aus althochdeutscher Zeit

Das nachfolgende Register verzeichnet alle Quellen (beziehungsweise Autoren) und die zu ihnen überlieferten althochdeutschen und altsächsischen Adjektive auf der Basis von Eigennamen. Die Angabe der Quelle wurde so kurz wie möglich gehalten. Die Ansätze richten sich nach den jeweiligen Kapitelüberschriften. Altsächsische Wörter sind durch nachgestelltes as. in Klammern gekennzeichnet.

Abrogans - Samanunga	*chriehhisg, c(h)ristāni, nazarisch, pulleohti*
Aldhelm	*affricānisg*
Benediktinerregel	*c(h)ristāni, rūmisc*
Biblia sacra	*indigisc, indisg, judeisc* as., *c(h)ristāni, pūnisk, pūnkisk, serzisc, *sirisc, spānisc*
Boethius	*francisce*
Canones	*c(h)ristānī* (Subst.)
Capitularia Regum Francorum	*langobardiscus, franciscus*
Concilia Aevi Merovingici	*franciscus*
Exhortatio	*c(h)ristāni*
Glossae Salomonis	*lanc(h)partisc, rōmisc/rūmisc, walasg*

Sachlich geordnete und sonstige Glossare (ohne Summarium Heinrici)	*hūnisc, criohburtīg, chriehhisg, rōmisc/rūmisc, vngrisch, walasg, windisc*
Gregor der Große	*egypzisg, judeisc, māzianisc, māzianitisc, nazanzēnisc*
Heliand as.	*kristīn* as., *galilēisk* as.
Althochdeutscher Isidor	*hebræisc, israhēlisc, judeisc*
Juvencus	*mantinisc*
Leges Burgundionum	*walisci*
Liber Comitis	*c(h)ristāni*
Monseer Fragmente	*hebræisc, c(h)ristāni, nazarēnisc, ninewētisc, pontisc*
Notker III.	*achadēmisg, arabisg, dorisg, egypzisg, indisg, israhelitesg, judeisc, cholchisg, chriehhisg, rōmisc/rūmisc, tīrisg, tracisg, trojānisg, walasg*
Notker-Glossator	*ebinchristane, chriehhisg, c(h)ristāni, walasg*
Otfrid	*frenkisc, judeisc, chriehhisg, c(h)ristāni, kristīn*
Physiologus	*christānīg*
Prudentius	*perezintisc, egypzisg, crētēnsisc, grētigisc, crēttisc, lanc(h)partisc, macediisc, numediisc, partisc, rōmānisc* as., *spānisc*
Psalmauslegung as.	*kristīn* as.

Sedulius	*kristīn*
Straßburger Eide	*c(h)ristāni*
Summarium Heinrici	*hūnisc, c(h)ristāni, rōmisc/rūmisc, windisc*
Althochdeutscher Tatian	*hebræisc, judeisc, chriehhisg, latīnisc, magdalēnisc, nazarēnisc, ninevisc, pontisc, samaritānisc*
Die Urkunden Heinrichs IV.	*franciscus*
Die Urkunden Ottos II.	*grēciscus*
Vergil	*alpisc, ĕpīretisc, grēcisc, grētigisc, chriehporan, licēisk, melibēisk, tracisg, tuscānisch, walasg, cilicaisc, zisēisch*
Walahfrid Strabo	*indisg*
Waltharius	*frenkisc*
Weißenburger Katechismus	*pontisc*
Williram von Ebersberg	*c(h)ristāni*
Würzburger Beichte	**sodomitīg*

B. Deonymische Adjektive in mittelhochdeutscher Zeit

Für das alphabetische Verzeichnis und das Quellenverzeichnis ist aus praktischen Gesichtspunkten für ein Wort jeweils ein Ansatz gewählt worden, der für alle Quellen benutzt wird, und zwar auch dann, wenn das jeweilige Wort in einer Variante vorliegt, weil so die Übersichtlichkeit bei der Vielzahl der mittelhochdeutschen Varianten gewahrt bleibt. Adverbien sind durch nachgestelltes Adv., mittelniederdeutsches und mittelniederländisches Sprachmaterial wird jeweils durch nachgestelltes mnd. beziehungsweise mnl. gekennzeichnet. Wenn das Wort sowohl im Mittelhochdeutschen als auch im Mittelniederdeutschen und/oder Mittelniederländischen bezeugt ist, ist mnd. beziehungsweise mnl. in Klammern gesetzt worden. ‹c› ist unter ‹k›, ‹f› ist unter ‹v›, ‹y› ist unter ‹i› eingeordnet.

a. Alphabetisches Register

Die mit * gekennzeichneten Wörter sind bislang in keinem Hilfsmittel bezeugt. Um die Übersichtlichkeit zu bewahren, ist das Material nach Suffixen getrennt aufgeführt.

1. -isch

A

âbrahæmisch CHR. VIII, EVANG., MYST., OREND.
âbrahæmischen Adv. EVB.
akrisch HR., RZT.
*allexandrînisch EVANG., MGB.
almarisch KARL, RUL.
althiunisch HELBL.
*altstedesch mnd. VECK. I
altfrenkisch Ls., RENN., VINTL.
*amsterdamsch mnd. VECK. I
*appennisch RWCHR.
arâbensch WOLFR.
arâbisch BEH. ged., HB. M., MGB., NIB., OT., PARZ., RUL., SPH., TRIST.
arnnemsch mnd. VECK. I
arnsch QGK.
*asianisch ANNO.

asisch SCHM. Fr.
*atenesch RWCHR.
*affricânisch KCHR.

B

*babylonisch VÄT.
*bactrianisch RWCHR.
baessch QGK.
*bambergisch JES.
bartisch JER.
behêmisch (mnd.) BÖHM. Chr., BUCH v.g.sp., ENIK., JES., JR., Ls., MI., MW., OT., QGK., RB., VECK. I, VOC., WP. G.
beierisch (mnd.) ANNO., BÖHM. Chr., CAO., ENIK., HELBL., JES., KARL, KCHR., OT.,

PARZ., RB., RENN., RUL.
*beltzsch mnd. VECK. I
*berckesch (mnd.) JES.
bërnisch ATH., MI.
bertonsch mnd. JES.
*bethlehæmisch SERV.
*prabantisch QGK., RB.
*branbergisch JES.
*brandenborgesch mnd. CAO.
britânisch JES., KCHR., LANZ., RWCHR.
britûnisch TRIST.
britûnische Adv. TRIST.
bruckisch ENIK., MI.
brunswikesch mnd. JES.
brusel(s)ch mnl. CMT.
*burbondesch mnd. JES.
*busschessch mnd. VECK. I

D

*danaÿsch RWCHR.
dellermündesch mnd. VECK. I
denisch Ls., MSH., QGK.
*derpsch QGK.
*deventersch mnd. JES.
doringessch (mnd.) JES.
dornsch mnd. VECK. I
dorptmundesch mnd. JES.
*dûûsch mnd. VECK. I

E

echisch (mnd.) CAO., QGK., VECK. I
*edingsch mnd. VECK. I
êgiptisch GEN. D., HEINR., JER., RWCHR.
egrisch EG. Z.O.
*eyersteedsch QGK.
einbeckisch mnd. JES.

eldagesch mnd. JES.
englisch (mnd., mnl.) CHR. VIII, GERH., JES., LÜB. CHR., MI., NP., QGK., RB., TÜRL. Wh., VECK. I. II, VOC., WP. G.
*erfurtisch JES.
*escherschusesch JES.
*eufrateisch LALEX.

G

galilêisch ALSF. G., EVANG.
*gelresch (mnd.) JES., QGK., VECK. I. II
geneboessch JES.
gentisch (mnd.) THÜRL. Wh., VECK. I
*gertenbergesch mnd. VECK. I
goslersch mnd. JES.
gotensch mnd. JES.
*gottingsch mnd. JES.

H

*halverstedesch mnd. JES.
*hamborgesch mnd. JES.
(h)êbrêisch ALSF. G., BEH. ged., BRUN, ENIK., EVA., EVANG., EVSPAUL, EXOD., GEN., JER., KCHR., MAR., MGB., RWCHR., SECR., VOC.
(h)êbrêischen Adv. BRUN, EVA., EVANG., MGB.
*hellisch JES.
*herentalsch mnd. VECK. I
hessensch (mnd.) JES.
*hyldensch mnd. VECK. I
hildensemsch mnd. JES.
hiunisch CAO., DIETR., GR.W.,

KCHR., LCR., NIB., NP.,
RAB., TAULER
hiunisch Adv. BIT.
hollandesch mnd. JES.
hollansch (mnd., mnl.) CAO.,
QGK., VECK. II
hordesch mnd. JES.

I

indîâsch LALEX., MARCO,
RWCHR., W.WH.
ypersch mnd. VECK. I
*irlandesch TRIST.
ismahêlisch ERACL.
ispanisch MAI
israhêlisch ANTICHR., BARL.,
BEH. *ged.*, BRUN, CHRGEB.,
ENIK., EVANG., EVB., EX-
OD., HB. *M.*, HLREG., JER.,
KCHR., LEG., MAR., PARZ.,
RWCHR., SGPR., W.WH.
îtâlsch EN., RWCHR.

J

*jerusalêmisch JER., KCHR.
judenisch CHR. VIII
jüdisch (mnd.) ALSF. *G.*, APK.,
BEH. *ged.*, BIRG., BRUN,
CHR. VIII, ENIK., EVANG.,
EVB., GEN., HIOB, KÖNE.,
KVHELMSD., LALEX., NP.,
PASS., PILAT., RENN.,
SGPR., SHORT, TAULER,
VOC., WYN.
jüdischlich SILV.

K

kaldêisch ANNO., RENN.,
RWCHR., SECR., W. WH.,
WARTB.
kamenisch TRIST.
kamerîkesch mnd. VECK. I
*kampensch mnd. VECK. I
cananesch EVANG., RWCHR.,
SCHÜREBR.
*katlonisch WOLK.
kentsch mnd. VECK. I
kerlingisch ER.
*cêsârisch EVANG.
kipperisch HTRIST., LOH.,
MARLD. *han.*, MGB.
*clevesch (mnd.) JES., QGK.
*colmisch CAO., JER.
kölnisch (mnd.) ANNO., CAO.,
CHR. I, FREID., GERM., JES.
kölsch (mnd.) BÖHM., CAO.,
ELIS., JES., QGK., VECK. I
komesch mnd. VECK. I
*konditsch mnd. VECK. I
*cordinaensch QGK.
kortrykesch mnd. VECK. I
kriechisch (mnd.) ALSF. *G.*, AN-
NO., BEH. *ged.*, CHR. VIII,
ECKH. II, ENIK., EVA.,
EVANG., EVSPAUL, GOD.,
GREG., HERB., JER., JES.,
KARL, KCHR., KREUZF.,
LALEX., MARCO, MGB.,
OT., PARAD., RB., RENN.,
RWCHR., SECR., SILV.,
STHEOL., STRAMIS, TRIST.,
VOC., WOLFD. *A.*
kriechischen Adv. ENIK., EVA.,
EVANG., KVMSPH.
*kûrisch JER.
*curnewalsch TRIST.
kursch mnd. VECK. I
kurwelsch CDG.

L

lampartisch CHR. VIII, CRAON, HTRIST., LOH., SCHB., WOLK.
latînisch BERTH., ECKH. II, ENIK., EVANG., EVB., EXOD., GEO., LEYS., MARCO, MGB., MI., OT., PARZ., PSM., RWCHR., VOC.
latînisch(en) Adv. EVA., EVANG., TRIST.
**laudônisch* MGB.
leydesch mnd. VECK. I
**lentselsch* mnd. VECK. I
**lêvîtisch* EVANG.
lindisch PR.
**lyonisch* NP.
**lirsch* (mnd.) QGK., VECK. I
**lyssenboynssch* QGK.
**littouwisch* JER.
lombardisch CHR. I
londisch QGK.
lovensch mnd. JES.
lubekesch mnd. JES.
lubesch (mnd.) JES., LÜB. CHR., VECK. I
lüdekesch mnd. JES.
**lukanisch* RB.
lundisch NP.
**luneborgesch* mnd. JES.

M

**mabosch* mnd. VECK. I
**madianisch* RWCHR.
mailandisch GERM., MI.
mailanisch JES., MI., RB.
**marggrevisch* JES.
**masowsch* JER.
**mastrechtesch* mnd. VECK. I
mechelsch mnd. JES., VECK. I

meichsnisch (mnd.) JES., JR.
meilisch JES.
merherisch BÖHM. *Chr.*
**merkisch* JES.
mestensch mnd. VECK. I
**metzsch* mnd. JES.
**monstrolsch* mnd. VECK. I
mörisch WOLK.
**mülhausisch* (mnd.) JES.
munstersch mnd. JES.

N

**nadrowsch* JER.
**nattangisch* JER.

O

oldenardesch mnd. VECK. I
ôrientisch HB. *M.*
osenbruggesch mnd. JES.
ôsterisch BÖHM. *Chr.*
**ottisch* JES.

P

Sieh auch **B**

padawisch MGB.
**palwisch* RUL.
**peynisch* (?) mnd. JES.
**peloponensch* RWCHR.
perpiniônisch NP.
pigmêisch MGB.
**pogezênsch* JER.
**poilsch* QGK.
pôlânisch BÖHM. *Chr.*, HELBL., JER., JES., OT., WOLK.
**pomerânisch* JER.
**pomezênsch* JER.
popersch mnd. VECK. I

pregisch JES.
priuzisch (mnd.) CHR. X, JER., JES., MARCO, QGK., VECK. I
püllisch CHR. VIII, ENIK., GA., MSH.
pullnisch NP.
punikisch WB.

Q

*quedlinborgesch mnd. JES.

R

*ragnîtisch JER.
*ragonysch RB.
ryghesch mnd. VECK. II
rînisch (mnd.) CHR. IX, FASN., JER., JES., MI., MYST., MW., NP., QGK., RB., ROSENG., TEICHN., VECK. I. II
riuzesch HELB., JER., KARL, OT., QGK., WOLK.
riuzeschen Adv. ENIK.
rœmisch (mnd.) ALPH., ALSF. *G.*, ANNO., ANTICHR., ATH., BEH. *ged.*, BIT., BERTH., BÖHM. *Chr.*, CAO., CHR. I, CRANE, DIETR., ENIK., ERACL., ERZ. III, FREID., GREG., HVM., JER., JES., KARL, KCHR., KVMSPH., KVWPART., LOH., LÜB. CHR., LVREG., MERLIN, MYST., NARR., OT., OTN. *A*, PASS., QGK., RAB., ROTH. *R.*, RUL., RWCHR., RWH., j. TIT., TRIST., TYR. *W.*, VOC., *W.* WH., WALTH., WOLFD. *B. D*, WOLFR.
rottwelsch MATT., NARR.

rotwalsch PASS., VINTL.

S

samaritanisch ENIK., EVANG.
*samisch JER.
sarrazînesch MARCO, TRIST.
*schalouwisch JER.
schottesch KARL, PARZ.
sechsisch JES., SSP.
*syrisch RENN.
smalentzisch CHR. II
*smoleynssch QGK.
*soltwedelsch JES.
sophoyeessch mnd. JES.
*spânisch GUD., QGK.
spanjôlisch NP.
spengesch (?) RAPPOLT.
stendelsch mnd. JER.
*stralesundesch mnd. JES.
*sudouwisch JER.
sundesch mnd. JES., VECK. I. II
swæbisch CHR. VIII. IX. XI, DSP., ENIK., GERM., JES., KCHR., MI., MSH., SSP.
swæbischen Adv. OT.
*swarinsch mnd. VECK. I
*swedessch QGK.

T

taterisch CHR. XI, MARCO, OT.
*taurisch KARL
tirolesch LAUR.
*tomassch mnd. VECK. I
*tornddessch mnd. VECK. I
*tornoldesch mnd. VECK. I
tornsch mnd. JES.
*trierisch CHR. I, JES.
troiânisch ANNO., EN., RWCHR.
trôisch EN.

troyssch (mnd., mnl.) JES., VECK.
I
türkisch BEH. *ged.*, GERM.,
LIEHT., MI., W. WH.
*tungerisch SERV.
turnosch MARCO

U

*ulmisch CAO.
ungerisch (mnd.) BEH. *ged.*,
BÖHM. *Chr.*, CHR. IX,
GERM., HELBL., JES., Ls.,
MI., MSH., MW., NP., OT.,
PARZ., QGK., RB., j. TIT.,
VECK. I, VIRG., WOLFD. *D*,
WOLK.
ungerischen Adv. ENIK., OT.,
WOLK.
*utrechtsch (mnd.) JES., QGK.
*uttersch QGK.

V

*valentinsch mnd. VECK. I
*venedigisch MI., RB.
venedisch MARCO, MI., QGK.,
RUB.
*verdesch mnd. JES.
*vielvortsch mnd. VECK. I
vlæmisch (mnd., mnl.) BEH. *ged.*,
CAO., JES., NEIDH., NP.,
OT., QGK., VECK. I. II
francrihhisch LuM.
franzisch ATH., BERTH., RUL.
franzoisch ATH., KRONE, WOLK.
französisch ANZ., MI.
frenkisch (mnd.) ALBR., ANNO.,
BIT., GR.W., JES., KCHR.,

MB., NP., ROTH. *R.*, SERV.,
SWSP., VECK. I. II
vriesch QGK.

W

wälhisch APK., BEH. *ged.*,
BERTH., CHR. I. VIII, EILH.
L., EN., ENIK., EVANG.,
FLORE, GALL., GEO.,
GREG., HEINR., HERB.,
HTRIST., HVNST., IW., JER.,
JES., KCHR., KRONE,
KVMSPH., LALEX., LANZ.,
LEYS., LIEHT., LOH., Ls.,
MG., MGB., MI., MSH.,
MYST., NP., OT., OTN. *A*,
PARZ., QGK., RAPPOLT.,
RB., REN., RENN., RWCHR.,
RWH., SECR., SHORT, STRA-
MIS., STRDAN., TRIST.,
TÜRL. *Wh.*, VOC., WALTH.,
WG., WIG., WOLFD. *A*,
WOLK., WP. *G.*
wälhisch(en) Adv. OT. SHORT
*warstensch mnd. VECK. I
*werlsch mnd. JES.
westfelsch QGK.
wienisch CAO., JES.
*wilhelmisch JES.
windisch (mnd.) BEH. *ged.*, BIT.,
BÖHM. *Chr.*, CHR. III, FASN.,
GEO., HB. *M.*, HEINR.,
HELBL., KCHR., LIEHT.,
LOH., Ls., LÜB. CHR., MSH.,
MW., NARR., OT., PARZ.,
RENN., RWCHR., SWSP.,
WH.*v.W.*, WOLK.
windischen Adv. HELBL.
*wysmersch mnd. JES. VECK. I
*wunstorpesch mnd. JES.

2. Andere Suffixe

arâbîn VIRG.
arlazîn JR., LS.
arrasein JR., LS., MI., MONE, PR., TL.
brueslaht mnl. CMT.
brus(e)lacht mnl. CAO., CMT.
engeloys TRIST.
erforthig (?) JES.
gâlois TRIST.
gâlois(e) Adv. TRIST.
judic (?) ALSF. G.

parîsîn TÜRL. Wh.
ruzzic (?) BUCH v.g.sp.
franzois DEM., FLORE, GEO., GERH., HERB., KRONE, KVWPART., LANZ., LOH., LVREG., MAI, PARZ., REINH., RWH., SUCH., j. TIT., TRIST., TÜRL. Wh., W. WH., WIG., WOLFR.
franzoise Adv. TRIST.
wâlschein HR.

3. Derivate von *krist-*

kristen (mnd.) BEH. ged., CHR. VIII. IX, ELMEND., FREID., GALL., GAUPP, GEO., GERH., GUDR., KARL, KARLM., KORNER, KVHELMSD., LANZ., LÜB. CHR., MARCO, MARG. W., MG., MERLIN, MYST., NIB., PARAD., PARZ., PASS., RAPPOLT., RUL., SWCHR., STRAMIS, VOC., W. WH.; Superlativ *allerchristenst* CHR. VIII
kristenisch MGB.

kristenlîh BEH. ged., EVANG., HTRIST., KARL, KVHELMD., LIT., LOH., MG., MSH., NIB., PARAD., PARZ., PASS., REN., STRAMIS, StSpD. XXVIII, tod. gehüg., TRIST., W. WH., WALTH., WARN.
kristenlîche Adv. PARZ., SILV., WALTH.
cristenfar KOLM.
unkristen CHR. VIII. IX, GA., MERLIN, MYST.
unkristenlîch SWSP., WALTH.
unkristenlîch Adv. GA.

4. -er

Verzeichnet sind alle Ableitungen von Eigennamen auf -er im Genitiv Plural, die dem attribuierten Substantiv vorangestellt sind. Die vollständigen Syntagmen sind im Quellenverzeichnis nachgewiesen. Alle Wörter werden einheitlich durch Großschreibung dargestellt.

A

Aker mnd. JES.
Amberger JES., RB.
Augsburger CAO., JES., QGK., RB.
Affentaler RENN.

B

Babenbergær OT.
Baloniaer RB.
Bamberger JES.
Baseler CAO.
Bêheimer MYST., OT.
Beier ENIK., KCHR., KREUZF., LOH., NIB., OT.
Bercker mnd. JES.
Berner CAO., JES., MSH., NIB.
Bonner mnd. JES.
Brandenburger mnd. JES.
Braunschweiger JES.
Bremer mnd. JES.
Pritaner BEH. ged.
Britoneiser j. TIT.
Pruker JES.

D

Deventer (mnd.) JES., QGK., VECK. I
Drachenfeltzer QGK.
Duytzer JES.

E

Egrer JES.
Elsoesser QGK.
Engellender RWH.
Engeloyser TRIST.
Erfurter CAO., JES., PARZ.

G

Gennouwer CHR. IX, JES. (*Jenower*), RB.
Glurnnser MI.
Godlescheyder QGK.
Gottinger JES.
Gripeswalder mnd. JES.
Groninger mnd. JES.
Grubenhener JES.
Gülger (mnd.) JES., QGK.

H

Haller CAO., JES., RB.
Hamborgher mnd. JES., VECK. I
Heiligensteter JES.
Henneberger JES.
Hyberner VOC.
Hirsler JES.
Hispaner VOC.
Hiunburgære OT.
Holster QGK.

I

Ybbser HELBL.
Ingolstetter JES., MW.
Isenacher JES.
Yspanjer OT.
Ysterrîchære OT.

J

Jhener JES.

K

Kärlingære KVWPART.
Camper mnd. JES.
Kernær CAO., OT.
Kipper SGPR.
Costentzer CAO., JES.
Kotenere mnd. JES.
Kurnewaler RAPPOLT.

L

Lamparter AMMENH.
Landshueter JES., MW.
Landsberger JES.
Lanndëgger MI.
Lateyner OT.
Ludwickergroschen JES.
Luneborghere mnd. JES.
Lusenzer OT.
Lützelburger CHR. IX

M

Mantower JES.
Megenzære KCHR.
Meigsner JR., RB.
Meinczer CHR. I
Meraner MI.
Metzer CHR. IX, RB.
Münchener CAO., JES., MW., RB.
Munsalvæscher PARZ.

N

Normandierer RAPPOLT.
Northaußer JES.
Nürenberger (mnd.) CAO., JES.
Nuetzer mnd. JES.

O

Öttinger JES., RB.

P

Sieh auch **B**

Passauer CAO., JES., OT.
Petter-Pauler-groschen JES.
Polonier BIT.
Prager JES., MW., RB.

R

Ravensburger JES., QGK.
Regensburger CAO., JES., MW.,
    OT., PARZ., RB., RUB.
Rômer AMMENH., DIETR.,
    ENIK., KCHR., LANZ., MGB.,
    NARR., RENN.
Rostocker mnd. JES.

S

Salfelder JES.

Salzpurgære OT.
Sante Galler CAO., JES.
Schafhuser CAO., JES.
Schneberger JES.
Schwitzer NARR.
Seckouwær OT.
Sibenburgær OT.
Spitalær OT.
Stîrer KOLM.
Stolberger JES.
Straßburger CAO., CHR. IX

Venediger ENIK., JES., RB.
Ferrærære OT.
Vilinger CAO.
Franckfurter JES., QGK., VECK. I
Vranckricher KARLM.
Franzoiser BEH. ged., DEM., KINDH., KREUZF., OT., PARZ., PLEIER, RWCHR., RWH., j. TIT., TRIST., TÜRL. Wh., W. WH., WIG., WOLFR.
Friburger CAO., JES.

T

Tâtrær OT.
Trierêre KCHR.
Triester BEH. ged., OT.
Troyer ENIK., LALEX., MGB.
Tronegære NIB.
Tulner HELBL.

W

Weisenseer JES.
Wiener CAO., JES., OT., RB., TEICHN.
Wirtenberger JES.
Wirzeburger HEINR., JES., RB., WP. G.
Wormer CAO.

U

Ulmer JES., QGK.
Unger ENIK., NEIDH., OT., RB.

Z

Zuricher CAO., JES.

V

Venediær OT.

b. Verzeichnis der Quellen aus mittelhochdeutscher Zeit

Das Quellenverzeichnis enthält eine Liste der berücksichtigten volkssprachigen Quellen aus mittelhochdeutscher Zeit (bis a. 1500) mit den in ihnen auftretenden Eigennamenableitungen. Die erste Spalte enthält eine Sigle für die Quelle. Die zweite Spalte enthält Siglen, die die Fundstelle der Quelle über die Hilfsmittel bezeichnen (dazu sieh das Abkürzungsverzeichnis). Falls eine Quelle nicht durch eines der Hilfsmittel ermittelt wurde, bleibt diese Spalte leer. Durch dieses Verfahren bleiben die Auffindbarkeit in den jeweiligen Hilfsmitteln sowie die Identifizierung der Quellen gewährleistet. Die jeweils maßgeblichen Editionen sind über das Verfasserlexikon sowie über die neueren Hilfsmittel (FMW., MRZ., WMU.) zu erschließen, soweit sie nicht ohnehin im laufenden Text genannt werden, weil die Siglen sowie der Kurztitel der Quellen in der dritten Spalte entsprechend gewählt wurden. Die Literatur, die nicht über eines der genannten Hilfsmittel gefunden wurde, sowie schwer zugängliche, mittelniederdeutsche und historische Quellenwerke sind bibliographisch vollständig im Literaturverzeichnis nachgewiesen. Die vierte Spalte verzeichnet die in den Quellen bezeugten Wörter. Morphologisch unterschiedlich gebildete Eigennamenableitungen sind abgesetzt in Gruppen aufgeführt. Bei Eigennamenableitungen auf *-er* im Genitiv Plural ist das gesamte Syntagma verzeichnet, und zwar pro Beispiel jeweils nur in einer Verwendung.

Sigle	Fundstelle	Titel	Adjektive
ALBR.	LH.	Albrecht von Halberstadt	*frenkisch*
ALPH.	LH.	Alpharts Tod	*rœmisch*
ALSF. *G.*	LH.	Alsfelder Passionsspiel	*galilêisch, (h)êbrêisch, jüdisch, kriechisch, rœmisch*
			judic (?)
AMMENH.	LH.	Konrad von Ammenhausen, Das Schachzabelbuch	*der Lamparter tât, in Rômer hystoriâ*
ANNO.	LH. FMZ.	Das Annolied	*asianisch, beierisch, kaldêisch, kölnisch, kriechisch, rœmisch, troiânisch, frenkisch*

ANTICHR.	LH.	Frau Ava, Das Leben Jesu	*israhêlisch, rœmisch*
ANZ.	LH.	F. Reuss, Anzeiger für Kunde der deutschen Vorzeit N.F. 4 (1857) Sp. 81	*franzôsisch*
APK.	FMW.	Die Apokalypse Heinrichs von Hesler	*jüdisch, wälhisch*
ATH.	LH.	Athis und Prophilias	*bërnisch, rœmisch, franzisch, franzoisch*
BARL.	LH.	Rudolf von Ems, Barlaam und Josaphat	*israhêlisch*
BEH. *ged.*	LH.	Michel Beheim	*arâbisch, (h)êbrêisch, israhêlisch, jüdisch, kriechisch, rœmisch, türkisch, ungerisch, vlœmisch, wälhisch, windisch*
			kristen, kristenlîh
			der Pritaner brophete, dise Triester stat, der Franczoiser kung
BERTH.	LH. FMZ.	Berthold von Regensburg, Deutsche Predigten	*latînisch, rœmisch, franzisch, wälhisch*
BIRG.		Eine niederdeutsche Birgitta-Legende	*jüdisch* mnd.
BIT.	LH.	Biterolf und Dietleib	*hiunisch, rœmesch, frenkisch, windisch*
			der Polonier heer
BÖHM.	LH.	Codex diplomaticus Mœnofrancofurtanus	*kölsch*

BÖHM. *Chr.* (DAL.)	JW. LH.	Dalimil, Die pehemische cronica dewcz	*behêmisch, beierisch, merherisch, ôsterisch, pôlânisch, rœmisch, ungerisch, windisch*
BRUN	FMW.	Brun von Schonebeck	*(h)êbrêisch, (h)êbrêischen* Adv., *israhêlisch, jüdisch*
BUCH *v.g.sp.* (BVGSP.)	LH. FMW.	Das Buch von guter Speise	*behêmisch*
			ruzzic (?)
CAO.	WMU.	Corpus altdeutscher Originalurkunden	*beierisch, brandenborgesch* mnd., *echisch, hiunisch, hollansch* mnl., *colmesch, kölnisch, kölsch* (mnd.), *rœmisch, ulmisch, vlæmisch* mnl., *wienisch*
			bruselaht mnl.
			auspurger phenninge, baseler mvnze, Bernær wise, Erfurter gwicht, haller mvnse, ze Chærnær pŭritor, Costentzer pfening, Mv́ncher phenninge, Nevrenberger brandes, pazzowær mvnze, Regenspurger phenning, Sante Galler mvnze, Schafhuser gewihtez, Strazburgere gewichtes, vilinger munze, Friburger geweges, wiennær pfennich, worm̃ phenninge, zúricher múntze
CDG.	LH.	Codex Diplomaticus. Graubünden	*kurwelsch*

CHR. I. II. III. LH. VIII. IX. X. XI		Die Chroniken deutscher Städte	*âbrahæmisch, englisch, judenisch, jüdisch, kölnisch, kriechisch, lampartisch, lombardisch, priuzisch, püllisch, rînisch, ræmisch, smalentzisch, swæbisch, taterisch, trierisch, ungerisch, wälhisch, windisch*
			allercristenst, kristen, unkristen
			Gennouwer güldin, Lützelburger güldin, die Meinczer guldein, Metzer güldin, einen Straßburger pfenning
CHRGEB.		Von Christi Geburt	*israhêlisch*
CMT.		Corpus van Middelnederlandse Teksten	*brusel(s)ch* mnl.
			brueslaht, brus(e)laht
CRANE	LH.	Berthold von Holle, Crane	*ræmisch*
CRAON	LH.	Moriz von Craûn	*lampartisch*
DEM.		Berthold von Holle, Demantin	*franzois*
			der Franzoiser here
DIETR.	LH.	Dietrichs Flucht	*hiunisch, ræmisch*
			über aller Ræmer gewalt
DSP.	LH. FMW.	Deutschenspiegel und Augsburger Sachsenspiegel	*swæbisch*
EG. Z.O.	JW.	K. Siegl, Die Egerer Zunftordnungen	*egrisch*

EILH. L.	LH.	Eilhart von Oberge	*wälhisch*
ECKH. II	FMW.	Meister Eckharts Predigten	*kriechisch, latînisch*
ELIS.	LH.	Das Leben der heiligen Elisabeth	*kölsch*
ELMEND.	LH. FMW.	Wernher von Elemendorf	*kristen*
EN.	LH.	Henric van Veldeken, Eneide	*îtâlsch, troiânisch, trôisch, wälhisch*
ENIK.	FMW.	Jansen Enikels Werke	*behêmisch, beierisch, bruckisch, (h)êbrêisch, israhêlisch, jüdisch, kriechisch, kriechischen* Adv., *latînisch, püllisch, riuzeschen* Adv., *rœmisch, samaritanisch, swœbisch, ungerischen* Adv., *wälhisch*
			der Beier her, der Rœmer nît, der Troyer freude, in Unger lande, Venediger guot
ER.	LH.	Hartmann von Aue, Erec	*kerlingisch*
ERACL.	LH.	Otte, Eraclius	*ismahêlisch, rœmisch*
ERZ. III	FMW.	Kleinere mittelhochdeutsche Erzählungen	*rœmisch*
EVA.	FMW.	Elke Donalis, Die Augsburger Bibelhandschrift	*(h)êbrêisch, (h)êbrêischen* Adv., *kriechisch, kriechischen* Adv., *latînischen* Adv.

EVANG.	LH.	Evangelien-Übertragungen: Matthias von Beheim, Evangelienbuch	*abrahæmisch, allexandrînisch, galilêisch, (h)êbrêisch, (h)êbrêischen*, Adv., *israhêlisch, jüdisch, kananêisch, cêsârisch, kriechisch, kriechischen* Adv., *latînisch, latînisch* Adv., *lêvîtisch, samaritânisch, wälhisch*
			kristenlîh
EVB.	FMW.	Günter Feudel, Das Evangelistar	*âbrahæmischen* Adv., *israhêlisch, jüdisch, latînisch*
EVSPAUL	FMW.	Anton Emanuel Schönbach, Mittheilungen	*(h)êbrêisch, kriechisch*
EXOD.	LH.	Altdeutsche Exodus	*(h)êbrêisch, israhêlisch, latînisch*
FASN.	LH.	Fastnachtspiele	*rînisch, windisch*
FLORE	LH.	Konrad Fleck, Flore und Blanscheflur	*wälhisch*
			franzois
FREID.	LH.	Freidank	*kölnisch, rœmisch*
			kristen
GA.	LH.	Gesamtabenteuer	*püllisch*
			unkristen, unkristenlîch Adv.
GALL.		Heinz Gallmann, Das Stifterbuch	*wälhisch*
			kristen
GAUPP	LH.	E. Th. Gaupp, Deutsche Stadtrechte des Mittelalters	*kristen*

GEN.	LH.	Altdeutsche Genesis	*(h)êbrêisch, jüdisch*	
GEN. *D.*	LH.	Millstätter Handschrift (Genesis)	*êgiptisch*	
GEO. (REINB.)	LH.	Reinbot von Durne, Der heilige Georg	*latînisch, wälhisch, windisch*	
			franzois	
			kristen	
GERH.	LH.	Rudolf von Ems, Der gute Gerhard	*englisch*	
			franzois	
			kristen	
GERM.	LH.	Margaretha von Schwangau, Germania 16 (1871)	*kölnisch, mailandisch, swœbisch, türkisch, ungerisch*	
GOD.		Godefrit Hagen, Reimchronik der Stadt Cöln	*kriechisch*	
GREG.	LH.	Hartmann von Aue, Gregorius	*kriechisch, rœmisch, wälhisch*	
GR.W. (WEIST.)	LH.	Weisthümer, J. Grimm	*hiunisch, frenkisch*	
GUDR.	LH.	Kudrun	*spânisch*	
			kristen	
HB. *M.*	LH.	Historienbibeln (deutsche)	*arâbisch, israhêlisch, ôrientisch, windisch*	
HEINR.	LH.	Ebernand von Erfurt, Heinrich und Kunigunde	*êgiptisch, wälhisch, windisch*	
			der Wirzeburger schrifte	

HELBL.	LH.	Seifried Helbling	*althiunisch, beierisch, pôlânisch, riuzesch, ungerisch, windisch, windischen* Adv.
			das Ybbser velt, daz Tulner velt
HERB.	LH.	Herbort von Fritzlar	*kriechisch, wälhisch*
			franzois
HIOB	FMW.	Die mitteldeutsche poetische Paraphrase des Buches Hiob	*jüdisch*
HLREG.	FMW.	Die heilige Regel für ein vollkommenes Leben	*israhêlisch*
HR.	MRZ.	Inventar des Rittes von Schambach	*akrisch*
			wâlschein
HTRIST. (TRIST. *H*)	FMW. LH. JW.	Heinrich von Freiberg, Tristan	*kipperisch, lampartisch, wälhisch*
			kristenlîh
HVM.		Heinrich von Melk	*rœmisch*
HVNST.	FMW.	Heinrich von Neustadt, Apollonius von Tyrland	*wälhisch*
IW.	LH.	Hartmann von Aue, Iwein	*wälhisch*
JER.	LH.	Nikolaus von Jeroschin Di Kronike von Pruzinland	*bartisch, êgiptisch, (h)êbrêisch, israhêlisch, jerusalêmisch, colmisch, kriechisch, kûrisch, littouwisch, masowsch, nadrowsch, nattangisch, pogezênsch, pôlânisch, pomerânisch, pomezênsch, priuzisch, ra-*

		gnîtisch, rînisch, riuzisch, rœmisch, samisch, schalouwisch, sudouwisch, wälhisch
JES.	W. Jesse, Quellenbuch	*bambergisch, behêmisch* (mnd.), *beierisch* (mnd.), *berckesch* (mnd.), *bertonsch* mnd., *branbergisch, britânisch* (mnd.), *brunswikesch* mnd., *burbondesch* mnd., *deventersch* mnd., *doringessch* (mnd.), *dorptmundesch* mnd., *einbeckisch* mnd., *eldagesch* mnd., *englisch, erfurtisch, escherschusesch* mnd., *gelresch* mnd., *geneboessch, goslersch* mnd., *gotensch* mnd., *gottingsch* mnd., *halverstedesch* mnd., *hamborgesch* mnd., *hellisch, hessensch* (mnd.), *hildensemsch* mnd., *hollandesch* mnd., *hordesch* mnd., *clevesch* mnd., *kölnisch* (mnd.), *kölsch* (mnd.), *kriechisch* mnd., *lovensch* mnd., *lubekesch* mnd., *lubesch* (mnd.), *lüdekesch* (mnd.), *luneborgesch* mnd., *mailanisch, marggrevisch, mechelsch* mnd., *meilisch, meissnisch* mnd., *merkisch, metzsch* mnd., *mülhausisch* (mnd.), *munstersch* mnd., *osenbruggesch* mnd., *ottisch, peynisch* (?) mnd., *polensch, pregisch, priuzesch, quedlin-*

borgesch mnd., *rînisch* (mnd.), *rœmisch, sechsisch, soltwedelsch* mnd., *sophoyeesch* mnd., *stendelsch* mnd., *stralesundesch* mnd., *sundesch* mnd., *swæbisch, tornsch* mnd., *trierisch* mnd., *troyssch* (mnd.), *ungerisch, utrechtsch* mnd., *verdesch, vlæmisch* (mnd.), *fränkisch* mnd., *wälhisch, werlsch* mnd., *wienisch, wilhelmisch, wunstorpesch* mnd., *wysmersch* mnd.

erforthig (?)

Aker bueschen mnd., *Amberger* dn., *Auchspurger helbling, Bamberger schillinger, Bercker ... kronen* mnd., *Berner blapphart, Bonner albus* mnd., *Brandenburger mark* mnd., *Braunschweiger groschen, Bremer m.* mnd., *ayn Pruker zentner* mnd., *Deventer albus, Duytzer gulden, Egrern hallern, die Erffurder mark, die Gottinger groschlein, gripeswalder ... witten* mnd., *Groninger blancken* mnd., *Grubenhener Gnacken, Gülger gulden* mnd., *Haller muntzen, hamborghere [penninge]* mnd., *Heiligensteter groschen, Henneberger pfennige, Hirsler pfennig, Ingolstetter* helbling, *Isenacher pfennige, Jhener pfennige, Jenower ... schillinge, Camper crumsterten* mnd., *Costentzer müntzen, Kotenere munte* mnd., *Lanczhuetter helbling, Landsberger pfennige, Ludwickergroschen, Luneborghere [penninge]* mnd., *Mantower* pl., *Münchner pfening, Northaußer pfennige, Nürenberger gulden* (mnd.), *Nuetzer blancken* (mnd.), *Öttinger helbling, Passauer pfening, Petter-Pauler-groschen, Prager groschen, Ravensburger müntzen, Regensburger pfening, rostocker ... witten* mnd., *Salfelder pfennige, Sant Galler blapphart, Schafhuser blapphart, Schneberger silbrein groschen, Stolberger groschen, Ulmer [müntzen], Venediger groschen, Franckfurter heller, Friburger bl., Weisenseer pfennige, Wiener mark, Wirtenberger müntzen, Wirtzburger pfennig, Züricher blapphart*

JR.	MRZ.	Regensburger Judenregister	*behemisch, meichsnisch*
			arlaẓîn, arrassein
			99 *groschen meischner*

KARL	LH.	Der Stricker, Karl der Große	*almarisch, beierisch, kriechisch, riuzisch, rœmisch, schottesch, taurisch*
			kristen, kristenlîh
KARLM.	LH.	Karlmeinet-Kompilation	*kristen*
			Ouer all Vranckricher lant
KCHR. (D, W)	LH. FMW.	Kaiserchronik	*affricânisch, beierisch, britânisch, (h)êbrêisch, hiunisch, israhêlisch, jerusalêmisch, kriechisch, rœmisch, swæbisch, frenkisch, wælhisch, windisch*
			der Baier lant, der Megenzære hêrren, Rômâre gewalt, ze Trierêre lande
KINDH.	LH.	Konrad von Fußesbrunnen, Kindheit Jesu	*nâch franzeiser sit*
KOLM.	LH.	Kolmarer Liederhandschrift	*cristenfar*
			di Stîrer marke
KÖNE.		Die Dichtungen Könemanns	*jüdisch* mnd.
KORNER	SLWB.	Niederdeutsche Erzählungen Germania 9 (1864) S. 257-289	*kristen* mnd.
KREUZF.	FMW.	Die Kreuzfahrt	*kriechisch*
			ûz der Beier her, uf der Franzoiser schar

KRONE	LH.	Heinrich von dem Türlin, Diu Crône	*franzoisch, wälhisch*
			franzois
KVHELMSD.	FMW.	Konrad von Helmsdorf	*jüdisch*
			kristen, kristenlîh
KVMSPH.	FMW.	Konrad von Megenberg, Die Deutsche Sphaera	*kriechischen* Adv., *rœmisch, wälhisch*
KVWPART.		Konrad von Würzburg, Partonopier und Meliur	*rœmisch*
			franzois
			der Kärlingære voget
LALEX. (LAMPR.)	FMZ. LH.	Lamprechts Alexander	*eufrateisch, indîâsch, jüdisch, kriechisch, wälhisch*
			in der Troiêre liede
LANZ.	LH.	Ulrich von Zatzikhoven, Lanzelet	*britânisch, wälhisch*
			franzois
			kristen
			nâch Rômære buoche
LAUR.	LH.	Laurin	*tirolesch*
LCR.	LH.	Hans Rosenplüt. In: Liliencron, Hist. Volkslieder	*hiunisch*
LEG.	JW.	Heinrich von Freiberg, Die Legende vom heiligen Kreuze	*israhêlisch*
LEYS.	LH.	Deutsche Predigten	*latînisch, wälhisch*

LIEHT.	LH.	Ulrich von Lichtenstein	*türkisch, wälhisch, windisch*
LIT.	LH.	Heinrich, Litanei	*kristenlîh*
LOH.	LH.	Lohengrin	*kipperisch, lampartisch, rœmisch, wälhisch, windisch*
			franzois
			kristenlîh
			Der Beier herre
Ls.	LH.	Liedersaal-Handschrift	*altfrenkisch, behêmisch, denisch, ungerisch, wälhisch, windisch*
LS.	MRZ.	Landshuter Schatzverzeichnis	*arlaẓîn, arrasein*
LÜB. CHR.	SLWB.	Chronik des Franciscaner Lesemeisters Detmar	*englisch* mnd., *lubesch* mnd., *rœmisch* mnd., *windisch* mnd.
			kristen mnd.
LuM.	LH.	Elisabeth von Nassau-Saarbrücken, Loher und Maller	*francrihhisch*
LVREG.	FMW.	Lamprecht von Regensburg	*rœmisch*
			franzois
MAI	LH.	Mai und Beaflor	*ispanisch*
			franzois
MAR.	LH.	Pfaffe Wernher, Maria	*(h)êbrêisch, israhêlisch*

MARCO		Der mitteldeutsche Marco Polo	*indîâsch, kriechisch, latînisch, priuzisch, sarrazînesch, taterisch, turnosch, venedisch*
			kristen
MARG. W.	LH.	Margareta von Antiochien	*kristen*
MARLD. han.	LH.	Marienlieder	*kipperisch*
MATT.		Matthias von Kemnat, Chronik Friedrichs I.	*rottwelsch*
MB.	LH.	Monumenta boica	*frenkisch*
MERLIN		Der rheinische Merlin	*rœmisch*
			kristen, unkristen
MG.		Morant und Galie	*wälhisch*
			kristen, kristenlîh
MGB.	LH.	Konrad von Megenberg, Buch der Natur	*allexandrînisch, arâbisch, (h)êbrêisch, (h)êbrêischen* Adv., *kipperisch, kriechisch, latînisch, laudônisch, padawisch, pigmêisch, wälhisch*
			kristenisch
			der Rœmer herzog, in der Troier lant
MI.		Mittelalterliche Inventare	*behêmisch, bernisch, bruckisch, englisch, latînisch, mailandisch, mailanisch, rînisch, swæbisch, türkisch, ungerisch, vendigisch, vene-*

			disch, franzôsisch, wälhisch
			Glurnnser gwicht, Lanndëgger gericht, Meraner mass
MONE	LH.	Anzeiger für Kunde der teutschen Vorzeit	arrazîn
MS. (MSH.)	LH.	Minnesinger	denisch, püllisch, swæbisch, ungerisch, wälhisch, windisch
			kristenlîh
			berner kopfer
MYST.	LH.	Deutsche Mystiker	âbrahæmisch, rînisch, ræmisch, wälhisch
			kristen, unkristen
			von Beheimer lande
MW.	LH.	Monumenta Wittelsbacensia	behêmisch, rînisch, ungerisch, windisch
			ingoldstetter pfenning, lanczhüter pfenning, münicher pfenning, prager müntz, regenspurger pfenning
NARR.	LH.	Sebastian Brant, Narrenschiff	ræmisch, rottwelsch, windisch
			der Rômer standt, jm Schwitzer landt
NEIDH.	LH.	Neidhart von Reuental	vlæmisch
			der Unger lant

NIB.	LH.	Nibelungenlied	*arâbisch, hiunisch*
			kristen, kristenlîh
			der Beyer lant, der Bernære muot, der Tronegære site
NP.	LH.	Nürnberger Polizeiordnungen	*englisch, hiunisch, jüdisch, lundisch, lyonisch, perpiniônisch, pullnîsch, rînisch, spanjôlisch, ungerisch, vlæmisch, frenkisch, wälhisch*
OREND.	LH.	Orendel	*âbrahæmisch*
OT.	LH.	Ottokars Österreichische Reimchronik	*arâbisch, behêmisch, beierisch, kriechisch, latînisch, pôlânisch, riuzesch, ræmisch, swæbischen* Adv., *taterisch, ungerisch, ungerischen* Adv., *vlæmisch, wälhisch, wälhischen* Adv., *windisch*
			von der Babenbergær herren, durch Bêheimær walt, der Beier herren, ûz der Hiunburgære schar, der Yspanjer kunic, der Ysterrîchære gruoz, der Kernær herre, in lateyner sprâch, Lusenzer lant, Pazzouwære herren, ûf Regenspurgær sande, der Salzpurgære bet, der Seckouwær bistum, ûz der Sibenburgær hant, der Spitalær gewalt, der Tâtrær kunic, der Trie-

			stær maht, der Unger kunic, von der Venediær gewalt, der Ferrærære diet, der Franzoisære her, an der Wiennær râte
OTN. A.	LH.	Ortnit	rœmisch, wälhisch
PARAD.	FMZ.	Paradisus anime intelligentis	kriechisch
			kristen, kristenlîh
PARZ.	LH.	Wolfram von Eschenbach, Parzival	arâbisch, beierisch, israhêlisch, latînisch, schottesch, ungerisch, wälhisch, windisch
			franzois
			kristen, kristenlich, kristenlîche Adv.
			Erffurter wîngarte, diu Munsalvæscher schar, ein Regenspurger zindâl, der Franzoyser künegîn
PASS.	LH.	Das alte Passional	jüdisch, rœmisch, rotwalsch
			kristen, kristenlîh
PILAT.	LH.	Pilatus	jüdisch
PLEIER		Der Pleier, Tandareis und Flordibel	der Franzôser lant
PR.	MRZ.	Das Pfandregister	lindisch
			arrassen
PSM.	FMW.	Cod. Pal. Vind. 2682	latînisch

QGK.		Quellen zur Geschichte des Kölner Handels und Verkehrs	*arnsch, baessch, behêmisch, prabantisch, denisch, derpsch, echisch, eyersteedsch, englisch, gelresch, hollansch, clevesch, kölsch, cordinaensch, lirsch, lyssenboynssch, londisch, poilsch, priuzisch, rînisch, riuzisch, rœmisch, smoleynssch, spanisch, swedessch, ungerisch, utrechtsch, uttersch, venedisch, vlæmisch, vriesch, wälhisch, westfelsch*
			Augsburger vardelle, van Deventer houdt, Drachenfeltzer steine, Elsoesser foder, Godlescheyder steine, Gülger gulden, van Holster houdt, Ravensburger werung, ein Ulmer fardell, Franckforder misse
RAB.	LH.	Die Rabenschlacht	*hiunisch, rœmisch*
RAPPOLT.		Rappoltsteiner Parzifal (C. Wisse - Ph. Collin)	*spengesch (?), wälhisch*
			kristen
			noch Kurnewaler sitte, durch Normandierer ere
RB.	MRZ.	F. Bastian, Das Runtingerbuch	*behêmisch, beierisch, prabantisch, englisch, kriechisch, lukanisch, mailanisch, ragonysch, rînisch, ungerisch, venedigisch, wälhisch*

			Amberger pfening, d. Auspŭrger, Baloniăr guldein, Genaẃer gŭltten, eyne haller mŭncze, Meigsner grosse, Meczzer guldein, Municher pfenning, Oetinger pfening, Prager dn., Regenspurger pfenning, new Unger guldein, Venediger gr., Wiener gebicht, Wirczburger pfennyng
REINH.	LH.	Heinrich, Reinhart Fuchs	*franzois*
REN.	FMW.	Ulrich von Türheim, Rennewart	*wälhisch*
			kristenlîh
RENN.	LH.	Hugo von Trimberg, Der Renner	*altfrenkisch, beierisch, jüdisch, kaldêisch, kriechisch, syrisch, wälhisch, windisch*
			der Affentaler reie, von Rœmer tat
ROSENG.	LH.	Der Rosengarten zu Worms	*rînisch*
ROTH. R.	LH.	König Rother	*rœmisch, frenkisch*
RUB.	MRZ.	Regensburger Urkundenbuch	*venedisch*
			Regenspurger d.
RUL.	LH.	Pfaffe Konrad, Rolandslied	*almarisch, arâbisch, beierisch, palwisch, rœmisch, franzisch*
			kristen

RWCHR.	FMW.	Rudolf von Ems, Weltchronik	*appennisch, atenesch, bactrianisch, britânisch, danaýsch, êgiptisch, (h)êbrêisch, indîâsch, israhêlisch, îtâlsch, kaldêisch, kananeisch, kriechisch, latînisch, madianisch, peloponensch, rœmisch, troiânisch, wälhisch, windisch*
			der Franzoiser lúte und lant
RWH.	FMW.	Rudolf von Ems, Willehalm von Orlens	*rœmisch, wälhisch*
			franzois
			der Engellender schar, in der Franzoiser her
RZT.	MRZ.	Regensburger Zolltarif	*akrisch*
SCHB.	LH.	Pfarrer zu dem Hechte, Mitteldeutsches Schachbuch	*lampartisch*
SCHM. *Fr.*	LH.	J. A. Schmeller, Bayerisches Wörterbuch	*asisch*
SCHÜREBR.	FMW.	Schürebrand	*kananêisch*
SECR.	FMW.	Hiltgart von Hürnheim, Secretum Secretorum	*(ê)brêisch, kaldêisch, kriechisch, wälhisch*
SERV.	LH.	Servatius	*bethlehœmisch, tungerisch, frenkisch*
SGPR.	FMW.	Der sogenannte St. Georgener Prediger	*israhêlisch, jüdisch*
			kipper win
SHORT	FMW.	Der Saelden Hort	*jüdisch, wälhisch, wälhisch* Adv.

SILV.	LH.	Konrad von Würzburg, Silvester	*kriechisch*
			jüdeschlîh
			kristenlîche
SPH.	FMW.	Johannes von Sacrobosco, Das Puechlein ...	*arâbisch*
SSP.	LH.	Der Sachsenspiegel	*sechsisch, swæbisch*
STHEOL.	FMW.	Summa Theologica mhd. Übersetzung	*kriechisch*
STRAMIS	FMW.	Der Stricker, Pfaffe Amis	*kriechisch, wälhisch*
			kristen, kristenlîh
STRDAN.	FMW.	Der Stricker, Daniel von dem Blühenden Tal	*wälhisch*
StSpD. XXVIII		Bamberger und erster Wessobrunner Glauben ...	*kristenlîh*
SUCH.	LH.	Peter Suchenwirts Werke	*franzois*
SWCHR.		Deutsche Chroniken. Sächsische Weltchronik	*kristen* mnd.
SWSP.	LH.	Der Schwabenspiegel	*frenkisch, windisch*
			unkristenlîch
TAULER	FMW.	Die Predigten Taulers	*hiunisch, jüdisch*
TEICHN.	LH. FMW.	Heinrich der Teichner	*rînisch*
			in Wienner walt
j. TIT.	LH.	Albrecht, Der jüngere Titurel	*ræmesch, ungerisch*
			franzois

				der Britoneiser vrowe, mit der Franzoiser willen
TL.	MRZ.	Testament d. Barbara Lechin	*arrasein*	
Tod. gehüg. (ERINN.)	BMZ. LH.	Der sog. Heinrich v. Melk, Von des todes gehugde	*kristenlîh*	
TRIST.	LH.	Gottfried von Straßburg, Tristan und Isolde	*arâbisch, britûnisch, britûnische,* Adv., *irlandesch, kamenisch, kriechisch, curnewalsch, latînische* Adv., *rœmisch, sarrazenisch, wälhisch*	
			engeloys, galois, galois(e) Adv., *franzois, franzoise* Adv.	
			kristenlîh	
			in engeloyser wîse, in franzoiser wîse	
TÜRL. *Wh.*	LH. FMZ.	Ulrich von dem Türlîn, Willehalm	*englisch, gentisch, wälhisch*	
			parîsîn, franzois	
			in der Franzoiser lande	
TYR. *W.*	LH.	König Tyrol	*rœmisch*	
VÄT.	FMW.	Das Väterbuch	*babylonisch*	
VECK. I		Hildebrand Veckinghusen. Briefwechsel	*altstedesch* mnd., *amsterdamsch,* mnd., *arnnemsch* mnd., *behêmisch* mnd., *beltzsch* mnd., *busschessch* mnd., *dellermûndesch* mnd., *dornsch* mnd., *dûûsch* mnd., *echisch* mnd.,	

edingsch mnd., *englisch* mnd., *gelresch* mnd., *gentisch* mnd., *gertenbergesch* mnd., *herentalsch* mnd., *hyldensch* mnd., *ypersch* mnd., *kamerîkesch* mnd., *kampensch* mnd., *kentsch* mnd., *kölsch* mnd., *komesch* mnd., *konditsch* mnd., *kortrykesch* mnd., *kursch* mnd., *leydesch* mnd., *lentselsch* mnd., *lirsch* mnd., *lubesch* mnd., *mabosch* mnd., *mastrechtesch* mnd., *mechelsch* mnd., *mestensch* mnd., *monstrolsch* mnd., *oldenardesch* mnd., *popersch* mnd., *priuzisch* mnd., *rînisch* mnd., *sundesch* mnd., *swarinsch* mnd., *tomassch* mnd., *tornddessch* mnd., *tornoldesch* mnd., *troyssch* mnd., *ungerisch* mnd., *valentinsch* mnd., *vielvortsch* mnd., *vlæmisch* mnd., *frenkisch* mnd., *warstensch* mnd., *wysmersch* mnd.

1 Deventer gulden mnd., *5 Hamborgher tunnen* mnd., *Franckvorder verungen* mnd.

| VECK. II | M. Lesnikov, Handelsbücher Veckinchusen | *englisch* mnd., *gelresch* mnd., *hollansch* mnd., *rînisch* mnd., *ryghesch* mnd., *sundesch* mnd., |

			vlæmisch mnd., frenkisch mnd.
VINTL.	LH.	Hans Vintler, Die Blume der Tugend	altfrenkisch, rotwalsch
VIRG.	LH.	Virginal	ungerisch
			arâbîn
VOC.		Vocabularius Ex Quo	behêmisch, englisch, (h)êbrêisch, jüdisch, kriechisch, latînisch, rœmisch, wälhisch
			kristen
			hyberner land, hispaner lannd
W. WH. (WH.)	LH.	Wolfram von Eschenbach, Willehalm	indîâsch, israhêlisch, kaldêisch, rœmisch, türkisch
			franzois
			kristen, kristenlîh
			der Franzoyser lant
WALTH.	LH.	Walter von der Vogelweide	rœmisch, wälhisch
			kristenlîh, kristenlîche Adv., unkristenlîh
WARN.	LH.	Die Warnung	kristenlîh
WARTB.	LH.	Der Wartburgkrieg	kaldêisch
WB.	JW.	Wenzelsbibel (nach F. Jelinek)	punikisch

WG.	LH.	Thomas von Zerklaere, Der welsche Gast	wälhisch
WH.v.W.	LH. JW.	Ulrich von Eschenbach, Wilhelm von Wenden	windisch
WIG.	LH.	Wirnt von Grafenberg, Wigalois	wälhisch
			franzois
			nâch der Franzoiser siten
WOLFD. A, B, C, D	LH.	Wolfdietrich	kriechisch, rœmisch, ungerisch, wälhisch
WOLFR.	LH.	Wolfram von Eschenbach, Titurel	arâbensch, rœmisch
			franzois
			die Franzoiser künegîn
WOLK.	LH.	Oswald von Wolkenstein	katlonisch, lampartisch, mörisch, pôlânisch, riuzisch, ungerisch, ungerischen franzoisch, Adv., wälhisch, windisch
WP. G.	LH.	H. Hoffmann (Hrsg.), Würzburger Polizeisätze	behêmisch, englisch, wälhisch
			Wirczburger werung
WYN.		Wyngaerden der sele	jüdisch mnd.

Studien zum Althochdeutschen

Herausgegeben von der Kommission für
das Althochdeutsche Wörterbuch der Akademie der Wissenschaften in Göttingen

1 Birgit Kölling
Kiel UB. Cod. MS. K.B. 145
Studien zu den althochdeutschen Glossen.
1983. 252 Seiten. ISBN 3-525-20314-4

2 Eckhard Meineke
Saint-Mihiel Bibliothèque Municipale Ms. 25
Studien zu den althochdeutschen Glossen.
1983. 390 Seiten. ISBN 3-525-20315-2

3 Heinrich Tiefenbach
Xanten – Essen – Köln
Untersuchungen zur Nordgrenze des Althochdeutschen an niederrheinischen Personennamen des neunten bis elften Jahrhunderts. 1984. 411 Seiten.
ISBN 3-525-20317-9

4 Rolf Bergmann
Prolegomena zu einem Rückläufigen Morphologischen Wörterbuch des Althochdeutschen
1984. 116 Seiten mit 44 Abbildungen.
ISBN 3-525-20318-7

5 Rudolf Schützeichel
Addenda und Corrigenda (II) zur althochdeutschen Glossensammlung
1985. 142 Seiten. ISBN 3-525-20319-5

6 Eckhard Meineke
Bernstein im Althochdeutschen
Untersuchungen zum Glossar Rb.
1984. 246 Seiten. ISBN 3-525-20320-9

7 Lothar Voetz
Die St. Pauler Lukasglossen
Untersuchungen – Edition – Faksimile.
Studien zu den Anfängen althochdeutscher Textglossierung. 1985. 271 Seiten, 4 farbige Abbildungen. ISBN 3-525-20321-7

8 Klaus Siewert
Die althochdeutsche Horazglossierung
1986. 471 Seiten. ISBN 3-525-20322-5

9 Birgit Meineke
„Chind" und „Barn" im Hildebrandslied vor dem Hintergrund ihrer althochdeutschen Überlieferung
1987. 125 Seiten. ISBN 3-525-20323-3

10 John M. Jeep
Stabreimende Wortpaare bei Notker Labeo
1987. 172 Seiten. ISBN 3-525-20324-1

11 Klaus Siewert
Glossenfunde
Volkssprachiges zu lateinischen Autoren der Antike und des Mittelalters. 1989.
194 Seiten. ISBN 3-525-20326-8

12 Rudolf Schützeichel
Addenda und Corrigenda (III) zum althochdeutschen Wortschatz
1991. 406 Seiten. ISBN 3-525-20327-6

13 Stefanie Stricker
Basel, ÖBU. B IX 31
Studien zur Überlieferung des Summarium Heinrici, Langfassung, Buch XI.
1989. 810 Seiten mit 57 Tabellen.
ISBN 3-525-20328-4

14 Ulrike Thies
Graphematisch-phonematische Untersuchungen der Glossen einer Kölner Summarium-Heinrici-Handschrift
1990. 194 Seiten. ISBN 3-525-20329-2

15 Stefanie Stricker
Die Summarium-Heinrici-Glossen der Handschrift Basel ÖBU. B X 18
Mit Edition der Glossen. 1990. 178 Seiten. ISBN 3-525-20330-6

16 Birgit Meineke
Althochdeutsches aus dem 15. Jahrhundert
Glossen Salomonis im Codex Lilienfeld Stiftsbibliothek 228. 1990. 86 Seiten mit 2 Abbildungen. ISBN 3-525-20331-4

17 Birgit Meineke
Althochdeutsche -scaf(t)-Bildungen
1991. 219 Seiten. ISBN 3-525-20332-2

18 Ulf Wessing
Interpretatio Keronis in Regulam Sancti Benedicti
Überlieferungsgeschichtliche Untersuchungen zu Melchior Goldasts Editio princeps der lateinisch-althochdeutschen Benediktinerregel. 1992. 874 Seiten mit zahlreichen Tabellen. ISBN 3-525-20333-0

19 Rolf Bergmann (Hg.)
Probleme der Edition Althochdeutscher Texte
1993. 175 Seiten mit 17 Abbildungen. ISBN 3-525-20334-9

20 Armin Schlechter
Die althochdeutschen Aratorglossen der Handschrift Rom, Biblioteca Apostolica Vaticana, Pal. Lat. 1716 und verwandte Glossierungen
1993. 395 Seiten. ISBN 3-525-20335-7

21 Annette de Sousa Costa
Studien zu volkssprachigen Wörtern in karolingischen Kapitularien
1993. 350 Seiten. ISBN 3-525-20336-5

22 Wolfgang Schulte
Die althochdeutsche Glossierung der Dialoge Gregors des Großen
1993. 1013 Seiten. ISBN 3-525-20337-3

23 Eckhard Meineke
Abstraktbildungen im Althochdeutschen
Wege zu ihrer Erschließung. 1994. 590 Seiten. ISBN 3-525-20338-1

24 Ulrich Möllmann
Die althochdeutschen Adjektive auf -sam
1994. 308 Seiten. ISBN 3-525-20339-X

25 Achim Masser (Hg.)
Die lateinisch-althochdeutsche Tatianbilingue Stiftsbibliothek St.Gallen Cod. 56
Unter Mitarbeit von Elisabeth De Felip-Jaud. 1994. 695 Seiten ISBN 3-525-20340-3

26 Dorothee Ertmer
Studien zur althochdeutschen und altsächsischen Juvencusglossierung
1994. 407 Seiten. ISBN 3-525-20341-1

27 Ulrike Thies
Die volkssprachige Glossierung der Vita Martini des Sulpicius Severus
1994. 571 Seiten. ISBN 3-525-20342-X

28 Hartwig Mayer
Die althochdeutschen Griffelglossen der Handschrift Salzburg St. Peter a VII 2
1994. 126 Seiten. ISBN 3-525-20343-8

29 Steffen Krogh
Die Stellung des Altsächsischen im Rahmen der germanischen Sprachen
1996. 413 Seiten. ISBN 3-525-20344-6

30 Elvira Glaser
Frühe Griffelglossierung aus Freising
Ein Beitrag zu den Anfängen althochdeutscher Schriftlichkeit. 1996. 661 Seiten mit 1 Abbildung. ISBN 3-525-20345-4

Alle Bände sind kartoniert.